考古学リーダー24

列島東部における弥生後期の変革
~久ヶ原・弥生町期の現在と未来~

西相模考古学研究会 編
西川修一・古屋紀之

六一書房

例　言

1　本書は 2014 年 2 月 22・23 日に横浜市歴史博物館を会場として行われたシンポジウム『久ヶ原・弥生町期の現在─相模湾／東京湾の弥生後期の様相』の記録集である。このシンポジウムは西相模考古学研究会が主催し、（公財）横浜市ふるさと歴史財団 埋蔵文化財センターが共催し、神奈川県考古学会、（公財）かながわ考古学財団の後援を得た。なお、シンポジウム当日資料としては、土屋了介ほか編　2014『久ヶ原・弥生町期の現在─相模湾／東京湾の弥生後期の様相─』西相模考古学研究会記念シンポジウム資料集、を刊行している（以下、本書中では「資料集」と表現）。本書とあわせてご活用願いたい。

2　本書に収録した記名原稿の大半は、シンポジウム終了後に改めて原稿を依頼し、書き起こされたものである。しかし、一部については資料集より再録したものもある。

3　本書の構成は主に、①シンポジウム発表者原稿、②発表に対するコメント原稿、③シンポジウム討議内容、④研究会から関連分野の研究者に新たに原稿を依頼したもの（コラム）、の 4 種から成るが、②については、その内容によって④に位置付けを替えたものもある。①については発表内容の補足を目的として執筆されたものもあるが、位置付けはそのままとした。

4　シンポジウム当日のプログラム、資料集目次、資料集掲載の広域土器編年併行関係表を巻末に掲載した。

5　シンポジウム討議発言者には討議部分の原稿校正について協力をいただいた。

6　本書の編集は西相模考古学研究会が行い、主に企画・原稿依頼は西川修一が、編集作業は古屋紀之が担当した。ただし、資料集からの再録原稿については土屋了介がデータを提供した。

7　シンポジウムの準備・開催および記録集の作成に至るまで多くの方々のご協力をいただいた。すべての関係者に厚くお礼申し上げる次第である。

目　次

例　言…………………………………………………………………… i

第Ⅰ部　研究発表とコメント

相模湾岸の土器様相について………………………… 中嶋由紀子　3
　　―平塚市真田・北金目遺跡群からみた土器様相―
　コメント　「相模湾岸の土器様相について」への …… 池田　　治　13
　　　　　　コメント―近年の成果と残された課題―
南武蔵地域における弥生時代後期の………………………… 古屋　紀之　19
　　小地域圏とその動態
　コメント　北川谷遺跡群編年と……………………… 柿沼　幹夫　37
　　　　　　岩鼻式・吉ヶ谷式土器との編年比較対照
　コメント　朝光寺原式土器からみる集団構成論メモ… 浜田　晋介　47
　コメント　弥生時代後期の社会―海の視点から― …… 杉山　浩平　55
気候変動と房総の弥生社会………………………………… 小橋　健司　59
　　―東京湾東岸から見た弥生時代後期―
　コメント　弥生時代後期における…………………… 轟　　直行　73
　　　　　　下総台地の影響について
「十王台式」の交流がもたらしたこと ……………………… 稲田　健一　81
　コメント　トラヴェラー……………………………… 鈴木　素行　93
北関東北西部における様相と動態……………………………… 深澤　敦仁　101
　コメント　東海の土器編年と関東…………………… 早野　浩二　109
甲府盆地における土器の地域性………………………………… 稲垣　自由　115
東日本における青銅器の流通…………………………………… 楠　　惠美子　131
　コメント　青銅器の流通について…………………… 寺前　直人　141

玉類の流通と変化の画期、財との関係性………………… 斎藤　あや	145

　　　　―シンポジウムを終えて―

コメント　玉研究からみた………………………… 大賀　克彦	155

　　　　『久ヶ原・弥生町期の現在』

東日本における鉄器の流通と社会の変革………………… 杉山　和徳	161
コメント　弥生時代の東日本における………………… 豊島　直博	171

　　　　鉄剣の研究について

チマタ・歌垣・古墳―チマタ仮説とその問題点― ………… 青山　博樹	175
コメント　東北北部における続縄文土器の…………… 松本　建速	189

　　　　分布域が示すこと―土器と文化との関係―

記念講演　大森と弥生―文化関係論の展望―……………… 岡本　孝之	197
総括と今後の展望―半世紀の軌跡に呼応して― ………… 比田井克仁	219

第Ⅱ部　討論記録………………………………………………… 229

第Ⅲ部　コラム集

1　久ヶ原・弥生町期の未来？ ……………………………… 安藤　広道	279
2　久ヶ原式土器のはじまり ………………………………… 杉山　祐一	287
3　弥生時代中期〜後期への移行期の様相―下総― …… 小林　嵩	297
4　総武の内海―東京湾―と小銅鐸 ……………………… 白井久美子	303
5　吉ヶ谷式土器研究に対する展望と課題 ……………… 内藤　千紗	311
6　草刈古墳群土器編年の基準資料と ……………………… 田中　裕	319

　　　隣接地域への影響

7　越後・佐渡における弥生時代後期の ………………… 滝沢　規朗	333

　　　土器・玉・鉄・青銅器

8　多数のガラス小玉が出土した弥生後期の集落跡 …… 柳生　俊樹	341

　　　―長野女子高校校庭遺跡―

9　弥生時代後期〜古墳時代前期の ………………………… 土屋　了介	345

　　　小田原市出土金属器

10	土器様式と交易	……………………	中嶋　郁夫	365
11	カノー考	…………………………………	石村　　智	369
12	弥生時代後期の大和の墓	…………………	池田　保信	375
13	東海・北陸・関東より出土が少ない 　近畿の弥生時代鉄器	………………	禰宜田佳男	379
14	彼女は異文化の村でなぜ坏をつくらないのか？ 　―越境する器種・越境できない器種―	…	瀬川　拓郎	387
15	土器の移動が証明するもの 　―物流ネットワーク論批判―	……………	大村　　直	395
16	生産様式論から交換様式論へ	………………	北條　芳隆	411

あとがきにかえて………………………………………… 西川　修一　419
　―「久ヶ原・弥生町期」の未来と可能性―

付　録

　東日本弥生時代後期〜古墳時代前期広域土器編年併行関係表………　430
　シンポジウム資料集目次………………………………………………　432
　シンポジウム当日プログラム…………………………………………　433

　執筆者一覧………………………………………………………………　434

第1部　研究発表とコメント

相模湾岸の土器様相について
―平塚市真田・北金目遺跡群からみた土器様相―

中嶋由紀子

1 相模地域の弥生時代後期の土器様相

　相模湾岸地域の遺跡は、河川に形成された平坦面とそれに接する台地・丘陵上に分布し、河川毎や遺跡単位で出土する土器様相が違うという特徴をもつ。

　相模湾岸の土器様相は、東から①境川・引地川流域、②相模川流域（相模川西岸・東岸の両岸）、③金目川流域、④酒匂川流域の4つの地域に大別される（伊丹・池田 2000）、真田・北金目遺跡群は③の金目川流域の範囲にある。金目川流域では、東遠江地域、駿河地域の影響を受けた土器が多く出土する（秦野市根丸島遺跡・砂田台遺跡、平塚市王子ノ台遺跡・真田北金目遺跡群、原口・向原遺跡、伊勢原市前畑遺跡・上ノ在家遺跡など）。搬入品も出土するが、移住を想定させるような遺跡は確認されていない。

　金目川南の大磯丘陵上にある馬場台遺跡（大磯町）では、中部高地（甲府盆地）の土器と菊川式古段の土器、東京湾岸の土器が確認され、後期初頭の良好な資料が確認されている（立花 2010）。

　相模湾岸の土器は、主に後期前半に外部からもたらされた土器の影響を受け成立している。中期後半の宮ノ台式土器は相模湾岸も分布しているが、段階をおって変容したと認められる土器は不明な状況にあるといえる。久ヶ原式古段階の土器と駿河系の壺が共伴する例も確認されるが、混入によるものなのか判断が分かれる。また、確認数が増加した中部高地系の土器は、鶴見川中上流域に分布する朝光寺原式土器との直接的な接触は考えにくいとされ、甲府盆地との関係が指摘される。より複雑に、さまざまな地域との交流の存

第 I 部　研究発表とコメント

在が窺える地域となっている（立花 2010）。

2　真田・北金目遺跡群と周辺の遺跡

　真田・北金目遺跡群は、北金目台地東端にあり、東側には金目川・鈴川・大根川が流れる沖積低地が広がる（第1図）。相模湾岸までは約7kmあり、神奈川県中央を流れる相模川からは約8km西の位置にある。沖積低地を取り囲む台地上には、東遠江の影響がみられる根丸島遺跡や、赤坂遺跡、上ノ入遺跡が存在し、真田・北金目遺跡群と類似した様相を見せる遺跡が展開している。また、沢狭遺跡では弥生時代後期の土器を伴う旧河道が検出されており、

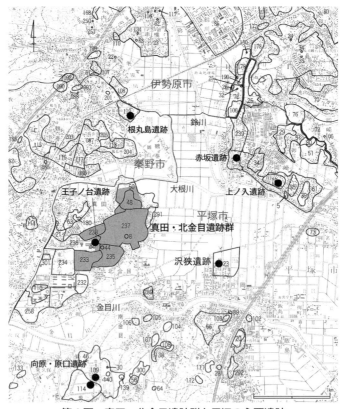

第1図　真田・北金目遺跡群と周辺の主要遺跡

旧地形を復元するのに良好な資料が確認されている。

　真田・北金目遺跡群では、弥生時代中期後半〜古墳時代前期に属する遺構が最も多く、竪穴住居址1,910軒、方形周溝墓220基、掘立柱建物址13棟、土坑551基にのぼる。同一遺構を分割して調査しているため、軒数や規模については今後も精査を要する。台地内に形成された小支谷では、溝状遺構や水田址、湧水地を利用した水場状遺構など確認されている。台地上には居住域と墓域が複数形成されるようで、環濠や環濠状の溝状遺構が7カ所で確認されている。環濠は防御目的というよりは、区画目的で設けられたような溝幅の狭いもので、弥生時代中期後半が1カ所、後期が6カ所にあり、うち1ヶ所は後期前葉に属する可能性が指摘されている（渡辺 2011）。また、東接の王子ノ台遺跡（立花・宮原 2000）とは同じ遺跡群にあたり、検出遺構や遺物には類似点が多くみられる。

3　真田・北金目遺跡群出土の土器について

　次に、王子ノ台遺跡報告（立花 2002）にある出土土器の分析と照合し、竪穴住居址出土例を中心に変遷の整理を試みた。

真北1段階（第2図）　久ヶ原式古段階に位置づけられる土器群で、出土する器種は甕、壺が多く、鉢が僅かに出土する。甕は平底のナデ成形で、口縁部直下に一段の輪積みをもつとされる甕がある。19区SI004では、多段輪積みの甕がこれに伴い、久ヶ原式特有の沈線区画の縄文帯と山形文をもつ壺が伴う。また、中部高地系の甕が伴い（19区SI005-13）、甲府盆地との関連が窺える資料も出土している。

真北2段階（第2図）　菊川式中〜新段階の影響を受けた土器群である。器種は甕、壺が主であり、鉢・高坏は出土数が極端に少ない。甕は胴部中位から上部に最大径をもつ台付甕が主体となり、平底の甕（1区SI012-9）は稀である。外面には粗いハケが用いられ、口縁部を縦方向、胴部は横方向に成形する（1区SI003-1・3）。壺は胴部下半に稜をもち、下膨れ状の器形となる。文様は肩部に櫛状工具を用いた刺突文や波状文が施され、区画をもたない単節縄文、無節縄文もみられる。また櫛と縄文を組み合わせた文様もみられる。

第 I 部　研究発表とコメント

真北 1 段階

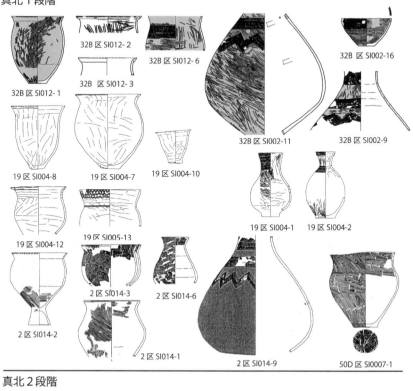

真北 2 段階

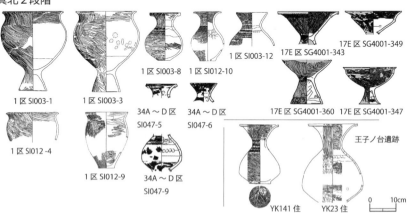

第 2 図　真北 1 段階、2 段階の土器

真北3段階

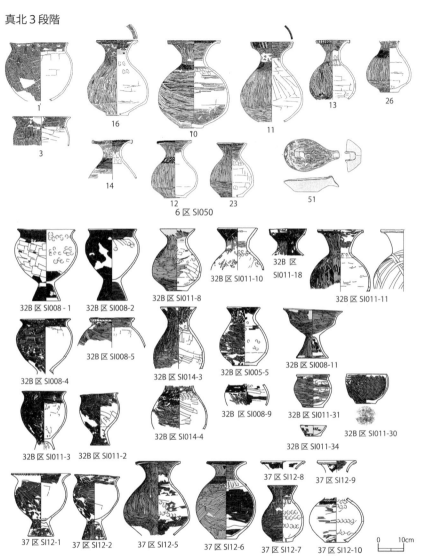

第3図 真北3段階の土器

口縁部は折り返し口縁が主体で、単純口縁の壺は台付甕と同じ粗いハケを用いて仕上げられるものが多く菊川式の影響が強くみられる。高坏は竪穴住居址出土例は少なく、水場遺構等からの出土例が多い。王子ノ台遺跡からは、

雌鹿塚Ⅰ・Ⅱ式期の土器も確認されている。東遠江や駿河地域に系譜が求められる土器が展開し、真北1段階の土器と連続性が認められる土器がみられない。王子ノ台Ⅰ段階、金目川流域 V-2 に相当すると思われ、菊川式中～新段階の土器が伴う。

真北3段階（第3図）　真北2段階の土器が変化し在地化がみられる甕はハケ成形の台付甕が主体となる。外面の成形に粗いハケを用いるものはなくなるが、ハケ成形の向きを変えるという意識は継続する。壺は胴下部に稜をもつ下膨れの器形が継続してあり、口縁部は折り返し口縁、単純口縁、複合口縁がみられる。単純口縁は直線的に立ち上がり、肩部の模様がなくなり磨かれるものが多い。駿河の系譜を引く土器（6区SI050）が出現する段階と考える。菊川式が在地化した一群とは、居住域を分けて分布する傾向があるようである。器種は台付甕、壺、鉢となり、高坏は極めて少なく、山中式の高坏を模倣したのか判断のつきにくい形の崩れたものが出土している（32B区SI008-11）。王子ノ台Ⅱ段階、金目川流域 V-3 に相当する。

真北4段階（第4図）　台付甕は、胴部最大径が中位のものが主体を占めるようになる。口唇部端部の面取りとキザミは継続するが、口縁部と胴部のハケ成形の向きを変える意識はなくなり、同一方向になるものが多くなる。壺は胴部の球胴化が進み、頸部の屈曲が強くなる。折り返し口縁壺が多く単純口縁壺は減少する。肩部と口縁部内面には端末結節縄文の他に山形文が施されるものもあり、櫛描文は減少する。2段以上のS字状結節文が縄文帯の上下に施されるなど、東京湾岸の要素がみられる土器が出土する（35A区SI065と58A区SI048は同一住居址）。しかし、この段階は竪穴住居址の重複例が多く、遺物の残存状況も悪く良好な一括資料が少ない。王子ノ台Ⅲ段階、金目川流域 V-4 に相当すると考える。

4　その他の遺物の出土状況

　銅製品の出土点数の多さもこの遺跡群の特徴である。金属製品は、銅製品が突出し、鉄製品は形状不明な製品がわずかに出土するのみである。他時代の混入も否定できない。

相模湾岸の土器様相について（中嶋）

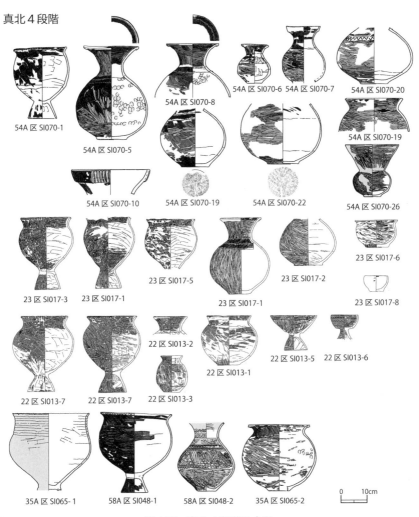

第4図　真北4段階の土器

　方形周溝墓から三連の帯状銅釧や鉄剣2点が出土している。供伴土器がないが、堆積土層から真北2段階以降と考える。帯状銅釧や、銅板を指輪ほどの大きさに丸めて円環状にした小銅環は、真北3段階の土器を伴う方形周溝墓から出土し、帯状銅釧を細かく刻んだ破片状のもの、銅板状の青銅製品、銅鏃、銅鏡破片が、真北3〜4段階以降古墳時代前期の土器を伴う竪穴住居

第 I 部　研究発表とコメント

址を中心に出土している。床・炉址より覆土中からの出土例が多い。1軒から破片が複数出土することもあり、銅製品の所有を目的としていたようである。同様の例が、周辺の赤坂遺跡や上ノ入遺跡、根丸島遺跡でも観察されるが、向原・原口遺跡では確認されていない。近隣の遺跡でも同調する遺跡としない遺跡が存在している。石器では砥石や磨き痕の残る石器が最も多く、その他に打製石斧、磨製石斧、石錘、敲石が出土している。玉類では、ガラス玉が真北3段階の方形周溝墓（52A区 SDH007）主体部から1点出土するが、方形周溝墓が多数構築されているにもかかわらず、この1例だけである。石製では、真北1段階で滑石製とされる勾玉が竪穴住居址から出土している。土製の玉製品の出土点数は石製に比べ多く、形状は勾玉状、玉状のもの等バラエティーがみられる。真北3・4段階以降に伴うようであり、古墳時代前期前半まで確認されている。

5　まとめと今後の課題

　第5図に弥生時代中期後半～真北4段階までの遺構分布を示した。中央に小支谷があり大きく分けて東と西に分布域が分かれる。以下状況を羅列すると、

- 真北2段階の遺物が西の分布域に出現し、以降3段階にかけ東の分布域へ広がる。
- 真北2段階以降、竪穴住居の軒数が増加する。また、居住域であった所に方形周溝墓が構築されるようになり、墓域も拡大していく。墓域が居住域に変わることはなく、複雑に入り組みながらも居住域と墓域は区別されている。方形周溝墓が重複する例は確認されない。
- 弥生時代中期後半から真北4段階の間は、この墓域とした範囲の中に方形周溝墓が分布する。しかし、古墳時代に入ると居住域の中央に方形周溝墓や古墳が構築される等、居住域と墓域に明確な区別がなくなる。弥生時代中期後半の方形周溝墓との重複例も確認されている。

　これら以外に、弥生時代中期後半の分布と真北1段階の分布が近接するのも気になる点である。以上、雑感を並べた。

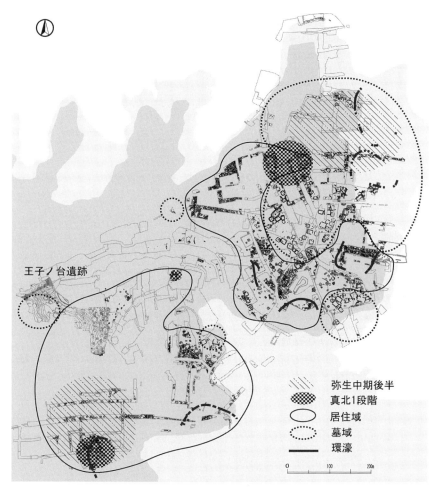

第5図 真田・北毛根目遺跡群遺構分布図

　東遠江や駿河の土器を受容したのが、真北1段階の久ヶ原古段階の土器を持つ人たちであったのか、今後の資料の増加を待ちたいが、真北2段階以降遺跡の状況は大きく変化しており、安定した集落が営まれたようである。周囲の目視できる範囲には、向原・原口遺跡や根丸島遺跡、赤坂・上ノ入遺跡など、弥生時代後期の大規模な集落が存在している。遺跡間の横のつながりや共通点を抽出・検証することで、この地域の様相がより明らかになって

第 I 部　研究発表とコメント

いくものと思われる。また、真北 2・3 段階には途絶えたかにみえた東京湾岸系の土器が、真北 4 段階以降の方形周溝墓から出土するようになる。これ以後、方形周溝墓は大型化し、前方後方形の方形周溝墓が出現し、居住域と墓域が混在していく状況へと変化が起きている。外来系の遺物の流入が与える影響と遺跡群内の遺構の変化が連動している点についても今後注視していく課題と考える。

引用・参考文献

伊丹　徹・池田　治　2000「神奈川県における弥生後期の土器編年」『東日本弥生時代後期の土器編年』第 9 回東日本埋蔵文化財研究会

伊丹　徹・大島慎一・立花　実　2002「相模地域」『弥生土器の様式と編年　東海編』木耳社

黒澤一男　2003「真田・北金目遺跡群の玄武岩質テフラ」『平塚市真田・北金目遺跡群発掘調査報告書 3』平塚市真田・北金目遺跡調査会

小池　聡・浅香貴広　2010『神奈川県小田原市愛宕山遺跡第 II 地点』株式会社盤古堂

小池　聡・渡井英誉　2013『酒匂北川端第 V 地点』株式会社盤古堂

小滝　勉・村上吉正　1992『神埼遺跡発掘調査報告書』綾瀬市埋蔵文化財調査報告 2

立花　実・宮原俊一　2000「第 1 節　出土土器の分析」『王子ノ台遺跡　第 III 巻』東海大学校地内遺跡調査団

立花　実　2001「相模の後期弥生土器」『シンポジウム弥生後期のヒトの移動』西相模考古学研究会

立花　実　2010「神奈川県西部地域における弥生時代後期の土器様相と中部高地型櫛描文土器」『中部高地南部における櫛描文系土器の拡散』山梨考古学研究会

平塚市博物館　2013『真田・北金目遺跡群』平成 25 年度夏期特別展／平塚市文化財展

若林勝司他・河合英夫他　1999〜2013『平塚市真田・北金目遺跡群発掘調査報告書 1 〜10』平塚市真田・北金目遺跡調査会

渡辺　務　2011「平塚市真田・北金目遺跡群 50D 区 SD008 について」『西相模考古第 20 号』西相模考古学研究会

渡辺　務　2013『北金目塚越遺跡第 7 地点』日本窯業史研究所報告第 83 冊　㈱日本窯業史研究所

【コメント】

「相模湾岸の土器様相について」へのコメント
―近年の成果と残された課題―

池田 治

　弥生時代中期後半の神奈川県域は、南関東地域に広く分布する宮ノ台式土器の分布圏に含まれている。しかし弥生時代後期になると[1)]、宮ノ台式土器の後継土器型式である久ヶ原式土器の主要分布域が東京湾東岸を中心とする東京湾沿岸地域に縮小し、それ以外の地域ではそれぞれの地域色を持った土器型式が分布するようになり、いわゆる土器小地域圏が形成される。相模湾岸地域においても、弥生時代後期前半には主要河川を中心とした様相の違いがあり、これについては中嶋発表の冒頭で説明されたとおりである。神奈川県内の境川流域より東の地域を除く県央部から県西部にかけての地域（旧国名の相模国の西部＝西相模）の土器様相を、相模様式や相模湾岸様式というように一括りにできるのは、弥生時代後期後半（相模Ⅴ－3様式以降（伊丹他2002））からである[2)]。

　この地域では、境川流域を除いて、弥生時代中期後半の宮ノ台式土器に続く在来系の後期土器の様相がまだ明確ではないため、中期の土器と後期の土器の系譜の断絶・土器編年上の空白があるとされている（伊丹他2002）。その状況は、現在でも大きくは変わっていない。境川流域は東京湾岸地域と隣接しているため弥生時代後期初頭の土器が在来系譜として確認されるが、相模川流域では後期前半の土器は三河～西遠江地域の系譜の土器が主体であり、かつ後期初頭に位置づけられる土器の様相は明らかではない。同様に金目川（花水川）流域においては東遠江～駿河地域の系譜の土器が主体であり、やはり後期初頭に位置づけられる土器の様相は明らかになってはいなかった。

　このような状況にあって、今回のシンポジウムでは、中嶋由紀子氏により金目川流域の大規模遺跡である真田・北金目遺跡群の土器様相が4期に分け

13

て分析・報告された（中嶋 2014）。1,900 軒余りの竪穴住居址と 220 基に及ぶ方形周溝墓などの膨大な資料を対象にした労作である。その中で真北 1 段階として抽出された土器は、久ヶ原式古段階に位置づけられている。このうち 32B 区 SI002 と 2 区 SI014 の壺は、文様も器形も、久ヶ原式古段階に位置づけられるものである。しかし共伴する甕は、ナデ調整甕とハケメ調整甕という違いがある。32B 区 SI002・SI012 や 19 区 SI004 の甕はナデ調整甕であるが、2 区 SI014 の甕はハケメ調整甕である。2 区 SI014 の資料については、既に 2003 年の「南関東の弥生土器」シンポジウムで立花氏によって紹介され、編年的な位置づけ及びナデ調整甕であることへの注意などが述べられている（立花 2005）。この壺は久ヶ原 1 式から 2 式（古）に併行する資料に位置づけられ（大村 2004）、甕は駿河西部地域からの外来土器の可能性が指摘されている（比田井 2003）。32B 区と 19 区の資料も久ヶ原 1 式から 2 式（古）に位置づけられる資料であり、ナデ調整甕であることから東京湾沿岸地域からの外来土器である可能性が高い。甕のプロポーションだけをみれば、32B 区 SI012 の甕や 19 区 SI004 − 8 の甕は久ヶ原 1 式に当てても良いように思える。これらの資料は西相模地域での弥生時代後期初頭に位置づけられる土器であり、単体ではなく複数器種の組合せで、かつ複数を確認できたことは、少なくとも編年上の「空白」を埋めるものであり、個々の来歴は別として検討材料として大きな成果と考えたい。

　一方「空白」は埋まったが「断絶」は解消されるだろうか。相模地域の弥生時代中期後半の宮ノ台式の最新段階（相模Ⅳ−5 様式）は、砂田台遺跡 3 号住居址に代表されるようにハケメ調整甕が組成し、壺の文様帯は沈線区画のない縄文帯もしくは無文が主であり、久ヶ原式の文様構成につながる要素はほとんどない。真北 1 段階を埋めることができた今回の新資料は、「断絶」を解消するには至らなかったようであるが、近づいた感はある。

　ここで、金目川（花水川）流域の東隣である相模川流域における後期初頭の土器様相を確認しておきたい。この地域は先述したように、後期前半には愛知県から静岡県西部地域にかけての土器様式である広義の山中式土器の系譜を引く土器が色濃く分布する地域である。その土器様相は特に、静岡県西

「相模湾岸の土器様相について」へのコメント（池田）

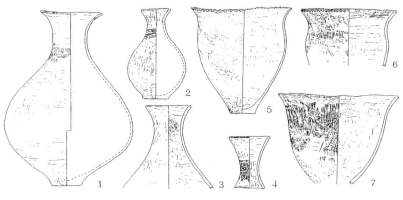

P21地区　YH49号竪穴建物址　出土土器

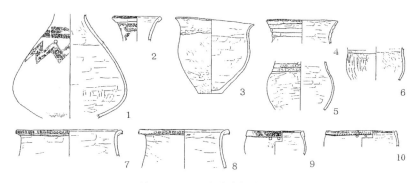

P25地区　YH8号竪穴建物址　出土土器

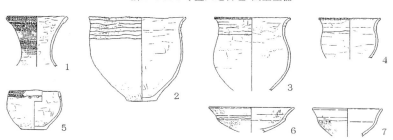

P25地区　YH9号竪穴建物址　出土土器

第1図　河原口坊中遺跡第1次調査出土土器（縮尺1／10）

部の浜名湖周辺地域（旧国名の遠江国の西部地域＝西遠江地域）を中心として分布する伊場式土器であり、一部は寄道式（愛知県東部地域＝旧国名の三河国の山中式）土器の特色を有すると指摘されているものである。この土器様相はハケメ調整甕が組成するのだが、もちろん在地のそれ以前の土器系譜とは無関係であり、且つその出現は突然である。このため後期初頭の在来系土器が不明であることと併せて、過疎状態の当地域に「三河・西遠江系」の山中式土器を使う人々の集団移住が大々的にあったのではないかと推測されるほどである（西相模考古学研究会 2001）。この地域も金目川流域と同様に、中期後半の宮ノ台式土器の最終段階はハケメ調整甕で、壺の文様は無区画の縄文帯か無文が主体である（例えば第1図上段）。後期前半（相模Ⅴ－2様式）に分布する山中式系土器は同じくハケメ調整甕であるが系譜が異なるため、後期初頭に「空白」と「断絶」がある状況であったが、近年の相模川流域の自然堤防上の遺跡の調査が行われた結果、若干ではあるが後期初頭に位置づけられる資料が見いだされるようになったので、その一部を紹介する。

相模川中流域の自然堤防上に立地する海老名市の河原口坊中遺跡では、第1次調査のP25地区YH8号竪穴建物址から久ヶ原2式（古）に位置づけられる壺[3]が、ナデ調整の多段輪積痕甕、1段輪積痕甕、大型鉢（広口壺）及び鉢とともに出土している（第1図中段）（加藤他 2014）。また同遺跡の第2次調査では弥生時代の2号旧河道から久ヶ原1～2式（古）に相当する壺が出土している（池田他 2015）。相模川流域は東京湾沿岸の南武蔵地域に隣接する地域であるため、ナデ調整甕や沈線区画縄文帯を文様に持つ壺が一定量出土しているのであるが[4]（池田 2014）、多段の輪積痕を有するナデ調整甕の出土遺跡は少なく、多くは無段のナデ調整甕であり、北川谷3期～4期に相当するものが大部分である[5]。河原口坊中遺跡ではこの他にも北川谷3期（山田橋1式）に相当する壺、甕、鉢が、相模Ⅴ－2（新）の高坏とともにP25地区YH9号竪穴建物址から出土していて（第1図下段）、併行関係を知る資料の1つに挙げられる。

さて課題は多くあるのであるが、その1つとして金目川流域も相模川流域においても、後期初頭の「空白」を埋める資料は出てきているが、前後いず

れかの系譜とつながる資料ではなく、外来土器によって埋まっているという現状に何か課題があるように思える。これらを携えてきた人々を迎え入れた人々はいなかったのであろうか。大村氏が久ヶ原式の成立について検討した際に、久ヶ原1式はSiⅤ期後半（安藤1996）に対応するという見解を述べられているが（大村2004b）、相模地域にも対応させて、相模Ⅳ－5様式（SaⅣ期：安藤1991）において併行関係や共伴関係を見直すことも必要なのかもしれない。

　きっと相模宮ノ台人は久ヶ原人とも会っているけれども、登呂さんたちの方に誘惑されてナデ甕を捨ててそっちへ行ったにちがいない。もしかしたら寄道さんとも実は気がつかないまますれ違っていたのかも…。

註
1) 弥生時代を区切る中期、後期といった時期区分と土器型式や土器様式とは異なる基準に基づく区分であり、土器型式の単位が時期区分の区切りと一致しているとは限らない（伊丹2002、比田井1993など）が、ここでは南関東で現状で使われている一般的区分で記述する。
2) 以下、時期区分は特に断らない限り、（伊丹・大島・立花2002）に準拠する。
3) 壺だけであれば久ヶ原1式に遡る可能性もあると思われるが、甕の様相は久ヶ原1式には該当しない。
4) （池田2014）の集成は悉皆的に網羅したものではないので、破片資料はこれ以外にも出土している。
5) 久ヶ原式系土器については、隣接地域である北川谷遺跡群の編年（古屋2014）に対比を試みる。壺の沈線区画縄文帯の時間幅は、相模川流域ではやや異なる傾向にあると思われるが、改めての課題としたい。

引用・参考文献
安藤広道　1991「相模湾沿岸地域における宮ノ台式土器の細分」『唐古』田原本唐古整理室OB会
安藤広道　1996「南関東地方（中期後半・後期）」『ＹＡＹ！（やいっ！）　弥生土器を語る会20回到達記念論文集』弥生土器を語る会
安藤広道　2009「東京湾西岸～相模川流域の後期弥生式土器の検討」『南関東の弥生

第Ⅰ部　研究発表とコメント

土器2』六一書房
池田　治　2014「相模川流域の久ヶ原式系土器の様相」『かながわ考古学論集』かながわ考古学論集刊行会
池田　治・宮井　香ほか　2015『河原口坊中遺跡　第2次調査』かながわ考古学財団調査報告307
伊丹　徹　20002「コラム　中期の終わり」『弥生土器の様式と編年　東海編』木耳社
伊丹　徹・大島慎一・立花　実　2002「6. 相模地域」『弥生土器の様式と編年　東海編』木耳社
大村　直　2004a『市原市山田橋大山台遺跡』財団法人市原市文化財センター
大村　直　2004b「久ヶ原式・山田橋式の構成原理」『史館』第33号　史館同人
大村　直　2007「山田橋式補遺」『西相模考古』第16号　西相模考古学研究会
大村　直　2009「久ヶ原式と山田橋式」『南関東の弥生土器2』六一書房
加藤久美・飯塚美保ほか　2014『河原口坊中遺跡　第1次調査』かながわ考古学財団調査報告304
関東弥生時代研究会・埼玉弥生土器観会・八千代栗谷遺跡研究会編　2009『南関東の弥生土器2』六一書房
シンポジウム南関東の弥生土器実行委員会編　2005『南関東の弥生土器』六一書房
立花　実　2001「相模の後期弥生土器」『シンポジウム　弥生後期のヒトの移動～相模湾から広がる世界～　資料集』西相模考古学研究会
立花　実　2005「相模地方の後期弥生土器」『南関東の弥生土器』六一書房
中嶋由紀子　2014「相模湾岸の土器様相について―平塚市真田・北金目遺跡群からみた土器様相―」『久ヶ原・弥生町期の現在―相模湾／東京湾の弥生後期の様相―』西相模考古学研究会記念シンポジウム資料集
西相模考古学研究会　2001『シンポジウム　弥生後期のヒトの移動～相模湾から広がる世界～　資料集』
比田井克仁　2003「久ヶ原式土器成立考」『法政考古学』第29集　法政考古学会
比田井克仁　2010「久ヶ原式土器をめぐる東京湾西岸地域」『法政考古学』第36集　法政考古学会
古屋紀之　2014「南武蔵地域における弥生時代後期の小地域圏とその動態」『久ヶ原・弥生町期の現在―相模湾／東京湾の弥生後期の様相―』西相模考古学研究会記念シンポジウム資料集

南武蔵地域における弥生時代後期の小地域圏とその動態

古屋紀之

1 はじめに

　南武蔵地域は神奈川県東部・東京都・埼玉県南部にわたる、東京湾西岸から荒川下流域・大宮台地南半を含む地域である。

　南武蔵を含む南関東弥生後期の土器編年は、はじめ杉原荘介によって久ヶ原式→弥生町式→前野町式という単一系統の編年が示されたが（杉原1968など）、当地域の複雑な様相が明らかになるにつれて杉原編年は批判の対象となり（菊地1974、岡本1979など）、今なお編年作業や各時期の様式圏の把握は確立していない。とくに南武蔵は今だ混沌とした様相を呈している。とはいえ、東海東部・相模系の端末結節縄文と東京湾岸系の自縄結節文区画の認識（鮫島1994）や、東京湾東岸における長期編年の確立（大村2004）などが助けとなって、将来に明るい展望も見えてきたところでもある。今回の発表では、南武蔵地域について、資料の実態に基づいた地域圏の設定、時間軸の設定、各期の遺構数の動態、副葬品の様相について明らかにし、本稿ではその成果を簡潔に示した。また、シンポジウム討議を受けて思案したアイデアを「おわりに」に追記した。なお、発表の詳細については資料集（古屋2014a）を参照していただきたい。

2 弥生時代後期の南武蔵地域の地域圏

　弥生時代後期の南武蔵地域の様相を概括しておく。まず中期末の人口激減ののち、後期初頭から後期前葉には住居数が徐々に回復したようで、東京湾東岸と同様に西岸も、沈線区画の帯縄文・山形文壺と多段輪積痕ナデ調整甕

第Ⅰ部　研究発表とコメント

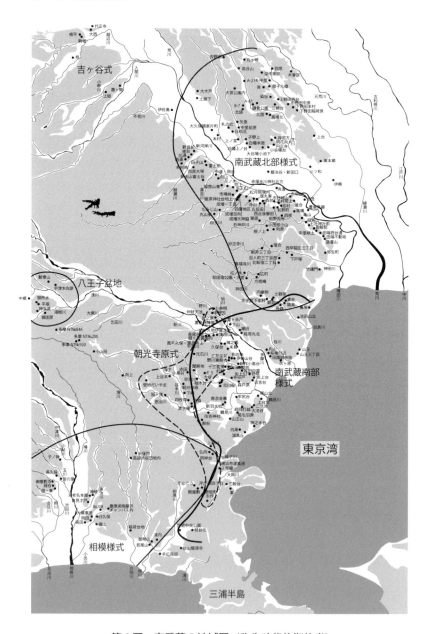

第1図　南武蔵の地域圏（弥生時代後期後半）

を主体とする久ヶ原式土器を出土する遺跡が少ないながらも分布している。久ヶ原式土器の主な分布域は東京湾東岸、東京湾西岸の多摩川下流域・鶴見川流域、三浦半島とその周辺で、一部が相模中央部にも及んでいる。

　東京湾西岸の久ヶ原式土器の分布圏は、東京湾岸に近い下末吉面に集中し、一方、西側の多摩丘陵には後期の初頭（あるいは中期末）から中部高地系櫛描文土器群に属する朝光寺原式土器の集落が出現・定着している。朝光寺原式土器は次第に独自の壺や高坏を欠落させ、代わりに東京湾岸系の壺・高坏・鉢を借用して自らの様式の一部として取り込むようになる。

　後期後半（後期中葉〜後葉）には、それまでの久ヶ原式分布圏内で地域差が生じる。筆者は東京湾岸における久ヶ原式系統の土器群について「東京湾岸系土器」の呼称を用いている。これは後期前半までの「久ヶ原式」と、後半に地域差が生じてくる久ヶ原式系統の土器群に対しての総称で、全体としては、壺は帯縄文と山形文が特徴的な要素で、甕はナデ調整が主体という特徴がある。後期後半は縄文帯の区画が自縄結節文に変わり、甕は1段輪積みから無段主体へと変化する。

　このように東京湾岸系土器を定義すると、相模は後期前葉の後半からその分布域をはずれ、後期後半の主要分布域は東京湾東岸・西岸（目黒川以南）、三浦半島に限定される。三浦半島の様相については今後の課題であるが、東京湾の東岸と西岸では後期後半に明瞭な地域差が生じ、東岸では平底甕主体、西岸では台付甕主体となる。また、双方とも後半から幾何学文を発達させるが、西岸では重山形文系幾何学文が象徴的に発展していくのに対して、東岸ではバラエティーに富んだ幾何学文が発達している。東岸後期後半の東京湾岸系土器については大村直により「山田橋式」として設定されたが（大村2004）、西岸側はまだ適切な呼称が無い[1]。ここでは「南武蔵南部様式」と仮称しておくこととする。

　一方、目黒川流域から北方に目を転ずると、武蔵野台地の中を貫流する神田川水系や、武蔵野台地の北辺である荒川南岸地域、その北対岸である大宮台地といった地域にはまったく異なる様式圏が存在する。この地域は二つの系統の土器が混交して存在すると表現できる。ひとつは東京湾岸系の久ヶ原

式土器の要素で、もうひとつは東海東部・相模系の土器群である。東海東部・相模系の様相はかなり複雑だが、一般的には東遠江の菊川式系統の影響が強いとされている（比田井1993・松本1996・篠原2009）。久ヶ原式系統は壺や高坏・鉢にみられる沈線区画もしくは自縄結節文区画の二帯縄文帯＋山形文とナデ調整甕に象徴され、東海東部・相模系は壺・高坏にみられる端末結節縄文と広頸ハケ調整台付甕に象徴される。従来、両者の甕の頸径の違いはあまり注目されてこなかったが、ナデ・ハケの違いに相関するように、東京湾岸系のナデ甕は頸部がすぼまり、東海東部系のハケ甕は広頸である点が大きな特徴である。また、前者の口縁部装飾は波状押捺が主体であり、後者は刻みである点も指摘できよう。存在形態としては両系統の特徴を併せ持つ土器があったり、それぞれの要素が独立した形で一つの土器を形作る場合があったりなど様々である。

　さて、この目黒川以北の南武蔵の様式圏をここでは「南武蔵北部様式」と仮称する。この地域について注目すべき点が2点ある。まず、この地域は後期の初めから両系統の土器が併存して見られ、久ヶ原式土器が分布していたところに、あとから東海東部系の土器が参入したというわけではないようである。比較的早い段階から菊川式の影響が参入する状況は、神田川水系の下戸塚遺跡の報告（松本1996）で鮮明になったが、荒川南岸域でも同様な様相を持つ遺跡がいくつか存在する（和光市花ノ木遺跡など、篠原2009）。この状況は、先に述べた他の久ヶ原式土器分布圏のいずれとも異なっており、この地域を単純に東京湾岸系としてくくれない所以である。この地域の後期初頭～前葉の様相を明らかにすることは今後の重要課題のうちの一つであろう。

　もう1点は、後期後半の段階になって、南武蔵北部様式圏内の久ヶ原式土器系統の土器群も他の東京湾岸系土器と同様に変容してくるが、あくまでもこの地域独自の変化の方向が見られるのであって、東京湾東岸の山田橋式や、西岸南部の南武蔵南部様式と同一の変化が見られるわけではないということである。もちろん沈線区画が消滅し、自縄結節文が登場することは他の二地域と同様であるが、この南武蔵北部地域では幾何学文が原則的に分布せず、代わり縦区画文を顕著に使用し、さらに山形文の振幅が細かくなり鋸歯状

（いわゆる鋸歯文とは別の意味）になるのはこの地域独特の変化である。これら独自の久ヶ原式系統の土器に、端末結節縄文をともなう東海東部・相模系の土器が組み合わさってひとつの様式を構成している。甕についてはハケ甕が主体を占める中にナデ甕が一定量存在するという状況である[2]。

　このように南武蔵地域は東京都南部の目黒川流域付近を境に、純粋な東京湾岸系土器で占める南武蔵南部様式圏と、その西側丘陵地帯を主な分布圏とする朝光寺原式土器圏、そして目黒川以北の南武蔵北部様式圏という三地域に分けて考えることが妥当であろう（第1図）。

3　時間軸の詳細について

　南武蔵地域の詳細なタイムスケールは、ナデ甕地帯である南部の方が組み立てやすい。東海東部系の広頸ハケ甕よりも東京湾岸系のナデ甕の方が型式変化に富んでいるからである。

　南武蔵南部地域の詳細な編年は松本完による横浜市道高速2号線の報告書（松本 1984）で提示され、安藤広道により下末吉台地全体の資料を使用して補完された（安藤 1996）。しかしそれらは弥生時代後期までを主な対象としており、終末期〜古墳時代前期への接続についてはあいまいなままであった。筆者は松本・安藤両氏の編年を継承し、横浜市港北ニュータウン内の北川谷遺跡群の良好な資料を使用して、弥生時代後期の編年を再提示するとともに、終末期と古墳時代前期の細分も行った（北川谷1〜6期編年、古屋 2009・11・13・14a・14b）。紙数の都合により詳細は各論文に譲り、ここでは図の提示にとどめておきたい（第2・3図）。

　また、南武蔵北部様式圏については、編年が難しいものの、松本完の下戸塚遺跡の編年がある（松本 1996）。また比田井克仁は多摩川以北の資料を用いて様式的検討を行っている（比田井 1999 など）。筆者は、この地域の詳細を検討したことがないが、シンポジウム資料集（古屋 2014a）では両氏の編年観を参考にしながら、最も豊富な荒川南岸域の資料を使用して、その様式構造がわかるように編年の素案を提示した。ここでは紙数の都合から壺の系統のみを示すこととする（第4図）。

第I部 研究発表とコメント

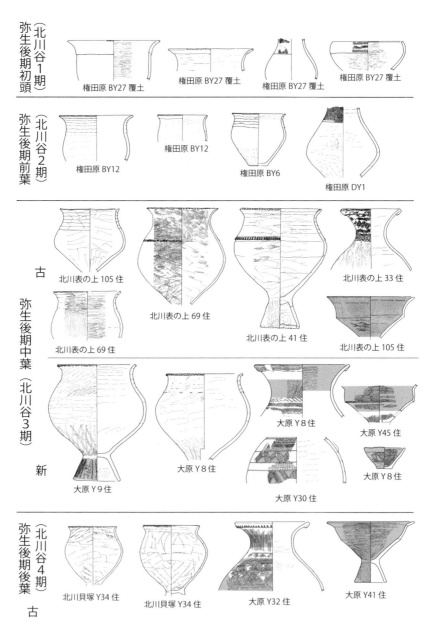

第2図 北川谷編年（1）（縮尺1／10）

南武蔵地域における弥生時代後期の小地域圏とその動態（古屋）

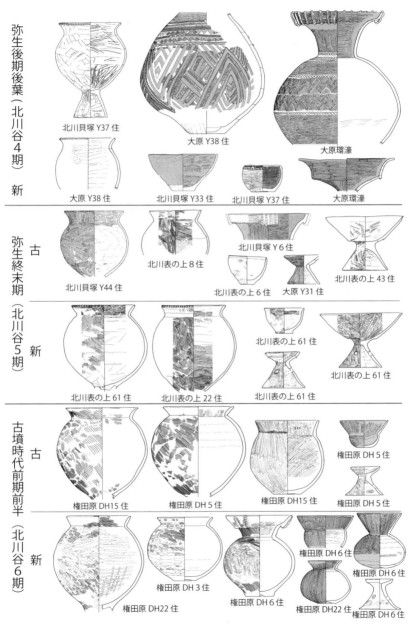

第3図　北川谷編年（2）（縮尺1／10）

第 I 部　研究発表とコメント

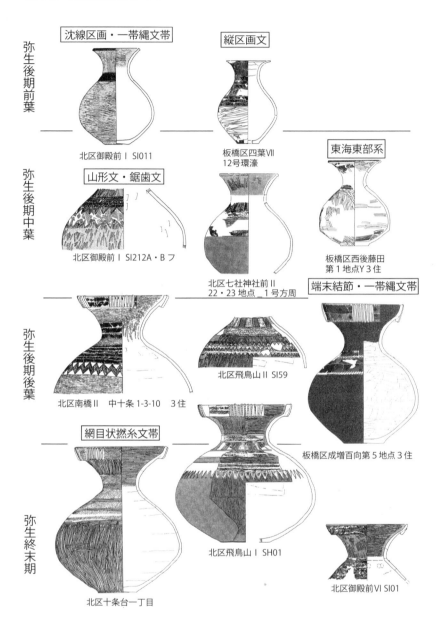

第 4 図　南武蔵北部地域の壺の系統と編年　（縮尺 1 ／ 10）

4　南武蔵地域の動向

　先に示した詳細な時期に基づいて、各様式圏の動向を見てみるとおよそ第5図のようになる[3]。後期初頭〜前葉（北川谷1〜2期併行期）は人口のゆるやかな回復期で久ヶ原式土器が東京湾岸と相模の一部に分布しているとともに、南武蔵南部の丘陵地帯に朝光寺原式土器が分布している。この朝光寺原式は埼玉県中・南部に分布する同じ中部高地系土器群の岩鼻式との親縁性が強く（渡辺1997）、一方で、主要分布域から北西方向に離れた多摩ニュータウンでも中部高地系土器が出土していることを考えれば、甲府盆地の中部高地系土器群とも一定の交流があったと思われる。言って見れば朝光寺原式は中部高地系集団の関東における支店のようなもので、中部高地系集団が持っている日本海側も含めた壮大な物流ルートを背景に、久ヶ原式系の東京湾岸系集団と様々な交換を行っていたと考えられる。この段階では岩鼻式土器を出土する遺跡が荒川下流域南岸地帯にまで分布しており（埼玉県牛王山遺跡など）、ここで久ヶ原式・菊川式との接触が見られることが興味深い（松本2007・柿沼2013）。おそらく荒川を上下するルートとここから世田谷区付近の多摩川北岸域まで武蔵野台地を縦走する内陸ルートの結節点であったのだろう。多摩川北岸には世田谷区喜多見陣屋遺跡などの朝光寺原式集団の拠点集落があり、ここも多摩川とさらに南西方向へ向かうルートが交差する地点であり、朝光寺原式・東京湾岸系の他、東海東部・相模系、東海西部系、東関東系などの土器が出土している。

　南武蔵北部様式圏は後期中葉以降、分布域を南北に拡大し、後期後半（北川谷3〜4期併行期）には北は大宮台地から南は目黒川流域まで分布を拡大している。土器の時期判定が大変難しいため、正確に中葉のうちに拡大したのか後葉になってからなのかが判断できないが、後期後半に遺構数が格段に増加することは確実であるようだ。

　一方、相模ではこの時期に東海東部系を軸に汎相模的な土器様式が確立し（立花2002）、八王子盆地や南武蔵北部様式圏に影響を拡大させている。時をほぼ同じくして甲府盆地も東海東部系の土器が面的に進出するようになり

第 I 部 研究発表とコメント

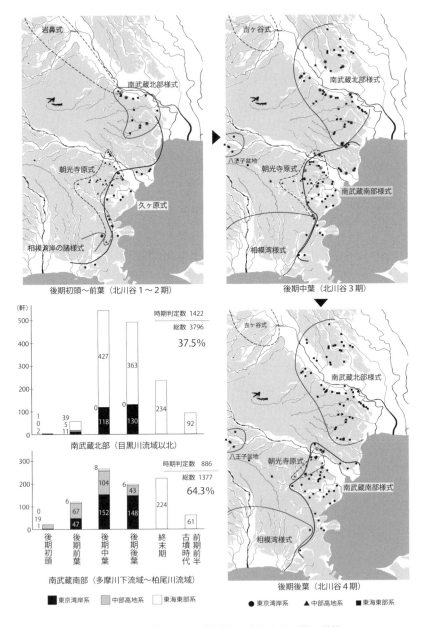

第5図 南武蔵における様式圏の変遷と住居数の動態

（稲垣 2014）、関東西部から甲府盆地にかけての大規模な東海東部・相模系の拡大現象として捉えられる。これらの動きによって南武蔵西部の中部高地系の影響は後退し、岩鼻式は縄文施文の吉ヶ谷式に変化し、朝光寺原式は次第に物流ルートを失って衰退していくことになる。なお、吉ヶ谷式は土器を変化させたとはいえ、南武蔵地域で一定量の出土が見られ、活発な交流活動を行っていたものと見られている（浜田・宮川 2003）。

　南武蔵南部様式圏は後期中葉以降は久ヶ原式から変化して独自の道を歩み始め、遺構数も増えて分布域が拡大する。南部と北部の境界にあたる目黒川流域では、後期中葉にまず南部様式の環濠集落（目黒区烏森遺跡）が出現している（合田 2012）。西側では、後期後葉には朝光寺原式土器圏内に南部様式のナデ甕を主体とする遺跡が出現し（横浜市釈迦堂遺跡など）、次第に朝光寺原式は衰退していく。南限は今のところ横浜市南部の柏尾川流域で、相模系と東京湾岸系の両者の遺跡がみられる。南武蔵南部様式圏の中核をなすのは多摩川下流域と鶴見川下流域で、とくに日吉台・矢上台遺跡群は多摩川下流域と鶴見川水系のちょうど「扇の要」の位置にあり、交通・情報の結節点として、すでに地域の中心性を確立していたと考えられている（安藤 2008・09・11）。この地域では、古墳時代前期に至って加瀬白山古墳・観音松古墳という二大大型前方後円墳の築造が見られ、南武蔵の中心地域へと成長するが、その中心性が弥生時代後期まで遡ることが注目される。弥生時代後期後半に成立してくる土器小様式圏としての地域的まとまりが、古墳時代前期の政治的な地域圏に継承される事を示す好例と言える。

5　金属器・玉類に見る物流について

　南武蔵の方形周溝墓をはじめとした後期墓制には、鉄剣・螺旋状鉄釧・帯状銅釧・玉類などが副葬品として出土し、後期前半は南部に多く、次第に北部に比重がうつる。例えば南部では、後期の初頭から中葉にかけて、朝光寺原式土器分布圏とその周辺にとくに螺旋状鉄釧の副葬が顕著である（横浜市受地だいやま遺跡1号方形周溝墓（中期末？）、横浜市Ｅ5遺跡3号方形周溝墓、横浜市大原遺跡3号方形周溝墓）。また多摩川北岸の狛江市弁財天池遺跡1

第Ⅰ部　研究発表とコメント

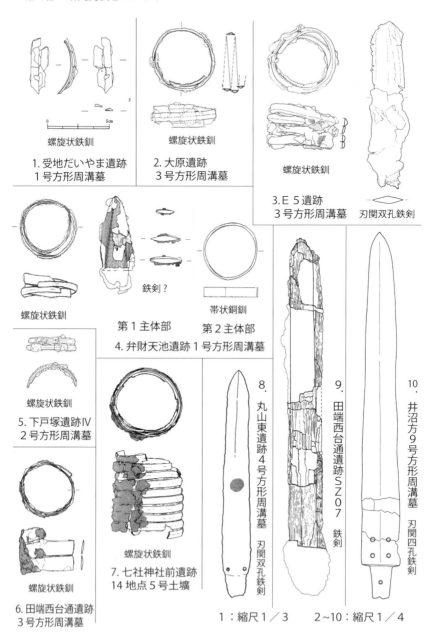

第6図　南武蔵の方形周溝墓から出土する金属器

号方形周溝墓では中心主体（第1主体）から螺旋状鉄釧と鉄剣様鉄製品が出土し、脇の土壙（第2主体）から帯状銅釧が6点も出土し、注目される。久ヶ原遺跡の方形周溝墓からは今のところガラス小玉を中心とする玉類しか出土しておらず、この地域の金属器が西の丘陵側の朝光寺原式圏内とその周辺域に集中している観がある。

　一方、後期中葉から後葉にかけて、螺旋状鉄釧と鉄剣が分布域の比重をやや異にして分布するようになる。武蔵野台地中央部の神田川水系では、東京都新宿区西早稲田3丁目遺跡や下戸塚遺跡から螺旋状鉄釧が出土し、荒川下流域南岸の東京都北区域では螺旋状鉄釧と鉄剣が集中して出土している（北区御殿前遺跡・七社神社前遺跡・田端西台通遺跡など）[4]。

　また、東京都北区より北西側の荒川南岸や北対岸の大宮台地では後期段階の螺旋状鉄釧は未発見で[5]、鉄剣のみが発見されている（練馬区丸山東遺跡、埼玉県富士見市北通遺跡、さいたま市井沼方遺跡）。

　このように南武蔵でも鉄釧は南部に多く、鉄剣は北部に多いという違いがあり、時期的にも南部の螺旋状鉄釧が古く、北部の鉄剣が新しいというおおまかな傾向はつかめるようだ。この現象は、前節でみたように、朝光寺原式土器圏のネットワークが盛んだった後期中葉までに螺旋状鉄釧が中部高地系のルートで招来され、のちに東海東部系の影響範囲が拡大する後期後半段階に、鉄剣が太平洋ルートに乗って招来された、という図式が推測しやすい。しかし、一方で、シンポジウム当日の討議の際の大村直氏の発言に代表されるように、後期後半になっても南関東への鉄製品の基幹ルートとして信州ルートが健在であったのではないかという意見もあり、土器に見る様式圏の推移と物流の関係性が今後検討されるべき重要な課題と思われる。

6　おわりに―土器の小様式圏の成立要因について―

　今回のシンポジウムにける討議における重要課題のうちの一つとして、なぜ後期になって土器の小様式圏が南関東において顕在化するか、ということが問題となった。

　この問題について今日的な視点からアプローチするとすれば、いくつかの

要因が複合的にからみあっていると考えられる。例えば、朝光寺原式や岩鼻式の出現については、中期後半の広範な宮ノ台式の社会が崩壊することによって起きた人口減少が逆に吸引力となって、中部高地系の集団が南関東の周縁域に定着したという説がある（安藤 2008b）。また、後期後半になって東京湾岸系土器が東京湾東岸・南武蔵南部・南武蔵北部で独自の小様式圏を確立する理由は、それぞれの地域で人口が増加し、域内だけで通婚圏を維持できるようになったからと考えられる。また、東海東部系の進出により、それを受け入れた南武蔵北部と、受け入れなかった南武蔵南部との対応の差が土器様式の内容に当然反映している。このようにしてみれば、一旦急激な人口減少に見舞われて外来系が流入・定着する素地があったこと、その後の人口増加、そして東海地方からの継続的な人口圧、といった諸要素が複雑に絡み合って小地域圏が現出したと考えられる。

更に立花実氏や西川修一氏が本シンポジウムの討議で説く通り、集団のアイデンティティの表現として固有な土器のデザインを模索したという考えもある。この場合、とくに甕などよりも、装飾壺などの、より象徴的な器種にそれが現れやすいだろう。これらの土器は「贈答」など、あるていど政治的な機能も有していたと想像できるからである。

弥生後期は列島各地において地域内が急速に政治的に統合されていった時代だと考えている。それは鉄器やその他希少財を獲得するための地域間競争に対応するための流れであり、つまり対外的に政治的交渉を行うための階層・機構が必要とされたのだろう。そうした点から集団間の紐帯が意識され、意識的にも無意識的にも集団を特徴づける諸様式が生じることとなった可能性もあるだろう。

註
1) 黒沢浩は南武蔵南部の横浜市二ツ池遺跡の幾何学文壺が伴う資料を以て「二ツ池式」を設定したが、同時に鋸歯文・山形文が複合した文様をもつ壺を伴う「新羽大竹式」、自縄結節文区画の二帯縄文帯を施文する「白楽式」というように、伴う壺の文様によってすべて異なる「型式」として設定している（黒沢 2005）。本

発表で規定する「南武蔵南部様式」圏では、例えば横浜市大原遺跡のように三者が同一遺跡内で同居している例もあり、これらの壺の文様の違いは同一様式圏内におけるバラエティーとして認識している。したがって、本稿で仮称した「南武蔵南部様式」について「二ツ池式」の名を冠することは適当ではないと考える。

2）従来、山形文や幾何学文を施文せずに横走縄文帯のみを施文する壺を伴う、この地域の土器群に対して「弥生町式」という呼称が用いられたが、この地域内では上記したように、久ヶ原式系統の土器が独自に変化した土器群がこれらに組み合って出土し、両者が分かち難く同居しているのが実態である。このような理由から従来の「弥生町式」は本稿の「南武蔵北部」の様式圏を表現するには実態に即しておらず、使用すべきでないと考える。

3）南武蔵北部様式圏については、現段階では各遺構の時期比定の基準があいまいなため、分析精度が低いことが予想される。将来の編年作業の進展に期待したい。

4）土屋了介によれば、南武蔵南部様式圏の螺旋状鉄釧は「8mm5段型」のものに限られ、一方、南武蔵北部様式圏のものは様々なタイプが混在しているという（第6図）。土器様式圏の違いか、時期の違いによって、受容する螺旋状鉄釧が異なるという重要な指摘であり、今後、地域の細かな動向を探る上で大きなヒントを得たことになるだろう。シンポジウム準備段階の討議にて土屋氏より教示を得た。螺旋状鉄釧の型式については（土屋2009）を参照のこと。

5）ただし、終末期の事例として大木戸遺跡のものがある。柿沼幹夫氏教示。

引用・参考文献

安藤広通 1996「南関東地方（中期後半・後期）」『YAY！』弥生土器を語る会

安藤広道 2008「横浜市日吉台遺跡群」『平成19年度考古学講座 新神奈川・新弥生論』 神奈川県考古学会

安藤広道 2009「観音松古墳の研究1 墳丘及び墳丘外施設の復元」『史学』第78巻第4号 三田史学会

安藤広道 2011「大田区と周辺地域の弥生時代」『大田区立郷土博物館紀要』第19号

稲垣自由 2014「中部高地の様相―土器の地域性とその変化―」『久ヶ原・弥生町期の現在―相模湾／東京湾の弥生後期の様相―』西相模考古学研究会

岡本孝之 1979「久ヶ原・弥生町期文化の諸問題(1)」『異貌』8

大村 直 2004「山田橋遺跡群および市原台地周辺域の後期弥生土器」『市原市山田

第 I 部　研究発表とコメント

橋大山台遺跡』(財) 市原市文化財センター調査報告書第 88 集

柿沼幹夫　2013「荒川下流域弥生時代後期土器に関する覚書」『埼玉考古』第 48 号　埼玉考古学会

菊地義次　1974「弥生文化」『大田区史（資料編）考古Ⅰ』東京都大田区史編さん委員会

黒沢　浩　2005「後期土器の地域性　報告（2）―久ヶ原式・弥生町式の今日―」『考古学リーダー 5　南関東の弥生土器』シンポジウム南関東の弥生土器実行委員会編　六一書房

合田芳正　2012「まとめにかえて―目黒川流域の弥生時代後期についての予察―」『烏森遺跡―第 1 次発掘調査報告―』目黒区埋蔵文化財発掘調査報告書第 24 集

鮫島和大　1994「南関東弥生後期における縄文施文の二つの系統」『東京大学文学部考古学研究室研究紀要』第 12 号

篠原和大　2009「南関東・東海東部地域の弥生後期土器の地域性―とくに菊川式土器の東京湾東北岸への移動について―」『考古学リーダー 16　南関東の弥生土器 2～後期土器を考える～』関東弥生時代研究会・埼玉土器観会・八千代栗谷遺跡研究会編　六一書房

杉原荘介　1968「南関東地方」『弥生土器集成本編 2』東京堂出版

立花　実　2002「相模地域第Ⅴ様式」『弥生土器の様式と編年　東海編』木耳社

土屋了介　2009「螺旋状鉄釧の基礎的研究―形態と数量的要素を中心に―」『日々の考古学 2』六一書房

浜田晋介・宮川和也　2003「吉ヶ谷式土器の拡散と変容―東京都・神奈川県内の集成―」『埼玉考古』第 38 号

比田井克仁　1993「山中式・菊川式東進の意味すること」『転機』4 号　転機刊行会

比田井克仁　1999「遺物の変遷―遺物相から見た後期の社会変革―」『文化財の保護』第 31 号　東京都教育委員会

古屋紀之　2009「考察　弥生時代後期～古墳時代初頭の様相」『北川表の上遺跡』(財) 横浜市ふるさと歴史財団埋蔵文化財センター

古屋紀之　2011「考察　弥生時代後期～終末期の遺構と遺物からみた大原遺跡」『大原遺跡』(公財) 横浜市ふるさと歴史財団埋蔵文化財センター

古屋紀之　2013「横浜市都筑区北川谷遺跡群における弥生時代後期～古墳時代前期の土器編年」『横浜市歴史博物館紀要』第 17 号

古屋紀之 2014a「南武蔵地域における弥生時代後期の小地域圏とその動態」『久ヶ原・弥生町期の現在―相模湾／東京湾の弥生後期の様相―』西相模考古学研究会

古屋紀之 2014b「考察　権田原遺跡および北川谷遺跡群における弥生時代後期～古墳時代前期の諸様相」『権田原遺跡Ⅲ　弥生時代後期～古墳時代前期編』（公財）横浜市ふるさと歴史財団埋蔵文化財センター

松本　完　1984「弥生時代から古墳時代初頭の遺構と遺物について」『横浜市道高速２号線埋蔵文化財発掘調査報告書1983年度』横浜市道高速２号線埋蔵文化財発掘調査団

松本　完　1996「出土土器の様相と集落の変遷」『下戸塚遺跡の調査　第２部　弥生時代から古墳時代前期』早稲田大学校地埋蔵文化財調査室編

松本　完　2007「武蔵野台地北部の弥生後期土器編年―埼玉県和光市午王山・吹上遺跡出土土器を中心として―」『埼玉の弥生時代』埼玉弥生土器観会編　六一書房

渡辺　務　1997「長尾台北遺跡出土の朝光寺原式土器について」『長尾台北遺跡発掘調査報告』長尾台北遺跡発掘調査団

【コメント】

北川谷遺跡群編年と岩鼻式・吉ヶ谷式土器との編年比較対照

柿 沼 幹 夫

　古屋紀之氏による北川谷遺跡群の土器編年は甕の型式変化をもとに、弥生時代後期中葉を北川谷3期として、以降、古墳時代前期前半（北川谷6期）までの区分がなされている（古屋2013）。岩鼻式土器と吉ヶ谷式土器（以下、土器を省略する）の主要分布圏である荒川中流域右岸地域と多摩丘陵とは、弥生時代後期を通じて交流が継続され、岩鼻式と朝光寺原式との型式的変遷はほぼ同調過程をたどり、鶴見川・早渕川流域には吉ヶ谷式を出土する遺跡も少なくない。相互の影響関係や伴出関係を手掛かりに、交差編年を試みる。

後期前半　後期前半の北川谷1・2期は、沈線区画を指標とする狭義の久ヶ原式とされている。武蔵野台地北東縁の白子川流域では岩鼻式と久ヶ原式が混成する集落が形成されており、岩鼻式2期が久ヶ原2式とほぼ対応することが確認できる（柿沼2013）。早渕川流域の関耕地46住は、久ヶ原式系土器群（第1図1～6）の3にS字状結節文があり、地縄結節文だけの7もある。山田橋1式にかかるかというその構成や、朝光寺原式の壺・甕（9～13）のうち櫛描波状文だけの9～12は岩鼻式3期併行であることから、北川谷2期と3期を繋げる時期に相当しそうである。

北川谷3期古（第2図）　ナデ調整甕で頸部−胴部境界輪積痕に刻み目や工具押捺を加える基準台付甕（1）に該当するものは、関耕地11住で出土している（4）。11住では波状文だけの朝光寺原式の甕（8）に吉ヶ谷式1式古の甕（7）が伴出し、吉ヶ谷式成立期の東松山市高坂二番町遺跡1次12住出土土器群（柿沼・佐藤・宮島2008）の組合せと共通する。北川表の上105住では、縄文施文輪積状口縁に頸部沈線区画羽状縄文帯を有する両系統の折衷型壺

第 I 部 研究発表とコメント

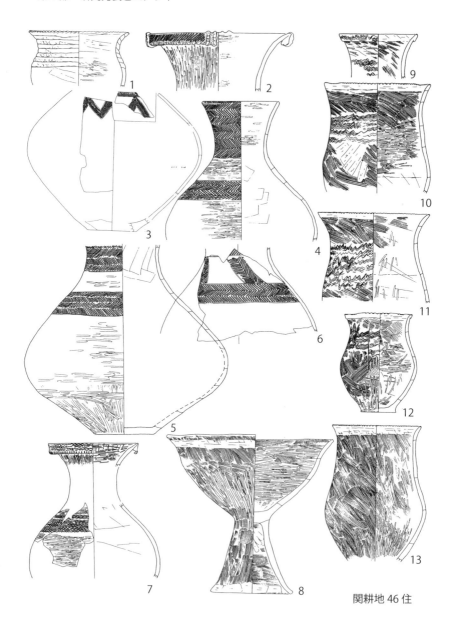

関耕地46住

第1図 北川谷2〜3期間隙期と岩鼻式3期との比較対照（縮尺1／8）

北川谷遺跡群編年と岩鼻式・吉ヶ谷式土器との編年比較対照（柿沼）

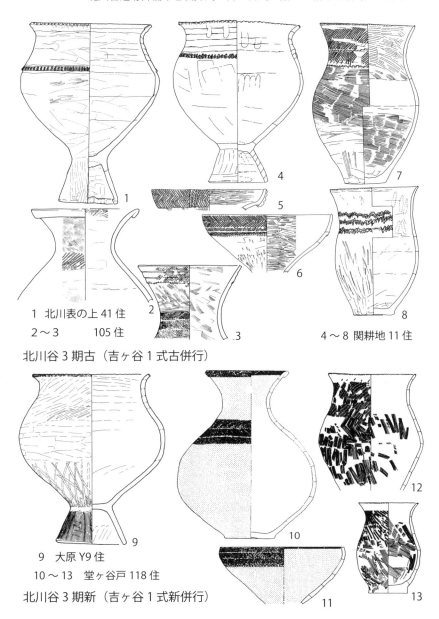

1　北川表の上 41 住
2〜3　　　　105 住
4〜8　関耕地 11 住

北川谷 3 期古（吉ヶ谷 1 式古併行）

9　大原 Y9 住
10〜13　堂ヶ谷戸 118 住

北川谷 3 期新（吉ヶ谷 1 式新併行）

第 2 図　北川谷 3 期と吉ヶ谷式 1 式との比較対照（縮尺 1／8）

第Ⅰ部　研究発表とコメント

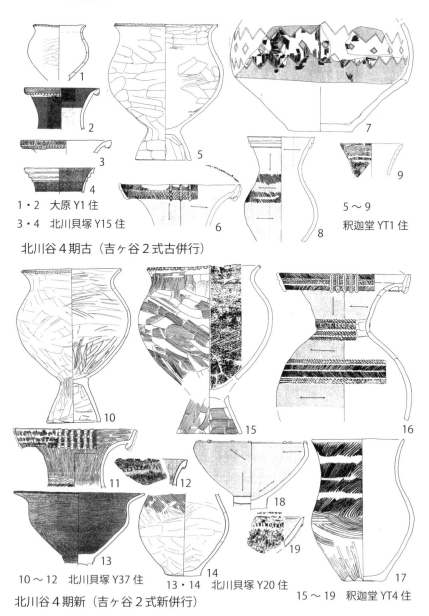

1・2　大原 Y1 住
3・4　北川貝塚 Y15 住
5〜9　釈迦堂 YT1 住

北川谷4期古（吉ヶ谷2式古併行）

10〜12　北川貝塚 Y37 住
13・14　北川貝塚 Y20 住
15〜19　釈迦堂 YT4 住

北川谷4期新（吉ヶ谷2式新併行）

第3図　北川谷4期と吉ヶ谷式2式との比較対照（縮尺1／8　※拓本は除く）

40

(3) が出土している。

北川谷3期新（第2図）　多摩丘陵とその周辺地域で吉ヶ谷1式土器が出土する遺跡として、歳勝土、赤田・小黒谷、上星川、先年伊勢山台北、影向寺周辺等をあげることができるが、甕の基準資料（9）との良好な伴出事例は見出せない。朝光寺原式が出土する多摩川左岸にまで渉猟先を広げてみると、堂ヶ谷戸118住では吉ヶ谷1式新の甕2点（12・13）が出土している。折返口縁・内面縄文施文＋胴肩部・無区画羽状縄文帯壺（10）は3期古の北川表の上105住の壺（2）の系列で、東海東部系の要素がみられる。結節文区画内湾高坏（11）は関耕地11住の結節文区画内湾高坏（6）の口縁部縄文帯下端の刻みを消失したものとみるならば時間的に後続する。間接的ながら、北川谷3期新は吉ヶ谷1式新併行に充当してみた。

北川谷4期古（第3図）　甕における基準は、胴部最大径の位置がやや上方にあがるため、頸部から口縁部に移行する屈曲点が限りなく口縁部に近づき、その結果口縁部が非常に短くなる形態のものという。近隣資料の釈迦堂YT-1住出土甕（5）が該当するならば、同住居からは吉ヶ谷2式古の壺（8）が出土している。北川貝塚Y15住出土の壺口縁部（4）は吉ヶ谷2式古で、伴出した壺口縁（3）は北川谷4期古に位置づけられている大原Y1住出土土器（1・2）の壺口縁部形態（2）に近い。釈迦堂YT-1住出土の下位に重心がある胴部中位菱形縄文帯壺（7）は山田橋2式の特徴を示す。

北川谷4期新（第3図）　甕における基準は、外来のハケ調整甕の影響で胴部の球形化が著しく進行し、頸部がゆるやかながら「く」の字と表現できる程度まで屈曲するようになり、直線的にのびる口縁部が形成され、口径が胴径に近づくとされる。基準資料の甕（10）が出土した北川貝塚Y37住では、破片ながら吉ヶ谷2式新の壺口縁部（12）が出土し、壺（11）の口縁形態は幅広複合・棒状浮文多条で釈迦堂YT-4住出土の壺（16）口縁形態に近似する。釈迦堂YT-4住のハケ調整甕（15）は形態が基準資料に近く、ナデ甕も伴い、吉ヶ谷2式新の甕（17）、高坏（18・19）が伴出している。北川貝塚Y20住では、北川谷4期新に位置づけられている高坏（13）に吉ヶ谷2式新の甕（14）が伴う。この段階から北川谷5期にかけて、吉ヶ谷式土器の拡散現象が顕著

第Ⅰ部　研究発表とコメント

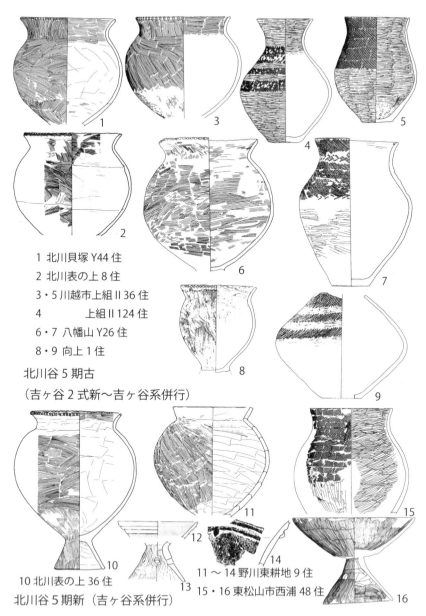

1　北川貝塚 Y44 住
2　北川表の上 8 住
3・5　川越市上組Ⅱ36 住
4　　　　上組Ⅱ124 住
6・7　八幡山 Y26 住
8・9　向上 1 住

北川谷 5 期古
（吉ヶ谷 2 式新～吉ヶ谷系併行）

10　北川表の上 36 住
11～14　野川東耕地 9 住
15・16　東松山市西浦 48 住

北川谷 5 期新（吉ヶ谷系併行）

第4図　北川谷 5 期と吉ヶ谷式 2 式新～吉ヶ谷系との比較対照
（縮尺 1／8　※拓本は除く）

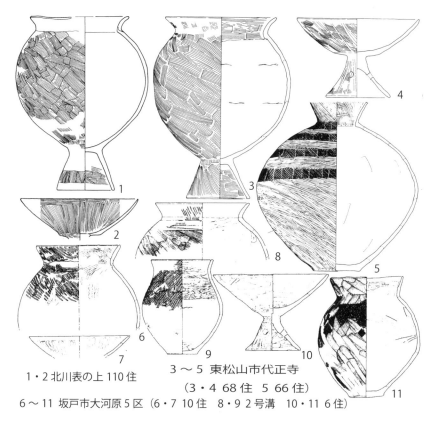

1・2 北川表の上 110 住
3〜5 東松山市代正寺
（3・4 68 住　5 66 住）
6〜11 坂戸市大河原5区（6・7 10 住　8・9 2号溝　10・11 6 住）

第5図　北川谷6期と吉ヶ谷系との比較対照（縮尺1／8）

化し、多摩丘陵から南武蔵全体に広がり、さらには相模にまで及ぶようになる。

北川谷5期（古）（第4図）　弥生時代終末期としているこの段階の荒川中流域右岸地域では、荒川下流域を中心とする集団の進出が顕著になり、川越市上組Ⅱ出土土器（3〜5）のような荒川下流域系統の台付甕（3）の伴出、頸部屈折甕（5）、縄文帯多帯構成壺（4）の盛行などの変容をもたらす。器種構成において吉ヶ谷式土器が主体性を徐々に失い、弛緩・解体していく過程（吉ヶ谷系）となる。上組Ⅱ出土台付甕（3）と北川谷5期（古）のハケ調整台付

甕（1）とは、刻み口縁・「く」の字頸部・円形胴で共通点がある。早渕川流域の八幡山Y26住では5期古のハケ調整台付甕（6）に伴出した甕（7）は、上半部に輪積痕を残すが頸部が明確で胴部が張る。町田市向上1住の縄文帯3帯構成壺（9）や海老名本郷24号方形周溝墓出土壺も縄文帯3帯構成で上組Ⅱの壺（4）に類似し、併行関係にあるとみる。

北川谷5期（新）（第4図）　甕はほぼハケ調整甕に統一され（10）、廻間Ⅱ式後半期に併行するという。川崎市野川東耕地9住の扁平化した壺口縁（12）と孔のない浮文状の耳付壺口縁（14）は吉ヶ谷系である。東松山市西浦48住の吉ヶ谷系甕（15）は、球形胴で縄文部に櫛描文が施され、廻間Ⅱ式後半期併行の高坏（16）が伴出している。

北川谷6期（第5図）　甕の口縁部を強いヨコナデによって仕上げる技法の登場を指標とする（1）。この段階以降、南武蔵や相模では吉ヶ谷系の出土事例

第1表　弥生時代後期〜古墳時代前期前半編年対比案

荒川中流域右岸　該当遺跡・遺構		北川谷編年	東京湾東岸	参　考（朝光寺原式等）
岩鼻式1期古	雉子山1住、反町2土器棺	後期前半	久ヶ原1式	観福寺北3・19住
1期新	西浦7・16住、天神台東10住	（久ヶ原1・2式）		寺下YT1・2住
2期古	代正寺77住、岩鼻中原B2住		久ヶ原2式	長尾台北14住
2期新	代正寺73住、柊3区1住			喜多見陣屋9住
3期	柊2号墓、八幡6奥2住		山田橋1式	関耕地46住、長尾台北7住
吉ヶ谷1式 古	高坂二番町1次12住	後期中葉　北川谷3期古		関耕地11住、上星川6住、赤田17 4住
新	駒堀5住	北川谷3期新	山田橋2式	堂ヶ谷戸118住
吉ヶ谷2式古	大野田西3住、吉ヶ谷	後期後半　北川谷4期古		釈迦堂YT-1住
2式新	大西62住、白草88住	北川谷4期新		釈迦堂YT-4住
	上組Ⅱ36・124住、鷺沢16住	後期終末　北川谷5期古	中台1・2式	向上1住、八幡山Y26住、海老名本郷24墓
	西浦48住	（前半部仮）北川谷5期新		野川東耕地9住　　　（廻間Ⅱ式後半）
吉ヶ谷系	大河原5区6・10住	古墳前・前　北川谷6期	草刈1式〜	（廻間Ⅲ式-Ⅰ段階）
	反町3次148住	（五領式）		（布留Ⅰ式、廻間Ⅲ式2・3段階）

＊1 吉ヶ谷1式、2式、吉ヶ谷系は時期細分ができるが、古・新の二段階区分や遺跡名の先後関係
　　表示に留め、混乱の助長を避けている。
＊2 吉ヶ谷式土器の型式細分における従前時期細分との呼称対比は、次のとおり（本稿/従前）。
　　吉ヶ谷1式/吉ヶ谷式1期、吉ヶ谷2式古/吉ヶ谷2期、吉ヶ谷2式新/吉ヶ谷式3期、
　　吉ヶ谷系/吉ヶ谷式系

は見出せなくなる。荒川中流域右岸地域では、東松山市代正寺68住はやや古い土器群との混成だが、甕（3）が指標甕に近く、廻間Ⅲ式-1段階併行の高坏（4）が伴う。近接する66住出土の吉ヶ谷系壺（5）は頚部の屈曲や胴部の球胴化が著しく、縄文帯が4帯あり、坂戸市大河原5区出土土器（6～11）も同時期である。以降、集落からの出土は少なくなるが布留1式、廻間Ⅲ式-2・3段階併行でも残り、墳墓では布留2式、廻間Ⅲ式-4段階併行になっても痕跡化した壺が供献されるのが最終形態である。

引用・参考文献

江藤明・吉田寿 1988『向上遺跡』町田市本町田向上遺跡調査団

柿沼幹夫・佐藤幸恵・宮島秀夫 2008「岩鼻式土器から吉ヶ谷式土器へ」『国士舘考古学』第4号 pp.71-93 国士舘大学考古学会

柿沼幹夫 2013「荒川下流域弥生時代後期土器に関する覚書」『埼玉考古』第48号 pp.5-28 埼玉考古学会

川口 潤 1992『蟹沢・芳沼入・芳沼入下・新田坊・尺尻・尺尻北・大野田』埼玉県埋蔵文化財調査事業団報告書第119集 財団法人 埼玉県埋蔵文化財調査事業団

菊池 真 2007『西浦／野本氏館跡／山王裏／銭塚』埼玉県埋蔵文化財調査事業団報告書第340集 財団法人 埼玉県埋蔵文化財調査事業団

黒坂禎二 1989『上組Ⅱ』埼玉県埋蔵文化財調査事業団報告書第80集 財団法人 埼玉県埋蔵文化財調査事業団

合田芳正・池田 治・他 1994『野川東耕地遺跡発掘調査報告書』野川東耕地遺跡調査団

合田芳正・池田 治・及川良彦 1995『海老名本郷（X－3）』富士ゼロックス株式会社 本郷遺跡調査団

坂本 彰・山田光弘・他 2007『北川貝塚』港北ニュータウン地域内埋蔵文化財調査報告39 横浜市教育委員会 財団法人 横浜市ふるさと歴史財団 埋蔵文化財センター

武井則道 2002『八幡山遺跡』港北ニュータウン地域内埋蔵文化財調査報告31 横浜市教育委員会 財団法人 横浜市ふるさと歴史財団 埋蔵文化財センター

田村良照他 1997『関耕地遺跡発掘調査報告書』観福寺北遺跡発掘調査団

寺畑滋夫・久松康一郎他 1988『堂ヶ谷戸Ⅲ（第2分冊）』世田谷区教育委員会

第1部　研究発表とコメント

藤野和之　2012「吉ヶ谷式系土器の終焉に関する一考察－埼玉県坂戸市大河原遺跡が提起する問題－」『駒澤考古』第37号 pp.27-43　駒澤大学考古学研究室

古屋紀之他　2009『北川表の上遺跡』港北ニュータウン地域内埋蔵文化財調査報告42　財団法人横浜市ふるさと歴史財団 埋蔵文化財センター

古屋紀之他　2011『大原遺跡』港北ニュータウン地域内埋蔵文化財調査報告44　公益財団法人 横浜市ふるさと歴史財団 埋蔵文化財センター

古屋紀之　2013「横浜市都筑区北川谷遺跡群における弥生時代後期～古墳時代前期の土器編年」『横浜市歴史博物館紀要』第17号 pp.1-30　横浜市歴史博物館

渡辺　務　1989『釈迦堂遺跡』日本窯業史研究所

【コメント】

朝光寺原式土器からみる集団構成論メモ

浜 田 晋 介

1 はじめに

　弥生時代後期の南関東地域には、多摩川・鶴見川流域や大岡川・帷子川流域のごく狭い範囲に分布する、櫛描文をほぼ唯一の文様とする朝光寺原式土器がある。戦前からこれまでに多くの研究実績が集積されている（杉原1939、岡本・武井1969、松本1984、橋本1986・2000、渡辺1995・1997、浜田1995・1999・2000・2009、田村1998・2013など）。これらの研究成果からこの地域の弥生時代後期の土器が櫛描文を採用せずに、伝統的な縄文施文の土器群（「久ケ原式土器」や「弥生町式土器」を指す：以下「伝統的な土器」と略記）を形成するなかにあって、朝光寺原式土器は、それ以前の宮ノ台式土器の文様施文技術・土器胎土の選択・器形を受け継がない異質な土器群である、ということが共通理解として存在していると考える。その系譜は当初、北関東の樽式土器の移入あるいは影響を受けた結果の土器、という考えが強かったが、筆者や橋本裕行氏が想定しているような、中部高地・甲府盆地の土器製作の技術を受け継ぎ、南関東地域で生成した土器、と想定できるものである。
　また、同じ竪穴から一括資料として朝光寺原式土器・伝統的な土器は出土するが、両者の文様が一つの土器に組み合わされて施文される個体がほとんど見られない[1]。これはそれぞれの土器製作集団が製作技術や伝統を墨守していると考えることが可能であり、両者の関係を考える上で大きな特徴となる。
　さらに、朝光寺原式土器が存在する後期はその初頭から、それまで分布していた宮ノ台式土器に比べ狭い範囲に特徴ある土器群が存在する。北武蔵に

は櫛描文の岩鼻式、粒（節）の粗い縄文を施文する吉ケ谷式土器や、付加条縄文と櫛描文を多用する印旛沼周辺以北に分布する東関東系土器など、朝光寺原式土器と同じような地域色をもった土器である。そして、これらの土器、特に吉ケ谷式土器は朝光寺原式土器と共伴することが多い。

　このことについては、すでに触れているが（浜田2000）、それ以後朝光寺原式土器の系譜や編年についてより明らかとなったため（浜田2009）、本論ではこうした関東地域で弥生時代後期になると出現する地域色を持った土器に対する考え方の枠組みを、朝光寺原式土器と伝統的な土器を題材に、前稿を整理しながら覚書として提示したい[2]。そして遺跡出土資料を通してさらに本格的な分析を将来に示すための予備稿であると位置づけるとともに、関東の弥生土器研究における様式論研究が土器の編年研究ではなく、集団の構成を論ずるために有効な方法であることを提示できればと考えている。

2　朝光寺原式土器の分布としての特徴

　朝光寺原式土器が分布する地域は、それ以前の中期後半の段階には宮ノ台式土器が分布していた地域で、宮ノ台式土器の分布は東京湾を挟んで千葉県・東京都・神奈川県などその広い範囲に及んでいた。しかし朝光寺原式土器はその分布範囲をずっと狭め、神奈川県・東京都の一部、それも東京湾沿岸には分布しない特徴がある。そのため、従来より伝統的な土器の分布と朝光寺原式土器の分布の境界を線引きする分布図が作成されてきた。こうした図は朝光寺原式土器の分布域を確認するという点に関して、その特徴を示す意味で有意な情報を与えてくれる。しかし、その反面、意図的ではないものの、境を線引きする分布図は、伝統的な土器製作集団と朝光寺原式土器製作集団が対峙して存在している印象を与えていることも事実であろう。例えば研究の当初に一竪穴から出土する両者の数量的な多寡を基準に「主体的」「客体的」という用語で両者の関係を表現してきた。しかし、この表現は二つの土器製作集団の具体的な関係（一竪穴内の両製作集団の人数比率、世帯内での両集団の階層差など）を言い表したものではなく、完形の朝光寺原式土器に伝統的な土器が少量しかも不完全な個体として混じれば、朝光寺原式土器が

主体的である、という数量的な状態を表しているにすぎない。竪穴には様々な経過を経て遺構に残された結果として遺物が存在する。そのためこの方法では同じ遺跡でありながら、朝光寺原式土器が主体的な竪穴と、伝統的な土器が主体的に出土する竪穴が存在することになるのである。数量的な基準は、両者の土器を製作した集団の関係を不明瞭なまま置き去りにしていた、といえるだろう。朝光寺原式土器しか出土しない竪穴がある遺跡において、伝統的な土器が出土する他の竪穴も存在することは多くの遺跡で確認できることであり、朝光寺原式土器の分布域で伝統的な土器が出土しないわけではない。むしろほぼ全ての遺跡で両者は共伴しているのである。すなわち朝光寺原式土器だけが純粋に出土する集落は存在しないと考えた方が実態にあっている[3]。そうしたことを踏まえれば、両者の土器製作集団が対峙したり対立したとするのではなく、朝光寺原式土器が分布する地域は、伝統的な土器が分布する地域でありその地域に朝光寺原式土器が出土する、と解釈した方が理解しやすいのではないだろうか。

　こうした前提に立ち両者の関係を数量的・表層的ともいえる理解ではなく、両者の個体識別が容易であるという特徴を利用し、一括遺物から土器組成の在り方を整理することによって、両者の関係性を推測する手がかりが得られると考える。すなわち両者が織り成す様式構造を通じて、異なった土器製作集団の生活や、そうした集団が混在する社会を理解していけるのではないか、ということである。

3　朝光寺原式土器の組成としての特徴

　朝光寺原式土器の特徴ある土器組成の在り方は、型式設定当初から注目されていたが（岡本・武井 1969）、近年の資料の増加により、ようやくその変遷と構造が理解できるようになってきた（浜田 2009）。朝光寺原式土器の変遷を概観すると、そのプロトタイプあるいは最も古い中期終末段階の朝光寺原式土器（朝光寺原 0 式）は壺・甕から構成されているものの、次第に伝統的な土器群の壺や甕とセットとなっていき、最も遺跡数が多くなる後期中葉から後半段階では、壺がなくなり甕だけが伝統的な土器群とセットとなり、後

第1部　研究発表とコメント

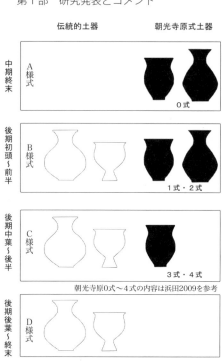

第1図　朝光寺原式土器の変遷と土器組成

期後葉の段階には朝光寺原式土器が存在しなくなる、あるいは極端に少なくなる、という傾向がある（第1図）。

弥生土器の様式構造は壺、甕、高坏（鉢）から構成されるのが普遍的であろう（小林1935）が、南関東においては伝統的な土器も朝光寺原式土器も、高坏（鉢）は前二者に比べて出土事例が少ない。そうしたことを踏まえ比較対象になり得る、壺・甕に注目してその様式構造をみれば、朝光寺原様式と呼べるのは、壺の朝光寺原型式と甕の朝光寺原型式の組成となる中期終末段階だけである（便宜上、A様式とする）。それ以後は朝光寺原様式と伝統的な土器様式が一括資料として存在し（B様式）、さらに進むと伝統的な土器様式のなかに甕の朝光寺原型式だけが存続するということになる（C様式）。そして後期後葉〜終末段階には、朝光寺原式土器は共伴しなくなる（D様式）。すなわち、朝光寺原式土器の壺形式は、その生成段階には存在するものの次第に消滅していく形式であり、甕形式は普遍的に製作され続けるものの、壺形式の朝光寺原型式が消滅した後は、伝統的な土器の壺形式・甕形式とともに土器組成（C様式の状態）となる。そして甕形式も後期後葉以降は存在しなくなる。このような点こそが朝光寺原式土器の大きな特徴であり、朝光寺原式土器の後半段階の土器組成はそれだけでは機能することができず、伝統的な土器が存在してはじめて機能することができた、と解釈できるのである。

このような変遷は「朝光寺原様式」の存在を認めるとしても、広義にとら

えて中期終末〜後期前半（A様式とB様式）、狭義には初期の段階（A様式）にしか存在しないことを教えてくれている。したがって、朝光寺原式土器が分布する地域の編年を、「朝光寺原様式」の名称で組み立てて行くには違和感があり、特にC様式の段階では朝光寺原式土器よりも、伝統的な土器の方が壺・甕で構成されているため、安定した土器型式群であるといえる。様式論の根底にある、壺・甕が不可分の関係でセットとなって存在することに農業社会の土器としての意義を見いだすならば、壺だけあるいは甕だけという土器群の存在を理解することは困難である。その点を認めるならば、C様式は伝統的な土器様式の中に甕の朝光寺原型式が組み込まれ、一つの様式を形成するということであり、その逆の解釈は成立しないと考える。この段階の朝光寺原式土器（筆者の朝光寺原3式、4式）が壺を消失している以上「朝光寺原様式」として理解して行くよりも、伝統的な土器に基づいた様式名とした方が方法論的には正しいと考える。

4　朝光寺原式土器と伝統的な土器製作集団

　朝光寺原式土器の特徴を前述してきたが、伝統的な土器製作集団との関係で最も重要であると考える特徴は次の2点に集約される。
　（1）伝統的な土器と朝光寺原式土器は、それぞれの土器にお互いの形（甕における台付・平底の別、輪積痕跡の有無など）や文様（縄文・櫛描文の別など）の要素を取り入れた、折衷土器をほとんど製作しない。
　（2）朝光寺原式土器（あるいはその祖型となる土器）は中期終末には壺・甕がセットで作られていたが、後期になると伝統的な土器と朝光寺原式土器は共伴し、もっとも遺跡が多くなる後期中葉から後半は甕だけしか存在しなくなる。また朝光寺原式だけを純粋に出土する集落はない。
　この朝光寺原式土器と伝統的な土器に関する二つの特徴を、前稿（浜田2000）においては時系列に沿って説明することができなかったが、前稿以降、寺下遺跡における確実な朝光寺原1式の壺が確認できたことや、元石川I遺跡、津田山9遺跡の最終段階の朝光寺原4式の確認など、編年を組み立てる上で参考となる事例が判明したことによって、鮮明にとらえることが可能と

なった（浜田 2009）。その結果、朝光寺原式土器は壺・甕両形式のセットで出発しながら、時間の経過とともに壺が無くなるが甕の製作は無くならずに、その後、製作手法を異にする伝統的な土器に組み込まれることから、その土器様式を構成する社会的な理由は何か、という明確な問いを設定することができるようになった。この問いについては前稿で朝光寺原式土器製作集団が、伝統的な土器製作集団と連合（擬制的同族関係に似た契約関係）することにより、壺の製作を制限される代わりに両者にとって有意な関係となる要因が存在した、と考えた。これは本論で示した朝光寺原3式、4式の段階、C様式の姿を想定したものであった。現在も両集団が一竪穴で共棲する、あるいは同一の共同体として生活をしているという基本的な点で大きな考え方変更はないが、今後は存在しない壺よりも甕が製作し続けられることに注意を向けるべきなのかもしれない。また、前稿で要因とした石器供給を念頭においた分析については、現在では再考の余地があると考えている。それは、朝光寺原式土器の甕の存続と石器供給の関係性を結びつけて説明することが困難であり、吉ヶ谷式土器などの他の共伴土器の在り方との関わりも考慮しなければならないからである。しかし、これに代わる要因を理論だてて説明する考えを現在持ち合わせていないため、将来の課題としておくしかない。本論をノート（覚書）とした所以である。

註

1) 折衷土器は存在しているが、これまでの朝光寺原式土器・伝統的な土器全体の出土量からみれば極めて少ない。基本的には折衷土器を作りださなかったと結論づけてもよいであろう。
2) 朝光寺原式土器と共伴事例の多い吉ケ谷式土器や、単体として出土が確認できる東関東地域の土器も同じように分析する必要があるが、問題の本質を単純化する意味で、今回は伝統的な土器と朝光寺原式土器との関係に絞って述べておく。ちなみに、吉ケ谷式土器は朝光寺原式土器のなかでも前半には共伴事例はなく、後半の段階の土器（筆者の3式）以降に集中する特徴がある。また、東関東系の土器は甕が単体で出土するが、朝光寺原式の前半の段階（筆者の1式）から、出土が確認できる。

3）朝光寺原式土器との一括遺物のなかに、必ず伝統的な土器が共伴する、という意味ではなく、朝光寺原式土器を出土する遺跡においては、破片を含めれば例外なく伝統的な土器が出土するということである。これに対して、より東京湾に近い地域は、朝光寺原式土器を交えずに伝統的な土器だけを出土する遺跡が分布する。

引用・参考文献

岡本　勇・武井則道　1969「朝光寺原式土器について」『昭和43年度横浜市埋蔵文化財調査報告書』横浜市埋蔵文化財調査委員会

小林行雄　1935「弥生式土器の様式構造」『考古学評論』第1輯第2号

杉原荘介　1939「上野樽遺跡調査概報」『考古学』11-1　東京考古学会

田村良照　1998「朝光寺原式の属性（前編）」『神奈川考古』34　神奈川考古同人会

田村良照　2013「朝光寺原式の属性（後編）」『神奈川考古』49　神奈川考古同人会

橋本裕行　1986「弥生時代の遺構と遺物について」『奈良地区遺跡群Ⅰ　上巻』奈良地区遺跡調査団

橋本裕行　2000「朝光寺原式土器成立過程の枠組み」『大塚初重先生頌寿記念考古学論集』　東京堂出版

浜田晋介　1995「朝光寺原式土器の成立過程」『史叢』54・55合併号　日本大学史学会

浜田晋介　1999「朝光寺原式土器の成立をめぐって」『川崎市市民ミュージアム紀要』11 川崎市市民ミュージアム

浜田晋介　2000「朝光寺原式土器・その存在の背景」『竹石健二先生・澤田大多郎先生還暦記念論文集』

浜田晋介　2009「朝光寺原式土器の編年と共伴土器」『南関東の弥生土器2』六一書房

松本　完　1984「弥生時代〜古墳時代初頭の遺構と遺物について」『横浜市道高速2号線埋蔵文化財発掘調査報告書1983年度』横浜市道高速2号線埋蔵文化財発掘調査団

渡辺　務　1995「朝光寺原様式の基礎的研究」『王朝の考古学』雄山閣

渡辺　務　1997「弥生時代後期における谷戸利用の一事例と派生する諸問題」『西相模考古』8　西相模考古学研究会

【コメント】

弥生時代後期の社会―海の視点から―

杉 山 浩 平

1 はじめに

　先のシンポジウムでは金属器や玉などの弥生時代後期の物流を巡る問題に多くの時間が割かれていた。そこで、筆者はこの10年来取り組んできた伊豆諸島の調査研究から導き出された貝製品を巡って、コメントを記し、述べる機会をいただいた。ここでは、その不足分とその後考えたことについて展望として、簡単に記させていただきたい。

2 コメントの内容

　筆者は2007年から2009年にかけて、伊豆諸島の三宅島にて弥生時代の遺跡を対象として発掘調査を行った。その目的は、神津島産黒曜石などの資源の流通に関与した集団と自然環境の変化との関係性を明らかにすることにあった。なかでも、ココマ遺跡の発掘調査では、調査面積0.35㎡、土量にして0.1立米で最少個体数135点のオオツタノハ製の腕輪の失敗品や残滓を検出し、ココマ遺跡が弥生時代中期から後期にかけての貝輪の生産遺跡であることを明らかにした。この出土量は、偶発的に三宅島で貝輪が製作された結果ではなく、本土の需要に応じるために特定の集団が赴いて、原産地直下で大量生産した結果と評価することができる（杉山2014）。

　関東平野での貝輪の出土例は少ないため、これまであまり重視されてきていないが、ココマ遺跡でのオオツタノハ製貝輪の生産活動、雨崎洞穴や大浦山洞穴など三浦半島の海蝕洞穴でのタマキガイなどを用いた貝輪の生産活動などをみると（第1図6～8・11）、関東地方の弥生時代中期から後期にかけて

第1部 研究発表とコメント

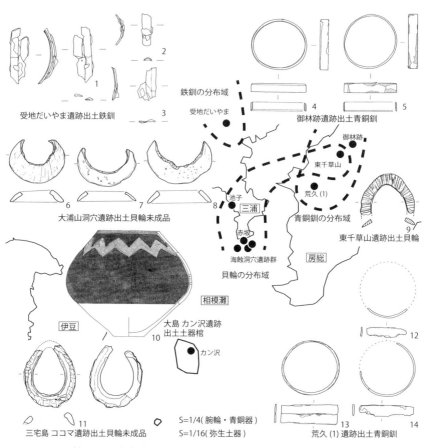

第1図 弥生時代中期後葉から後期前葉の腕輪三種の分布

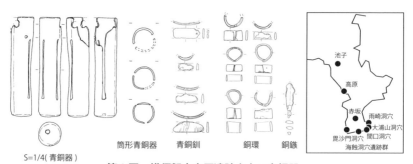

第2図 横須賀市高原遺跡出土の青銅器

貝輪装着の習俗が存在し、その製品が広く流通していたことは確かである。また、同じ時期に房総半島では青銅釧（同図4・5・12～14）、南武蔵地域では鉄釧（同図1～3）が出土している。腕飾類をひとつ取り上げて見ても、東京湾沿岸域で複数の物資の流通網が複雑に絡み合っていたのではないだろうか。

3　島への渡航とその集団

　伊豆諸島は相模灘から太平洋上に展開している島嶼である。シンポジウムに関連する弥生時代後期に限ってみると、伊豆諸島の遺跡では、後期前葉から中葉（三宅島の西原遺跡での結節区画の壺破片）の資料が出土している。現段階では後期後葉の資料はない。日本列島の周りには、伊豆諸島のほかにも多くの島弧がある。壱岐・対馬、薩南・奄美・沖縄・先島諸島、千島列島などあるが、それらの島々と伊豆諸島との決定的な違いは、島の先に大陸がない、伊豆諸島が行き止まりの島嶼であるということである。つまり、伊豆諸島の遺跡は、何らかの目的のために渡島したものであり、その目的とは先に挙げた海洋資源の獲得が推定される。

　島に渡り、各種資源を獲得し、流通の起点を担う集団は、どのようなものなのだろうか。海を渡るには潮を読む力、渡りきる運動能力が必要である。農耕民が片手間にできる技能ではない。渡航に特化した集団、海洋民がその役割を果たしたであろうことは想像に難くない。西川修一は、海洋民について「土地や権力に縛られない「支配に与さない」という指向」として独立性の高い集団であると推定している（西川2014）。社会に属さないヒトが存在しないように、海洋民といえども社会に属している。また、属していなければ物資の流通構造に寄与することもできない。その帰属が1つの集落なのか、河川流域なのか、平野単位なのか、それよりもより大きな範囲の地域なのかは難しい問題ではあるが、かつて筆者らが行った伊豆諸島の土器の胎土分析では、複数の地域を出自とする土器が持ち込まれていた（杉山2014）。例えば、先に挙げたココマ遺跡は、29点の土器を分析して、胎土の類型は4つに分類する事ができた。この類型の数は三宅島の中期後葉の坊田遺跡の数（100点分析で8類型に分類）に比べれば少なくなっている点で、特定の地域の集団

が海を渡り貝輪の生産に従事していると評価できるが、伊豆半島から相模湾中東部の複数の地域を出自としていた。海洋民を検討するならば、関与が想定される遺跡の土器の型式学的な分析と共に胎土分析もそれを解明するための大きな手段であろう。実際に、最近筆者が三浦半島の海蝕洞穴遺跡出土の土器を観察していても、明らかに幾種類かの胎土が存在している。

4　展望　三浦半島は衢となりうるか

　シンポジウムの議論のなかで「衢（ちまた）」が大きく取り上げられた。この概念を筆者の視点で見たときに、三浦半島も一つの衢の地域（本来、衢はさらに狭い範囲や遺跡そのものに適応するべきだろうが）となり得るのではないかと、シンポジウムの討論を聞きながら感じた。海からのルート、そして武蔵地域からのルート、そして海を渡る東西のルートの交点に三浦半島は位置している。南北のルートでは、これまで述べてきたような海洋資源の流通の南からのルートのみならず、例えば伊豆大島のカン沢遺跡では、下総地域での確認例が多い久ヶ原式土器の大型壺2個体を合わせた土器棺墓（同図10）が検出されており、北からの南下ルートも想定される。また、横須賀市高原遺跡での青銅器類（第2図）や古墳開始期の畿内系土器の出土、三浦市の海蝕洞穴遺跡での同時期の畿内系土器の出土など東西ルートの通過点となっている。今一度、三浦半島の資料の再評価が、南関東の弥生時代後期を理解する上で必要なのではないだろうか。

引用・参考文献

杉山浩平　2014『弥生文化と海人』六一書房

杉山浩平編　2009『東京都三宅島　ココマ遺跡発掘調査報告書』三宅島ココマ遺跡学術調査団

西川修一　2014「「海洋民」について―漂泊・零細・停滞・後進性…その呪縛を解く―」『海の古墳を考えるⅣ』第4回 海の古墳を考える会　41‐50頁

気候変動と房総の弥生社会
― 東京湾東岸から見た弥生時代後期 ―

小橋健司

1　はじめに

　今回のシンポジウムでは、東京湾東岸地域における土器型式の変化の様相について述べ、その背景に大局的には気候変動の影響があったのではないか、という仮説を示した。

　弥生時代中期末から後期初頭には周辺地域で土器型式等の南下（下降）動向が見られ、房総では東関東系土器分布域との境界も南に動く。後期中葉、安房形壺形土器に代表される湾口部土器型式の要素が東岸では市原台地周辺まで北上するとともに、印旛沼周辺地域にも広がる。終末期前半は突発的に外来系の土器・竪穴建物が現れ、以後、交通経路の集束・交差地に集落の発達が見られる。このような各期動向の背景に二つの寒冷期の影響を推定したのが発表内容である。以下では主に、資料集に掲載できなかった気候変動に関する情報を補い、各発表とコメントを東岸の様相に照らして浮かび上がった成果と今後の課題について触れてみたい。

2　古気候情報と弥生後期

　近年、地球温暖化現象の存否と二酸化炭素排出量増大の因果関係を探る古気候研究の進展により、人為的影響の見積もりの対象として、地球科学スケールでは最近過去である数千年前の古気候（代替）データが高精度で提示されるようになってきている。以下で参考にした研究の多くもその一環としてオンライン公開されているオープンデータである[1]。

　第1図のグリーンランドのアイスコアのデータは、GISP2という地点をボ

第 I 部　研究発表とコメント

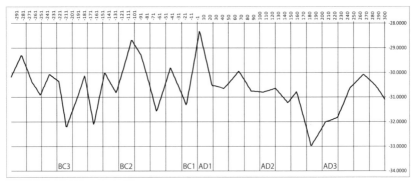

第 1 図　グリーンランド氷床アイスコアから復元された気温（小端他 2011）

ーリング掘削して得られたもので、氷中に閉じ込められた気体の組成（アルゴンと窒素の同位体比）を年層ごとに調べ古気候（気温）を推定するという研究による（小端他 2011）。図は、紀元 1 年をはさむ 600 年間の復元気温値を単純にグラフ化している（縦軸は温度：℃）。数値はグリーンランドという極地の表面温度を復元したものだが、北半球の推定気温とも寒暖のリズムは一致するようである（小端他 2013）。弥生後期初頭を紀元 1 世紀第 1 四半紀頃、弥生終末期の始まりを 2 世紀第 4 四半紀頃とすると（森岡・西村 2006）、急激な寒冷化が両方で起きたことが考えられる。

　第 2 図は、北京にある洞窟の石筍（鍾乳石）の分析結果をグラフにしたものである。石筍の年層の厚さを外面（現在）から計測していき、既知の気候データと層厚の関係から古気候を推定するという方法により、復元気温が算出されている（Tan, et al 2003）（11 年間の移動平均値を表示）。鍾乳石の性質上、降水量の影響も受けているが、紀元前 665 年相当まで連続して遡れる有用なデータである。第 1 図と比べると、同様のピークが新しい方へ 30 年ほどずれているが、日本列島の近傍で似た動向が示されている点を積極的に評価したい。

　2 世紀末の気候については興味深い文字記録がある（山本 1978・1980）。魏志武帝紀の興平元年（194）に「蝗蟲起、百姓大餓、布糧食亦盡、各引去。是歳穀一斛五十餘萬錢、人相食、乃罷吏兵新募者」と、人々が共食いにはしるほどの飢餓状態に陥り官吏・兵士の募集もできなかったとある。また、後

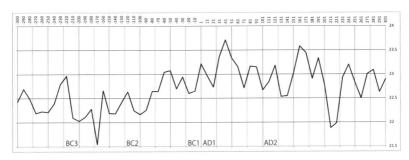

第２図　北京の鍾乳石から復元された気温（Tan, et al 2003）

漢書献帝紀興平元年（194）にも「是時穀一斛五十萬、豆麥一斛二十萬、人相食啖、白骨委積。帝使侍御史侯汶出太倉米豆、為飢人作糜粥、經日而死者無降」と、国庫から米豆を出すまでに至った状況が描かれている。後漢書献帝紀建安２年（197）にも「夏五月、蝗。秋九月、漢水溢。是歳飢、江淮間民相食」と飢えに苦しんだ記述がある。朝鮮半島では、三国史記新羅本紀伐休尼師今10年（193）に「九年、三月、京都雪深三尺。夏五月、大水、山崩十餘所。十年、春正月甲寅朔、有食之。三月、漢祇部女、一産四男一女。六月、倭人大饑、來求食者千餘人」とあるほか、高句麗本紀故国川王16年（194）には「十六年、秋七月、墮霜殺穀、民饑、開倉賑給」とあり、魏志では原因を蝗に求めるのに対し、霜が穀を殺したため民が飢えた、と寒さが飢えをもたらしたように書かれている。真偽を確かめるのは難しいが、中立的な気象関係記事において、２世紀末の東アジアに寒冷期があり「倭人大饑、來求食者千餘人」という状況が生じたと記されているのは、弥生後期から終末期にかけての列島における社会動向を考える上で見過ごすことはできない。

　ところで、後漢書五行志には「靈帝時、日數出東方、正赤如血、無光、高二丈餘乃有景。且入西方、去地二丈、亦如之。其占曰、事天不謹、則日月赤。是時月出入去地二三丈、皆赤如血者數矣」とあり、霊帝（168-189）の時に太陽と月の出入りが血のごとく赤かったと記されている。光和４年（181）には「黃氣抱日、黃白珥在其表」という現象が記録されているが、これは火山噴火由来の微粒子によって太陽の周りにリングが生じる光学現象「ビショップ環」と見られ、前者の赤変も大量の噴火由来の微粒子によって散乱の起こ

された異常な朝焼け（夕焼け）だった可能性がある。また、ヘロディアヌスの『ローマ人の歴史』にも、コンモドゥス帝（180-192）の時に日中に星が見えたという異常な天文現象が記録されている。

　南極の「ドームふじ」で掘削されたアイスコアには、180年ごろの層に火山起源の硫酸塩のピークが確認されており、史書記事との一致は巨大噴火の存在を示しているように思われる（望月2011）。なお、硫酸塩の量から推定される規模は過去2000年間で22番目と推定され、ニュージーランドのタウポ火山帯の噴火が供給源と想定されている（Sigl, et al 2014；年代比定は望月2011と異なる）。

　火山爆発指数（Volcanic Explosivity Index = VEI）が4を超えるような噴火は、上空10km以上の成層圏に大量の微粒子を注入する。この時、地表面に到達するはずの太陽光と熱を物理的に妨げるベールが生じ（「日傘効果」）、数年単位の短期的な寒冷期が訪れることになる（藤井2011）。また、第3図のとおり気温低下の程度は噴火の規模に比例するという（河野2011）。

　古記録とアイスコアの分析結果は、2世紀末に想定される寒冷期に火山噴火が追い討ちをかけた可能性を示唆しているのではないだろうか。そして当然のことながら寒冷化は、温暖化と同様に生態系に影響を与え、人間社会にも何らかの変化を及ぼしたはずである。

　1991年に起きたフィリピン、ピナトゥボ火山の噴火はVEIが6（ポンペイを埋めたヴェスヴィオ火山噴火（VEI4）の100倍規模。上記の28番目）とされ、1993年に日本で冷夏による米不足が発生したのは、その影響と考えられている。同年の東北地方における米作況指数は、北海道40、青森28、岩手30、宮城37、秋田83、山形79、福島61と、統計開始の昭和元年以降で終戦直後（全国平均67）の次に悪いもので実質最悪だった（90以下で「著しい不良」。農林水産省統計資料

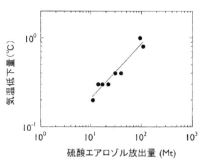

第3図　火山噴火に伴う硫酸エアロゾル放出量と気温低下の関係（河野2011）

による。全国平均74）。江戸期東北地方の古文書等から夏季気温低下と米作況指数の関係を推定した研究では、1度低下で10程度、2度低下で60近く悪化、3度低下で壊滅的と算出している（第4図、近藤2000）。農耕社会は、夏季の気温低下が起きると、時代に関係なく大きな影響を受けると考えるべきであろう。

第5図のとおり、文字記録による古気候推定でも、前漢末と後漢末に寒冷期を認め、人口の増減と一致することが示されている（上田2002）。王朝の混乱期に農民が戸籍・租税か

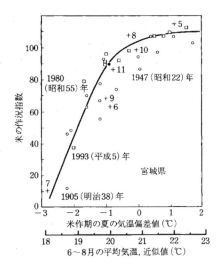

第4図　石巻における「米作期の気温偏差」と作況指数の関係（近藤2000）

ら逃れ流民となる動向を反映している可能性も否定できないが、飢餓という生態系に関わる現象を免れるのは現代以上に困難だったと思われる。GISP2アイスコア他の北極圏の古気候データを集成した成果でも同様の寒冷期が示されており（McKay and Kaufman 2014）、2世紀末だけでなく、1世紀前葉にも寒冷化もしくは寒冷期に伴う社会へ影響が存在したことが見込まれる。

以上をまとめると、1世紀前葉と2世紀後葉は古気候データから急激な寒冷化が起きた時期と推定でき、後者には火山噴火による影響も加わった可能性が考えられる。弥生後期の始まりと終わりの時期を1世紀第1四半紀頃、2世紀第4四半紀頃とすると、両時期の画期はこの寒冷期にあたると思われる。後者、弥生終末期前後の社会像と結びつけられることが多いのは「桓霊間倭国大乱」という表現だが、推定される古気候を考えると「倭人大飢」という状況も考慮に入れる必要があるのではないだろうか。

3　土器型式の様相と動向

今回のシンポジウムの成果には、各地域の土器型式の並行関係が提示され

第Ⅰ部　研究発表とコメント

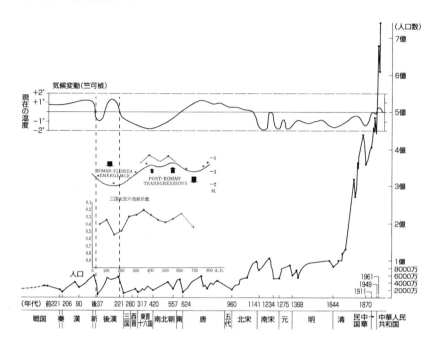

第5図　文字記録による復元気温と中国の人口変動（上田 2002・山本 1980 に加筆）

たこと、そして広域で物流ネットワークと土器型式の変化の動向を対照できたことが挙げられる。土器型式間の広域での並行関係は、研究者の用いる区分原理や画期の理解に相違が横たわるため、細部の一致を求めるのは難しいが、一覧できる形にまとめ今後の議論につなげた作業はやはり重要である。

　筆者は後期初頭の並行関係が当該表のとおり一致しても不思議とは思わない。寒冷化という、広域で社会動向に影響を与える要因が存在した可能性を考えるからである。上述の想定から、弥生時代中期末から後期初頭は、温暖期から寒冷期への急激な転換期にあたる可能性を見ており、当該期の社会動向に南下および下降（高地から低地へ）志向の「北風」、以後、終末期までが逆向きの「南風」という傾向の存在を想像している。房総半島北部では、多古町柏熊遺跡（戸村 2006）、茨城県竜ケ崎市屋代 B 遺跡（佐藤 1988）を北東端とする宮ノ台式期環濠集落が弥生後期には廃絶し、後続する土器型式は胴部縄文で櫛描文の施される東関東系の型式に変わる。土製紡錘車が伴い、さら

に墓制も方形周溝墓に替わって土器棺墓が目立つようになり、急速に南関東系要素が退潮する。房総北部でのこれら一体的な変化は、文化要素受容の動向に南向きの傾向が生じていたことを示すと理解できよう。なお、東岸における後期の土器は、宮ノ台式から要素を多く受け継ぐ久ヶ原式に変化するが、後期初頭の遺跡数は宮ノ台式期より減少する印象がある。人間活動の希薄化に寒冷化が影響を与えたのかもしれない。東岸で遺跡数の増加が顕著になるのは山田橋式期以降であり、台地上での居住域拡大から示唆される人口増加とともに東京湾湾口部（三浦半島・房総半島南部太平洋岸）の壺形土器の文様が採り入れられる様相など、相対的な温暖化、「南風」を感じさせる状況である。

　市原台地周辺の久ヶ原式から山田橋式への変化は壺形土器の文様には顕著だが、竪穴建物屋内地床炉の付帯施設である炉石（枕石）や台付甕形土器など、起源地と目される湾口部に特徴的な文化要素がまとまって流入するわけではない。相模湾・東京湾西岸に流入する明らかな外来系土器型式の様態とは異なり、集団移住による外来系土器の到来とは違う背景が示唆されるところである。土器型式の分化で把握される「地域色」の顕在化には、歴史的経緯や地勢など地域ごとの風土が関係し、房総半島で言えば、利根川東遷、香取海の退化を経た現在の景観とは異なる、より「島」に近い隔離的な環境が後期後半の地域色に影響を与えたように思える。東京湾西岸周辺の動向の影響をあまり受けずに、宮ノ台式・久ヶ原式・山田橋式と継起するのは、二つの内海に挟まれ、中部高地外縁域かつ沿岸の回廊的経路をなす当該地域と隔てられている風土と無関係ではないだろう。

　西岸に目を転じると、南武蔵地域における居住遺構数の推移を確かめた結果は、後期初頭〜前葉の遺跡分布の希薄さを示しており（古屋発表）、宮ノ台式期の広範な分布と対照的な状況が推定でき、東岸と共通する様相を示している。また、その後の遺跡数の増加も東岸と同調するようである。後期初頭には、中部高地型櫛描文の施される朝光寺原式の進出する状況が認められ（古屋発表）、「北風」に沿った動向と理解することができる。

　荒川中流右岸域における後期前半の岩鼻式は朝光寺原式と同じく中部高地

系の櫛描文の施された土器であり、後期中葉に縄文施文土器の吉ヶ谷式へと変化する（柿沼コメント）。櫛描文から縄文へという移ろいは、北関東的な特徴から南関東的な特徴へという象徴的な変化にも思えるが、後期中葉に南武蔵北部での居住域拡大を伴う北上傾向と関わるのであろうか。

甲府盆地では、Ⅰ期～Ⅱ期古段階（共通編年 0～1 期）まで中部高地系の箱清水式の影響が強かったものが、Ⅱ期新段階（2期）には菊川式を主体とした東海系土器の流入が始まるとされている（稲垣発表）。ここでも大きくは同調していることが確認できる。

後期前半に遺跡分布が落ち込み、後期後半に回復・拡大するというプロセスは、東日本広域で共通しているようである。赤澤徳明によると、北陸南西部においても法仏式期に高地への居住域拡大が認められ（赤澤2014）、この動向を共有する可能性が高い。高地へという志向性は、空白地を求めてという以外に、相対的な温暖期と関係する側面があったのかもしれない。

4　流通経路の変動

物資流通のネットワークについては、鉄剣とガラス玉の分布変化の指摘が興味深い。鉄剣は弥生後期と終末期に、ガラス玉は後期前半・中葉と終末期に流入経路が変化した可能性が示されている（杉山発表、斎藤発表）。市原台地周辺でも、弥生後期後半に属すると見られる市原市草刈遺跡Ｋ区の刃関双孔の長剣があり（第6図）、類品の分布状況から日本海沿岸－中部高地－関東地方という到達ルートが推定されている（森本2007）。終末期の墳墓副葬品に目立つ木装鉄剣・鉄ヤリとの交替は杉山和徳の指摘と一致するが、後期中葉に山田橋式へと変化する土器の様相と中部高地経由から太平洋岸経由へというルートの変化とは必ずしも時期が整合せず、東岸における終末期の北陸南西部系・東海西部系土器の流入と同調するように思える[2]。

関東地方におけるガラス玉の流通で斎藤あやが見出したのは、後期前半（Ⅰ期）・中葉（Ⅱ期）、終末期から古墳前期（Ⅲ期）という段階で、Ⅱ期に淡青色小型から紺色大型への変化、Ⅲ期に再び淡青色小型へという変化を認める。供給源については、Ⅰ期は後期前半の大量集積地である近畿北部、Ⅱ期は消

第 6 図　千葉県草刈遺跡 K 区 248 号遺構出土鉄剣（森本 2007 所収報告書）

長の不整合から近畿北部以外とし、III 期は古墳の成立から近畿地方を示唆している。経路については、I 期が日本海－琵琶湖－太平洋岸と日本海－中部高地、II 期が未詳供給源－東京湾－周辺、III 期が太平洋岸主体と想定されている。東京湾東岸ではガラス玉は後期の方形周溝墓副葬品を構成する品で、帯状円環型銅釧と同様に二次的に流入していたと考えられる。II 期の供給源は明確にされていないが、山田橋式期までの鉄剣の分布動向を参考にすると、中部高地経由のルートが優勢だったと推定したい。なお、終末期後半から古墳前期初頭に再び淡青色小型主体へ変化すると想定されているが、若狭湾周辺の福井県原目山 1 号墓（沼 1990）・滋賀県黒田長山方形墓（田中他 1981）は終末期前半に位置づけられる墳墓ながら淡青色ガラス玉がまとまって副葬されており、丹後半島から供給源の移動した可能性を考慮すると、III 期に限った変化として想定する必要はないのかもしれない。

　東岸の終末期墳墓には、円形墓・多孔鉄鏃（雁行配置奇数孔）・糸巻底辺型ヤリといった若狭湾から伊吹山麓を抜けて太平洋岸に抜けるルートに関わると見られる要素が認められ（小橋 2009）、集落遺跡にも北陸南西部系集団の移住を示す痕跡が残されている（大村 2010）。終末期に太平洋岸ルートが活発化するとされる鉄剣類の分布との関連を積極的に評価したい。弥生終末期の寒冷化を想定すると、日本海側の降雪量の増大を想像でき、東京湾東岸等への北陸南西部系土器の移動が示唆する移住は必ずしも積極的なものではなく、現代で言う環境難民に近い面があったとも考えられる。法仏式期の拡大的移動とは質的に異なる現象と思われる。またガラス玉と鹿角装鉄剣の交易ルートが日本海側－中部高地という山地を超える経路だったとすると、寒冷期に結合が弱まったとしても不思議ではない。物資流通にも気候変動の影響があった可能性を指摘したい。今後、品目ごとのチャンネルを見極め、それ

それの背景を探る必要があるだろう（立花 2010、杉山浩 2014）。

5　今後の展望と課題

　以上では古気候研究の成果を参照し、弥生後期における気候変動の影響を積極的に評価したが、社会現象を気候変動に還元して解釈する意図はまったく持っていない。すべてを気候で説明するのは、すべてを人文−社会的要因で説明するのと同等に危険である。気候変動が社会動向に傾向を与える力は無視できないと見ているが、その性質は基本的に「断崖」や「壁」ではなく「坂」や「風」のようなものと考えている。程度によっては逆らうことはできるが、意図しなければ方向性に従うことになる、というイメージである。ただし、気候は生態系と直結する事象であり、時に、生物としての人間に強い制限として働くことは忘れてはならない。例えば、1815 年に噴火したインドネシア、タンボラ火山は不詳前駆噴火と合わせ、翌年の北米に「夏のない年」をもたらした。ニューイングランド地方では 6 月に降雪、7 月に結氷、8 月に霜が降り、ヨーロッパでも飢饉が広がった（ストンメル・ストンメル 1985）。タンボラ噴火の VEI は 7 で、過去 2000 年間で 3 番目の規模と考えられている。このような寒冷化−農作物減収−飢饉という因果関係とプロセスは、備蓄やその他の安全網の貧弱だった先史農耕社会ほど影響が大きかったはずである。ピナトゥボ噴火が東北地方に飢餓をもたらさなかったのは、強固な安全網（備蓄・経済システム）のある現代だったからに過ぎない。

　弥生後期前後の気候不順期と社会動向の関わりについて強調したいのは、順調期の後の不順期がリーダー層の析出を促進した可能性である。房総の宮ノ台式期は温暖期で社会が拡大局面にあった時期と見られるが、方形周溝墓は環濠集落内の大型墓を除き、多数が列状配置されるものであり、後期以降になって数を減らし被葬者が絞り込まれていく傾向にある。この様相は、リーダー層の析出が進んだのは余剰の蓄積、物資流通経路の掌握といったポジティブな展開のみによるのではなく、環境悪化という不順期が強く影響した可能性を示している。肥大した社会が急激な環境悪化に直面した場合、周辺との安全網の構築のみならず、同時に、減少する環境資源の分配・争奪が必

要となる。このような状況が顕在化することで、他集団との微妙なバランス関係の上にリーダーの存在が要請されたと考えられる。終末期の再度の寒冷期にも相似するプロセスが作動し、さらに強化する方向に働いたことを大型墳墓被葬者の存在は示唆しているように思う。

　また、弥生中期末から後期初頭の寒冷化想定期の動向に目を向けると、生業における水田稲作の比重が低い集団ほど移動することで解決できた、すなわち、生活様式の相違が環境変化への順応として表れたと推測する。後期初頭に向けて宮ノ台式土器由来の要素を持つ土器型式の分布が潮だまり的に縮小するのに対し、生じた空白を占めたのが、西岸では中部高地系の朝光寺原式土器、房総北部では東関東系土器を用いる集団であったのは興味深い事実である。寒冷化は広域で等しく生じたが、生活技術の異なる集団に違う進路を用意したのではないか。朝光寺原式成立前の下ッ原式土器の動向（石川2007）や、後期初頭の東関東系土器型式に影響を及ぼした南東北系型式の中期末における南下動向（小玉2004）、天王山式成立前段階の宇津ノ台式土器の動向（石川2004）など、気候変動との関係について検討を深めなければならない。

　資料提示の乏しい極めて大雑把な内容になったが、別の機会に補うこととしたい。その際は、課題としてそのまま残されている土器型式の詳細な検討による動向把握をより進められるよう心がけたい。

註

1）アメリカ海洋大気庁（NOAA）National Climatic Data Center　http://www.ncdc.noaa.gov/ 等。
2）併行関係表で樽3式の存続期間が狭く想定されているが、上限は「箱清水4段階」に相当する後期中葉に遡ると考える（大木2004・小山2014）。

引用・参考文献

赤澤徳明　2014「北陸系土器の太平洋岸への波及」『大交流時代－鹿乗川流域遺跡群と古墳出現前夜の土器交流－』安城市歴史博物館

第 I 部　研究発表とコメント

石川日出志　2004「弥生後期天王山式土器成立期における地域間関係」『駿台史学』第 120 号

石川日出志　2007「弥生時代中期後半の関東地方西部域」『埼玉の弥生時代』六一書房

上田　信　2002『トラが語る中国史　エコロジカル・ヒストリーの可能性』ヒストリア 005　山川出版社

大木紳一郎　2004「群馬北辺の弥生社会―後期弥生集落の分析から―」『研究紀要』22　財団法人群馬県埋蔵文化財調査事業団

大村　直　2004「久ヶ原式・山田橋式の構成原理」『史館』第 33 号　史館同人

大村　直　2007「山田橋式補遺」『西相模考古』第 16 号　西相模考古学研究会

大村　直　2010「土器の移動と移住」『房総の考古学　史館終刊記念』六一書房

河野美香　2011「火山活動の復元」『アイスコア　地球環境のタイムカプセル』成山堂書店

小玉秀成　2004『霞ヶ浦の弥生土器』玉里村立史料館

小橋健司　2009「千葉県の前期古墳－市原市域を中心にして－」『第 14 回東北・関東前方後円墳研究会大会《シンポジウム》前期古墳の諸段階と大型古墳の出現』

小山岳夫　2014「佐久地域後期弥生土器の編年と北一本柳遺跡の年代」『佐久考古通信』No. 113　佐久考古学会

近藤純正　2000「気候変動と人々の暮らし」『地表面に近い大気の科学　理解と応用』東京大学出版会

佐藤正好　1988『竜ケ崎ニュータウン内埋蔵文化財調査報告書 17　屋代 B 遺跡Ⅲ』茨城県教育財団文化財調査報告書第 45 集

杉山浩平　2014『弥生文化と海人』六一書房

ストンメル、ヘンリー・ストンメル、エリザベス 1985『火山と冷夏の物語』地人選書 13　地人書館

立花　実　2010「神奈川県西部地域における弥生時代後期の土器様相と中部高地型櫛描文土器」『山梨県考古学協会 2010 年度研究集会「中部高地南部における櫛描文系土器の拡散」資料集』山梨県考古学協会

田中勝弘他　1981『北陸自動車道関連遺跡発掘調査報告書Ⅵ―伊香郡余呉町所在黒田長山古墳群―』滋賀県教育委員会

戸村勝司朗　2006「柏熊遺跡」『平成 17 年度千葉県遺跡調査研究発表会発表要旨』

（財）千葉県教育振興財団

沼　　弘　1990「原目山墳墓群」『福井市史』資料編1　考古

藤井理行　2011「アイスコアに記録される気候・環境要素」『アイスコア　地球環境のタイムカプセル』成山堂書店

望月優子　2011「「氷床コアを用いた天文学」の構築へ向けて」Japan Geoscience Letters, Vol.7, No.1

森岡秀人・西村　歩　2006「古式土師器と古墳の出現をめぐる諸問題－最新年代学を基礎として－」『古式土師器の年代学』（財）大阪府文化財センター

森本幹彦　2007「K248から出土した弥生時代の鉄製長剣について」『千原台ニュータウンXVII－市原市草刈遺跡（K区）－』千葉県教育振興財団調査報告第565集

山本武夫　1978「気候と歴史」『気候と文明・気候と歴史』気候と人間シリーズ4　朝倉書店

山本武夫　1980「二、三世紀の気候」『三世紀の考古学』上巻 三世紀の自然と人間

Kobashi, T.（小端拓郎）, et al. 2011. High variability of Greenland surface temperature over the past 4000 years estimated from trapped air in an ice core. Geophysical Research Letters, 38.

Kobashi, T.（小端拓郎）, et al. 2013. Causes of Greenland temperature variability over the past 4000 yr : implications for northern hemispheric temperature changes. Climate of the Past 9.

McKay, N. P. and Kaufman, D. S. 2014. An extended Arctic proxy temperature database for the past 2,000 years. Scientific Data, 26.

Sigl, M. ,et al. 2014. Insights from Antarctica on volcanic forcing during the Common Era, Nature Climate Change 4.

Tan, M. ,et al. 2003. Cyclic rapid warming on centennial-scale revealed by a 2650-year stalagmite record of warm season temperature, Geophysical Research Letters, Vol. 30, No. 12.

【コメント】

弥生時代後期における下総台地の影響について

轟　直行

　シンポジウムのコメントでは印旛沼沿岸を中心として下総台地に見られる「南関東系土器群」の影響について言及した（轟2014）。しかし、下総台地から発信された影響については述べられなかったため、予察的なものではあるが、本稿ではこの点について触れたい。

　弥生時代後期の房総半島南部には健田式土器（以下健田式）ないしは「安房形」装飾壺と呼ばれる特徴的な土器型式が存在したが（黒沢2005、大村2007）、その成立過程については資料不足の影響もあってほとんど検討されてこなかった。しかし、健田式を扱った黒沢浩や大村直の論文刊行後に報告された館山市萱野遺跡 SD-018 出土土器はそうした状況を打破する上で重要なものとなる可能性がある（第2図）。健田式は直線文間に幾何学文を配置するなど複雑な文様構成となる点やS字状結節文、附加条3種[1]が特徴だが（第3図）、萱野遺跡 SD-018 出土土器ではそれらが認められない。つまり、未だ久ヶ原式的な文様構成を踏襲する点で健田式よりも先行すると考えられる[2]。ただし、羽状縄文山形文から斜縄文山形文への型式変化という大村の指摘から（大村2004a）、型式論的に

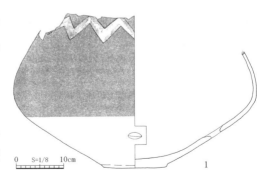

第1図　南房総市薬師前遺跡出土土器

第 I 部　研究発表とコメント

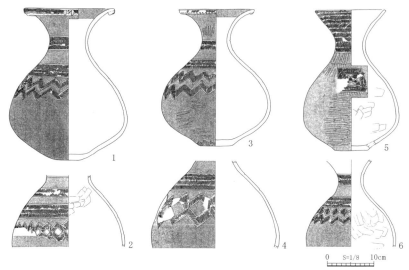

第 2 図　館山市萱野遺跡 SD-018 出土土器

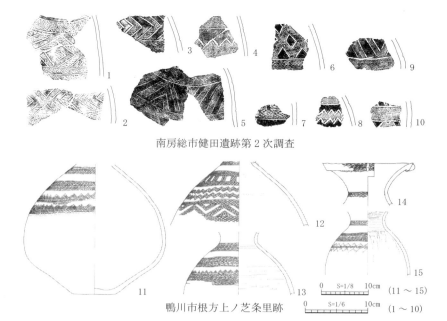

南房総市健田遺跡第 2 次調査

鴨川市根方上ノ芝条里跡

第 3 図　健田式土器

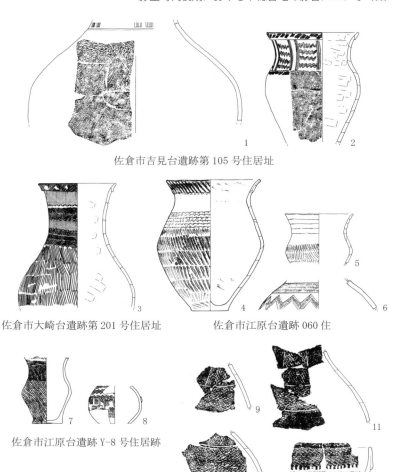

第4図 下総台地の土器

萱野遺跡 SD-018 よりも先行する可能性がある第1図1との関係については不明な点が多く、今後の課題である。

このように、萱野遺跡 SD-018 は健田式以前に位置づけられる可能性が出たことでS字状結節文や附加条3種が在地の系統から出現する属性ではないことが浮き彫りとなる。これらの系譜はどこに求めればよいのか。詳細な検

第Ⅰ部　研究発表とコメント

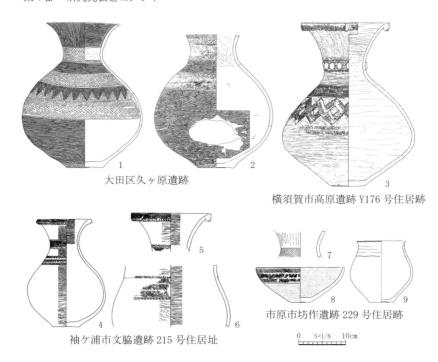

第5図　各地のS字状結節文と附加条3種

討が必要ではあるが、ここでは下総台地の可能性を指摘しておきたい。その理由は主に3つある。

- 下総台地で宮ノ台式以降もS字状結節文が継続的に認められること（高花2009）（第4図1・3・4）。
- 1種と3種の違いはあるにせよ、附加条縄文の使用は下総台地が先行すること（第4図1・2）。
- 下総台地と房総半島南部の交流を示唆する土器が認められること（第4図8〜12）。

このように、S字状結節文と附加条縄文の使用が下総台地で先行し、両地域に交流関係があったことを踏まえれば、房総半島南部のS字状結節文と附加条3種の系譜を下総台地に求められる可能性はあると考えられる。

ところで、S字状結節文や附加条3種は房総半島南部以外でも認められる

(第5図1～7)。東京湾西岸ではそれらの系譜について積極的な意見は出ていないようだが東京湾側の房総半島北部ではS字状結節文の系譜を房総半島南部に求める意見がある(大村2007、小橋2014)。その根拠は下総台地の影響が希薄とされることにあるが(大村2007)、近年下総台地の影響を受けた土器の事例が増加してきたこと(第6図)[3]、そして下総台地では東京湾東岸の房総半島北部に系譜が求

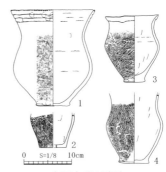

市原市草刈遺跡

第6図 下総台地の影響を受けた土器

められる土器が多数出土することを踏まえると、上記の根拠について今後再検討を進める必要があると思われる。

　以上のように、S字状結節文や附加条3種の系譜について述べてきた。S字状結節文の系譜が下総台地に求められる可能性についてはすでに黒沢浩や高花宏行によって指摘されていたが(黒沢2003)、当時はその主張を支える資料が必ずしも多くなかったためか、こうした指摘が積極的に肯定されることはなかった。しかし、近年の資料増加から両氏による指摘は見直される必要性が出てきたと思われる。さらに、従来はあまり触れられることのなかった附加条3種の系譜も下総台地に求められる可能性がある。これらの系譜に関する検討が今後具体的に進められれば、従来の南関東地方における地域間交流に対する理解とは異なった視点が新たに加わるのではないだろうか。

　註

1) 従来網目状撚糸文とされてきたものの多くは附加条3種である可能性が大村によって指摘されている(大村2009)。大村は市原市域を中心としてその可能性を指摘したと思われるが、大田区久ヶ原遺跡出土土器も多くが附加条3種と考えられ(第4図1)、南房総市健田遺跡や佐倉市江原台遺跡で出土した健田式でも認められるため(第3図7、第4図7～10)、東京湾沿岸とその周辺まで拡がると考えられる。

第1部　研究発表とコメント

2）ただし、注意しなくてはならない点もある。それは当該遺構から出土した土器に久ヶ原式の文様構成を逸脱するものが少数認められる点であり（第2図2・5）、今後分析を進めることで型式の異同を明らかにする必要がある。
3）小林嵩氏の御教示による。

引用・参考文献

内田儀久ほか　1979『江原台』江原台第1遺跡発掘調査団
大村　直　2004a『市原市山田橋大山台遺跡』市原市・㈶市原市文化財センター
大村　直　2004b「久ヶ原式・山田橋式の構成原理」『史館』第33号　史館同人
大村　直　2007「山田橋式補遺」『西相模考古』第16号　西相模考古学研究会

大村　直　2009「久ヶ原式と山田橋式」『南関東の弥生土器2』関東弥生時代研究会ほか編　六一書房
門内政広ほか編　2008『久ヶ原遺跡Ⅱ　嶺遺跡Ⅰ　山王遺跡Ⅱ　新居里横穴墓群Ⅱ発掘調査報告』大田区教育委員会
黒沢　浩　2003「神奈川県二ツ池遺跡出土弥生土器の再検討」『明治大学博物館研究報告第8号　明治大学博物館事務室
黒沢　浩　2005「南関東における弥生時代後期土器群の動向」『駿台史学』第124号　駿台史学会
小出紳夫ほか　2002『坊作遺跡』（財）市原市文化財センター
小橋健司　2014「東京湾東岸における弥生時代後期後半の様相」西相模考古学研究会編『久ヶ原・弥生町期の現在』西相模考古学研究会
小林清隆ほか編　2010『千原台ニュータウン25　市原市草刈遺跡（L区）』（独）都市再生機構千葉地域支社・（財）千葉県教育振興財団
佐倉市大崎台B地区遺跡調査会編　1986『大崎台遺跡発掘調査報告Ⅱ』佐倉市大崎台B地区遺跡調査会
白井久美子ほか編　2010『館山市萱野遺跡・宇戸台遺跡』千葉県土整備部・（財）千葉県教育振興財団
高田　博編　1980『佐倉市江原台遺跡発掘調査報告書Ⅱ』千葉県教育委員会

高花宏行　2009「印旛沼周辺地域における中期末葉から後期初頭の様相」『南関東の弥生土器2―後期土器を考える―』関東弥生時代研究会ほか編　六一書房

田中　良編　2011『吉見台遺跡群発掘調査報告書Ⅰ』吉見台遺跡群調査会

玉口時雄　1977『健田遺跡―第2次調査報告書―』考古学資料刊行会

玉口時雄ほか編　1983『千倉町埋蔵文化財調査報告書―健田遺跡関連第7次調査―』朝夷地区教育委員会

轟　直行　2014「弥生時代後期における下総台地の様相」西相模考古学研究会編『久ヶ原・弥生町期の現在』西相模考古学研究会

野中　徹ほか編　2000『千葉県鴨川市東条地区遺跡群発掘調査報告書』千葉県館山市土地改良事務所・東条土地改良区・鴨川市遺跡調査会・鴨川市教育委員会

野本孝明編　2007『久ヶ原遺跡Ⅰ　山王遺跡Ⅰ　大森射的場跡横穴墓群Ⅱ』大田区教育委員会

蜂屋孝之ほか　2010『千原台ニュータウン23　市原市草刈遺跡（H区）』（独）都市再生機構千葉地域支社・（財）千葉県教育振興財団

山口典子　2011『千原台ニュータウン27　市原市草刈遺跡（M区）』（独）都市再生機構千葉地域支社・（財）千葉県教育振興財団

山本哲也編　1992『千葉県袖ヶ浦市 文脇遺跡』君津郡市考古資料刊行会

横山太郎編　2003『神奈川県横須賀市佐島の丘遺跡群発掘調査報告書』佐島の丘埋蔵文化財発掘調査団

図版出典

第1図：玉口ほか編1983、第2図：白井ほか編2010、第3図1〜10：玉口　1977、11〜15：野中ほか編2000、第4図1〜2：田中編2011、3：佐倉市大崎台B地区遺跡調査会編1986、4〜6・9〜12：内田ほか1979、7・8：高田1980、第5図1：門内ほか編2008、2：野本編2007、3：横山編2003、4〜6：山本編1992、7-9：小出ほか2002、第6図1：小林ほか編2010、2：蜂屋ほか2010、3・4：山口2011

「十王台式」の交流がもたらしたこと

稲田 健一

1 はじめに

　私の発表では、茨城県北部における弥生時代後期後半の「十王台式」について、鈴木素行氏の研究を基に、その特徴や時期、墓制、交流などについて報告を行った。中でも、「十王台式」の交流については、西や南からの人の移住やモノの移動を活発化させ、その後の古墳時代への変化に大きな影響を及ぼしたことを強調した。

　ここでは、はじめにシンポジウムで報告した時期と交流について再録し、次にシンポジウム以後、交流に関する新たな事例が確認されたので、それらを紹介しつつ、「十王台式」の交流がもたらした古墳時代への影響について報告する。

2 「十王台式」の時期と交流

　時期については、鈴木氏が「十王台式」の中型中頸形の土器変化に対して、第1図のように1～5期の時期を設定している。また、その併行関係を「樽式」との共伴から第2図のように設定した（鈴木2010）。さらに、シンポ共通編年では、土浦市西原遺跡第6号住居跡の「十王台式」2期と「山田橋式」2式の共伴例や、茨城町大戸下郷遺跡第21号住居跡の「十王台式」5期と「草刈式」1期の共伴例など他地域の土器編年を援用して、「十王台式」の時期の位置付けを行った。

　交流については、鈴木氏が指摘した西は群馬県域の「樽式」地域と、南は千葉県域の「山田橋式」地域へと到達するルートを紹介した（第3・4図）。

第 I 部　研究発表とコメント

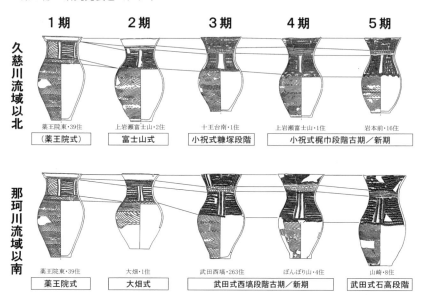

第 1 図　「十王台式」の細別と時期区分（鈴木 2013b）

第 2 図　「樽式」と「十王台式」の併行関係（鈴木 2010 に加筆）

そして、「十王台式」の 2 つの地域への主な目的については、鉄器の入手を挙げている（鈴木ほか 1999）。交換財としては、「十王台式」の時期に紡錘車の出土が多いことから、布が推定されている。鉄と布を介した人やモノの移動は、「広域ネットワーク」の拡充を促し、後の古墳時代という大きな変化へとつながったと考えられる。

　それを裏付けるように「十王台式」5 期では、土師器との共伴例が多く確認されるようになり、土師器の調整技法をもつ土器や模倣した土器の出土例もみられるようになる。水戸市大鋸町遺跡第 36 号住居跡出土のハケ調整が

「十王台式」の交流がもたらしたこと（稲田）

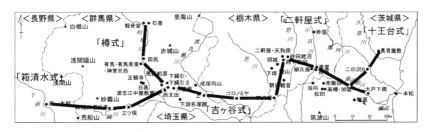

第 3 図　群馬県域への「十王台式」の分布（鈴木 2014a）

第 4 図　千葉県域への「十王台式」の分布（鈴木 2014a）

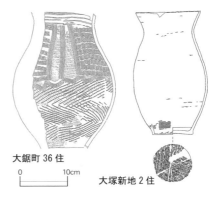

第 5 図　土師器の調整技法をもつ「十王台式」や模倣した土器の例（鈴木 2014b）

施された土器や、水戸市大塚新地遺跡第 2 号住居跡出土の「十王台式」の壺形土器のような形で、胴部下位の縄文を撫で消して全体が無文様、底部に木葉痕のみられる土器が、その好例であろう（第 5 図）。このような無文様の壺形土器は、ひたちなか市鷹ノ巣遺跡第 26 号住居跡や日立市吹上遺跡第 3 号住居跡からも出土しており、吹上遺跡のものは「廻間Ⅲ式」前半の S 字状口縁甕が共伴する。5 期後半の漆町編年 8 群以降には、無文様の壺形土器が辛うじて残る以外は、土師器のみの土器組成に変化していく。この変化は、「十王台式」が確立した「広域ネットワーク」を基盤として、西や南からの人の移住の現れであり、ある地域では「十王台式」との融合を果たし、ある

地域では未開拓の地域に集落を形成したことが考えられる。では、具体的にどのような事例があるのかを次に紹介する。

3 「十王台式」地域への移住者

ここでは、「十王台式」との融合を果たしたことを象徴する遺跡として常陸太田市瑞龍古墳群を、未開拓の地域に集落を形成したことを象徴する遺跡としてひたちなか市三反田遺跡を紹介する。また、県南地域の例として、瑞龍古墳群と同時期と思われる方形周溝墓と、三反田遺跡と同じような様相を呈する集落遺跡についても併せて記述する。

a．常陸太田市　瑞龍古墳群

2014年夏、常陸太田市の瑞龍古墳群の発掘調査で大きな成果があった。遺跡は久慈川の支流、里川を臨む台地縁辺部に位置している。台地下には、里川と並行するように国道349号線が南北に走り、北上すれば福島県の白河市や須賀川市へと抜けるルートである。

発掘調査では、古墳時代前期の方形周溝墓13基が確認された（第6図）。周溝からは、複合口縁壺や直口壺、高杯、北陸系器台などが出土しており、

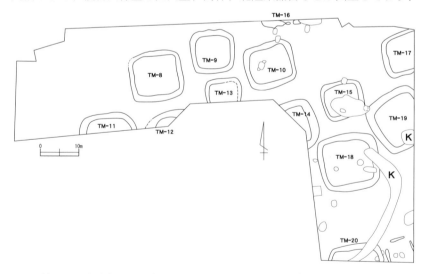

第6図　常陸太田市瑞龍古墳群遺構配置図（現地説明会資料を基に作成）

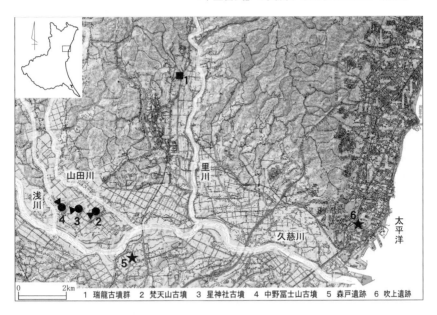

第7図　常陸太田市瑞龍古墳群と関連遺跡位置図

時期は漆町編年の7〜9群と思われる。中でも注目なのが、第19号墓から出土した「十王台式」の中型中頸形壺である。この土器は、文様などの特徴から「十王台式」5期に位置付けられるもので、「十王台式」地域で初めて確認さ

第8図　「十王台式」地域出土の「草刈式」と「上稲吉式」（浅井ほか1990）

れた方形周溝墓に伴う「十王台式」である。胎土は久慈川流域の特徴を示し、口縁端部の刻みや縦区画のスリットが3条は那珂川流域の特徴なので、久慈川流域の「十王台式」に那珂川流域の「十王台式」の特徴が付加されているものとなる。

　当遺跡の南西約7kmには、前方後円墳集成編年2期に推定される全長160mの梵天山古墳や103mの星神社古墳が存在している（第7図）。また、南約

8kmの久慈川の対岸には「豪族居館」とされる森戸(もりど)遺跡があり、第118号住居跡からは忠実品とされる「草刈式」の甕と、「上稲吉式」とされる壺の共伴例が見られる（第8図）。このような遺跡や土器が存在する理由としては、当地域が海路で福島県浜通りと、陸路で中通りとを結ぶ節点として重要な地域であったことが考えられる。今回確認された方形周溝墓群は、森戸遺跡や梵天山古墳、星神社古墳と重なる時期であり、当地域の重要性をさらに裏付けるものとなろう。また、「十王台式」土器が方形周溝墓という墓から出土したことは、「移住者」と「十王台式」の人々の関係を知る手がかりを与えてくれるものである。

　当古墳群の詳細については今後の報告書刊行を待たねばならないが、出土遺物や墓の主軸方向、立地から、漆町編年7群に台地縁辺部の「十王台式」を伴う第19号墓が造られ、同8群に第8号墓や第18号墓が、同9群に第10号墓が造られたと推定される。さらに注目すべきことは、当遺跡の南約400mに位置する瑞龍遺跡の発掘調査で、方形周溝墓と同じ時期とみられる集落跡が確認されており、今後、両遺跡の報告書刊行を待って、さらに検討を進めたい。

　b. ひたちなか市　三反田遺跡

　当遺跡は、ひたちなか市の那珂川を臨む台地縁辺部に位置している。1977年から1991年にかけて5回の調査が実施され、住居跡19基が確認されている（第9図）。出土遺物については、網目状撚糸文や櫛描波状文を施文した壺、輪積口縁台付甕、S字状口縁甕、「大廓式」の壺など、南関東や東海など他地域から持ち込まれたもの、またはその特徴がみられるものが多い。今回、改めて資料を整理した結果、小破片ではあるが、器表面にタタキ目のある「畿内系」と思われる甕の存在を確認した（第9図）。また、以前から報告されていることではあるが、一括資料も含めて「十王台式」が1点も含まれていないことも再確認した。

　以上のように、当遺跡は「十王台式」がなく、他地域の特徴を有する土器を主体とする集落跡である。また、当遺跡周辺には、「十王台式」2期に岡田(おかだ)遺跡で住居跡が確認されているが、3期をもって姿を消していることか

「十王台式」の交流がもたらしたこと（稲田）

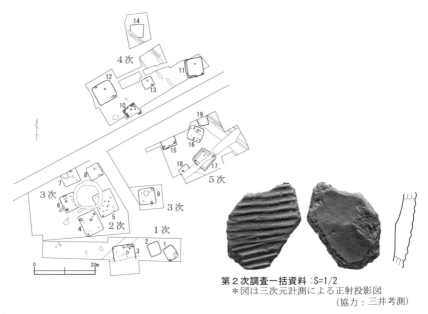

第9図　ひたちなか市三反田遺跡遺構配置図・出土土器

ら、空白地域に「移住」という形で遺跡が形成されたと考えられる。さらに、遺跡の東側の三反田下高井遺跡では、方形周溝墓が検出されており、新たな墓制も持ち込まれている。

(3) つくば市　面野井古墳群と六十目遺跡

面野井古墳群は、つくば市の谷田川左岸の谷津を臨む台地上に位置している。2012年の調査で方形周溝墓4基が確認された。4基中最大規模を誇る第2号墓は、「周溝を含めた外法が一片16m」を測り、中央部には埋葬施設が確認されている。出土遺物には、口縁部に棒状浮文が付加された複合口縁壺や小型坩などが出土し、壺には南関東の特徴がみられる（第10図）。なお、これらの土器には、器種や時期が瑞龍古墳群から出土したものと類似するものが存在する。埋葬施設からは、水晶製の勾玉や管玉、ガラス小玉など出土している。時期は古墳時代前期前葉と推測されている。

当古墳群の周辺には、三反田遺跡と同じように地元の土器を伴わず、ほぼ南関東系の土器だけを出土する六十目遺跡や常総市奥山A遺跡、牛久市

第 I 部　研究発表とコメント

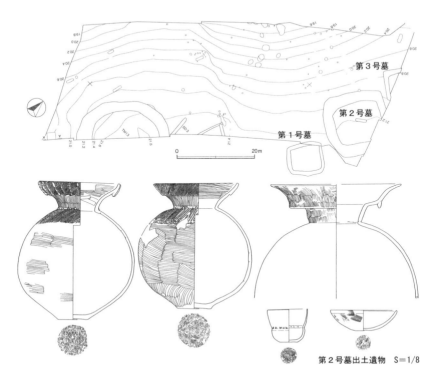

第10図　つくば市面野井古墳群遺構配置図・出土土器（小林2014を一部改変）

姥神遺跡といった集落跡が存在する。これらの集落跡は、これまで集落が形
うばがみ
成できなかった内陸部や大規模河川沿いに立地するという共通点があり、広
い低湿地を耕地と出来た移住者のムラとされている（小玉2008）。これらの
集落跡と同じように、六十目遺跡に近接する面野井古墳群も移住者によって
造営された墓と考えられる。なお、六十目遺跡からは、5期の「十王台式」
が出土していることが注目される。

4　「十王台式」が築いた交流のその後

　「十王台式」が築いた交流は、紹介した事例のように西や南からの人々が
既存の集落や未開拓の地域に移住し、「十王台式」5期以降の人口増加に伴
う集落規模の拡大へとつながるものと思われる。また、そのルートは、古墳

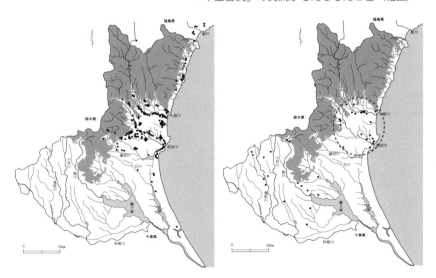

第 11 図　「十王台式」(左)とS字状口縁甕(右)の出土分布図
（鈴木 2013a、後藤・小松﨑 2005 の図を基に作成）

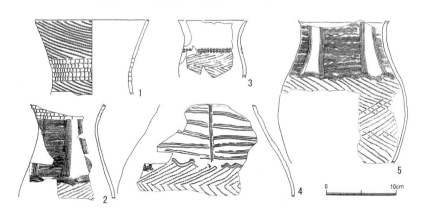

第 12 図　南相馬市高見町A遺跡出土土器（堀 2011）

時代以降、安定化していったと考えられる。その根拠の一つの事例として、S字状口縁甕の出土分布がある。S字状口縁甕は、県内で60遺跡以上の分布が確認され、内40以上が「十王台式」地域から出土している（白石 2007）。県南地域に少なく、県北地域に多い傾向（第11図）は、「十王台式」が確立した西（群馬県域）からのルートと関係していることが想定でき、今後は「石

田川式」との検討が課題と考えている。

さらに、北へのルートも「十王台式」が手がかりとなる。「十王台式」は、福島県いわき市や南相馬市などでも出土している。南相馬市高見町A遺跡から出土した「十王台式」を観察した結果、文様の特徴や胎土から「十王台式」地域からの搬入品と判断した（第12図1・2）。高見町A遺跡の周辺には前方後方墳の桜井古墳が存在し、外来系土器も多数確認されていることから、当地域が交流の拠点であったことが推定される。古墳時代後期以降には、装飾古墳や横穴墓などから茨城県北地域と福島県浜通り地域の文化的紐帯が強くみられ（稲田2014）、さらに北の仙台平野へとつづく太平洋岸沿岸ルートが確立していくと考えられるが、南相馬市の「十王台式」土器は、そのルートの先駆的な遺物としてとらえることが出来るのではないだろうか。

5　おわりに

以上のように、「十王台式」の交流が、当地域の古墳時代への変化に大きな役割を果たしたことが窺える。そして、他地域からの人やモノの移動の痕跡からは、ヤマト王権などの武力的な制圧ではなく、むしろ「十王台式」が築いたネットワークに依存する形で、当地域が古墳時代へと移行したものと推測される。

引用・参考文献

浅井哲也ほか　1990「森戸遺跡」『一般国道349号道路改良工事地内埋蔵文化財調査報告書　北郷C遺跡　森戸遺跡』第55集　財団法人茨城県教育財団

稲田健一　2014「イワキとヒタチ」『学術研究集会　海の古墳を考えるⅣ-列島東北部太平洋沿岸の横穴と遠隔地交流-発表要旨集』第4回海の古墳を考える会　29-40頁

小玉秀成　2008「南関東からの移住者」『平成20年度参考展示　南関東との交流～農耕社会への道のり～展示解説書』小美玉市玉里史料館　30-39頁

後藤孝行・小松﨑和治　2005「茨城県におけるS字状口縁台付甕の在地化について」『年報』24　財団法人茨城県教育財団　59-70頁

小林和彦　2014『面野井古墳群　都市計画道路新都市中央通り線バイパス建設事業地

内埋蔵文化財調査報告書』第391集　公益財団法人茨城県教育財団

白石真理　2007「常陸・南東北」『月刊考古学ジャーナル2月号　特集　古墳出現期の土器交流』第554号　ニュー・サイエンス社　14-17頁

鈴木素行・松谷暁子・片平雅俊　1999「十王台のコメ－十王台式土器とともに検出された炭化種子・Ⅱ－」『十王町民俗資料館紀要』8　十王町民俗資料館　1-33頁

鈴木素行　2010「続・部田野のオオツタノハ－茨城県域における弥生時代「再葬墓後」の墓制について－」『古代』第123号　早稲田大学出版部　1-51頁

鈴木素行　2013a「茨城県域「十王台式」の土器と社会」『公開講座　ひたちなか市の考古学第6回発表資料』　ひたちなか市埋蔵文化財調査センター

鈴木素行　2013b「旅する「十王台式」－弥生時代終末の久慈川・那珂川流域－」『ひたちなか埋文だより』第38号　ひたちなか市埋蔵文化財調査センター　2-4頁

鈴木素行　2014a「茨城県域「十王台式」の土器と社会」『公開講座「ひたちなか市の考古学」第6回　弥生時代後期の北関東』ひたちなか市埋蔵文化財調査センター　19-32頁

鈴木素行　2014b「ヴィジター」『久ヶ原・弥生町期の現在－相模湾・東京湾の弥生後期の様相－』西相模考古学研究会　91-94頁

堀　耕平　2011「高見町A遺跡」『原町市史　第三巻　資料編Ⅰ「考古」』南相馬市　349-355頁

【コメント】

トラヴェラー

鈴木 素行

1 「十王台式」、南へ

　茨城県北部に分布する弥生時代後期「十王台式」は、県南部の地域からも出土する事例が知られている。「香取の海」と呼ばれる内海の一部であった霞ヶ浦へと注ぐ天の川流域に、土浦市原田遺跡群は位置する。「十王台式」は、原田遺跡群のうち根鹿北遺跡(第2図1)が最も古く、西原遺跡、原田北遺跡(4〜8)、原田西遺跡(12)という順序で新しい。根鹿北遺跡は中・小型の供献具、原田北遺跡の第63号住居跡に1点だけ大型の底部破片を認めたが、他は全て中・小型の煮沸具である。また、胎土の特徴から推定される土器の製作地域は、「十王台式2-3期」が久慈川流域以北(1・4)、「十王台3-4式期」が那珂川流域以南(5〜7)、「十王台式4-5期」が久慈川流域以北(8・12)と変化する。この変化は、群馬県域から出土する「十王台式」に共通している。伴出する「十王台式」から遺跡群における集落の変遷が辿れるほどに、原田遺跡群との交渉は頻繁であった。原田遺跡群では、根鹿北遺跡に「山田橋式」の鉢形(2)が搬入されて後、「山田橋式」の系統の在地化(14・15)が進んでいる。したがって、原田遺跡群との交渉は、「十王台式」から地理的に最も近い「香取の海」への窓口であるという立地の優位性や交通手段の確保だけでなく、千葉県域との脈絡にあっ

第1図　遺跡の位置
（推定経路を記入）

第 I 部　研究発表とコメント

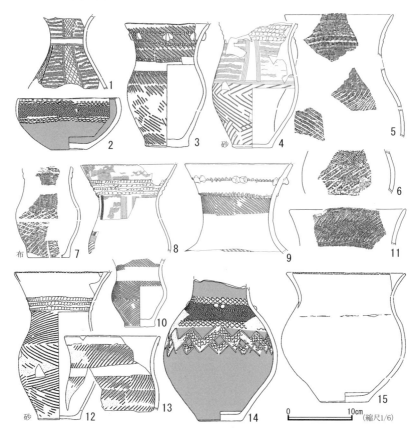

1～3: 根鹿北，4～7: 原田北，8～11: 原田北 18 住，12～15: 原田西 8 住

第 2 図　原田遺跡群の十王台式

たと考えられよう。

2　「十王台式」、もっと南へ

　群馬県域に搬入される「十王台式」はほぼ全て中・小型の煮沸具であったが、霞ヶ浦沿岸域～利根川下流域には、これと異なる状況が認められる。茨城県の霞ヶ浦沿岸域では土浦市永国遺跡の 2 号住居跡 (第 3 図 1)、美浦村信太入子ノ台遺跡の包含層 ⑵ と第 140 号住居跡 ⑶、龍ヶ崎市長峰遺跡の第 40 号住居跡、千葉県の利根川下流域では柏市石揚遺跡の 2 号方形周溝墓 ⑷、

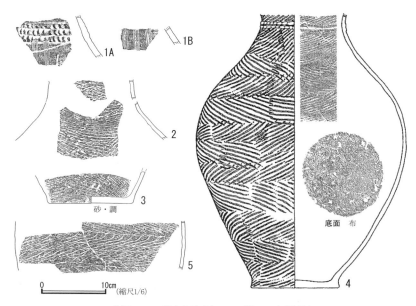

1:永国，2・3:信太入子ノ台，4:石揚，5:小林城跡

第3図　霞ヶ浦沿岸域〜利根川下流域の「十王台式」（太田・安井1994より一部引用）

　宿ノ後遺跡の第7次SI01、印西市小林城跡のSI2(5)、これらは全てが大型の貯蔵具であった。「十王台式3-5期」のもので、推定される製作地域には、久慈川流域以北(3・5)と、那珂川流域以南(1・2・4)とがある。群馬県域までの経路が専ら陸路であるのに対して、距離としては変わらない千葉県域にまで大型の貯蔵具が運搬されたのは、「香取の海」の水運によるのであろう。「十王台式」単独での舟の準備や航海は考え難く、これには、茨城県南部の「根鹿北式」や「上稲吉式」が同行したはずである。

　印西市仲ノ台遺跡の第15号住居址では、「山田橋式」の壺形(第4図1〜4)および甕形(5・6)に、「十王台式」が伴う。「十王台式」は、大型の貯蔵具(7)であろうか、これが1点と、小型の煮沸具(8)が1点の2点が出土している。新しくても「十王台式2期」のもので、製作地域はともに久慈川流域以北と推定される。これらに伴い付加条第1種が斜行に施文された土器(9)も出土した。胎土には、長石や石英など白く大きな砂粒が多量で、白雲母を含

95

第 I 部　研究発表とコメント

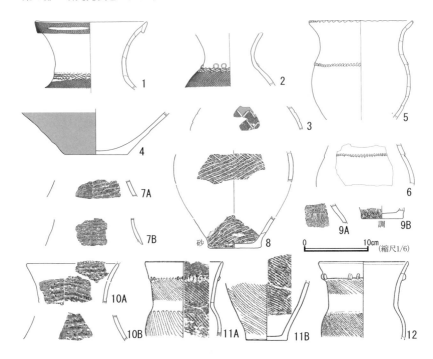

1〜9: 仲ノ台15住，10〜12: 阿玉台北

第4図　利根川下流域の「十王台式」(村山他1985、矢戸他1975より一部引用)

む。文様と胎土は原田遺跡群の土器に共通し、「十王台式」との並行関係からは、これが「根鹿北式」と推定されるのである。「十王台式」と「根鹿北式」の同行という想定に見合った事例ということになろうか。また、香取市阿玉台北遺跡でも、住居跡は異にしながら、「十王台式」(10) と「上稲吉式」(11・12) が出土している。「十王台式」は、「十王台式3-4期」の煮沸具で、製作地域は那珂川流域以南と推定される。「上稲吉式」の2点も煮沸具で、これも胎土に白く大きな砂粒が多量で、白雲母が比較的多い。

3 「十王台式」、さらに南へ

千葉県では、東京湾東岸域からも「十王台式」が出土している。千葉市村田服部遺跡の包含層から出土したのは、1個体の破片(第5図1)であった。

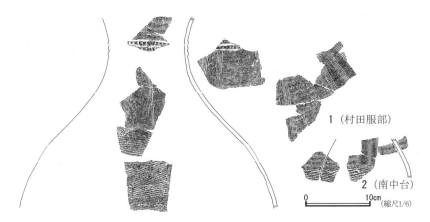

第5図　東京湾東岸域の「十王台式」

「十王台式5期」の大型の貯蔵具で、製作地域は久慈川流域以北と推定される。直線でも100kmを越える距離を運ばれてきた。市原市南中台遺跡のSI32覆土から出土したのも、1個体の破片である(2)。「十王台式3-4期」の小型の煮沸具で、製作地域は那珂川流域以南と推定される。この南中台遺跡が、現在までに確認できた「十王台式」の南の終着点である。市原市域は、関東地方において逸早く古墳を成立させる地域であり、先進の外来物資を掌握していたことを考えて良いのであろう。「十王台式」が南に向かった目的も、その分与への参加にあったにちがいない。具体的には、武威の象徴や装飾品などの威信財ではなく、鉄斧、刀子、鉄鎌など生存財の入手にあったと見る。大型の貯蔵具には、贈与のためのコメが入れられていたのではないか。何よりも「十王台式」は、そのための布を生産していたのでないか、と想像を巡らすのである。

4　旅の記憶

「山田橋式」の壺形に施された口縁部の棒状浮文を真似て、「根鹿北式」は、口縁部に縦長で鰭状の貼付文(第2図3)を成立させる。これは、「上稲吉式」の錐状の貼付文(9)へと変化することになる。一方、「二軒屋式」が真似たのは、専ら頸部の円形浮文であった。「十王台式」には、属性が型式に取り込

第 I 部　研究発表とコメント

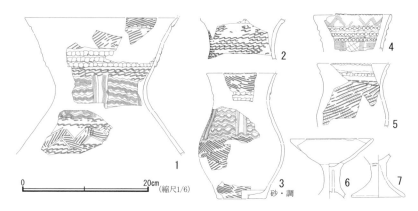

第 6 図　上岩瀬富士山遺跡第 4 号住居跡の土器群

まれるほどの変化は見られない。ただ、常陸大宮市上岩瀬富士山遺跡の第 4 号住居跡の土器群 (第 6 図) には、「山田橋式」との交渉を窺うことができる。久慈川流域の「十王台式 2 期」の煮沸具 (4・5) に伴い、「十王台式」とは異質な施文の土器が出土している。大型の貯蔵具 (1) は、S 字状結節文の重層とともに、鋸歯状の沈線で区画された縄文が連続する山形文を構成している。小型の煮沸具 (2) には、S 字状結節文の重層がある。これらは、「山田橋式」の壺形の胴上部文様を真似たものである。但し、胎土とともに成形技法が異なることから、久慈川流域で製作されたものではない。伴出した小型の煮沸具 (3) は、口縁部に縄文が施文されており、これは、涸沼前川流域に位置する大戸遺跡群で「十王台式 3 期」に特徴的となる属性である。西方に加えて南方への旅にも、大戸遺跡群が「十王台式」の対外交渉に果たした役割は大きいと考えている。

　本稿の成立にあたり石井聖子氏 (常陸大宮市歴史民俗資料館)、大谷弘幸氏 (千葉県教育庁)、大村　直氏、折原　繁氏 (房総のむら)、黒澤春彦氏 (上高津貝塚歴史の広場)、高橋康男 (市原市埋蔵文化財調査センター)、田中　裕氏、根本岳史氏・能勢幸枝氏 (印西市教育委員会)、中村哲也氏 (美浦村教育委員会)、渡邊健二氏 (柏市教育委員会) に資料の見学等でお世話をいただいた。今回の

シンポジウムに関わる資料調査により、千葉県において「北関東系土器」等と括られてきた土器群に、原田遺跡群と共通する胎土の土器を抽出してみることが、今後の分析に有効ではないかと考えるようになった。これが成果であり課題でもある。

引用・参考文献

太田文雄・安井健一　1994『石揚遺跡　―手賀の丘少年自然の家建設に伴う埋蔵文化財発掘調査報告―』千葉県文化財センター調査報告第255集　財団法人千葉県文化財センター

鈴木素行　2012「十王台式」，西へ（上）―群馬・栃木県域から出土する「十王台式」の故地を求めて―」『茨城県考古学協会誌』第24号　45-63頁

鈴木素行　2014「茨城県域「十王台式」の土器と社会」『弥生時代後期の北関東』公開講座「ひたちなか市の考古学」第6回　20-32頁

鈴木素行　2014「ヴィジター」『久ヶ原・弥生町期の現在　―相模湾／東京湾の弥生後期の様相―』西相模考古学研究会記念シンポジウム資料集　西相模考古学研究会　91-94頁

村山好文他　1985『平賀　平賀遺跡群発掘調査報告書』平賀遺跡群発掘調査会

矢戸三男他　1975『阿玉台北遺跡』千葉県土地開発公社・財団法人千葉県都市公社

北関東北西部における様相と動態

深澤敦仁

　ここでは、北関東北西部の弥生時代後期から古墳時代前期までを俯瞰する中で地域色の変動・動向と周辺地域との交流が顕著となる弥生後期後半から古墳前期古段階にかけてを中心に、論じることとする。

1　時間軸の整理

　樽式土器について　樽式土器について　本地域の弥生時代後期土器様式は「樽様式」（杉原1939）である。この樽様式の特徴は「中部高地型櫛描文」を主な施文手法として用いることにある（飯島・若狭1988、大木2007ほか）が、「箱清水様式」との親縁性には注視が必要があり、「樽式土器」をひとつの地域様式として独立させるためには気を使う必要がある（若狭2007ほか）。なお、樽様式編年に関しては、4期区分する考え（平野1980、三宅・相京1982、大木1997など）と3期区分する考え（若狭1990、若狭1996など）の二者が研究史上、存在しているものの、両者の相違は所謂「古式土師器」の範疇で考えられる土器群を含む段階を樽様式に含むか否かという点に起因するところが大きい。このことについて、筆者は3期区分の立場で論じる。その理由は、後に訪れる古式土師器の様式的理解を考慮し、樽様式の構造的崩壊段階を樽様式の範疇で把握しないと考える立場（若狭1990）に拠るからである。よって、以下、各期の特徴については若狭編年を指標とし記述する（第1図）。

　樽1期は、甕・壺・高坏を器種構成の基本とする。壺における受口状口縁の減少、中期的な文様要素の消失、施文上の壺・甕分離意識の消失、次代につづく櫛描施文パターン（簾状文＋波状文）の確立などから、樽式土器成立期と評価する期である。

樽2期は、甕・壺・高坏・有孔鉢・片口などの多様な器種構成となる。甕・壺における口縁部の伸長化、直立傾向、口縁端部文様帯＋口縁部無文＋頸部から胴部文様帯という文様帯構造の定型化からは、"兄弟様式"とされる箱清水式土器とは異なる、地域的小様式が定立したとする期である。

樽3期では、多様な器種構成は樽2期から継続する。甕・壺等においては、口縁部の伸長化、複合口縁の増加、胴部の球胴化進行が認められる。壺における文様帯は樽2期の施文手法を継承するのに対し、甕の文様帯構造については、口縁端部から胴部に至るまで文様が充填される構造へと変化する。樽式土器の様式原理を保持しつつも、その規範原理が多様化する期である。北信の箱清水式と親縁性が2期に比して深まる関係にあることも注視される。さらには、3期は長期にわたり、遺跡数の増大に伴い小地域形成がなされ、地域色が醸成される。その顕著な小地域としては当該地域南西部（鏑川流域）があり、櫛描羽状文施文の壺と口縁無文の甕を堅持するなど強い独自性もつ「富岡型」と提唱される小地域色（大木1997）が顕在化する。

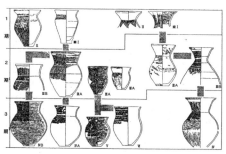

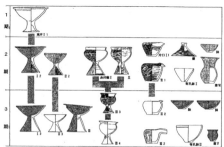

第1図　樽式土器の編年（若狭2007より転載）

古墳前期古段階への移行　樽3期（＝弥生後期後半）の器種構成は、先に述べた型式の甕・台付甕・壺に加え、高坏・鉢・片口・有孔鉢などが加わる。これらは「樽様式」としての構造を保持しており、それを崩壊させるまでの外来系土器の影響は弱い。なお、「赤井戸式土器」と呼称される土器群に触れておく。この土器群については、研究史上、弥生後期後半との見解（小島1983）があるが、弥生後期後半に併行する一小地域の土器様式として扱うことが不十分であ

ると筆者は考えている（深澤1999）。

続く、古墳前期古段階の各器種の分類は次の通りである（第2図）。甕は5分類［樽式・樽式系甕（甕A）、吉ケ谷式系甕（甕B）、北陸北東部系甕（甕C）、くの字口縁台付甕（甕D）、S字甕（甕E）］、壺は7分類［樽式・樽式系壺（壺A）、複合口縁広口壺（壺B）、パレススタイル壺（壺C）、単口縁口縁壺（壺D）、伊勢型二重口縁壺（壺E1）、同亜系単口縁広口壺（壺E2）、ヒサゴ壺（壺F）］、高坏は4分類［椀形高坏（高坏A）、東海系大型高坏（高坏B）、東海系小型高坏（高坏C）、畿内系屈折脚高坏（高坏D）］、器台は3分類［北陸系小型器台（器台A）、東海系小型器台（器台B）、装飾器台（器台C）］、鉢が2分類［樽式および樽式系鉢（鉢A）、小型丸底鉢（鉢B）］とする。

この段階には、東海西部をはじめ、東海東部、南関東、埼玉県中部、北陸北東部などの多様な外来系土器の存在が確認され、それら影響を多分に受けたと考えられる様式構造の大転換が起こる。さらには、器種構成の主体は甕D・E＋壺1B・C・D・F＋高坏B・C＋器台Cであり、これらは東海西部系（一部東海東部系）土器群が主の器種構成である。甕A・壺

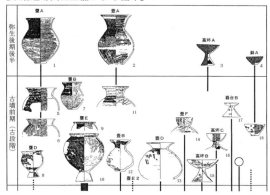

【集落遺跡出土土器による編年】

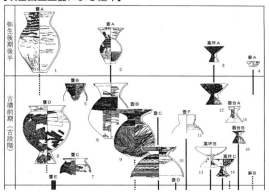

【墳墓出土土器による編年】

第2図　弥生後期後半～古墳前期古段階の編年
（若狭・深澤2005を改変）

A・高坏A・鉢Aは樽3期からの流れで残存するが、櫛描文施文等の加飾性が失われ、急速に型式変化し、その存在も客体的になる。なお、この段階の「在地から外来へ」の様式転換の際しては、明らかな搬入品流入は少ないが、形態や技法を彼地のものに忠実模倣した品が圧倒的に多いことが特徴である（かみつけの里 1998）。甕Eは「S字甕A類・同B類古相」相当の品であり、前者が客体的、後者が主体的存在である。ほかにも東海系土器の典型的な形式が多く見られる。また、甕B・C、器台Aなども客体的に存在するが、甕Cや器台Aが墳墓土器群の中にのみ存在する状況は少なからず注意を要する。なお、浅間C軽石はこの段階の降下と考えられる。

2　土器交流の様相

　樽3期の様相　樽3期の土器交流としては、埼玉県中北部・吉ヶ谷式土器の、群馬県南西部への動きが認められる（第3図）。この動きは群馬県甘楽地域（群馬県富岡市付近）に顕著であり、樽式土器との共伴や折衷も認められ、「富岡型甕」（大木 1997）と提唱される樽様式の中の一地域色を構成する要素をも担うことになる。一方、埼玉県児玉大里地域では樽式土器が吉ヶ谷式土器と共伴する状況が認められることから、広義的に埼玉県中北部と群馬県南西部との隣接地域間での土器交流がうかがえる。さらに、群馬県利根沼田地域では、樽式土器に箱清水様式的要素を取り込んだ一群が存在することなどから、長野県北信地域との繋がりも認められる。このあり方は、この段階の交流の主たるあり方といえ、隣接地域間交流である。なお、ごく客体的ではあるが、畿内系広口甕

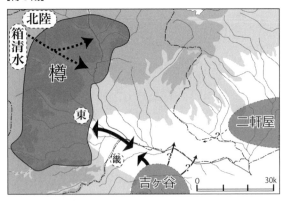

第3図　樽3期の土器交流（深澤 2006 を改変）

や東海東部系壺、北陸系甕などが在地土器の中に存在する場合が認められ、中遠隔地の土器流入も認められる。

古墳前期古段階の様相　古墳前期古段階では、樽3期までに形成された各地の土器様式圏の枠組みが様式レベルで解体する。その枠組みを解体する外来要素は多岐にわたり、東海西部・同東部・北陸・南関東・北陸・畿内の中遠隔地の外来要素に加え、樽式、吉ヶ谷式、十王台式など、前段階での在地様式であった要素も加わる。そして、その交流は、錯綜・混沌とも見違うような複雑な様相を極める。

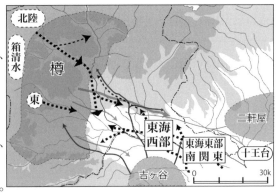

第4図　古墳前期古段階の土器交流（深澤2006を改変）

これら複雑な様相には、東海西部系の色彩を強く放つ様相、東海西部系の中に北陸系・畿内系の存在が目立つ様相、東海東部～南関東系の存在が際立つ様相、北陸系土器が主体となる様相、樽式系・吉ヶ谷式系等が混在する様相などがある（第4図）。

さらに、この段階から生じる現象に前段階に遺跡分布が希薄な地域に外来系土器要素が展開する現象がある。新田地域や那波地域、勢多地域（第5・6図）などが好例である。なお、新田・那波地域では東海西部・同東部～南関東地域の比率が高いのに対し、勢多地域においては樽式系・吉ヶ谷式系の比率が高いという、明確な差異が認められる。

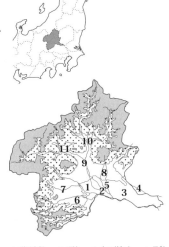

1. 群馬南部　2. 那波　3. 太田(新田)　4. 足利
5. 佐位　6. 甘楽　7. 碓氷片岡　8. 勢多
9. 群馬北部　10. 利根　11. 吾妻

第5図　小地域区分図

第Ⅰ部　研究発表とコメント

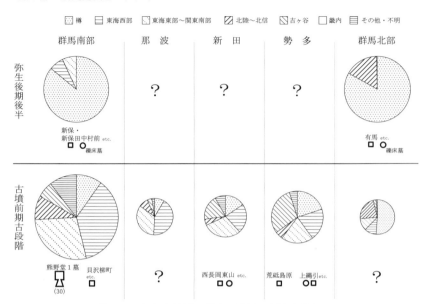

第6図　主な小地域の外来系土器の割合変化図

3　墳墓と遺跡の相関性

　樽3期の様相　この時期には、方形周溝墓、円形周溝墓、礫床木棺墓、土坑墓等があるが、その分布は群馬南部地域における方形周溝墓、群馬北部地域における礫床木棺墓、利根地域における土坑墓など、その西北部で多様に確認されている。これらは集団墓を形成することを原則とするが、群馬北部地域の有馬遺跡では、礫床木棺墓群から鉄剣、鉄釧・銅釧、ガラス玉などの多種におよぶ威信材の副葬が認められ（第7図）、北近畿～能登～善光寺平ルートでの弥生後期の情報ネットワークの東への帰着の様相を呈している（田口1996）。

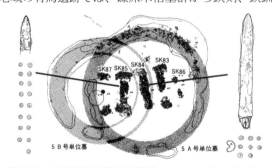

第7図　有馬遺跡の礫床木棺墓（田口1996を一部改変）

106

北関東北西部における様相と動態（深澤）

古墳前期の方形周溝墓と前方後方形周溝墓の出現　群馬南部地域、碓氷片岡地域などでは、墓域が樽3期から継続形成される一方で、新田地域、足利地域、勢多地域でも墓域形成がはじまる。これらのうち群馬南部地域では東海西部〜南関東系加飾壺をもつ方形周溝墓、碓氷片岡地域では北陸系土器をもつ方形周溝墓など、この時期を象徴する外来系要素を随伴する墓制が顕在化する。その一方、新たに墓域形成の始まる地域では、新田地域、足利地域、勢多地域のように樽式系土器や吉ヶ谷式系土器を伴う方形周溝墓や円形周溝墓が採用され、当該地域内での小地域間移動が方形周溝墓の動きからも読み取れる。

樽3期から古墳前期古段階への移行期のエポックとなる墳墓変化として、前方後方形周溝墓の採用（梅澤1994）が挙げられる（第8図）。

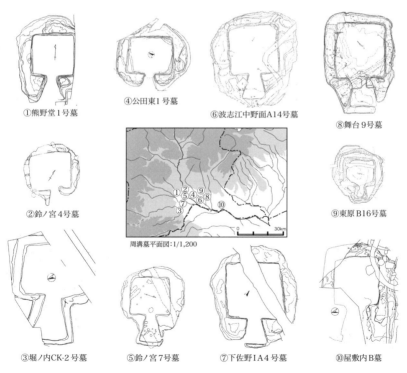

第8図　群馬県地域の主な前方後方形周溝墓（深澤2010）

107

第 I 部　研究発表とコメント

　そのいち早い採用は群馬南部地域で始まるが、鈴ノ宮遺跡Ｂ区 4 号周溝墓（墳長約 18 m）や熊野堂遺跡 1 号墓（墳長約 21 m）などは、周堀覆土に確認される浅間Ｃ軽石の存在によって古墳前期古段階と位置づけられる。他の小地域に先駆けて採用される状況は、先述のように、樽 3 期に形成されていた社会素地のもと、古墳前期古段階に入り、積極的な外来系要素の様式的受容を他の小地域に先駆けて実現させた土器様相と重なることであり、両者の連動を予想させる。

引用・参考文献

飯島克己・若狭徹　1988「樽式土器編年の再構成」『信濃』40-9

梅沢重昭　1994「"毛野"形成期の地域相」『駿台史学』91

大木紳一郎　1997「まとめ弥生時代の遺構と遺物」『南蛇井増光寺遺跡Ⅴ』（財）群馬県埋文調査事業団

大木紳一郎　2007「岩鼻式と樽式土器」『埼玉の弥生時代』埼玉弥生土器観会

かみつけの里博物館編　1998『第 2 回特別展　人が動く・土器も動く　古墳が成立する頃の土器の交流』

小島純一　1983「赤井戸式土器について」『人間・遺跡・遺物』

杉原壮介　1939「上野樽遺跡調査概報」『考古学』10-10　東京考古学会

田口一郎　1996「樽式期の墓制」『群馬考古学手帳』6

平野進一　1980「北関東西部における後期櫛描文土器について」『第 1 回三県シンポジウム　弥生土器　櫛描文の系譜』

深澤敦仁　1999「赤井戸式土器の行方」『群馬考古学手帳 9』　群馬県土器観会

深澤敦仁　2011「前期の上毛野」『別冊季刊考古学 17　古墳時代毛野の実像』

三宅敦気・相京建史　1982「樽式土器の分類」『第 1 回三県シンポジウム　弥生終末期の土器　四世紀の土器』

若狭　徹　1990「群馬県における弥生土器の崩壊過程」『群馬考古学手帳』1

若狭　徹　1996「群馬県地域」『ＹＡＹ！』弥生土器を語る会

若狭　徹　2007『古墳時代の水利社会研究』学生社

若狭　徹・深澤敦仁　2005「北関東西部における古墳出現期の社会」『新潟県における高地性集落の解体と古墳の出現』新潟県考古学会

【コメント】

東海の土器編年と関東

早 野 浩 二

1 「広域土器編年併行関係表」について

　古屋紀之が中心になってとりまとめた土器編年の併行関係（西相模考古学研究会 2014）は、現在の東日本における編年研究の到達点を示す。広域編年の基軸でもある伊勢湾岸の「廻間Ⅰ式4段階」（赤塚1990 他）または「早3期」（早野2011 他）、北陸の「漆町4群」（田嶋1986 他）、東京湾（房総）の「中台1式」（大村2004）が併行することは、筆者も首肯するところである。加えて、畿内の「庄内式古段階」（西村2008 他）が併行することをも踏まえれば、この段階に編年上の画期を認めることにも一定の妥当性がある（早野2013）。この点において、杉山和徳が鉄器の流通を分析する際に、シンポジウム編年の2・3期と4・5期に交を求めたこと（杉山2014）もまた首肯される。鉄器の流通の問題については後節で改めてコメントする。

2 「樽式」、「十王台式」との併行関係

　「樽式」に伴う「東海系」土器の好例として、渋川市中村遺跡円形周溝墓のパレス壷、高崎市熊野堂遺跡第Ⅲ地区8号住居のS字甕A類、同9号住居のパレス壷、高杯、小型器台がある（第1図2～9）。中村遺跡円形周溝墓のパレス壷は、樽2期の土器との共伴に懐疑的な見方もあるが（田口1996）、早3期（廻間Ⅰ式4段階）から早4期（廻間Ⅱ式1・2段階）に対比される。熊野堂遺跡第Ⅲ地区8号住居のS字甕A類（の下限）は早4期（廻間Ⅱ式1・2段階）、同9号住居のパレス壷と高杯は早5期（廻間Ⅱ式3段階）に対比される。この理解は、9号住居の各器種を8号住居出土のS字甕A類を含めて、

第Ⅲ部　研究発表とコメント

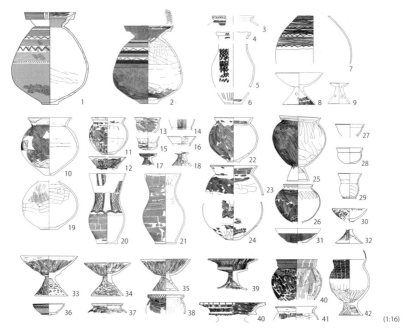

1：八王子遺跡 Ba 区 NR01-3 層上層（参考）　2：中村遺跡円形周溝墓　3～6：熊野堂遺跡第Ⅲ地区第8号住居　7～9：同第9号住居
10～21：武田石高遺跡第5号住居（10～17：2層　18：3層　19～21：7層）　22～32：吹上遺跡第2号住居　33～42：志渡川遺跡第3号住

第1図　「東海系」と「樽式系」、「十王台式」、「吉ヶ谷式」系土器

「(廻間)Ⅱ式期初頭」における「第1次拡散期」の所産とする赤塚次郎の理解（赤塚1990）とは若干異なる。若狭徹も第8号、第9号住居を「古墳前期1—1期」とするが（若狭2007）、前者に「樽式系」土器が伴い、後者には伴わないことも踏まえると、両者には時期差を認めるのが穏当であろう。いずれにせよ、「樽3期」が「廻間Ⅰ式4段階」または「早3期」、「庄内式古段階」と重複することに変わりはない。

　渋川市有馬遺跡の礫床墓群に伴う土器群は、(樽2期の要素を残す) 樽3期とされ、墳墓群の下限は上層の集落に伴う土器群から、漆町5・6群以降と想定される（川村1999・田口2002）。この理解は「古墳前期1—1期」を漆町5群に併行する早4期（廻間Ⅱ式1・2段階）以降に対比したこととも整合する。
「十王台式」5期のひたちなか市武田石高遺跡第5号住居7層の「十王台

110

東海の土器編年と関東（早野）

第1表　編年対比表

（編年対比表省略）

式」土器には土師器が共伴し、上層の3層には前1期（廻間Ⅱ式4段階・廻間Ⅲ式1段階）前後の器台、2層には前2期（廻間Ⅲ式2段階）以降に対比される小型器台が含まれる（第1図10〜21）。日立市吹上遺跡第3号住居は「十王台式系」土器にS字甕を含む土器群が共伴する（第1図22〜32）。共伴するS字甕はB類新段階に対比が可能で、前1期（廻間Ⅱ式4段階・廻間Ⅲ式1段階）を下限とする。

加えて、浪江町本屋敷古墳群第2号住居の「十王台式系」土器に伴う「北陸（北東部）系」の甕は漆町8群併行とされ（田嶋2012）、「十王台式」に後続する「十王台式系」土器は漆町8群に併行する前2期（廻間Ⅲ式2段階）を下限とする。これらから、ひたちなか市鷹ノ巣遺跡第26号住居出土の5期の「十王台式」土器と「十王台式系」土器を含む土器群は、前1期（廻間Ⅱ式4段階・廻間Ⅲ式1段階）として大過ない。つまり、「十王台式」は早5期（廻間Ⅱ式3段階）から前1期（廻間Ⅱ式4段階・廻間Ⅲ式1段階）に終焉し、前2期（廻間Ⅲ式2段階）に「十王台式系」が存続したと考えられる。

第Ⅲ部　研究発表とコメント

　一方、詳細な比定は難しいが、岩倉市小森遺跡の「十王台式」は3期以前に相当する（鈴木素行氏教示）。共伴する土器は明確ではないが、小森遺跡にS字甕A類は少ないことから、小森遺跡の「十王台式」は早3期（廻間Ⅰ式4段階）を上限とする可能性が高い。このことから、「十王台式」の3期と早3期（廻間Ⅰ式4段階）から早4期（廻間Ⅱ式1・2段階）との併行が予測される。この予測は、2期または3期の「十王台式」が樽式分布圏において樽3期の土器に伴うこと（鈴木2012）、先に想定した樽式との併行関係とも整合する。

　上記のように、旧コメント（早野2014）では、北関東の樽3期（若狭2007他）と東関東の「十王台式」2・3期（鈴木2008他）に東海の早3期（廻間Ⅰ式4段階）が重複することを示したが（第1表）、「広域土器編年併行関係表」において、「樽3期」と「十王台式」2・3期は（東海の「廻間Ⅰ式」に対応する）シンポジウム編年の3期を主体とすることが示されている。これは土浦市西原遺跡第6号住居、同根鹿北遺跡における「十王台式」と「山田橋式」の共伴から、「十王台式」2期が「山田橋式」2式古に併行すること（稲田2014）を一つの根拠としているものとも思われる。筆者にこの当否を論じる術はないが、型式観の振幅（の程度）は気にかかるところである。今後の良好な出土事例の増加にも期待したい。

　深澤敦仁は北関東北西部における樽3期に後続する「古墳前期古段階」の地域動態として、「東海西部系」、「東海東部系」、「南関東系」、「北陸系」、「畿内系」、「樽式系」、「吉ヶ谷式系」、「二軒屋式」、「十王台式」等、多岐の外来要素の混在に着意する（深澤2014）。その状況を端的に示す一例が美里町志渡川遺跡で、第3号住においては、「北陸系」、「東海系」に伴い「吉ヶ谷式」系の台付甕が出土している（第1図33～42）。「東海系」のS字甕、高杯は変容が著しいが、早5期（廻間Ⅱ式3段階）から前1期（廻間Ⅱ式4段階・廻間Ⅲ式1段階）の特徴に類似するものが多い。体部に独自の加飾がある「月影式系」甕は、「月影式系」としては最終末の型式で、漆町6群から7群に相当する（田嶋明人氏教示）。これにより、すでに指摘されているように、「吉ヶ谷式系」は漆町6群から漆町7群、早5期（廻間Ⅱ式3段階）から前1

期（廻間Ⅱ式4段階・廻間Ⅲ式1段階）には変容が進みつつも、なお残存していたことが確かめられる。この状況も先に示した併行関係と調和的である。

3 鉄器の流通について

豊島直博は鹿角製把を装着する鉄剣について、「多くの資料が実際には終末期まで存続する」可能性を示唆しつつ、有馬遺跡の礫床墓の様相を考慮し、「後期」が多く「終末期」には激減するとしている（豊島2005）。杉山和徳も豊島による鉄剣の年代観を参考にしながら、自身の（鉄剣による）編年の「第Ⅰ期（畿内第Ⅳ様式併行期から畿内第Ⅴ様式併行期前半）」から「第Ⅱ期（畿内第Ⅴ様式併行期後半から庄内式併行期）」にかけて、「日本海沿岸部から中部高地を介する流入経路」が衰退し、「太平洋沿岸部の流入経路」が発達することを述べている（杉山2008）。豊島や杉山の「後期」と「終末期」、「第Ⅴ様式」と「庄内式」に対する理解にもよるが、関東で盛行する鹿角製把を装着した鉄剣の主体となる時期を畿内の「後期」や「第Ⅴ様式」に求め、「終末期」、「庄内式併行期」にかけて流通に急激な変化が生じたとする見方は、前節に示した併行関係の理解からは再考の余地がある。

また、杉山和徳が東日本各地域における鉄器の出土数を集計、比較した労作（杉山2014）によると、北関東地方のみシンポジウム編年の2・3期に武器（主に鉄剣と鉄鏃）を主体とする鉄器の出土数が突出して多く、同4・5期は北関東地方における鉄器の出土はごく少ないという結果が示されている。この分析結果についても、純粋に鉄器の流通状況の変化を反映しているというよりはむしろ、前節の北関東地方における「樽式」の併行関係の問題が大きく関係しているものとも思われる。

引用・参考文献

赤塚次郎 1990「廻間式土器」『廻間遺跡』愛知県埋蔵文化財センター調査報告書第10集

稲田健一 2014「茨城県北部における弥生時代後期後半の様相―「十王台式」を中心に―」（研究会資料集）

第Ⅲ部　研究発表とコメント

大村　直　2004「山田橋遺跡群および市原台地周辺地域の後期弥生土器」『市原市山田橋大山台遺跡』（財）市原市文化財センター調査報告書第 88 集

川村浩司　1999「庄内併行期における上野出土の北陸系土器について」『庄内式土器研究』ⅩⅨ

杉山和徳　2008「東日本における鉄剣の受容とその展開」『古文化談叢』第 60 集

杉山和徳　2014「東日本における鉄器の流通と社会の変革」（資料集）

鈴木素行　2008「「屋内土壙墓」からの眺望─弥生時代後期「十王台式」の埋葬を考えながら─」『地域と文化の考古学』Ⅱ　六一書房

鈴木素行　2012「「十王台式」、西へ（上）─群馬・栃木県域から出土する「十王台式」の故地を求めて─」『茨城県考古学協会誌』第 24 号

田口一郎　1996「樽式期の墓制─有馬遺跡の検討を中心に─」『群馬考古学手帳』6

田口一郎　2002「金属器・玉類副葬の北関東弥生墳墓」『考古学ジャーナル』491　ニュー・サイエンス社

田嶋明人　1986「漆町遺跡出土土器の編年的考察」『漆町遺跡Ⅰ』石川県立埋蔵文化財センター

田嶋明人 2012「古墳確立期の広域編年─東日本を対象にした検討（その 5）」『東生』第 1 号

豊島直博　2005『弥生時代の鉄製刀剣』奈良文化財研究所

西相模考古学研究会　2014『久ヶ原・弥生町期の現在（いま）─相模湾／東京湾の弥生後期の様相─』（研究会資料集）

西村　歩　2008「中河内地域の古式土師器編年と諸問題」『邪馬台国時代の摂津・河内・和泉と大和』香芝市教育委員会・香芝市二上山博物館

早野浩二　2011「東海」『古墳時代の考古学 1』同成社

早野浩二　2013「「庄内式」の成立、「漆町 4 群」の画期と東海の土器編年」『東生』第 2 号

早野浩二　2014「東海の土器編年と関東」（研究会資料集）

深澤敦仁　2014「北関東東北西部における様相と動態」（研究会資料集）

若狭　徹　2007『古墳時代の水利社会研究』学生社

甲府盆地における土器の地域性

稲垣自由

1 はじめに

　中部高地における弥生時代後期の土器の地域性については、長野県側において、器形および文様や施文法の相違から長野盆地南部に分布の中心を置く箱清水式土器分布圏と、飯田・下伊那地方に分布の中心を置く座光寺原・中島式土器分布圏の存在が論じられており、南北の中間にあたる地域については、さらに細かな地域性が指摘されてきた（神村 1988、笹沢 1986 など）。そして 1999 年、これら南北の土器様相と南北の中間にあたる地域の土器様相も含め、長野県考古学会冬季大会シンポジウム「長野県の弥生土器編年」のなかで集成が行われ、小地域単位での地域性について整理されてきた（長野県考古学会弥生部会 1999）。

　一方、甲府盆地を中心とした山梨県側の土器様相は、これまで甲斐市金の尾遺跡出土資料の分析をもとに長野県側を中心とした中部高地型櫛描文土器との比較と、その地域性について論じられ（青木 2000、笹沢 1986、中山 1993・1999、浜田 1988）、後期前半では箱清水式系を中心とした中部高地系土器を主体とし、後期後半になり東海系土器の影響が強く表れる地域として説明されてきた。近年、甲府市塚本遺跡、同市塩部遺跡、南アルプス市十五所遺跡等の調査により、後期の資料が増加しつつある。その結果、箱清水式を主体としながらも時期により他地域からの影響を強く受けている様子が具体的に把握できるようになりつつある。このことから本稿では、中部高地でも主として甲府盆地の地域相について整理し、土器の地域性とその変化について提示することを主として取り上げたい。

2 甲府盆地の土器編年

　甲府盆地の弥生後期を土器の文様、構成の変化を基準に、Ⅰ期からⅢ期の3時期に区分して、第1図のとおり提示する。

Ⅰ期古段階　中期後半段階で栗林式土器が確認されていること、次期において箱清水式系の属性をもつ土器が確認されていることから、箱清水式系の初期の属性をもつ土器が主体的に分布していると考えられるが、現在のところ資料が発見されておらず、空白の段階である。

Ⅰ期新段階　箱清水式系の属性をもつ土器が主体的に分布し、客体として諏訪湖北地域の属性をもつ土器も確認できる。

　壺は頸部に矢羽状沈線を施すものや、櫛状工具、棒状工具で波状文を施すものがある（7・10）。口縁部の形態は、単純口縁と受口状口縁、折返し口縁を模した形状のもの（10）があり、受口状のものは外面に波状文が施される（7）。箱清水式、橋原式（神村1988）の中部高地系壺と共伴して、中部高地系ではない系統の壺（9）が共伴する例も確認されている。甕は平底甕であり、口縁部に櫛描波状文、頸部に櫛描簾状文を施し、胴部に櫛描波状文や櫛描文を縦羽状、格子目状、鋸歯状に施す（1・3・4）。また、文様の施文されないハケ調整平底甕（6）も確認されている。

Ⅱ期古段階　胴部に施されていた縦羽状文、格子目状文、鋸歯状の櫛描文が施されなくなった甕を指標とする。また、肩部の櫛描波状文が肩部～胴部に施されるか、肩部で留まるかの差異を指標としてⅡ期を古段階と新段階とに分け、両者を時期差として捉える。

　壺は頸部に櫛描文を施すものが確認されている。口縁は単純口縁と鍔状口縁（18）のものがあり、赤彩されるものもある。また、前時期同様、中部高地系ではない系統の壺（19）が共伴する例が確認されている。甕は口縁部に櫛描波状文、頸部に櫛描簾状文、肩部～胴部に櫛描波状文を施すもの（12・14～17）が主体となる。胴部に施されていた縦羽状、格子目状、鋸歯状の櫛描文が消失し、肩部～胴部に櫛描波状文が施される。

Ⅱ期新段階　菊川式を中心とする東海系の土器が甲府盆地内へ流入し、甲府

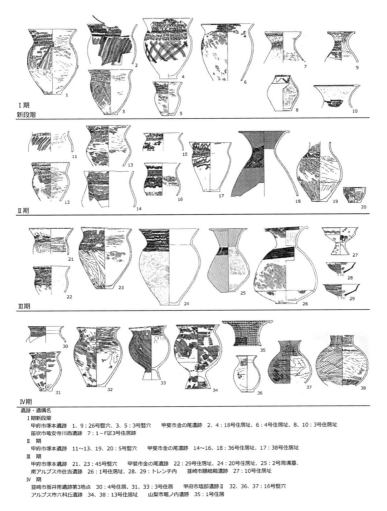

第1図　甲府盆地の土器編年（縮尺1／18）

盆地西部、曽根丘陵地域に分布圏を形成する段階である。中部高地系土器は甲府盆地の北西部、中部、東部に分布圏を形成する。また、菊川式の壺、甕、山中式系の高坏が僅かではあるが中部高地系土器の分布圏でも確認できる。

　中部高地系の壺は、頸部に櫛描T字文、櫛描直線文、櫛描波状文が施され、単純口縁や鍔状口縁、折返し口縁をもつ。胴部の張る形状であり、赤彩され

るもの（25）もある。甕は、口縁部に櫛描波状文、頸部に櫛描簾状文、肩部に櫛描波状文を施すもの（22～24）が主体となり、肩部～胴部に及んでいた櫛描波状文が肩部のみに施されるようになる。

東海系土器は、壺、台付甕、高坏が確認されており、壺は、太頸のイチジク形を呈し、文様は肩部に端末結節縄文（鮫島1994）や単節縄文によって施されるものが多い。菊川式系の壺は、形状や肩部の端末結節縄文から、菊川式でも駿河地域との関連が深いモミダ型（篠原2001）が多く確認されている。

Ⅲ期　前時期に流入した東海系土器が甲府盆地内に定着し、中部高地系土器の分布圏では中部高地系土器と東海系土器が確実に共伴するようになる。

中部高地系土器の壺は、頸部に櫛描波状文を施し、底部付近に輪積痕を残す形状のものと、折り返し口縁をもち、頸部に櫛描T字文を施し、赤彩されているもの（35）が確認されている。甕は無文のもの（31・32）が増加する。文様を施すものは、口縁部に櫛描波状文、頸部に櫛描簾状文、肩部に櫛描波状文を施すもの（30）が基本となるが、櫛描波状文は1～2条程度となる。

東海系土器の壺は肩部に端末結節縄文を施すものと無文のものがあり、やや球胴気味か無花果形の胴部をもつ。口縁は単純口縁、折り返し口縁、複合口縁のものがある。甕はハケ調整の台付甕が基本であり、口縁部に刻みをもつものや折返し口縁をもつものがある。

3　甲府盆地の地域性

甲府盆地の土器は、中部高地型櫛描文の箱清水式系の土器が東海系土器の影響によって変化していくという特徴をもつ。

東海系土器との関係は、Ⅰ期新段階から既に確認でき、甲府市塚本遺跡26号竪穴では、甕が中部高地系土器なのに対し（1）壺が東海系土器（9）という共伴例が確認されている。中部高地系土器と東海系土器の共伴例は、Ⅱ期古段階でも塚本遺跡5号竪穴で確認されているが（11～13・19）、東海系土器のみが卓越し、分布域を構成するような状況は確認されていない。これに対し、Ⅱ期新段階になると、南アルプス市住吉遺跡のように東海系土器

のみが出土する遺跡が出現する。住吉遺跡1号住居址からは菊川式系の土器（26）が確認されており、試掘トレンチ内からは山中式系の高坏（28・29）も確認されている。Ⅱ期新段階以降、甲府盆地内で中部高地系土器が主体となる分布圏と東海系土器が主体となる分布圏が形成され、Ⅲ期になると、韮崎市坂井南遺跡第3地点で確認されているように、中部高地系土器が主体となる地域においてもハケ調整の台付甕（33）が確認できるようになり、東海系土器の影響が中部高地系土器を主体とする分布圏に強く及んでいく様子が確認できる。

4　甲府盆地における土器の地域性—まとめ—

　甲府盆地では甲府市塚本遺跡26号竪穴の事例から、後期でも比較的早い段階から東海系壺（9）の共伴や、甲斐市金の尾遺跡3号住居址出土壺（10）のように折返し口縁を模した中部高地系壺の存在から東海系土器の影響が確認できる。また、小池岳史が推定するように、諏訪湖南地域や甲府盆地で確認されているハケ調整平底甕が東海系ハケ調整台付甕の影響によって成立したものと考えられるならば（小池2001）、これも東海系土器の与えた影響の一つとして捉えることができる。

　しかし、Ⅰ期新段階、Ⅱ期古段階では東海系土器を主体とする集落の存在は現在確認されておらず、東海系土器を主体とする集落が出現するⅡ期新段階以降の土器様相と違いがある。Ⅱ期新段階以降、甲府盆地西部と曽根丘陵地域に東海系土器を主体とする集落が形成され、東海系土器が主体的に分布する地域が確認できるようになる。また、中部高地系土器を主体としていた甲府盆地中西部、中部、東部地域においても東海系土器の影響がⅡ期新段階からⅢ期に向かって強くなる。このⅡ期古段階までの土器様相とⅡ期新段階以降の土器様相の変化は、浜田晋介が「質的に変化」と指摘したように（浜田1988）、中部高地系土器を用いることを基本としつつ、東海系土器の影響も受けていた段階から、中部高地系土器を用いているものの、東海系土器の形式が組成内に含まれる割合が徐々に高まる段階への変化である。このことは、土器に与えられる影響が、北側地域から与えられる影響が強い段階から

第 I 部　研究発表とコメント

南側地域から与えられる影響が強い段階へと変化していることを示す現象であると考えられる。つまり、Ⅱ期古段階までは中部高地系土器優勢であったものが、Ⅱ期新段階より東海系土器優勢へと変化しているのである。

5　シンポジウムを終えて

　今回のシンポジウムで、土器が動く流れとそのほかの製品の動く流れとが重なる可能性が高い地域があることが示されたことと、各地で土器様相が大きく変化する時期とその他の製品の動きが変化する時期とが重なる可能性があることが示されたことは、甲府盆地の様相を検討していくうえでも非常に有益だったと思う。シンポジウムを終えて必要性を強く認識したのは、甲府盆地の土器地域性の具体的提示と時期呼称も含めた時間軸の再検討、および土器と土器以外の製品の動きがどのように関係しているのか追究することである。今回のシンポジウムのような共通編年軸のもと、土器の地域性、物資の交流ネットワークを広範囲に亘って総合的に議論する場において、それぞれの地域における地域性をそれたらしめている現象・事例を具体的に提示し、時間軸を共有した議論の俎上にのせることは、現象の広範囲での比較のみならず、地域そのものの位置づけにもかかわってくる重要性をもっている。

　このようなことから、シンポジウムが終了した後、甲府盆地の土器の地域性について、より具体性をもった提示ができるよう検討することと、その変化についての再整理、および同一時期内で転換点を認めてしまっているⅡ期についての再検討を行った（稲垣2014）。以下ではその成果について提示し、また土器以外に確認できる製品や現象の提示も含めて、シンポジウムを終えてどのような課題が見えてきたのかを示したい。

6　時期呼称の修正

　Ⅱ期古段階と新段階で認められた画期について、同一時期内での画期という煩雑さを避けるため、時期名称の修正を行った。

　資料未発見のⅠ期古段階と次期のⅠ期新段階に修正はないが、Ⅱ期古段階としていた段階をⅡ期に、Ⅱ期新段階としていた段階をⅢ期、Ⅲ期としてい

第1表　時期呼称の修正

シンポジウム	Ⅰ期		Ⅱ期		Ⅲ期
	古段階	新段階	古段階	新段階	
修　正	Ⅰ期		Ⅱ期	Ⅲ期	Ⅳ期
	古段階	新段階			

た段階をⅣ期として修正した。

　また、甲府市塚本遺跡竪穴床面出土の甕を、各部位に施された文様とその組み合わせによって分類し、分類された器形と組み合わせ、これらを型式として抽出し、竪穴同士の切り合い関係をもとにして先後関係の確認も行った。この結果をもとにして、甕の型式変化を時期変化の指標とした。

7　甲府盆地の土器の地域性再検討

　土器の地域性については、中部高地系土器に注目し、中部高地系土器が主体となっていた段階からどのように東海系土器の影響が現れるのかということを中心として再検討を行った。具体的には甲府市塚本遺跡竪穴床面出土の甕から確認できた型式変化を指標として、各型式と共伴もしくは一括性の可能性が高い形式を甲府盆地内の資料から抽出し、それらを甲府盆地の地域性を示す土器様式（金の尾様式）として認識する作業を行った。この結果から、東海系土器のどのような形式がどの段階から組み込まれるのか確認した（稲垣2014）。

　甲府盆地の中部高地系土器を主体とする地域の土器様式については、中山誠二によって金の尾式の名称が提唱されており（中山1999）、「北信地域の吉田式、中信地域の橋原遺跡Ⅰ期に類似」した内容をもつ金の尾Ⅰ式から、「箱清水・樽式大様式圏に含まれながら甲斐地域独自の地域性が認められる」金の尾Ⅱ式への変化が説明されてきた（中山前掲）。筆者も中山の提唱した金の尾様式を基本的には踏襲しているが、本稿Ⅳ期について、中山は東海系土器を主体とする地域と中部高地系土器と東海系土器が混在する地域があることを認めつつも両者を一括して六科丘式としているのに対し、筆者は東海系土器を主体とする地域と中部高地系土器と東海系土器が混在する地域を区別し、この時期まで含めて金の尾様式として認識したところに違いがある。既

述したとおり、甲府盆地の土器様相は中部高地系土器が主体となる段階から、時期が下るにつれて東海系土器が影響を強め、中部高地系土器を主体としていた地域もその影響を強く受けて変化することが確認できる。本稿Ⅳ期は、これまで中部高地系土器を主体としていた甲府盆地北西部、中部、曽根丘陵地域を除いた東部に東海系土器の影響が強まり、両者の確実な共伴が確認できる時期である。この土器様相は、東海系土器を主体とする甲府盆地西部、曽根丘陵地域の土器様相とは確実に異なっており、本稿Ⅲ期の中部高地系を主体とした土器様相からさらに東海系土器の影響が増した段階として捉えたほうが妥当であると判断し、本稿Ⅳ期まで金の尾様式として捉えた。

　時期の併行関係については、金の尾Ⅰ式が本稿Ⅰ期からⅡ期、金の尾Ⅱ式が本稿Ⅲ期からⅣ期に対応するため、金の尾Ⅰ式を1段階から3段階に、金の尾Ⅱ式を1段階から2段階として細分した。金の尾Ⅰ式1段階から3段階が本稿Ⅰ期古段階からⅡ期に、金の尾Ⅱ式1段階から2段階が本稿Ⅲ期からⅣ期にそれぞれ対応する。

　金の尾様式の基本的な組成は第2図に示したとおり、中部高地系の甕、壺に加えて、東海系壺、中部高地系と東海系の折衷型の壺、ハケ調整平底甕である。ハケ調整台付甕は金の尾Ⅱ式1段階から少数確認でき、金の尾Ⅱ式2段階には確実に組成に加わる。

　金の尾様式の時期的変化を見ると、金の尾Ⅰ式段階には既に東海系土器の影響が確認することができ、金の尾Ⅱ式2段階にはハケ調整台付甕が組成に加わるなど時期が下るにつれてその影響が増していく様子が確認できる。甲府盆地の土器の地域性を把握するためには、金の尾様式の時期変化に注目すると整理しやすいが、一方で交流の強弱の変化という視点も加えて把握するためには、金の尾Ⅱ式段階、本稿Ⅲ期から確認できる東海系土器の分布圏の形成という現象にも注目しなければならないと考える。

　金の尾Ⅰ式段階には神奈川県大磯町馬場台遺跡で確認されている資料や静岡清水平野で確認されている中部高地系土器の存在から、ある程度甲府盆地から外の地域へ向かう動きがあったものと推察される。

　登呂式土器の成立に中部高地系土器の影響があり、その主体を担ったのは

甲府盆地における土器の地域性（稲垣）

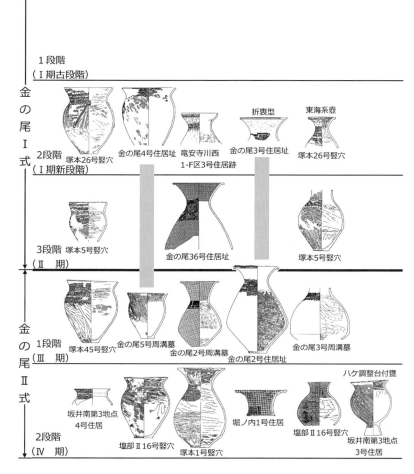

第 2 図　金の尾様式の基本組成（縮尺 1 ／ 18）

甲府盆地であった可能性も考えられており（篠原2010）、このことから金の尾Ⅰ式段階以前より甲府盆地から南下する中部高地系土器の動きがあったものと推測できる。この状況は北上する東海系土器が金の尾様式へ影響を強めていく金の尾Ⅱ式段階とは異なっており、金の尾Ⅰ式と金の尾Ⅱ式の動きの違いとして確認することができる。また、東海系土器以外にも東京湾岸系の土器（第3図）も確認できるがその数は非常に少ない。

第 I 部　研究発表とコメント

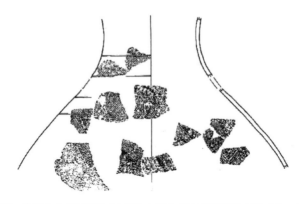

第3図　韮崎市上横屋遺跡16号竪穴出土の東京湾岸系土器（S＝1／6）

第4図に金の尾Ⅰ式と金の尾Ⅱ式期の動きの変化を示した。

8　土器以外から確認できる他地域との交流について

　土器様相の変化以外に他地域との交流によって変化したと考えられる現象として、周溝墓の平面形の変化があげられる。

　甲斐市金の尾遺跡で確認された周溝墓は、円形周溝墓と方形周溝墓とが混在して存在する状況から、時期が下るにつれて方形周溝墓に統一されていくことが指摘されており（青木2000）、また、円形周溝墓からは中部高地系土器が出土し、方形周溝墓からは東海系土器が出土していること（青木前掲）から、時期が下るにつれ東海系土器が優勢となっていく甲府盆地の土器様相と連動して周溝墓の平面形している可能性が考えられる。しかし、土器様相の変化と周溝墓の平面形の変化を連動させて考えた時、注意しなければならないのが北杜市頭無A遺跡5号周溝墓である。

　頭無A遺跡で確認された周溝墓群は、金の尾遺跡例と同様に平面形が円形から方形への変化が確認でき、さらに方形周溝墓は大型化していく様子が確認されている。5号周溝墓は大型の方形周溝墓であり、本稿Ⅳ期に属すと考えられる。その主体部からは、ガラス玉片、螺旋状鉄釧、刃関双孔鉄剣（いずれも第5図）が出土している。刃関双孔鉄剣は、長さが65.5㎝、最大幅

甲府盆地における土器の地域性（稲垣）

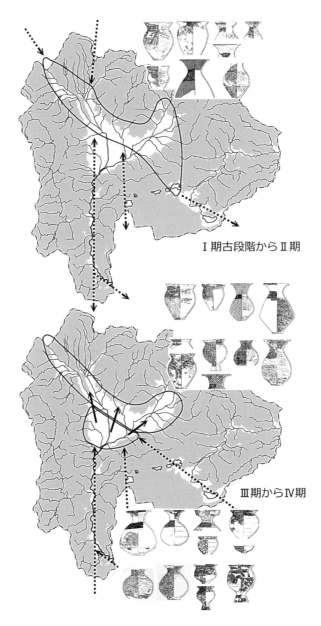

第4図　時期による土器の動きの変化

が3.7cmの長剣であり、螺旋状鉄釧は、長さ10.2cm、最大幅8.1cmで断面三角形の偏平材を15巻し、螺旋状に仕上げてある。ガラス玉片は4点確認されており、いずれも主体部覆土の篩によるフローテーションによって確認されたものである。

　甲府盆地で確認される周溝墓は主体部の確認できる例は少なく、主体部に副葬品が収められた事例はほとんどない。このような状況において、頭無A遺跡の5号周溝墓で確認された副葬品は異質であり、ガラス玉、螺旋状鉄釧、鉄剣という組み合わせから箱清水式土器分布圏の円形周溝墓主体部から発見される副葬品の組み合わせ（青木2001）との関係が想定される。東海系土器が優勢となっている甲府盆地内の土器様相と比して逆行した事例として注目でき、八ヶ岳南麓に位置し諏訪地域と近接しているという立地や、箱清水式土器の動きも含めて、副葬された意義やその経路など検討すべき点は多い。

　第5図にガラス、銅、鉄製品を、甲府盆地北西部、中部、曽根丘陵地域を除いた東部と甲府盆地西部、曽根丘陵地域に分けて時期別に提示した。

　甲府盆地北西部、中部、東部地域では本稿Ⅲ期から、甲府盆地西部、曽根丘陵地域では本稿Ⅳ期から確認できる。そのほかにも図示していない資料として、甲府市朝気遺跡第5次調査にて確認された合せ口壺棺内出土のガラス玉4点が甲府盆地北西部、中部、東部地域の本稿Ⅳ期に、甲府市東山南遺跡1号周溝墓溝外出土のガラス玉1点、同市宮の上遺跡2号住居出土のガラス玉1点が甲府盆地西部、曽根丘陵地域の本稿Ⅳ期にある。なお、本稿Ⅳ期の集落遺跡である南アルプス市六科丘遺跡では、7軒の竪穴住居より刀子、小鉄環、鉄片などの鉄製品が確認されているが、形状が不明なものや覆土中から出土したものがほとんどであるため図示しなかった。

　第5図から、本稿Ⅲ期では甲府盆地北西部、中部、東部地域に、本稿Ⅳ期では甲府盆地西部、曽根丘陵地域に分布が偏っていることが分かる。これら製品の搬出先とのつながりを考えた時、甲府盆地における土器様相の変化は物流のネットワークの変化を探る上で大きな足掛かりとなりうる。すなわち、周溝墓平面形の変化や、ガラス、銅、鉄製品の時期による分布の偏りは、本稿Ⅲ期に本格的流入し、本稿Ⅳ期に最も影響を強める東海系土器の動きと関

甲府盆地における土器の地域性（稲垣）

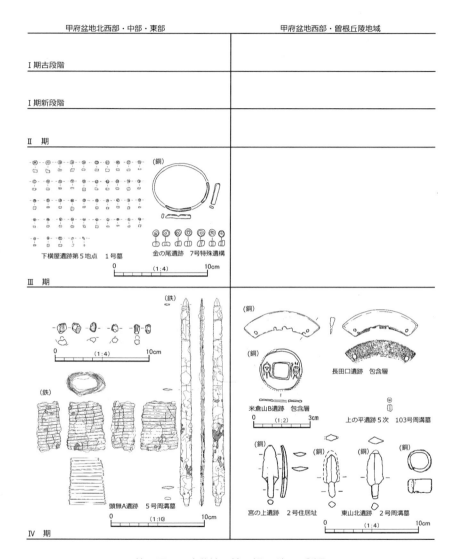

第5図　甲府盆地の鉄・銅・ガラス製品

係している可能性が高いと考えられるのである。

　今後は、近接地域である諏訪地域や富士・富士宮地域、静岡・清水平野、八王子盆地、西相模地域などの相対的な様相と比較を行いながら、連動して

第1部　研究発表とコメント

いる現象の確認や物流の交流ネットワークを検証し、多角度からより広域的な視点で検討していくことが課題となろう。

引用・参考文献

青木一男　2000「金の尾遺跡の周溝墓－中部高地型墳墓への固執と転換をさぐる試み－」『山梨県考古学協会誌』第11号　山梨県考古学協会　pp.101－110

青木一男　2001「倭国大乱期前後の箱清水式土器様式圏」『信濃』第53巻第11号　信濃史学会　pp.749－770

稲垣自由　2014「甲府盆地における弥生時代後期の土器地域性－時間軸の検討と土器地域性について－」『山梨県考古学論集』Ⅶ　山梨県考古学協会35周年記念論文集　山梨県考古学協会　pp.99－116

神村　透　1988「Ⅱ　時代と編年　3　弥生土器」『長野県史』考古資料編　遺構・遺物　長野県史刊行会　pp.207－255

小池岳史　2001「諏訪地方湖南地域の後期弥生土器－茅野市家下遺跡の甕形土器からみた箱清水式土器文化圏の小地域と地域差－」『長野県考古学協会誌』93・94　長野県考古学会　pp.60－80

笹沢　浩　1986「箱清水式土器の文化圏と小地域－地域文化圏の動静を語る－」『月刊　歴史手帖』14巻2号　名著出版　pp.37－45

鮫島和大　1994「南関東弥生時代後期における縄文施文の二つの系統」『東京大学考古学研究室研究紀要』第12号　東京大学考古学研究室　pp.169－207

篠原和大　2001「駿河地域の後期弥生土器と土器の移動（補遺）」『シンポジウム　弥生後期のヒトの移動～相模湾から広がる世界～資料集』　西相模考古学研究会　小田原シンポ準備会　pp.58－67

篠原和大　2006「登呂式土器と雌鹿塚式土器－駿河湾周辺地域における弥生時代後期の地域色に関する予察－」『静岡県考古学会誌』No.38　静岡県考古学会　pp.45－72

篠原和大　2010「駿河地域の中部高地系土器と有東式土器・登呂式土器」『中部高地南部における櫛描文系土器の拡散』　山梨県考古学協会　pp.46－56

長野県考古学会弥生部会　1999『長野県の弥生土器編年』長野県考古学弥生部会

中山誠二　1987「弥生時代終末における上の平遺跡の集落構造」『研究紀要』4　山梨県立考古博物館・山梨県埋蔵文化財センター　pp.31－51

中山誠二　1993「甲斐弥生土器編年の現状と課題」『研究紀要』9　山梨県立考古博

物館・山梨県埋蔵文化財センター　pp.86－121

中山誠二　1999「弥生時代の編年」『山梨県史』資料編2原始・古代2考古（遺構・遺物）　山梨県　pp.404－413

浜田晋介　1988「弥生時代後期の甲府盆地－異系統土器の相互交流とその様相－」『山梨県考古学協会誌』第2号　山梨県考古学協会　pp.39－59

図版出典

図1・図2　稲垣2014を一部改変して作成。

図3　韮崎市教育委員会・韮崎市遺跡調査会　1999『上横屋遺跡－店舗建設に伴う埋蔵文化財発掘調査報告書－』掲載の実測図をスキャンして作成。

図5　Ⅲ期は、韮崎市教育委員会・財団法人山梨文化財研究所　2005『下横屋遺跡第5地点－藤井町北下条字下横屋1509番地外地点宅地分譲道路敷設に伴う埋蔵文化財発掘調査報告書－』、山梨県教育委員会　1987『金の尾遺跡　無名墳（きつね塚）－山梨県中央自動車道埋蔵文化財包蔵地発掘調査報告書－』掲載の実測図をスキャンして作成。Ⅳ期は、北杜市教育委員会2008『頭無A遺跡－中山間活性化ふれあい支援農道整備事業（八ヶ岳地区　長坂4工区）に伴う埋蔵文化財発掘調査－』、山梨県教育委員会　1993『長田口遺跡－富士川西部広域農道建設に伴う発掘調査報告－』、山梨県教育委員会　1999『米倉山B遺跡－米倉山ニュータウン造成に伴う発掘調査報告書－』、櫛形町教育委員会・六科丘遺跡調査団　1985『六科丘遺跡－山梨県中巨摩郡櫛形町六科丘遺跡発掘調査報告書－』、山梨県教育委員会　1996『立石・宮の上遺跡』、山梨県教育委員会　1993『東山　北遺跡－第1次～第3次調査－』、および中山1987の第4図掲載の実測図をスキャンして作成。

東日本における青銅器の流通

楠　惠美子

1　はじめに

　西日本における出土例が圧倒的に多い弥生時代の青銅器だが、後述する通り、中部・関東地方でも目覚ましい発見が相次いでいる。もちろん、それら各種青銅器の用途や、東日本に流入した契機は一様でなかったようだが、弥生時代中期まで見られなかった貴重な金属製品の分布状況を再確認することで、東日本における交易・流通や、集団関係の様態を推測していくことが可能になるであろう。特に東日本では、銅剣・銅戈・銅鐸といった典型的な青銅製儀器が見られる一方、小銅鐸や腕輪類など、西日本での出土例が顕著でない事例が集中的に発見されている点も注目される。このような事実は、東日本の集団が、西日本の青銅器文化をそのまま受容しているだけではなく、独自の取捨選択も試みてきたことを示唆する。

　そこで本稿においては、東日本出土青銅器の位置付けを検討していくための前提として、その集成結果と分布傾向を概観しておきたい。出土状況が明確でなく、厳密な時期決定が難しい事例も含まれるが、弥生時代中期から古墳時代初頭の事例を集成した。対象地域は、長野県・愛知県以東とする。

2　東日本出土の青銅器

　ａ．武器形青銅器・銅鐸・小銅鐸（第1図、第2図1・2・4）

　東日本から出土した武器形青銅器（銅剣・銅戈）と銅鐸のうち、西日本の事例と同じく土抗に埋納された事例は、愛知県・静岡県・長野県に認められる。但し、島根県荒神谷遺跡（島根県教育委員会・島根県古代文化センター

1996)や、同県志谷奥遺跡（勝部1976）、兵庫県桜ヶ丘遺跡（神戸市立博物館編2000）などのような、複数の武器形青銅器・銅鐸が共伴するパターンは、今のところ長野県中野市柳沢遺跡（長野県埋蔵文化財センター2012）以外に知られていない。柳沢遺跡では、弥生時代中期中葉の所産と見られる銅戈8本・銅鐸5個体が一括して埋納されていたが、何れも激しい使用、ないしは長期間にわたる使用を反映した顕著な磨滅が認められる。銅戈と銅鐸が千曲川中流域にもたらされた経緯は不明であるものの、埋納時期は弥生時代後期に降る可能性が指摘できよう。また、後期の突線鈕3式銅鐸が単独で埋納されていた長野県塩尻市柴宮遺跡（大場・原1961）例も内面が磨滅しており、突線鈕式の段階でも銅鐸を鳴らしていたことが知られる（楠2012）。

なお、完形の銅鐸は、天竜川・千曲川流域の事例を東限とするが、伊豆半島北部の沼津市藤井原遺跡（杉山1978）・伊豆の国市段遺跡（漆畑1994）などに見られる突線鈕式銅鐸の飾り耳部分のように、古墳時代初頭に降る再加工品も点在する（第1図）。また、東日本における小銅鐸の分布は、関東の太平洋沿岸に集中する。小銅鐸の名が示す通り、鈕や型持ち孔の存在など、典型的な銅鐸を実見し得た人間が模倣製作したとしか考えられないものがほとんどだが、完形の銅鐸が乏しい地域の事例や、古墳時代初頭に降る事例が少なくない。

  b．銅鏃（第2図3）

銅鏃については、ここで全てを取り扱う余裕がないため、分布の中心域が明確な多孔銅鏃のみに触れておく。既に指摘されている通り、その分布は濃尾平野を核としており（赤塚1994）、以東では浜松市椿野遺跡や、長野県帰牛原遺跡、神奈川県千代仲ノ町遺跡・大庭城遺跡、東京都十条台遺跡群などに散発的な出土例がある。

  c．鏡（第1図）

鉄斧・勾玉・管玉とともに埋納されていた長野県佐久市社宮司遺跡（八幡1952）の多鈕無文鏡は、弥生時代中期の段階で朝鮮半島から日本列島にもたらされた可能性があるが、破片の再加工品であることから、埋納時期は後期に降るものと考えておきたい。また、朝日遺跡（赤塚2007）の土壙墓から出

土した虺龍文鏡や、山梨県南アルプス市長田口遺跡（保坂1993）から出土した双頭龍文鏡は破鏡であり、東日本には完形の後漢鏡が流入しなかったことが知られる。長田口遺跡例のように、鏡を頸飾状に再加工した資料は、先に見た銅鐸片の再加工品と取り扱いが類似しており、銅鐸や鏡の完形品が到達した地域と、それ以東の様相を比較する上で重要な視点を提供してくれる。

なお、他に小型仿製鏡も散見されるが、何れも覆土から出土した例ばかりであり、具体的な使用・廃棄の状況は不明と言わざるを得ない。

d．巴形銅器・有鉤銅釧（第1図、第2図5・6）

弥生時代中期に現れた巴形銅器は、紀伊半島以南に生息するスイジガイを模したものとされ、北部九州を中心に分布する。東日本では多くの事例が知られているわけではないが、長野県上平遺跡・群馬県荒砥前田Ⅱ遺跡（小島2009）・茨城県一本松遺跡（井上2001）といった比較的内陸側での出土例が目立つ。一方、弥生時代中期の北部九州に顕著なゴホウラ製貝輪を模した有鉤銅釧は、北部九州・近畿・東海・関東を中心に出土しており、静岡県の了仙寺洞穴遺跡（下田市史編纂委員会2010）や神奈川県西部の根丸島遺跡（伊東・杉山1986）といった太平洋側に分布が偏っている。何れも、北部九州の貝製品を原型とする資料だが、現状では両者が概ね排他的な分布傾向を見せている点が興味深い。

e．円環形銅釧・帯状銅釧・小銅環（第1図、第2図7・8）

円環形銅釧・帯状銅釧は、静岡県内の銅鐸分布域以東や長野県、あるいは千葉県・神奈川県の相模湾・東京湾沿岸部から出土した事例が顕著である。これらの銅釧は、西日本における青銅器のように埋納される事例はなく、住居内や方形周溝墓からの出土が多数を占めている。つまり、武器形青銅器や銅鐸のような地域社会共有の儀器ではなく、地域内における比較的有力な階層に属する装身具であった可能性が高い。なお、破損した銅釧などを再利用し、もう一度整形したものと考えられる小銅環の分布傾向は、銅釧とほぼ一致する。ほとんどの銅釧は弥生時代後期の事例だが、小銅環は古墳時代初頭まで降る事例も少なくないようであり、貴重な青銅製品を長く再利用していく東日本的な様相を示している。

3 青銅器の分布と展開

a．青銅器の分布と時期的変遷

　今回集成してきた青銅器について、その分布傾向を大別すると、長野県・群馬県域を中心とする内陸側と、静岡県・神奈川県・千葉県を中心とする太平洋側の2地域に区分することができる（第1図・第2図）。

　内陸側では、弥生時代中期から後期にかけて、銅剣・銅戈・銅鐸など、西日本的な共同体祭祀に供される儀器が流入した（第1図）。一方、後期の太平洋側では、完形の三遠式銅鐸が分布する天竜川以東において、有鉤銅釧や円環形銅釧・帯状銅釧のように、個人が着装する装身具が卓越し、銅鐸を模倣したものと思われる小銅鐸のほか、銅鐸片の再加工品や、銅釧を再加工した小銅環といった再利用品が古墳時代初頭まで見られる。また、ともに北部九州の貝製品に由来する巴形銅器・有鉤銅釧は、前者が内陸側、後者が太平洋側に分布しており、両地域の自立性を示唆している。

　なお、絶対的な出土数が少ない鏡については、その特性を明らかにすることは難しいものの、完形の舶載鏡は東日本にもたらされておらず、再加工品や仿製鏡のみが認められる点は東日本的な様相を示すものと評価してよかろう。

b．内陸側と太平洋側の集団

　さて、これら青銅器の分布傾向と出土状況から、東日本における内陸側と太平洋側の集団を比較してみると、両者の差異を明確に示すことが可能となる（第2図）。

　静岡県天竜川・長野県千曲川流域は、西日本的な青銅器の埋納行為を受容した地域であり、中期段階にもたらされた青銅器は後期まで伝世され、青銅器祭祀の終焉に伴って土抗に埋納された。この地域より東側のうち、主に太平洋側においては、属人的な青銅製装身具が顕著に認められる（第1図）。では、共同体祭祀の儀器であった武器形青銅器が卓越した内陸側では、突出した在地有力者の存在は認め難いのかと言えば、必ずしもそうではない。青銅製品の様相のみを窺っていれば、釧類は内陸側の分布が比較的薄いかのよう

に見えるが、長野県北部や南関東などにおいて、鉄製釧が濃密な分布を示している のである。
　このように、天竜川・長野県千曲川流域以東の後期社会では、内陸側・太平洋側ともに属人的な装身具が分布する。但し、内陸側に巴形銅器や青銅製釧類、太平洋側に有鉤銅釧と鉄製釧類が偏在するように、両者が独自の選択性を示している点は注目に値しよう。

c．青銅器の流通形態

　これらの青銅器は、どのように流通して東日本にもたらされ、どのように使用・廃棄されたのだろうか。個々の青銅器の産地が明確にし得ない現在、このような問題を考えること自体、あくまで推測の域を越えない試みに過ぎないが、幾つかの想定を示しておくことは不可能でない。
　第一に、ある地域を発信源とする青銅器の流入は、線的な経路を辿るだけでなく、点的な流入を果たした可能性がある。内陸側・太平洋側ともに、北部九州に由来する巴形銅器や有鉤銅釧を持つ事実は、このような可能性を裏打ちするものである。
　第二に、内陸側への青銅器の流入には、太平洋側の天竜川を北上するルートと、日本海側の千曲川を南下するルートの二者が想定される。近畿地方から岐阜県側を経るルートも考えられないわけではないが、岐阜県における青銅器の分布が極端に少ないことや、北アルプスや中央アルプスという峻険な山々が立ちはだかっている事実を考慮すれば、この経路を用いた可能性は極めて低くなる。一方、多くの銅鐸が分布する天竜川から北進する経路は、長野県塩尻市の柴宮遺跡に三遠式銅鐸の埋納事例が認められる点からも、有力なルートの一つとすることができよう（第2図）。また、石川県における武器形青銅器や金沢市藤江B遺跡（松山2002）の小銅鐸、小松市八日市地方遺跡（石川県埋蔵文化財センター2004）の銅鐸形模造品3点などの出土例や、新潟県内における上越地方の吹上遺跡（笹澤ほか2006）の銅鐸形土製品1点と、銅鐸形石製品1点の存在は、日本海側から千曲川を遡る経路の重要性を示すものであろう。
　もっとも、東日本におけるほとんどの地域では、製作技術や使用方法を含

む青銅器文化全体ではなく、製品としての青銅器を受容しているに過ぎない。銅釧などを加工するため、銅を延ばしたり曲げたりするような、比較的簡単な方法は獲得していたかもしれないが、一から鋳造を行ったり、改鋳を行ったりする技術も伝播していなかった。西日本的な青銅器の埋納行為は、天竜川・千曲川流域を東限とし、それより東の地域を拠点とする集団は、西日本的な青銅器を独自の解釈で用い、西日本的な青銅器の模倣品や再加工品を珍重していたのである。但し、内陸側と太平洋側の在地集団は、無差別に外来の青銅器を受容したのではなく、それぞれの集団性を象徴するかのように青銅器を選択していた事実を強調しておきたい。

なお、第2図の GIS による分布図を作成するにあたっては、朝倉一貴氏の御協力を頂戴した。記して御礼申し上げる次第である。

引用・参考文献

赤塚次郎　1994「多孔銅鏃」『考古学フォーラム』5

赤塚次郎　2007「金属製品」『朝日遺跡Ⅶ』愛知県埋蔵文化財センター調査報告書第138集　第1冊分遺構　財団法人愛知県教育・スポーツ振興財団、愛知県埋蔵文化財センター

石川県埋蔵文化財センター　2004『八日市地方遺跡』石川県教育委員会　石川県埋蔵文化財センター

伊東秀吉・杉山博久　1986「根丸島遺跡」『秦野市史』別巻　考古編　秦野市

井上義安　2001『一本松遺跡』一本松埋蔵文化財発掘調査会発掘調査事務所編　一本松埋蔵文化財発掘調査会

漆原　稔　1994『山崎・段遺跡発掘調査報告書』大仁町教育委員会

大場磐雄・原嘉藤　1961「長野県塩尻市柴宮発見の銅鐸」『信濃』13-4　信濃史学会

勝部　昭　1976『志谷奥遺跡』鹿島町教育委員会

楠惠美子　2012「7 銅鐸」『東日本の弥生時代青銅器祭祀の研究』柳田康雄編　雄山閣

神戸市立博物館編　2000『国宝桜ヶ丘銅鐸・銅戈』　財団法人神戸市体育協会

小島敦子　2009『荒砥前田Ⅱ遺跡』群馬県埋蔵文化財調査事業団調査報告第472集　群馬県埋蔵文化財調査事業団

笹澤正史ほか　2006『新潟県上越市吹上遺跡』主要地方道上越新井線関係発掘調査報告書1

島根県教育委員会・島根県古代文化センター　1996『出雲神庭荒神谷遺跡』

下田市史編纂委員会　2010『下田市史』資料編1　考古・古代・中世　下田市教育委員会

杉山治夫　1977『藤井原遺跡第3次発掘調査概報』沼津市教育委員会

長野県埋蔵文化財センター　2012『柳沢遺跡』

保坂和博　1993『長田口遺跡』山梨県埋蔵文化財センター調査報告書第82集　山梨県埋蔵文化財センター　山梨県教育委員会・山梨県農務部

松山和彦　2002『藤江B遺跡』金沢西部地区土地区画整理事業にかかる埋蔵文化財発掘調査報告書11　石川県埋蔵文化財センター

八幡一郎　1952「長野県野沢発見の弥生式遺物」『考古学雑誌』38-5・6

第Ⅰ部　研究発表とコメント

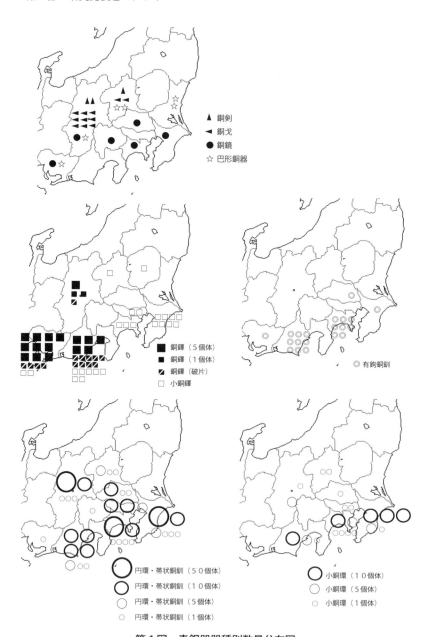

第1図　青銅器種別数量分布図

東日本における青銅器の流通(楠)

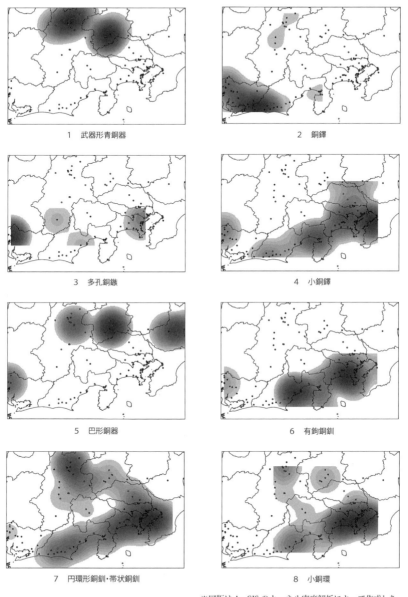

※図版はArcGISのカーネル密度解析によって作成した。

第2図　青銅器器種別遺跡分布傾向（1・2：中期〜後期、3〜8：主に後期〜古墳時代初頭）

【コメント】

青銅器の流通について

寺前直人

　東日本における青銅器の流通や社会的機能を考えるうえで、まずあげられるのは、青銅製腕輪や小銅鐸であろう。また、破鏡を含む銅鏡や銅環、小銅環などの小型品、あるいは銅鏃の存在にも注意が必要である。なお、様相の連続性を重視し、ここでは弥生時代後期から古墳時代前期までの資料のありかたを念頭にコメントを担当する筆者が抱く関東地方の青銅器の特質に関する展望を述べたい。

　まず、日本列島における弥生時代後半における青銅器の様相をおおまかに把握するために、以下のような法量と用途に起因する財のカテゴリーとしての差異に着目した区分を提案したい。

　A類：属人志向青銅器　司祭者や有力者が身につけることにより、儀礼や日常生活のなかでの着装者の霊威や権威を高めることができる青銅器。細形銅剣、深樋式銅剣、中国式銅剣、鉄剣形銅剣、青銅製腕輪類、大陸系銅鐸（いわゆる小銅鐸、ここでは大陸系磨製石器と同じ用法）などを典型とし、その用途の実態は、多様であると予想されるが、銅鏡も一部の例外を除き、ここに含めておきたい。利器としての実用的な属性を保持する。当該期における（東アジア）グローバルスタンダードであるといえる。出土状況としては、副葬される場合と副葬以外の状況で検出される場合がある。

　B類：大型化志向青銅器　A類を祖型としたうえで、実用的機能を犠牲にして大型化、加飾化を志向する青銅器である。日本列島の弥生時代に特有の青銅器といえる。倭系銅鐸（菱環鈕式以降の銅鐸）、中細形以降の銅剣・銅矛・銅戈を典型とする。基本的に副葬以外の状況で検出される場合が多い。社会

的機能については諸説あるが、集団的な儀礼の場で用いられたという説が有力である。また、B類を再加工して、装身具などとして用いたものもみられるが、これについてはA類として理解したい。

　A類とB類は、ともに弥生時代中期初頭前後に西日本において、前者が先行して登場したと考えられている。弥生時代中期におけるA類の分布は、副葬品としての事例が多い北部九州地域に集中しているものの、細形銅剣などは埋納品や破片・転用品として、近畿地方まで一定の量が出土している（寺前2010）。B類の分布についても、A類のそれとほぼ重複しつつも伊勢湾沿岸地域まで分布が確認できる。なお、筆者はB類が創出される主要な要因を、伊勢湾沿岸地域から大阪湾沿岸地域における縄文時代以来の在来儀礼体系の強い影響に求めている（寺前2010）。その意味において卜骨などの外来儀礼が、宮ノ台期には南関東にも導入されているにもかかわらず、A類とともにB類が存在しない点は、次の後期における関東地方における青銅器の展開を考えるうえで重要であろう。

　弥生時代後期になると、B類の分布は西日本全体では基本的に局地化し、縮小する。ただし、近畿地方から三河地域までの東海地方において、いわゆる突線鈕式銅鐸の存在感が増す。これらの使用主体、あるいは埋納行為を実施した主体の所在や埋納の目的については、筆者の力量をこえた議論であるが、同時期以降の静岡東部から関東地方における青銅器との対比において重要であろう。

　対して、弥生時代後期においてA類の分布は拡大をみせる。副葬品として選択されることが少ないため、その印象は希薄であるが、西日本において一定量の実用的なサイズの銅剣が集落等より出土しており（寺前2009）、さらに青銅製腕輪や大陸系銅鐸が九州から関東地方までの広域で出土している。それまで生産に消極的であった銅鏃の急激な増加も興味深い。関東地方はA類の分布東限域となるのだ。また、弥生系青銅器としての銅鏡の存在も重要であろう（森岡2010）。昨年の千葉県袖ケ浦市水神下遺跡における大陸系銅鐸と銅鏡および石製垂飾品との共伴事例（袖ケ浦市郷土博物館2013）は、社会

的機能において両者が同じ意味を有していた可能性を物語る。
　以上のような整理をふまえるならば、かつてのように西方の青銅祭器（B類）分布圏と関東地方の有角石斧（A類的用途の石器）を同じ脈絡で用いることは不適切である。一方で、B類の位置づけをふまえれば、近年の藤尾慎一郎の地域設定のように（藤尾 2011・2013）、青銅器の存在から青銅器祭祀圏外として位置づけることにも、筆者は慎重にならざるをえない。
　当日は、このような日本列島全体における青銅器の動向をふまえたうえで、同様の機能を有する鉄器（刀剣、腕輪、鏃）との関係や、局地的にB類の分布がみられる中部高地、東海地方との関係について深められることを期待したい。

引用・参考文献
袖ヶ浦市郷土博物館　2013『上総の古鏡－カガミが語る古墳時代の心と形－』平成25年度企画展Ⅱ

寺前直人　2009「銅鐸と武器形青銅器－畿内弥生社会の変質過程－」『考古学ジャーナル』590、ニュー・サイエンス社

寺前直人　2010『武器と弥生社会』大阪大学出版会

藤尾慎一郎　2011『新・弥生時代』吉川歴史文化ライブラリー 329、吉川弘文館

藤尾慎一郎　2013「弥生文化の輪郭－灌漑式水田稲作は弥生文化の指標なのか－」『国立歴史民俗博物館研究報告』第 178 集、国立歴史民俗博物館

森岡秀人　2010「弥生系青銅器からみた古墳出現過程」『日本考古学協会 2010 年度兵庫大会研究発表資料集』、日本考古学協会 2010 年度兵庫大会実行委員会

玉類の流通と変化の画期、財との関係性
—シンポジウムを終えて—

斎藤あや

1 はじめに

　シンポジウムでは、関東地方周辺の弥生時代後期から古墳時代前期前半の墳墓の玉類（特にガラス小玉）を対象に、その流通と変化の画期について発表した（斎藤 2014a）。その後、補遺として分析の基礎データの集成表を提示し、ガラス小玉のⅡ期の流通図作成の経緯について説明した（斎藤 2014b）。詳細は先の文献を参照されたいが、ここでは要旨にふれておく。

　まず、玉類の様相の変化から3つの画期を見出し、Ⅰ～Ⅲ期の段階を設定した。Ⅰ期はシンポ編年の0～1期にあたり、石製玉類にかわってガラス小玉が普及する段階である。ガラス小玉の組成は淡青色透明が主体、紺色透明の小型品が客体となり、西から東への流通を推定した。Ⅱ期はシンポ編年の2～4期前半にあたり、ガラス小玉の出土基数が著しく増加し、組成にも地域差が出る段階である。特に、新出する紺色のガラス小玉（大型品）の分布は、南関東（東京湾東岸地域）に偏在するため、東から西への流通を推定した。Ⅲ期はシンポ編年の4期後半にあたり、先進的な地域に古墳が築かれ、玉類の組成にも変化がみられるため、他の画期とは質が異なっている。この時期は淡青色透明のガラス小玉が多量副葬される例があり、勾玉や管玉などの石製玉類と組まれる段階である。ガラス小玉は東海以西の畿内から瀬戸内東部地域に出土数が多いため、再び西から東への流通を推定した。

　また、玉類の種類によって流通形態に差があると考えた。石製玉類の多くは、北陸東部の製品が弥生時代中期以来の伝統的な内陸ルートを通って関東地方へ運ばれたとされており（大賀 2011b）、生産地から消費地へ複数の集落

を経由した、より短距離の流通が主体だったと考えられる。それに対して、ガラス製玉類の大部分は舶載遺物のため、やや長距離な流通が想定される。Ⅰ期は近畿北部に多量に流入した製品が陸路や海路で東へ運ばれて関東地方に流通するが、Ⅱ期になると物流が活発化し、近畿北部を介さずに海路などで拠点的な地域(東京湾東岸地域)を経由して各集落へ運ばれたと考えられる。また、Ⅲ期には東海以西との繋がりをもつ集団が台頭し、特定の古墳に集中して副葬される流通へと変化する。

本稿ではシンポジウムを振り返り、その成果や課題をまとめてみたい。

2 玉類の様相と流通について

人やモノの動きを探るには様々な要素から検討する必要があるが、財は土器に比べてモノ自体がダイレクトに動くため、適した材料といえる。2001年の『弥生時代のヒトの移動(小田原シンポ)』では、青銅器、鉄器、石器の流通にはふれられているが、玉類は取り上げられていない(西相模考古学研究会 2002)。近年において玉類の研究の蓄積や進展がみられる中で(大賀 2001・2002、廣瀬 2009 ほか)、関東地方周辺の玉類の様相を提示したことは、当該期のモノの流通を考えるための一つの要素になると思う。

3 ガラス小玉の流通図をめぐって―分布と流通について―

ガラス小玉の流通推定図の分布について補足する。分布論の限界性や空白部分の捉え方、同時期性の問題などは先学により注意されてきた(小野 1978、佐原 1985)。私達が扱う考古資料は埋蔵文化財である以上、失われた遺物や未発見遺物の存在、調査件数の多寡、報告書の見落としや未報告分も含めて全体の部分であることは十分に留意しなければならない[1]。そして、分布図の精度を高めるためには、できるだけ同時期性の高い分布図を作成する必要がある(佐原 1985)。このシンポジウムでは在地の土器と玉類の併出関係を重視して 167 遺跡 423 基の時期比定を丁寧に行い、玉類の変化によって 3 段階の分布図を作成した。そのうち、ガラス小玉は 393 基から出土し、Ⅰ期は 81 基、Ⅱ期 260 基、Ⅲ期は 43 基、不明は 9 基であった。

また、流通論や交換・交易に関連した文献は枚挙に暇がなく（宇野 1998、大久保 2011、常木 1990・1991 ほか）、ここでは詳しく触れることはできないが、ガラス小玉のⅡ期の流通図を作成した考えにふれておく（第1図）。

弥生時代の流通は、大陸や半島から九州に入り東へ進む「西高東低」のモデルが一般的である。その一方で、交換・交易には対価があり、遺存しないものや技術伝播なども含めて、双方向になる可能性は多くの研究者が指摘しており、「西高東低」の考え方だけでは説明がつかない[2]。例えば、弥生時代の終末期に外来系土器の影響や搬入などが盛んになり（安城市歴史博物館 2014）、玉作でも弥生時代終末期から古墳時代前期の福岡県潤地頭給遺跡では、島根県の花仙山産の碧玉や水晶の石材が運ばれ、出雲系工人の技術伝播が指摘される（河村 2010 ほか）。また、シンポジウムでも鉄釧と鉄剣は日本海沿岸ルートの中で物流の矢印の向きが相反する可能性があり、検討の余地があるとされた（杉山 2014）。このガラス小玉の流通推定図も、東日本の流通を議論するための一つのモデルとなればと思う。

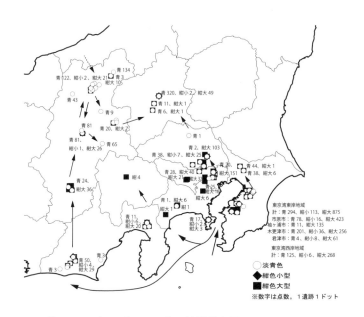

第1図　ガラス小玉　Ⅱ期の流通推定図（斎藤 2014a）

シンポジウム後の反省会で、ガラス小玉の流通図の淡青色と紺色の矢印を分けた方がよいのではとのご意見をいただいた。確かに、東京湾岸に向かって外部から矢印を引くなど、含みを持たせた流通図のため、誤解を生む図になったことを反省しているが、現段階での改変は難しい。資料集の本文中でも触れたとおり（斎藤 2014a）、ガラス小玉の淡青色透明のカリガラスは消長が長く、伝世品もある程度は出回ったと考えているため、紺色大型品との流通の関係性は課題として残されている。

4　玉類出土遺構の時期について

玉類の出土遺構の時期比定は、遺構に伴う土器を基準にして行った。その中で、シンポ編年 0 期のガラス小玉の出土例は、北川谷 1 期の受地だいやま 1 号方形周溝墓の 1 例と極端に少ない結果となった。しかし、ガラス小玉の端面研磨の状況から判断して、土器を伴わない場合でもシンポ編年 0 期に遡りそうな例が認められ（大賀 2014、斎藤 2014a・2014b）、近畿北部では後期初頭～前葉に淡青色透明のガラス小玉が多いため、関東地方でも当該期のガラス小玉の実数は現状の認識より多いと推定される。

また、関東地方では房総半島などで宮ノ台式期にガラス小玉が数点出土したとの報告があるが、本格的な流入は後期以降と考えられる。当該地域のガラス小玉の初現がどこまで遡れるのか、それが東京湾沿岸の両岸に入るのか、一部の地域に入るのかについては、今後も事例の増加を待って検討すべき課題である。

5　関東地方周辺の玉類組成について

関東地方周辺における玉類の組成は、弥生時代中期までは石製玉類が主体だが、後期にはガラス小玉が主体となり、大きな転換期を迎える。

ガラス小玉と石製玉類は生産地や流通形態が異なると考えられるが、両者は組まれて出土する場合がある。それらがどのタイミングで組まれるのかを証明することは容易ではないが、両者の出自は異なるため、出土地（遺跡）に近い拠点的集落で組まれたのではないかと推定される。例えば、大原遺跡

2号方形周溝墓出土の玉類は、北陸地方で作られた翡翠製の半抉形勾玉1点と紺色透明の大型のガラス小玉6点の組成で（斎藤2011）、東京湾岸地域の近郊で組まれた製品と考えたい。ただし、玉の種類や時期、出土地などの条件により異なる可能性はある。

6 財（鉄器・青銅器・玉類）の流通の関係性について

金属器や玉類などの広域流通財の現実の分布が、当時の如何なる交流・交易の結果残されたものかに迫るための中位理論の確立が求められている（古屋2014b）。以前から遺物班（土屋、杉山、楠、斎藤）の間では、財の出土遺跡が重なる傾向にあることが話し合われてきた。また、筆者も青銅器とガラス玉の分布の類似から、有意義な関係性を指摘したことがある（斎藤2012）。また、立花実はガラス玉と鉄剣、ガラス玉と螺旋状鉄釧の関係を示す例が多い点に注目しつつも、地域によって墓の形態と副葬品の系譜が異なることから、受容者側の選択、アレンジ、組み合わせにより葬送儀礼を作り上げていたと指摘する（立花2012）。

ここでは、鉄器、青銅器、玉類の流通の関係性についてまとめておきたい。なお、シンポジウムで対象にした遺構は、種類により若干異なっている。玉類は所属時期と一括性を重視したため墓域に限定し、鉄器と青銅器は墓域のほか、包含層や住居跡、溝なども含めている。

まず、流通の捉え方を比較する。関東地方への主要ルートは日本海沿岸から長野県に入り、群馬県や山梨県などを通る内陸ルートと、太平洋沿岸を伝うルートが挙げられ、他にも複数のルートが想定されてきた（西相模考古学研究会2002ほか）。また、ガラス玉や鉄剣の分布により、日本海側ルートから太平洋側ルートへの転換が行われた重要性が指摘されている（立花2012）。

シンポジウムでは、青銅器の流通はシンポ編年2期に日本海側ルートから太平洋側ルートへシフトすることが示された（楠2014）。また、鉄器の流通は複数かつ重層的な流通網が想定された。特に鹿角装鉄剣・剣把、刃関双孔鉄剣はシンポ編年4期以前にみられ、日本海沿岸部と太平洋沿岸部の双方の流通が考えられたが、広域流通品の長茎短身鉄剣・ヤリはシンポ編年4期以

降にみられ、太平洋沿岸部の経路が積極的に活用されたと捉えられた(杉山2014)。また、玉類の流通は時期差よりも種類の差として捉え、石製玉類は日本海側沿岸からの内陸ルート、ガラス小玉は太平洋側沿岸のルートが主体的と考えた。ただし、シンポ編年2期以降にガラス小玉の出土遺構数が増加し、東駿河、相模、北武蔵などに拡散する状況は、太平洋側沿岸の経路が活発化し、新たな経路の開発によるものと推定した(斎藤2014a)。

その他、内陸部(中部高地)におけるガラス小玉の流通は、青銅器の天竜川を北上するルートと千曲川を南下するルート(楠2014)と共通する部分がみられた。また、鉄器のシンポ編年2・3期の分布は、沿岸部や河川流域に偏り、北から「日本海沿岸部⇔信濃川⇔利根川⇔荒川⇔太平洋側沿岸部」、あるいは「日本海沿岸部⇔信濃川⇔千曲川⇔天竜川⇔太平洋側沿岸部」の双方向の流通が示され(杉山2014)、石製玉類やガラス小玉の様相と共通する部分が確認された。一方で、ガラス小玉の紺色透明の大型品は、シンポ編年2〜4期前半に東京湾岸地域から流入した製品が東から西へ拡散したと解釈した(斎藤2014a)。このように、財の種類により様々な動きが想定された。運搬方法も陸路のほか、近年注目されている海路(安城市歴史博物館2014、西川2014ほか)が組み合わされたと考えられる。

次に、財の変化の画期について比較する。まず共通する点は、シンポ編年2期以降に出土量の増加や種類の変化が起こり、大きな画期と捉えられたことである[3]。当該期には各種の財の需要が高まり、それらを獲得する集団が生まれ、ネットワークがより複雑化したと考えられる。また、異なる点にもふれておく。玉類は弥生時代的な組成から古墳時代的な組成への変化(玉類III期)がシンポ編年4期の中頃に起こり、土器の変化と少しずれていたが、鉄器はシンポ編年3期と4期を境に刃関双孔鉄剣と鹿角装鉄剣・剣把から長茎短身鉄剣とヤリに種類が変化し、大きな画期と捉えている(杉山2014)。土器と財の変化の時期が合うかは重要なため、併行関係は丁寧に捉える必要があるが、討論では実例を交えて議論できなかったことが悔やまれる。鉄器、青銅器、玉類の関係性は、今後の課題として議論していきたい。

7 「希少財の分布」の解釈について

　シンポジウムの討論では、寺前直人により「希少財の分布」についての一つの解釈が示された。それは、財が次の地域に手渡されずに吹き溜まりとなって蓄積された結果、現状の出土量が増えた「境界論」と捉えるものである。確かに、ガラス玉の分布状況からも利根川・鬼怒川を境にした文化波及のボーダーラインや境界は認められる（西川 2005 ほか）。しかし、シンポ編年 2 期以降の東京湾東岸地域におけるガラス小玉の集中現象は、単なる吹き溜まりの結果だろうか。ここでは私見を述べてみたい。まず、類例に挙げられた銅鐸は、集団祭祀に使う道具であり、属人の装身具としての玉類とは用途や出土条件が異なる。そのため、出土の偏在性や多寡を同レベルで比較することに違和感がある。また、ガラス小玉の分布は内陸部（長野県、群馬県など）にもみられるが、沿岸部に集中する傾向がある。玉類Ⅰ期には静岡県西部や東京湾東岸地域、玉類Ⅱ期には新種の紺色透明の大型品が東京湾岸地域に多く、周辺遺跡でも同じ種類が数を減じて出土する。これは、土器や他の財の拡散とも連動する現象と捉えられる（古屋 2014a）。土屋了介は弥生時代終末期から古墳時代前期前半に螺旋状鉄釧の分布が千葉県域に偏ることから製作（加工）地と推定しており、弥生時代後期後半以降の南関東では、遠隔地からの舶載鉄器や鉄素材が千葉県域を一つの集約点として二次的三次的に流通すると指摘する（土屋 2014）。筆者もガラス小玉（主に紺色透明の大型品）は東京湾岸地域に運びこまれた製品が各集落へ拡散したと捉えており、東京湾岸地域（特に東岸地域）を「拠点」や「結節点」、大久保徹也のいう「集約点」、「移動軌跡モデル 2」[4] に近いと考えている（大久保 2011）。

8 おわりに

　本シンポジウムは、相模湾と東京湾の弥生時代後期の様相について、土器と財の両方の視点から捉えることを目指したもので、筆者も玉類と他の遺物の関係性を考える貴重な機会となった。当該期の時期比定は土器が基準となるが、広域の併行関係をすり合わせることは容易でないと感じる。多くの集

第Ⅰ部　研究発表とコメント

落では搬入土器の割合が少ないため、土器と財を相互補完的に捉える必要があると思う。本稿で示した課題についても他の遺物との関係性を意識して追究していきたい。

註
1) 玉類の出土遺構の集成数は、新規や未報告の例など日々増加している。ここではシンポジウム後に確認した重要な例にふれてみたい。東京都世田谷区の喜多見陣屋遺跡の2号土壙から、細身の石製管玉25点（鉄石英製19点、碧玉製6点）とガラス小玉約650点（淡青色545点、紺色の小型品39点、淡青色の破片66片以上）が出土している（喜多見陣屋遺跡調査会 1996）。土壙は弥生時代後期前葉頃の9号住居址を切り、古墳時代中期以降の土器片が出土したため、古墳時代中期～後期とされるが、管玉は弥生時代の北陸の細型品、ガラス小玉は淡青色透明と紺色透明の小型品のセットでカリガラスと推定され、玉類Ⅰ期に遡る可能性がある。類例は、神奈川県受地だいやま1号方形周溝墓（第2主体部）や東京都田園調布南1号方形周溝墓例が挙げられる。当該地域のガラス小玉の出土数は数点～数十点が一般的で、100点以上も少ない中で群を抜き、注目される。
2) 西川修一は、関東地方の弥生時代末期から古墳初頭の変革を検討するにあたり、西からの動きのみを重視し、外来系土器を西日本勢力の権力の伸長と安易に結びつけることに警鐘を鳴らす。そして土器の様相から、多種・多様な経歴をもった集団が、より東のフロンティアを目指して集団移動し、玉付き状態、かつスクランブルに進んだ状況を想定した（西川 2005）。
3) ただし、厳密には玉類は2期～4期前半（斎藤2014a）、鉄器は2・3期（杉山2014）と時期幅をもたせて捉えている。
4) 大久保徹也のモデルは、生産地と消費地との関係から設定されるが、ガラス小玉は生産地との関係は直接的でないことが多いため、経由地と消費地になることを留意しておきたい。

引用・参考文献
安城市歴史博物館　2014『大交流時代―鹿乗川流域遺跡群と古墳出現前夜の土器交流―』
宇野隆夫　1998「原始・古代の流通」『古代史の論点3　都市と工業と流通』小学館

大賀克彦 2001「弥生時代における管玉の流通」『考古学雑誌』第86巻4号 日本考古学会

大賀克彦 2002「日本列島におけるガラス小玉の変遷」『小羽山古墳群』清水町教育委員会

大賀克彦 2011a「弥生時代における玉類の生産と流通」『講座日本の考古学5 弥生時代（上）』青木書店

大賀克彦 2011b「玉（玉素材）の流通とその背景」『石材の流通とその背景―弥生～古墳時代を中心に―』

大賀克彦 2014「コメント 相模からローマへ ―ガラス研究の到達点から― 」『久ヶ原・弥生町期の現在―相模湾／東京湾の弥生後期の様相』

大久保徹也 2011「巨大環濠集落の成長とそれを支えたシステム」『弥生時代の考古学3 多様化する弥生時代』同成社

小野 明 1978「分布論」『日本考古学を学ぶ(1)』有斐閣

河村好光 2010『倭の玉器―玉作と倭国の時代―』青木書店

喜多見陣屋遺跡調査会 1996『喜多見陣屋遺跡Ⅲ』世田谷区教育委員会

楠恵美子 2014「東日本における青銅器の流通」『久ヶ原・弥生町期の現在―相模湾／東京湾の弥生後期の様相』西相模考古学研究会編

斎藤あや 2011「大原遺跡2号方形周溝墓出土の玉類について」『大原遺跡』（公財）横浜市ふるさと歴史財団 埋蔵文化財センター

斎藤あや 2012「第2節 御茶屋通遺跡第3地点1号方形周溝墓出土のガラス小玉について」『上ノ山遺跡群御茶屋通遺跡第3地点』盤古堂

斎藤あや 2014a「関東地方における玉類の流通と画期―ガラス小玉を中心に―」『久ヶ原・弥生町期の現在―相模湾／東京湾の弥生後期の様相』西相模考古学研究会編

斎藤あや 2014b「関東地方における玉類の流通と画期―ガラス小玉を中心に―（補遺）」『西相模考古』第23号 西相模考古学研究会

佐原 真 1985「分布論」『岩波講座 日本の考古学1』岩波書店

杉山和徳 2014「東日本における鉄器の流通と社会の変革」『久ヶ原・弥生町期の現在―相模湾／東京湾の弥生後期の様相』

立花 実 2012「遠隔地からの移住と融合」『古墳時代の考古学7 内外の交流と時代の潮流』同成社

土屋了介 2014「弥生時代における腕輪形製品の分布と流通」『西相模考古』第23号

第 I 部　研究発表とコメント

　　西相模考古学会

常木　晃　1990「考古学における交換研究のための覚書（1）」『東海大学校地内遺跡調査団報告 1』東海大学校地内遺跡調査団

常木　晃　1991「考古学における交換研究のための覚書（2）」『東海大学校地内遺跡調査団報告 2』東海大学校地内遺跡調査団

西川修一　2005「東・北関東と南関東―南関東圏の拡大―」『古代探叢』IV 早稲田大学出版部

西川修一　2014「海洋民について」『海の古墳を考える IV ―列島東北部太平洋沿岸の横穴と遠隔地交流―』第 4 回 海の古墳を考える会

西相模考古学研究会　2002『弥生時代のヒトの移動～相模湾から考える～』六一書房

廣瀬時習　2009「玉生産と流通」『弥生時代の考古学 6 弥生社会のハードウェア』同成社

古屋紀之　2014a「南武蔵地域における弥生時代後期の小地域圏とその動態」『久ヶ原・弥生町期の現在―相模湾／東京湾の弥生後期の様相』西相模考古学研究会編

古屋紀之　2014b「西相模考古学研究会記念シンポジウム 2014―成果と課題―」『西相模考古』第 23 号　西相模考古学研究会

【コメント】

玉研究からみた『久ヶ原・弥生町期の現在』

大 賀 克 彦

1 はじめに

　2014年2月に開催された西相模考古学研究会記念シンポジウム『久ヶ原・弥生町期の現在』では、南関東周辺をフィールドとして、土器の地域色と物資の流通・ネットワークを総合的に分析し、それを東日本の弥生社会に関する理解の枠組みにフィードバックすることを目的として、多くの最新の研究成果が発表された。土器の地域色と物資の流通・ネットワークという取り敢えずは位相の異なる事象の間に、前提として連動性や因果関係を想定できるかは疑問が残るが、純粋な事実関係としてどのような時間的もしくは空間的パターンとなっているのか確認するという作業には大きな意義が認められよう。当日の討議においては、①弥生後期の土器の地域色とその変化、②弥生後期の物流とネットワーク、③古墳出現期についての展望、の3つの論点をめぐって、各パネリストの見解も交換された。しかし、お互いの見解が整合的であるか否かという出発点となる整理が行われなかったため、一定のコンセンサスが存在するような漠然とした印象のみが残されただけに留まった点は遺憾である。そこで、玉研究の立場から、いくつかの興味を引いた論点について考えるところを述べてみたいと思う。

2 玉類の流通における画期と経路

　斎藤（2014a）は、対象時期の南関東に流入する玉類に3つの画期（画期1～3）を認識し、各画期の間をⅠ期～Ⅲ期とした。さらに、変化の内容、画期となる時期の明確化、各時期におけるガラス小玉の流通経路などを提示し

ている。筆者もこれらの主張に基本的に同意しているが（大賀 2003）[1]、いくつか理解を異にする点がある。特に、画期3の内容およびⅢ期における流通経路の問題である。斎藤は、画期3の内容として淡青色のカリガラス製小玉への再帰と、石製玉類の副葬の一般化および多量副葬現象の存在を挙げている。しかし、当該期の変化は淡青色のカリガラス製小玉への再帰のみに注目すべきであり、多量副葬よりも被副葬者の限定性の方が本質的である。具体例で言えば、神門4号墳よりも弘法山古墳や駒形大塚古墳の方が純粋な様相を示している。また、当該期の流通は、配布中心から各地の個別の有力者への直接的な財の移動によって特色付けられることから、地域と地域を矢印で結ぶような流通関係図は誤解を与えるように思われる。

3 財の集中出土地域の理解

　財の流通を考える上で、出土資料の多寡に注目し、集中する地域を流通の起点や核と想定する理解に対して、討議の中で豊島直博や寺前直人から疑問が提起された。すなわち、財の交換の連鎖が中断する場所で、見掛け上、出土資料が集中する可能性に注意を促したものである。

　しかし、斎藤発表では充分な説明は与えられなかったが、ガラス小玉の流通の場合、Ⅰ期の近畿北部やⅡ期の南関東に流通の起点を想定するのは、単純に量的な多寡のみを根拠としたものではない。第一に、画期を特徴付ける要素が日本列島に出現してからの時間経過が注目される。最初に出現する時期が地域を超えてほぼ一致しているとしても、起点に近いほど、時間経過があまりない間に副葬されてしまう割合が高い。この点は、使用期間の定性的な指標となる端面の研磨の程度からも補強することができる。第二に、セットとしての攪乱も利用することができる。起点に近い地域ほど、製作時からのセット関係の存在を窺わせる色調や法量が揃った資料群として出土することが多く、一遺構あたりの出土数も多い傾向が認められる。また、ガラス小玉の場合は観察が容易ではないが、石製の管玉では欠損の程度や欠損品の出現頻度からも、流通経路上の順序を判断することができる[2]。第三に、ミクロな地理的分布が挙げられる。例えば、南関東においてガラス小玉の出土が

集中するのは、東京湾東岸の草刈遺跡群や請西遺跡群のような中核集落である。決して、利根川－鬼怒川ライン沿いのような、交換の連鎖の断絶が想定されるような位置ではないし、中核集落の周辺には分散的な出土地も存在することから、活発な交換活動の存在を想定することができる。

　以上の点から、弥生後期の近畿周辺における銅鐸の分布状況などと対比することはできないと考える。ただし、言うまでもなく、北信地域や北関東西部においてやや集中的に出土するガラス小玉の場合には、事情はそれほど単純ではない。

4　他の財の流通における画期と経路の比較

　青銅器を担当した楠（2014）は、内陸域と太平洋岸において流通する青銅器の種類が異なる点を指摘し、共通編年1期以前と共通編年2期以降で様相が大きく変化すると理解した。青銅器の種類による分布の相違は周知の事実であり、大枠としては承認できる。しかし、柳沢遺跡例や社宮司遺跡例を後期に降るとみなすなど、個々の時期比定には問題が多いことが窺われる。これは、摩滅の程度と経過時間の間に「直線的な」比例関係の存在を前提とする安易な想定に原因が求められる。また、流通経路としては天竜川を北上するルートと信濃川＝千曲川を遡上するルートの重要性に注意を促しているが、その根拠は充分なものではない。現状では、流通時における玉類との相関関係について言及することは難しい。

　鉄器に関しては、杉山（2014）が鉄器全体を対象とした総数や分布状況の変化と、特に鉄製武器に限定した状況を整理している。そして、共通編年2～3期に周辺地域を含めて鉄器全体の流通量が激増することや、3期から4期の間で、鉄製武器の種類が刃関双孔鉄剣や鹿角装鉄剣・剣把から長茎短身鉄剣やヤリへ変化し、流通経路も日本海沿岸経由主体から太平洋沿岸経由主体へ移行するものと理解した。現状をそのまま比較すると、玉類における画期1に対応する変化はなく、画期2と相前後して鉄器の流通量が増加したと把握されたことになる。ただし、共通編年2期以降の遺構から出土した鉄器がすべて2期以降にそれぞれの地域に流入したかという問題はもう少し慎重

な判断が必要であろう。また、太平洋沿岸ルートからの流入を象徴する事例として挙げられた長茎短身鉄剣やヤリの出現時期は、例示された個々の事例から共通編年4期でも後半に降る可能性が高く、玉類の画期3と対応すると考えられる。ただし、その場合、太平洋沿岸ルートが顕在化する時期があまりに遅いし、土器の移動が活発化する時期とも一致するとは言えない。

5 土器様式の画期との関係

土器様式の画期と玉類の画期と比べると、表面的には玉類の画期1および画期2は土器様式の画期と対応関係にある。北関東や東関東に関しては、2番目の画期の時期を少し引き下げる理解が提示されたが、それらの地域は関東における物流の起点から離れており、それぞれの段階を特徴付ける玉類が主に出土する時期も少し遅くなる傾向が認められる点と関連するかもしれない。また、画期1に関連するガラス小玉は、近畿北部を起点として、琵琶湖北部、濃尾平野、そして遠江西部に出土の集中域を形成しながら東方へと流通するが（斎藤2014a）、その東には南関東との間に他の目立った中継地が存在しない。後続して増加する入植者の故地との地域的な共通性は興味深い。交易を目的とした往来の際に、入植適地の存在を知ったのであろうか。

しかし、起点や中継点と終着点の地理的関係、もしくは小地域性を考慮した場合、二つの現象に直接的な連動性は認められないように思われる。まず、全体的な傾向として、玉類の流入量が多かったと推定されるのは、入植を最も極端な場合とする不連続な変化が顕在化するフロンティアや人口希薄地域ではなく、持続的な地域社会が維持されている地域である。このことは、財の移動が集団の移動に付随した現象ではなく、それぞれの地域に安定的に定着した集団間の純粋な交易活動に起因することを意味するものと考えられる。

また、玉類の画期2は南関東、特に東京湾東岸地域と南武蔵北部様式圏（古屋2014）を起点としたガラス小玉の流通によって特徴付けられ、西方では相模や駿河へも少量のガラス小玉が流出している（斎藤2014a・b）。軌を一にして顕在化する土器の広域移動の起源地がいずれに求められるとしても、ガラス小玉の移動方向とはベクトルが逆方向である点は動かない。

一方、玉類の画期3に関しては、東海西部の影響が強くなり、土器の広域移動が再び活性化する時期よりも明らかに後続する点は強調されるべきである。画期3に関しては、変化を引き起こした畿内の政治的統合体、すなわち新生の「倭国」との個別的な関係の成立に起因することから、地域を単位とするような土器様式の変化と連動しないことは当然である。

　個別発表後の討議では、土器研究の立場から、当該期の物流についての見通しがいくつか示されたが、各論者による理解の相違は大きい。また、太平洋経由ルートが一貫して中心である[3]、などといった玉類の流通状況における注目点を踏まえたものではないことから、個別的な反論は行わない。ただし、土器の移動を後追いするように財が流通するという小橋健司の発言は注意された。例示された若狭湾等の日本海沿岸から琵琶湖北部、濃尾平野を経て、太平洋岸を東方へ流通するルートは、弥生時代中期における碧玉製管玉の段階からの主要な経路であり、ガラス小玉の場合には画期1に関連する種類が南関東へと流入する経路でもある。その後は北陸西部産の緑色凝灰岩製管玉の流通経路として機能しているが、決して、共通編年4期に顕在化する北陸西部系の土器の流入とともに重要性を増した経路というわけではない。

　以上のように、特に画期1および画期2、それは「連鎖する遠距離交易」が主要な流通方式となる時期である、に関しては、時期的には土器様式の画期と一致する傾向が認められるが、両者が一体の現象であるとか、土器様式の変化が原因となって、流通関係が変化するという理解は否定されよう。一方、立花（2002）が提示する、土器の移動や財の移動の顕在化、そして人々の接触頻度の増大が土器様式の地域性の顕在化を引き起こすというモデルは一般論としてなお成立の余地を残していると考えているが、共通編年0期～1期の南関東においても決して財の流通が不活発とは言えない点で、南関東をモデルが該当する範例的な事例であるとみなす理解には疑問が残る。

6　結語

　以上、シンポジウムに参加した際に疑問に感じた問題を中心に取り上げてみた。個別研究の進展の結果、現在では、玉類を含めた様々な財の時期的変

第 I 部　研究発表とコメント

遷や流通関係の復元がかなりの程度で自律的に可能となっている。しかし、残念ながら、それぞれの成果が正しく伝達されているとは言えず、そのために新たに不要な混乱が追加されているように見える。本来は、シンポジウムの席上で当事者が対面しながらコンセンサスを積み上げていくことが望ましいと考えているが、小論が現在の認識状況を明確にし、将来における総合的な理解の枠組みの構築に寄与するところがあるならば望外の喜びである。

註
1) ただし、北陸東部から中部高地へ入るルートや天竜川を北上するルートは、ガラス小玉の流通に一定の役割を果たしたとは考えない立場であるなど、細部には相違がある。
2) 以上の二つの指標は、金属製釧の流通方向の判定にも有効であろう。
3) 北陸東部系の管玉に関しては内陸ルートを南下するように流通するが、南関東における出土例では副葬までの履歴が全く異なっている。

引用・参考文献

大賀克彦　2003「紀元三世紀のシナリオ」『風巻神山古墳群』清水町埋蔵文化財発掘調査報告書Ⅶ

楠惠美子　2014「東日本における青銅器の流通」『久ヶ原・弥生町期の現在』

小橋健司　2014「東京湾東岸における弥生時代後期後半の様相」『久ヶ原・弥生町期の現在』

斎藤あや　2014a「関東地方における玉類の流通と画期　―ガラス小玉を中心に―」『久ヶ原・弥生町期の現在』

斎藤あや　2014b「関東地方における玉類の流通と画期　―ガラス小玉を中心に―（補遺）」『西相模考古』第23号

杉山和徳　2014「鉄製品の流通について」『久ヶ原・弥生町期の現在』

立花　実　2002「土器の地域差とその意味　―相模の後期弥生土器の可能性―」『東海大学考古学教室開設20周年記念論文集　日々の考古学』

古屋紀之　2014「南武蔵地域における弥生時代後期の小地域圏とその動態」『久ヶ原・弥生町期の現在』

東日本における鉄器の流通と社会の変革

杉山和徳

1 研究の現状と課題

　弥生時代の鉄器流通に関する研究は、大きく地域毎集成と地域間流通の2つに大別できる。前者は、地域単位での出土鉄器の集成と検討を主としたものであり、東日本においては南関東地方（安藤1997、大村1997など）、中部高地（臼居・町田1997など）、北陸地方（橋本1997、佐々木2002、林2002など）、東海地方（平野1987、松井1997、杉山2011など）で資料の集成がなされている。しかし、いずれの論考も検討が集成対象の地域を大きく出ることはなく、限定的なもの止まっているという短所がある。各地域の様相を把握し巨視的な視点で鉄器流通を評価することが課題といえよう。

　一方、後者は鉄器化や鉄器の普及（松井1982、村上2007など）、鉄器の流通（野島2009、北口2012など）を取り上げ、前者とは対照的に日本列島規模で鉄器の生産と流通に関する論考が提示された。これらの論考中で取り上げられる資料の多くは九州や瀬戸内海沿岸部といった西日本出土のものに偏り、総じて東日本の資料数は少なく見積もられる傾向にある。また、前者と大きく異なる点は、紙面の都合上か、資料集成に関するバックデータが一切提示されていないことである。筆者は微視的な視点で各地域の鉄器出土資料を再点検する必要性を感じ、検討に用いた資料のデータについては全て開示すべきであると考える。

2 資料の集成と作業内容

　上記のような弥生時代鉄器流通の研究の現状を踏まえ、筆者のシンポジウ

ムにおける目標は、東日本における弥生時代鉄器の集成を行い、各地域の鉄器組成と分布状況を明らかにすることにあった。資料集成の成果は集成表（15頁分）と出典文献（13頁分）の通算28頁分が記録集に収録されている。集成にあたっては、シンポジウム編年0～5期に先0期（弥生時代中期）を加えた7期を4区分することで対応し、以後の鉄器組成や分布図の作成も、この4区分に準拠している。

集成した資料をもとに、地域毎の器種別組成を抽出する作業を行った。鍛冶関連遺物（鉄滓・砂鉄・鉄鉱石・炉壁・鉄片等）は除外し、製品としての鉄器のみを対象とした。鉄器組成の作成に際しては、東日本を東海地方・北陸地方・中部高地・北関東地方・南関東地方の5地域に区分した。東海地方は愛知・岐阜・三重・静岡の4県域、北陸地方は福井・石川・富山・新潟の4県域、中部高地は長野・山梨の2県域、北関東地方は群馬・栃木・茨城の3県域、南関東地方は東京・神奈川・埼玉・千葉の1都3県域を指す。器種は工具・農具・漁撈具・武器・装身具・その他を設定し、集成した資料を割り振った。対象となる東日本出土鉄器の総点数は3,204点を数えた。

3 発表内容の骨子

上記の作業を通して得られた知見は、以下のとおりである。

各地域の鉄器の組成を明らかにすることで、鉄器受容における地域性を認めることができた。東海地方と南関東地方の鉄器組成は似通っており、工具・武器・農具の占める割合がやや高いものの、多くの器種が万遍無く出土する。北陸地方は玉作りにかかわる工具として使用された可能性が高い錐や棒状鉄器の出土が極端に多い。中部高地では、武器が総点数の内の5割を占めるほか、他地域に比べて装身具の出土が多い点が注目される。北関東地方では、総点数における武器の占める割合が7割以上と極端に多いが、これらの出土の多くは群馬県域からのものである。

各地域の時期別鉄器出土数に着目すると、全地域に共通して認められるのは、1期から2・3期にかけて極端に鉄器の出土数が増加する点である。また、南関東地方を除く地域は、2・3期から4・5期にかけての出土数は一転して

減少する。南関東地方が他地域と比べて特異な点は、先0期の工具を主体とする出土数の多さである。0・1期の出土数は少ないが、多様な器種が出土し始める。2・3期は他地域と比べ、飛躍的な出土数の増加は見受けられないが、武器や装身具の占める割合が高くなる。4・5期は2・3期と比べ、出土数が倍増する。特に武器の出土の多さが目を引く。

　対象資料の内、確実に墓域から出土したものをまとめ直した結果、墓域から出土する器種としては、剣や鏃などの武器が多いという点が各地域を通して共通している。また、北関東地方を除けば、4・5期に武器の出土が卓越する点も指摘できる。これは墳丘墓等への鏃の副葬の増加が原因であろう。

　鉄器出土遺跡毎にドットをプロットした分布図（第1図）からは、各地域における鉄器受容のあり方を炙り出すことができた。先0期の分布状況は南関東地方に若干の集中が認められ、北関東地方は空白地域である。全体として散漫な分布状況を示す。0・1期もほぼ同様の分布状況を示すが、北関東地方にも鉄器の出土が認められるようになる。2・3期の分布状況は、それ以前の分布とは一線を画すかのように、濃密な分布が認められるようになる。特に沿岸部や河川流域といった交通の経路上に分布が集中する点が注目される。北から「日本海沿岸部⇔信濃川⇔千曲川⇔利根川⇔荒川⇔太平洋沿岸部」あるいは「日本海沿岸部⇔信濃川⇔千曲川⇔天竜川⇔太平洋沿岸部」といった流通経路における鉄器流通の活発化が想定できる（第1図左下）。いずれにしろ、既存あるいは新規の物資流通網に鉄器が積極的に取り入れられた点が看取できる。続く4・5期は南関東地方を中心とする太平洋沿岸部と、北陸地方（特に石川県域）を中心とする日本海沿岸部に鉄器が集約され、内陸部での分布が非常に希薄になる点が指摘できる（第1図右下）。既述のとおり、4・5期は墓域への副葬鉄器が多くなる時期である。2・3期に活発化した鉄器流通網を用いて、副葬品としての鉄器を欲した地域に分布が集約されていったものと考えることができる。

4　「東日本型金属器文化圏」の成立と解体

　豊島直博氏は、鹿角装鉄剣、鉄釧、帯状円環型銅釧の3者が分布する地域

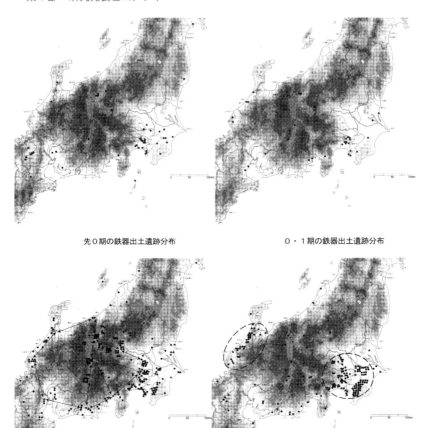

第1図　時期別鉄器出土遺跡分布図（筆者作成）

を「東日本型金属器文化圏」と呼称した。その範囲は、西は千曲川と天竜川の流域、東は利根川の流域に挟まれた地域である（豊島2010）。

　鹿角装鉄剣およびその剣把は、先0期から4期の間に認められる。ほぼ同時期に盛行する鉄剣（剣身）に刃関双孔鉄剣があげられる。また、両者が衰退し始める頃に出現する鉄剣として、四枚の部材を組み合わせて製作されるヤリや長茎短身鉄剣があげられる。この4者の年代を示したものが第1表、

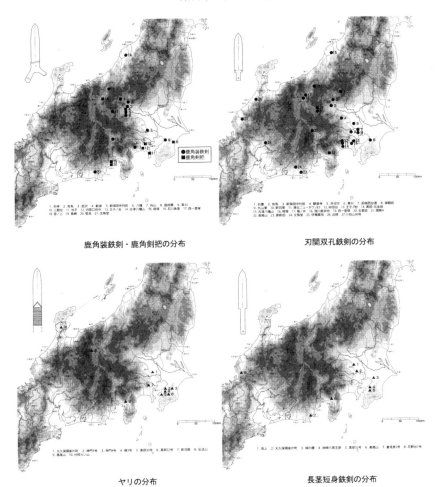

第 2 図　鉄剣出土遺跡分布図（筆者作成）

　東日本における分布状況を示したものが第 2 図である。刃関双孔鉄剣と長茎短身鉄剣は剣身における特徴、鹿角装鉄剣・剣把とヤリは装具における特徴から呼称したものである。
　鉄釧については、土屋了介氏の論考（土屋 2009a・b）で追究されているため詳述を避けるが、螺旋状鉄釧の初現は南関東地方で認められ、後に中部高地で盛行する点は興味深いものがある。同時期に鉄剣が日本海沿岸部をリレ

第Ⅰ部　研究発表とコメント

第1表　鉄剣の年代（筆者作成）

時期・種別	先0期	0期	1期	2期	3期	4期	5期
刃関双孔鉄剣	- - -	――	――	――	――	- - -	- - -
長茎短身鉄剣					- - -	- - -	
鹿角装鉄剣・剣把	- - -	――	――	――	――	――	- - -
ヤリ					- - -	- - -	

一式に東へ移動してくる（豊島2004）と推定するならば、物資流通の矢印の向きは、鉄剣と鉄釧とでは相反する可能性も高い。同様に、帯状銅釧とその再加工品の流通も、生産地と消費地の関係が「東から西」へという方向でも成立し得る点が指摘されている（土屋2014b）。流通品が流通経路をどのように辿ったかは、まだまだ検討余地がある。

　鉄器の出土からみた東日本型金属器文化圏の成立時期は、鹿角装鉄剣と鉄釧双方の出現が認められる0・1期といえる。また、中部高地や南関東地方で鹿角装鉄剣や鉄釧が数多く出土する2・3期が同文化圏の盛行期と位置付けられる。その後、鹿角装鉄剣と鉄釧の出土が著しく減少する4期以降は、同文化圏の衰退期といえよう。

　再度、第2図と第1表に目を転ずると、鹿角装鉄剣・剣把と刃関双孔鉄剣、長茎短身鉄剣とヤリはそれぞれ時期と分布がほぼ重なるように見受けられる。鹿角装鉄剣・剣把と刃関双孔鉄剣は太平洋沿岸部と日本海沿岸部の双方からの流通経路が想定できるような分布状況を呈すが、長茎短身鉄剣とヤリは太平洋沿岸部に分布が極端に偏る。長茎短身鉄剣とヤリは、鹿角装鉄剣とは対照的に、日本列島の広範囲で認められる規格化された製品である。こうした広域流通品の受容に際しては、太平洋沿岸部の流通経路が積極的に活用されたようである。新来の広域流通品の出現と流通経路の盛衰は、第1表で確認すると3期と4期の間にあるようである。これは東日本型金属器文化圏の衰退期と重なる。第1図で確認したように、鉄器出土遺跡の分布状況からも、2・3期に網の目のように広がった分布域が、4・5期には分布が限定的に集約されている。鉄剣の分布と照らし合わせると、3期と4期の間には流通経

路と流通形態の変化が生じていることが読み取れ、大きな画期が存在するものと考えられる。この現象は、規格化された広域流通品の受容によって、東日本型金属器文化圏が解体されたものと考えられる。さらに、太平洋沿岸部である東海地方と南関東地方における墓域からの鉄器出土数は2・3期から4・5期に急増しており、受容された広域流通品の行き着く先が墓域であることを暗示している。

5　東日本における鉄器製作技術

　製品による流通、素材による流通、在地による再加工など、鉄器の流通形態を考えるうえで、東日本における鉄器製作技術はどのような水準にあったかは重要な課題である。先0期における神奈川県の砂田台遺跡の再加工鉄斧の存在からは、製品化した鉄器の再加工や転用は、鉄器の出現以来、各地域で試みられていたことを暗示している。0・1期には石川県の乾遺跡で大量の錐が出土している。続く2・3期に同じく石川県の奥原峠遺跡から多くの鉄片が出土している点や、福井県の林・藤島遺跡から玉作りに関わる大量の鉄錐や棒状鉄器のほか、鉄滓が出土している点を考慮すると、北陸地方では、2・3期には鉄製品あるいは鉄素材を原料とした鉄器製作技術が根付いていた可能性が高い。さらに同時期に、千葉県のマミヤク遺跡で鉄滓が出土しているほか、神奈川県の倉見才戸遺跡でも鉄素材を裁断したと思われる鉄器が、同一住居跡内から出土している。南関東地方においても、入手した鉄素材を用いて一定量の小型鉄器の製作が行われていたものと考えられる。4・5期からは、神奈川県の千代吉添遺跡や千代南原遺跡のように、確実な鍛冶関連遺物の出土が認められるとともに、千葉県の沖塚遺跡や愛知県の南山畑遺跡のように、鍛冶工房跡と考えられる遺構も検出されるようになる。また、用途不明のいわゆる「不明鉄器」の中には、鉄器製作によって生じる三角形鉄片などの裁断片が含まれている可能性が考えられる。こうした資料を丹念に見直すことによって各地域における鉄器使用・鉄器製作技術の水準および変遷を検討する試み（土屋2014a）もなされている。

　土屋了介氏は腕輪形製品の分布傾向を考えるうえで、生産地からの供給に

関し、遠隔地に位置する生産地からの製品供給や二次的供給、原材料あるいは粗製品供給、分割・再加工品供給など様々なモデルを提示している（土屋 2014b）。こうしたモデルは鉄器の分布と流通を考えるうえでも重要な視点である。

上記のような、東日本内部での鉄器の製作（含再加工）と供給の観点からみても第1図は鉄器流通の姿を浮き彫りにしたものとは言い難い。地域内での製作と再加工、消費を捕捉し切れていないからである。今後の課題は、外来鉄器に対する受容のあり方のみならず、東日本における鉄器製作技術を検証し、製作地と供給地の関係を明らかにしていく点にある。

また、推定される流通経路も網の目のように張り巡らされた流通網の一端であることは言うまでもない。弥生時代の鉄器流通は、単一の流通経路による交易では理解できない。複数かつ重層的な流通網を想定していく必要がある。そうした流通網は、鉄器受容以前から機能していた経路が利用されるとともに、鉄器受容によって新たに開拓された経路も含まれていたことであろう。

鉄器の出現がもたらした変革とは、弥生社会における既成の流通システムの転換を促し、鉄器を媒介とした新たな交易と流通網を確立させた点にあるものと考えられる。鉄器の出現は、日本列島全規模で各地域に鉄器受容の有無を投げかけるとともに、広域流通品として機能することで、地域間関係にも多大な変化を与え、新たな交易の萌芽を育んだものと理解しておきたい。

引用・参考文献

安藤広道 1997「南関東地方石器〜鉄器移行期に関する一考察」『横浜市歴史博物館紀要』第2号 横浜市歴史博物館

臼井直之・町田勝則 1997「中部高地における鉄器の出現と展開」『第4回鉄器文化研究集会 東日本における鉄器文化の受容と展開』鉄器文化研究会・朝霞市教育委員会

大村 直 1997「南関東地方における鉄器の普及課程」『第4回鉄器文化研究集会 東日本における鉄器文化の受容と展開』鉄器文化研究会・朝霞市教育委員会

北口聡人 2012「鉄の道の終着駅―弥生時代の鉄器普及―」『みずほ』第43号 大和

弥生文化の会

佐々木勝 2002「福井県の鉄製品の様相─北陸地域の墳墓出土資料を中心として─」『石川県埋蔵文化財情報』第8号　財団法人石川県埋蔵文化財センター

杉山和徳 2011「東海地方の鉄器の出現」『研究紀要』第17号　財団法人静岡県埋蔵文化財調査研究所

土屋了介 2009a「弥生時代単環状鉄釧の型式学的研究─断面長方形・断面二等辺三角形にみる系譜の違い─」『東海史学』第43号　東海大学史学会

土屋了介 2009b「螺旋状鉄釧の基礎的研究─形態と数量的要素を中心に─」『日々の考古学2』六一書房

土屋了介 2014a「中原遺跡出土鉄製品・鉄片に関するまとめ」『中原遺跡』Ⅷ　佐賀県教育委員会

土屋了介 2014b「弥生時代における腕輪形製品の分布と流通」『西相模考古』第23号　西相模考古学研究会

豊島直博 2004「弥生時代における鉄剣の流通と把の地域性」『考古学雑誌』第88巻第2号　日本考古学会

豊島直博 2010「東日本型金属器文化圏の盛衰とその背景」『小羽山墳墓群の研究』研究編　福井市立郷土歴史博物館

野島永 2009『初期国家形成過程の鉄器文化』雄山閣

橋本博文 1997「北陸における鉄器の普及と展開」『第4回鉄器文化研究集会 東日本における鉄器文化の受容と展開』鉄器文化研究会・朝霞市教育委員会

林　大智 2002「石川県における鉄器の導入と社会の変化」『石川県埋蔵文化財情報』第8号　財団法人石川県埋蔵文化財センター

平野吾郎 1987「川合遺跡出土の鉄斧・鉄鎌ならびに鋤先の出土状態について」『研究紀要』Ⅱ　財団法人静岡県埋蔵文化財調査研究所

松井一明 1997「東海地方における鉄器の普及と展開」『第4回鉄器文化研究集会 東日本における鉄器文化の受容と展開』鉄器文化研究会・朝霞市教育委員会

松井和幸 1982「大陸系磨製石器類の消滅とその鉄器化をめぐって」『考古学雑誌』第68巻第2号　日本考古学会

村上恭通 2007『古代国家成立過程と鉄器生産』青木書店

【コメント】

弥生時代の東日本における鉄剣の研究について

豊島直博

1　従来の弥生時代鉄剣研究

　本稿では、研究会（というよりN氏）からのご要望に基づき、現在の東日本における弥生時代鉄剣研究について思うところを率直に述べたい。時間と紙数の制約上、参考文献等が欠落する場合もあるが、それは私よりも詳しい当日の発表者に確認していただきたい。

　20世紀末までの弥生時代鉄剣研究では、鉄本体部分の詳細な型式分類が進んでいた。大庭康時、川越哲志の分類である（大庭1986、川越1993）。これらの分類はおおむね妥当だが、編年の指標が理解しづらいなどの課題が残された。

　いっぽう、東日本を中心に鹿角製装具の研究が進められていた。縄文時代の有鉤短剣に関する春成秀爾の研究（春成1985）、群馬県新保田中村前遺跡の報告における金子浩昌の研究などが挙げられる（金子1994）。

　古墳時代の武器研究では、1980年代から置田雅昭が木製刀剣装具の分類を着実に進めていた（置田1985a・1985b・1996）。さらに、滋賀県雪野山古墳の発掘調査を契機に、ヤリを含む刀剣装具の構造が解明され、装具の痕跡から鉄剣の分類が追求されるに至った（菊地1996）。私の研究は、東日本の骨角器研究と古墳時代の木製装具研究を弥生時代の鉄剣全体に応用したものである（豊島2003）。

2　最近の弥生時代鉄剣研究

　近年では、関東在住の若手研究者が弥生時代の鉄剣研究を進めている。今回の発表者である杉山和徳は、新資料の集成を踏まえ、精力的に論考を発表

している。ここで杉山の研究を確認しておきたい。

　2008年の論文では、東日本の鉄剣を改めて集成、編年し、分布から流通の様相を検討した。弥生時代後期では、日本海から北信濃を経て北関東に至る経路が鉄剣の主要な流通路だが、終末期には東海から南関東へ至る地域が主要経路となる（杉山2008）。

　続く2009年の論文では、鹿角装鉄剣を再検討した。その結果、把に点刻・線刻で施文する北関東、段差加工など施文以外の装飾を施す南関東、点刻を施す東海という地域性を見いだした。また、分布の相違と空白期間の存在から、鹿角装鉄剣と縄文時代の鹿角製短剣・腰飾との系譜関係について疑問を提示した（杉山2009）。

　2013年の論文では、沼津市高尾山古墳出土のヤリについて検討している。論点は多岐にわたるが、刃部下端に2個の目釘穴をもつ「刃関双孔鉄剣」の考察が興味深い。かつて私は刃関双孔を利用せずに装具を装着したヤリの存在から、鉄剣本体の転用と伝世を想定したが、古墳時代中期以降の大型品については、別の解釈が求められるようである（杉山2013）。

3　新資料の増加と今後の課題

　以上のように研究史を振り返った。私自身が解決すべき問題も含め、今後の課題をいくつか挙げておきたい。

　まず、新資料の増加によって再検討すべき問題がある。これまで日本海側最北端の弥生時代鉄剣は新潟県八幡山遺跡例であったが、近年、新潟県村上市山元遺跡でも鉄剣が出土し、分布は北へ広がった。新潟は会津盆地や米沢盆地など、東北南部への玄関口に当たり、弥生時代の金属器はさらに遠方まで流通していた可能性が高まった。

　いっぽう太平洋側に目を転じると、千葉県草刈遺跡や山梨県頭無A遺跡で全長60cmを超える長剣の出土が報告された。私は長野県根塚遺跡や群馬県有馬遺跡で長剣が出土していたことから、日本海経由の流通を主要な経路と認識していた。今後は太平洋側の流通経路もさらに高く評価すべきであろう。

　つぎに、杉山を中心とする近年の研究に関連して。従来の研究では、東日

本における鍛冶工房の不在や、鉄剣装具の付け替えが想定される事例などから、鉄剣本体の製作地を朝鮮半島や西日本に求めてきた。しかし、すべての鉄剣を搬入品と見なす根拠は弱い。杉山自身も指摘するとおり（杉山2008：48頁）、改めて原点に立ち返り、鉄剣本体の型式学的検討を深める必要があろう。

ヤリの流通についても同様である。ヤリの柄は3つの部材を組み合わせ、糸を巻き、漆で固定して装着される。その画一的な製作技法から、私は畿内における限られた生産体制を想定した。いっぽう杉山は、一元的な生産とする根拠は弱いと指摘する（杉山2013：47頁）。糸の巻き方、漆の塗り方など、さらに詳細な製作技法を検討すれば、生産体制が判明するであろう。

以上、弥生時代の東日本における鉄剣研究を概観し、近年の出土例と最新の研究を踏まえていくつかの課題を指摘した。問題の解決には綿密な資料の観察が不可欠だが、東日本の若手研究者は、すでに私よりもはるかに多くの資料を実見している。その成果をもとに、近々新たな鉄剣の流通論が展開すると予想している。

引用・参考文献

大庭康時　1986「弥生時代鉄製武器に関する試論―北部九州出土の鉄剣・鉄刀を中心に―」『考古学研究』第33巻第3号　考古学研究会

置田雅昭　1985a「古墳時代の木製刀把装具」『天理大学学報』天理大学学術研究会

置田雅昭　1985b「古墳時代の木製刀剣鞘装具」『考古学雑誌』第71巻第1号　日本考古学会

置田雅昭　1996「古墳時代の短剣把装具」劉茂源編『ヒト・モノ・コトバの人類学』慶友社

金子浩昌　1994「新保田中村前遺跡出土の骨角製品」下城　正編『新保田中村前遺跡Ⅳ』群馬県埋蔵文化財調査事業団

川越哲志　1993『弥生時代の鉄器文化』雄山閣

菊地芳朗　1996「前期古墳出土刀剣の系譜」福永伸哉・杉井　健編『雪野山古墳の研究』考察篇　八日市市教育委員会

杉山和徳　2008「東日本における鉄剣の受容とその展開」『古文化談叢』第60集　九

第Ⅰ部　各地域の様相

　州古文化研究会
杉山和徳　2009「東日本の鹿角剣把」東海大学文学部考古学研究室編『日々の考古学2』六一書房
杉山和徳　2013「沼津市高尾山古墳出土ヤリをめぐる諸問題」『静岡県考古学研究』44　静岡県考古学会
豊島直博　2003「弥生時代における鉄剣の流通と把の地域性」『考古学雑誌』第88巻第2号　日本考古学会
春成秀爾　1985「鉤と霊―有鉤短剣の研究―」『国立歴史民俗博物館研究報告』第7集　国立歴史民俗博物館

チマタ・歌垣・古墳
―チマタ仮説とその問題点―

青 山 博 樹

1 はじめに

　弥生後期の後半は、全国的に広域の交流が活発になることが指摘されてきた。東北地方でも、北陸系土器の他（木本 2008）、十王台式、樽式、砂山式、湯舟沢式、後北 C2-D 式など外来土器の存在が指摘されている。だが、当該期の遺跡は小規模で遺跡数が少なく、交流のあり方は不明な点が多い。
　また、東北全域に分布する天王山式土器・天王山系土器群はその斉一性が強調されていたが、近年ではむしろ地域色の存在が指摘されている（石川 2013）。天王山系土器群は東北全域に分布する縄文伝統の強い土器群として概括できる一方、共通するのは交互刺突文など一部のモチーフに限られる。
　このように、東北地方でも後期後半の交流が指摘されるものの、その様相には不明な部分が多い。このような中、近年の調査で内容が明らかになった福島県会津盆地の桜町遺跡は、天王山式期の遺跡としては規模が大きく、この時期の交流のあり方を語る豊富な内容をもつ。ここではまず桜町遺跡をとりあげ、その交流のあり方を検討したい。

2　桜町遺跡にみる交流

a．土器と墓域の多様性
　桜町遺跡で確認された弥生後期の遺構は、22 基の周溝墓、周溝を巡らせる一間四方の建物跡、井戸跡などである。
　注目されるのは外来土器の多さである。北陸系、福島県域の太平洋側に分布する八幡台式、群馬県域に分布する樽式などが天王山式に伴う。茨城県域

北部に分布する十王台式は出土していないが、強い影響が認められる。

　一個体にさまざまな外来土器の属性を含む折衷土器も注目される（福田2012）。さらに、折衷という現象では説明できない土器も存在する。弥生土器には違いないものの、どの土器様式にもみられないモチーフをもつ土器である。桜町遺跡の土器は、非常に多様ということができる（第1図）。

　墓域のあり方も多様である。天王山式期の墓制は土壙墓や土器棺墓であるが、桜町遺跡の墓域の大部分を構成していたのは周溝墓である。周溝墓には、四隅切れ、突出した四隅の一部が突出するもの、方形、円形、前方後方形、前方後円形と、多くの墳形が認められる。また、9号墳の方台部で検出された埋葬施設にはアメリカ式石鏃が副葬されていた。土器棺墓も存在する。

　周溝墓群の様相は、富山市百塚住吉遺跡と類似する。多様な墳形、前方部がさまざまな方向に向くなど、両者には類似点が多い（小黒2009）。

b．桜町遺跡の性格と立地

　このように、桜町遺跡の様相は多様で、それは北陸、北関東、福島県域の太平洋側などとの交流によると考えられる。

　このような多様性は、会津盆地の内外を東西南北に横断・縦断するルートの交点に桜町遺跡があることと無関係ではない（第3図）。桜町遺跡近傍の交差点は、東は中通り地方の郡山市、さらに浜通り地方のいわき市、西は越後平野、北は米沢盆地、南は北関東へ、盆地を囲む山脈や山地をこえて通じる。

　桜町遺跡で出土する諸地域の土器は、この道を通って会津盆地へ至り、桜町遺跡に至ったと思われる。桜町遺跡は四方からそれぞれの文化を携えてやってきた人々によって形作られたともいえる[1]。

c．纒向遺跡との共通点

　前述したように、弥生後期後半には列島規模の交流が活発化し、交流拠点が各地に出現する。注目するのは、奈良盆地の三輪山麓に出現した列島最大の交流拠点、纒向遺跡であり、桜町遺跡との共通点である。

　周知のように、纒向遺跡からは列島各地の土器が多量に出土する。遺跡内には纒向型前方後円墳と、箸墓古墳が築造される。前方後円墳は、各地の弥生墳丘墓の要素を融合して創出されたとされる（近藤1986、広瀬2003）。

チマタ・歌垣・古墳（青山）

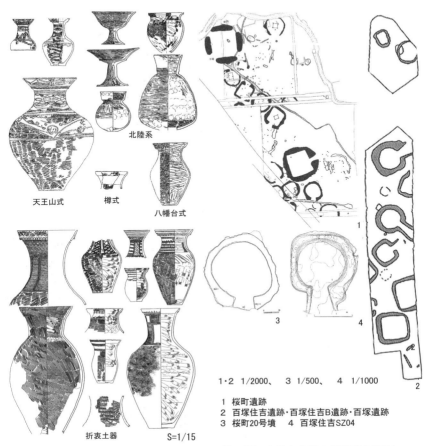

1・2 1/2000、 3 1/500、 4 1/1000

1 桜町遺跡
2 百塚住吉遺跡・百塚住吉B遺跡・百塚遺跡
3 桜町20号墳　4 百塚住吉SZ04

第1図　桜町遺跡出土土器　　　　第2図　会津と北陸の周溝墓の類似

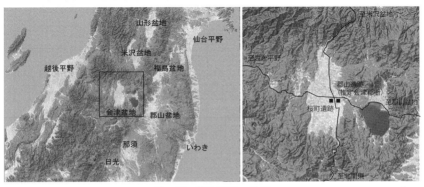

第3図　桜町遺跡の位置

第I部　研究発表とコメント

桜町遺跡は纒向遺跡に比してはるかに規模が小さいが、外来土器の存在、墓域を形成する点で共通する。出現もほぼ同時である[2]。両遺跡は弥生後期の文化の融合の舞台であったといえる。

ｄ．古代の衢との比較

ところで、四方からの道が交叉する地点のことを、古代には「衢・巷・街（ちまた）」といった。「チマタ」すなわち「ミチマタ」である。衢は古代史の研究テーマで、これによれば、チマタには市がたって交易の拠点となり、さまざまな祭祀が行われ、参集した男女による歌垣の舞台ともなった。

古代との比較には難があるが、纒向遺跡や桜町遺跡を考えるうえでチマタが示唆する点は少なくない。十字路に位置し、四方から人々が参集する両遺跡のあり方は、古代のチマタによく似る。纒向遺跡の近傍には「海石榴市衢」が存在したが、纒向遺跡にはすでにチマタの様相がみてとれる。

ｅ．小　結　－古代以前のチマタの可能性－

弥生後期の交流のあり方を、福島県会津盆地の桜町遺跡を俎上にあげ検討した。あらためて要点を整理すれば、弥生後期後半に出現する桜町遺跡は、盆地の内外を東西南北に結ぶルートの交点に位置し、これらのルートによって結ばれている北陸、北関東、東北南部太平洋側から土器や墓制がもたらされ、折衷・融合している。その状況は、同時期に出現する奈良県纒向遺跡のあり方とよく似ており、古代におけるチマタとの類似を指摘できる。

3　続縄文文化との交流とチマタ

ａ．境界領域のチマタ（第4図）

古代以前のチマタといえる遺跡群は各地に存在する。その共通点は、①山間部の峠を通るなど遠隔地を結ぶルートの交点に位置する、②弥生時代～古代の遺跡が集中する、③地域間交流を示す遺構・遺物の存在、④近傍に律令官衙や城柵が造営される場合がある、などである。

ここでは、東北における続縄文文化との交流のあり方を、このような視点から検討する。まず、チマタと思われる3つの地点をあげる。

ア　宮城県北部（栗原）栗原市の国道4号（旧陸羽街道）と398号の十字路

チマタ・歌垣・古墳（青山）

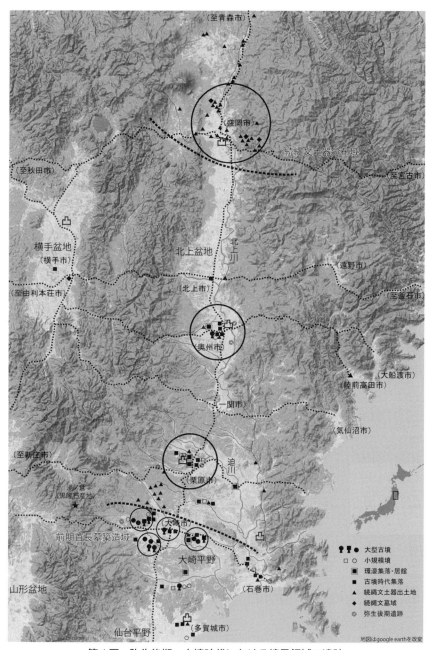

第4図　弥生後期〜古墳時代における境界領域の遺跡

179

付近。国道398号は国道47号（旧北羽前街道）と合流し奥羽山脈を越え、山形県新庄盆地、さらに庄内平野の酒田市に至る。

　宮城県大崎平野以南には複数の首長系譜と古墳時代集落が分布する一方、迫川流域には首長墓がみられず集落も少ないが、この十字路周辺には古墳前期の宇南遺跡、鶴ノ丸遺跡、古墳後期の御駒堂遺跡などが集中し、古代には伊治城が造営される。伊治城跡下層で確認された古墳前期の方形区画溝での北大Ⅰ式の出土、古墳前期の環濠集落、入の沢遺跡での鏡などの出土が特記される。

　イ　岩手県北上盆地南部（胆沢）奥州市の国道4号と397号の十字路付近。西は奥羽山脈をこえ秋田県横手盆地、東は北上山地をこえ三陸沿岸の陸前高田市、大船渡市に至る。北上盆地を縦断する南北ルートと三陸沿岸から横手盆地を結ぶ東西ルートの交点である。

　弥生後期の常盤広町遺跡、兎Ⅱ遺跡、古墳前期の高山遺跡、同中期の角塚古墳、中・後期の中半入遺跡、後期の面塚遺跡、沢田遺跡など、弥生後期から古墳時代を通じて遺跡が営まれ、古代には胆沢城が造営される。

　中半入遺跡では方形区画溝が確認され、土師器・須恵器、続縄文土器、宮城県湯の倉産の黒曜石、岩手県久慈産コハクが出土している（高木他2002）。角塚古墳は仙台平野や大崎平野の古墳・埴輪との類似が指摘され（藤沢1998a・b）、常盤広町遺跡出土の鉄石英製の管玉は、佐渡島産との指摘がある（寺村1990）。

　ウ　岩手県北上盆地北部（志波）　盛岡市の国道4号と国道46号・106号の十字路付近とその周辺。国道46号は奥羽山脈をこえ秋田市へ、国道106号は北上山地をこえ三陸沿岸の宮古市へそれぞれ通じる。

　盛岡市周辺は、続縄文土器や古墳文化の遺物を出土する遺跡が多く分布する（黒須他1998）。永福寺山遺跡（津島他1997）では、袋状ピットをもつ土壙墓群周辺から、弥生土器、後北C2-D式土器のほか、S字甕や円形浮文をもつ壺、鉄製刀子や鎌、勾玉、管玉、アメリカ式石鏃が出土している他、土壙墓から中期の土師器、鉄鎌、鉄斧、管玉、ガラス小玉などを出土した薬師社脇遺跡、東海系の宇田甕が出土した滝沢村大釜館遺跡（井上・早野2013）、盛

岡市宿田遺跡がある[3]。9世紀初頭には志波城が造営される。

　b．異文化交流とチマタ

　当地域は古墳・続縄文両文化の境界領域である（藤沢 2001）。ここで指摘した遺跡の集中する3か所は、いずれも北上川に並行して北上盆地を南北に縦断するルートと盆地の内外を東西に横断するルートの交点に位置する。北上盆地が二つの文化を結ぶ回廊となり、十字路が交流拠点となったことが読みとれる。

　3地点とも両文化が混在するが、そのあり方には差が認められる。すなわち、ア・イの栗原と胆沢は古墳文化の集落や遺物が多くを占める一方、ウの志波は続縄文文化の遺構と遺物が多く、古墳文化の遺物が少量出土するのみである。ここと古墳時代集落が面的に分布する大崎平野との間が境界領域であり、そこにあるチマタが交易や歌垣の場になったと考えられる。人を参集させるチマタの機能が、異文化交流にも作用したと考えられる。

4　提起される問題

　a．分布論とルート論

　特定の外来遺物の招来ルートをその分布から推測する方法は、個々のドットは埋没地へ至る道程は示さないものの、その集積によって軌跡を読み取ろうとする試みである。量的担保によって移動経路を推測するものの、点と点を結ぶ作業には恣意が介在する余地がある。

　一方、近現代の街道の位置から過去のルートを推定する方法は、同時代資料としての考古資料に依拠しない地理学的な方法ではある。ただし、山間部の峠道など地理的条件に制限されるルートをアンカーにできる。

　第4図では盛岡市周辺の続縄文土器の分布（黒須他 1998）を示し、重ねて旧奥州街道（現国道4号）を示した。上述の二つの方法を併用したことで、続縄文土器がそのルート上に分布することが読み取れる。

　遺物の移動経路の推定は、必ずしも成熟した方法に支えられてはおらず、これを不可知の問題から脱却させる方法論の整備が必要である。物流ルートの可視化には、まだ多くの課題があるといわねばならない。

b．墓域の多様性の問題

　桜町遺跡の墓域はさまざまな墳形によって構成されている。この多様性の要因をその外来土器にみるような諸地域との交流に求める解釈も不可能ではないが、課題は少なくない。天王山式の墓制は土壙墓と土器棺墓であり、周溝墓は外来の墓制である。それが多元とすれば、故地は外来土器にみる範囲を大きくこえる。

　チマタに造営される墓域には多様性が看取できる。纒向古墳群や箸墓古墳、桜町遺跡の墓域には各地の弥生墓制の要素が、1基の前方後円墳、一つの墓域の中で共存している。前方後円墳については、多くの地域に起源をもつさまざまな弥生墓制の集合であるという説が支持されている。桜町遺跡の場合も、多くの地域に起源を求める視点が必要かもしれない。

c．チマタと墓域

　チマタの近傍にはなぜ墓域が造営されるのだろうか。

　先に、チマタでは歌垣が催されることを述べた。歌垣は祖霊が帰ってくると観念される特定の日に、やはり祖霊が帰ってくると観念される特定の場所で催される。祖霊が帰ってくる場所とは、神体山、海岸、川岸、そして墓である。桜町遺跡に墓域があることには恐らくこのような背景があり、その墓域が多様な墳形で構成される点も、そこに来臨する祖霊の性格を示唆する。

　ところで、墓域には、神体山や海岸、川岸を意識したと思われる立地が少なくない。民俗学などを参照すれば、これらは他界への接点と観念されたと考えられる[4]。

　チマタの近傍に墓域が造営され歌垣が行われる背景には、祖霊信仰がある。祖霊が来臨する時間と空間で行事を行うことに意味があると思われる。

d．チマタと歌垣

　纒向遺跡で歌垣が行われたとすれば、それは全国から参加者をえた盛大なものだっただろう。その歌垣に自らも参加したいという欲求は、さらに多くの足をこのチマタに向かわせる。このような華やかなイベントが、所属集団や文化の違いを超越した求心力として機能したとも思われる。参加者の多くは若者だっただろうことも想像される。

ところで、歌垣の目的とは何だろうか。男女の出会いや求愛の場としての役割ももちろん重要であっただろう。が、ここで注目するのは、祖霊が来臨すると観念される時間と空間で歌垣が行われることである。それは、その目的を考えるうえで示唆的である。すなわち、祖霊が臨場する時空での性交渉には、祖霊の生まれ変わりとでもいうべき子を受胎する目的があるのではないだろうか。こうして誕生した子供は神聖視され、祖霊の子であるがゆえにとくにミコ（御子）と呼ばれ、そして、祖霊の生まれ変わりという資質によって、来臨する祖霊と交渉する司祭者の役割を担ったのではないだろうか。

　このように考えれば、纏向遺跡に全国から参集する男女によって催される歌垣の目的は、列島全体の祖霊のミコを得ることになる。そしてそのミコは、生まれながらに列島農耕社会全体の農耕祭祀を司り、豊穣をもたらすことを期待されたであろう。纏向遺跡の歌垣で受肉したミコが列島農耕社会を統べる最初の司祭者（祭祀王）となる、それが列島諸集団が共立した卑弥呼の描いたビジョンではないだろうか。

　『魏志倭人伝』は、卑弥呼が「鬼道を事とし」ていると記す。そして、「鬼道」とは祖霊信仰であるとする指摘（山尾1972）に従えば、列島諸集団がそれぞれに祀る祖霊と交渉し、その優れた呪術的能力によって祖霊群を合一し、信仰対象とイデオロギーの統一をめざしたと思われる。『記紀』が箸墓古墳の被葬者と述べるヤマトトトヒモモソヒメは、三輪山に棲むオオモノヌシと神婚していたと記しているのは示唆的である。

e．チマタから生まれた新時代

　古墳出現前夜のチマタは、土器や墓制など文化の融合の場となった。そして歌垣は、集団間の血を融合する。新しい文化がそこに誕生し、それを担う新世代と新しいイデオロギーが誕生する。新しい時代がチマタから誕生したといってよい。

　ただし、チマタで歌垣が行われたことは『記紀』『風土記』の記載によって知られるだけで、纏向遺跡で歌垣が行われた証拠はない。

　古墳出現期に盛行する土器の移動現象が、何らかの形で古墳の発生に関与し、一定の役割をはたしているのではないか、といわれることがある。ただ

し、それがどう機能することで古墳が出現したのか、その具体的なメカニズムの説明は不十分といわざるをえない。

　ここで一つの仮説を述べれば、チマタにおける歌垣で受胎したミコが集団の祖霊の具現者と観念され、弥生墓制を融合して創出された前方後円墳の被葬者となったのではなかろうか。

　墓域は祖先の遺骸の集積によって一塊の祖霊を生成する場でもあり、祖先を同じくするという同祖同族観念のもと造墓集団を束ねる機能をもつ。列島諸集団の結集に際しその機能を担った墓制は前方後円墳であった。が、そこから結合力を発生させるには多くの遺骸の集積が必要である。そして、それと同等の意味をもつのは、祖霊の受肉者であるミコの遺骸しかない。すなわち、歌垣によって祖霊の生まれ変わりとして生を受けたミコを被葬者とすることは、多数の遺骸の集積からなる墓域と同等の意味を一基の前方後円墳に付与することになる（青山 2010）。

　チマタには本来、平等性がある。四方から集まった人々は、出自や身分に関わりなく対等である。その象徴性が諸行事にも作用し、そこで成立した政治的結合の初期の性格をも示唆する。

　ともすれば、日本考古学にはなじまない想念の世界の話として顧みられない解釈ではある。ただ、このような精神の営みを理解することが初期国家の形成、本邦においては古墳の出現の問題にも寄与することは、決して小さくないと考える[5]。

f．チマタの恒常化

　民俗学の成果を参照すれば、チマタの市は特定の日に立つことが知られる。前述のように、歌垣も同様で、祖霊が来訪すると観念される特定の日に行われた。すなわち、本来チマタは恒常的なものではなく、催事に際してチマタに参集した人々は、その終了とともに四散したと考えられる。

　しかし、纒向遺跡には墓域があり複数の居住域が存在する。これらからすれば、墓域の造営や居住域の成立がチマタを恒常化し、それが従来の農耕集落とは異なる集落を形成する契機になったとも考えられる。それは、歌垣や市に来臨する祖霊や市神と交渉する司祭者の居所を伴い、交易などの経済的

機能を伴ったと考えられる。纒向遺跡はその典型例である。

5 まとめ

福島県会津盆地の桜町遺跡をまず俎上にあげ、地域間交流に起因する多様性と十字路の近傍にあるという立地から、それがチマタとしての機能を備えていたこと、続縄文文化との交流に際しても、境界領域に存在するチマタが大きな役割をはたしていたことを述べた。

従来、ルートの交点に対しては、「結節点」という用語が多用されてきた。ここでは、弥生後期から古墳時代の遺跡が東西南北を結ぶ交通路の交点に集中する事例を指摘し、古代史でいうところの衢との類似から、これを「チマタ」と呼んだ。古代以前にもチマタがあるという仮説である。

さらに、チマタで行われるさまざまな事象のうち、ここではとくに歌垣に注目し、それが古墳の発生、古墳時代の開始に重要な役割をはたしたのではないかということを述べた。

古墳時代には、チマタを核とした地域社会が成立し、市を介した交易や歌垣の舞台となり、地域の求心力となった。

律令官衙や城柵が、やはり十字路の近傍に位置することが多いという指摘は、古代においてもチマタが重要視されたことを示している。続縄文文化との境界領域のチマタに、蝦夷と律令国家との戦争の末に胆沢城と志波城が造営されたことは、やはりチマタが要衝と認識されていたことを示唆する。

ここでは陸路どうしの交点を取り上げたが、古代史を参照すれば、チマタは陸路と海路の交点をも含む。弥生時代や古墳時代の遺跡群とその交流のあり方を考えるうえで示唆的である。

列島規模の広域物流は、ヒスイやアスファルト、石器素材、貝製品などから縄文時代にすでに行われていたことが知られる。上述のようなルートは、あるいは縄文時代にすでに成立していたものを踏襲したとも考えられるが、チマタを構成する遺跡群の初現が弥生後期や古墳時代にある例は少なくない。

チマタを拠点とした交流を想定することで、十字路周辺の遺跡群の消長から交流の盛衰を読み取ることができ、民族誌を参照することで、交易の態様

の比較も可能である。疫病などの負の側面の検討も必要である。

このようにチマタ仮説が提起する問題もまた、多様である。

註
1) 古代会津郡衙跡と推定される会津若松市の郡山遺跡もこの十字路の近傍に位置する。十字路の近傍に律令官衙が立地する事例がある（木下 1977）ことを勘案すれば、この十字路は古代には存在していたと思われる。
2) 桜町遺跡では、広義の天王山式土器に伴出した多くの北陸系土器を介して西日本との併行関係を検討できるようになった。桜町遺跡で出土する北陸系土器は漆町編年の2群以降である（笹澤 2013）。併行関係の理解にもよるが、庄内式、纒向1式の開始とほぼ同時か、これをややさかのぼる時期に桜町遺跡が形成され始めると考えられる。
3) 円形浮文を付す壺やS字甕は現在は写真でしか見ることができないが（新田他 1978）、写真を判読するかぎり永福寺山遺跡のS字甕は肩部のヨコハケが確認できる。東北南部でもS字甕の出土例は少なくないが、肩部にヨコハケが施されたものは例がない。永福寺山遺跡のS字甕は、東北南部のS字甕にはないオリジナルの特徴を備えている。円形浮文が付された壺も東北南部での出土例は数例のみである。宇田甕は東北南部での出土例は皆無である。
4) チマタが他界との中継点であるという観念は、『記紀』の天孫降臨神話にうかがえる。『記紀』の天孫降臨伝承が他界観念に基づく祖霊の去来をモチーフとするという指摘にもとづけば、高千穂の峯などとともにその舞台の一つが「天の八衢」と称されていることは、チマタも他界との接点と観念されたことを示唆する。
5) フレイザーは「私は多くの共同社会において神聖な王が呪術師から進化したと考えられる理由を示したけれど（中略）、私がそれに重点をおいたわけは、いろいろな政治的制度の起源に関する学者たちの学説からもれているように見えるからである。彼らは実際に厳正であり、近代的標準に従っては理知的ではあるにしても、人間の歴史の生成にあたっての信仰の与えた甚大な影響をば十分に意識していないのである。」と述べる（J・Gフレイザー 1951）。

引用・参考文献

青山博樹 2010「ハツカシ考－歌垣の歴史的意義－」『福島史学研究』第88号 福島

県史学会

石川日出志　2000「天王山式土器弥生中期説への反論」『新潟考古』第11号　新潟県考古学会

石川日出志　2001「弥生後期湯舟沢式土器の系譜と広がり」『北越考古学』第12号　北越考古学研究会

石川日出志　2013「天王山式土器研究の諸課題」『東北南部における弥生後期から古墳出現前夜の社会変動』

井上雅孝・早野浩二　2013「岩手県岩手郡滝沢村大釜館遺跡出土の宇田型甕について」『筑波大学先史学・考古学研究』第24号

小黒智久　2009「百塚住吉遺跡・百塚遺跡のいわゆる出現期古墳が提起する諸問題」『富山市百塚住吉遺跡・百塚住吉B遺跡・百塚遺跡発掘調査報告書』富山市埋蔵文化財調査報告32　富山市教育委員会

神原雄一郎他　2008『柿ノ木平遺跡・堰根遺跡』盛岡市・盛岡市教育委員会

木下　良　1977「国府の『十字街』について」『歴史地理学紀要』19　歴史地理学会

木本元治　2008「弥生時代後期の南東北と周辺地域」『芹沢長介先生追悼考古・民族歴史学論集』六一書房

黒須靖之・津島知弘・神原雄一郎・高橋千晶・佐藤良和　1998「角塚古墳以前の北上川流域」『最北の前方後円墳』胆沢町・胆沢町教育委員会

近藤義郎　1986『前方後円墳の時代』岩波書店

佐々木亮二他　2008「宿田遺跡（第11次調査）」『盛岡市内遺跡群』平成18・19年度　盛岡市遺跡の学び館

笹澤正史　2013「桜町遺跡の北陸系土器の編年的位置」『東北南部における弥生後期から古墳出現前夜の社会変動』弥生時代研究会

佐藤則之　1992「Ⅵ．第18次調査」『伊治城跡』築館町文化財調査報告第5集　築館町教育委員会

佐藤良和・千田幸生　1999『面塚遺跡』水沢市埋蔵文化財調査センター調査報告書第12集

白石太一郎　1996「古代の衢をめぐって」『国立歴史民俗博物館研究報告』第67集　国立歴史民俗博物館

高木　晃他　2002『中半入遺跡・蝦夷塚古墳発掘調査報告書』岩手県文化振興事業団文化財調査報告書第380集

第 I 部　研究発表とコメント

辻　秀人　1996「蝦夷と呼ばれた社会」『古代蝦夷の世界と交流』古代王権と交流 1　名著出版

津島知弘他　1997『永福寺山遺跡』盛岡市教育委員会

寺村光晴　1990「タマの道」『日本海と北国文化』海と列島文化第 1 巻　小学館

中村五郎　2013「桜町遺跡は庄内式並行段階」『福島考古』第 55 号　福島県考古学会

新田　賢他　1978『高山遺跡』水沢市文化財調査報告書第 1 集　高山遺跡調査委員会・水沢市教育委員会

広瀬和夫　2003『前方後円墳国家』角川書店

平澤祐子他　1999『安倍館遺跡』盛岡市教育委員会

福田秀生　2012「桜町式土器におけるキメラ土器」『会津縦貫北道路遺跡発掘調査報告』12

藤沢　敦　1998a［仙台平野における埴輪樹立古墳の墳丘と外表施設］『東北文化研究室紀要』第 39 号　東北大学文学部東北文化研究室

藤沢　敦　1998b「東北南部の古墳と角塚古墳」『最北の前方後円墳』胆沢町・胆沢町教育委員会

藤沢　敦　2001「倭の周縁における境界と相互関係」『考古学研究』48－3　考古学研究会

朴沢志津江他　2002『角塚古墳発掘調査報告書』胆沢町埋蔵文化財調査報告書第 28 集　胆沢町教育委員会

前田晴人　1996『日本古代の道と衢』吉川弘文館

宮城県教育委員会　2014「栗原市入の沢遺跡」『平成 26 年度宮城県遺跡調査成果発表会発表要旨』宮城県考古学会

山尾幸久　1972『魏志倭人伝』講談社

J・G・フレイザー（永橋卓介訳）　1951『金枝篇』(1)　岩波書店

【コメント】

東北北部における続縄文土器の分布域が示すこと
―土器と文化との関係―

松 本 建 速

1 東北北部の弥生土器と続縄文土器

　続縄文土器は縄文土器に後続する土器であり（山内 1933）[1]、北海道を中心に分布するが、現在の認識では弥生時代中期の土器とされる東北北部の田舎館式を続縄文土器とする考えも、1985年ころまではあった（冨樫 1985）。それは土器の文様や器形等を基本にした文化の区分であり、山内はその文化の担い手を、後にアイヌ民族となる人々だと考えていた（前掲書）。しかし1970年代以降、水稲農耕を基盤とした社会を弥生文化であるとする定義（佐原 1975）が一般的となり、1987年に弘前市砂沢遺跡から砂沢式期の水田跡が検出され（弘前市教委 1991）、東北北部にも弥生文化があったと考えられるようになった。

　だが、研究者のあいだで東北北部の縄文晩期最終末の土器と認識されている大洞A'式と、その直後に続く最初の弥生式土器である砂沢式土器とは非常に似ており（第1図）、ある土器がどちらの型式に属するか、研究者によって見解が異なることが度々ある。また、砂沢遺跡の調査結果が明らかになる以前は、砂沢式は大洞A'式の新段階だと認識されてもいた（工藤竹 1987）し、山内清男が大洞A'式の標識として利用した大洞A'地点出土の土器群のなかには、現在の分類基準に従えば砂沢式の浅鉢となる資料も入っている（高瀬 2004）。型式を決めるのは当時の人ではなく研究者なのでそのようなことがおこるのは当然であるが、明確にしておきたいのは両型式の土器は層位的には新旧関係を持つが、文様や器形は連続的に変化しており共通項が多く、第三者にとっては区分しづらい点であり、その基礎にはそれらの土器の製作者

第 I 部　研究発表とコメント

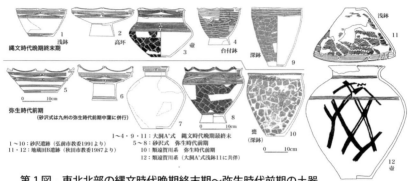

第1図　東北北部の縄文時代晩期終末期〜弥生時代前期の土器

が非常に類似した社会に暮らしていたことがあるという点である。したがって、生業形態ではなく、現在の人類の文化を見るように言語を含めた文化を基本にすれば、それらを同一文化の土器と考えるのが自然である（松本2014）。

　砂沢式土器使用期に、水稲耕作をおこなっていた人々が東北北部の津軽平野域には確実にいたのだが、物質文化の系統から考えれば、その人々の多くは前時代の大洞A'式土器を用いた縄文人の直接の子孫であった（松本1998）。換言すれば、縄文文化最終末段階の担い手を親とする子が、弥生文化の最初の担い手であった。親も子も同じ言語を用いていたと考えるのが自然である。

　ここに見てきたように、生業形態を基準にすれば弥生文化であると区分することが可能でも、言語（それには世界の分節化、そこから派生する世界観などが付随する）を基本にすれば、東北北部の砂沢式土器を用いる人々の文化は大洞A'式土器製作者、すなわち縄文文化の担い手の後継であり、続縄文文化と認識できる。弥生文化、続縄文文化といった認識の違いが生まれる要因は考古資料にあるのではなく、それぞれの見方の基礎となる文化の定義にある。そこで次に文化の定義を簡単におこない、東北北部に続縄文土器が分布することが何を反映しているのかを考察する。

2　文化の定義

　日本考古学で縄文文化、続縄文文化、弥生文化などと言う場合、それは、

アイヌ文化、日本文化、中国文化などとして使われる場合と少し意味が違う。前者の文化概念についてチャイルド,V.(1956)がわかりやすく述べている。「考古学者は、このような個別ないくつかの遺跡できまって発見される同型式の組み合わせを文化cultureとよぶ。」(近藤・木村訳1969;12頁) そして、文化にはもう一つの側面がある。「人類学者と考古学者は、一群の人間、つまり一社会の全成員に共通する行動の型を表現するのに文化なる用語をもちいる」(前掲;12頁)とし、この後、社会で学習される行動や言語を文化の内容として説明する。さきに述べたアイヌ文化、日本文化等のように用いられる場合の文化概念である。

　本稿では、アイヌ文化、日本文化というような、時代を越えて継続する同一系統の言語を持つ文化を、併存する地球上各地の文化との差異で見分けることを文化区分の基本とする(第1表)。言語を基礎とする区分を総合区分と呼び、上位区分とする。総合あるいは上位と理解するのは、言語は世界を分節化する要素であり、世界観の違いをも生む基盤となるからである。そして考古学的文化として見ることのできる物質文化の組み合わせを文化の下位区分とし、それを空間・時間で分け、時間区分、空間区分とした。

　なお岡本孝之は1970年代以降、日本列島上には後のアイヌ文化へと続いた大森文化、すなわち縄文文化と、後の日本文化へと続いた弥生文化があったと述べており(岡本1974・1994など)、本稿の考え方と基本は同じである。ただし現段階の学問的認識では縄文時代は1万5千年以上も継続しているが、言語も考慮すると、全期間を縄文文化、あるいは単一文化とするべきかの検討が必要である。

第1表　文化の階層的区分

総合区分 (上位) 言語、世界観、帰属意識など	時間区分 (下位) 物理的、考古学的、政治史的など	空間区分 (下位) 自然地理的、人文地理的など
日本	江戸時代	南部地方
日本(やまと言葉)	平安時代後期	陸奥国北部
日本(やまと言葉)	古墳時代前期	東北北部
アイヌ アイヌ語系	江戸時代併行期 続縄文土器使用期	北海道東部 東北北部 (続縄文土器分布圏)

3　東北北部における続縄文土器の分布域が示すこと

　東北北部の土器は縄文晩期以降一貫して北海道南部の土器と類似していた(第2図)。東北北部の土器を現在の研究者は弥生土器と呼ぶが、とくに後期

の土器が使われている時期の東北北部では、住居跡も水稲耕作の痕跡も見つかっていない。この時期の土器は北海道の続縄文土器の範疇に入るのであり、それが可能だったのは両地域の土器製作者の相互の交流があったからだと考えられる。その基盤には言語が共通だったことがあり、すなわち両地域は同一文化であったと理解すべきである。

　その後、本州島の大部分の地域では、弥生文化は古墳文化へと継承されたが、東北北部の弥生文化の担い手は前方後円墳を築造せず、古墳文化の社会を作ったわけではなかった。一般に、古墳時代前期併行期の東北北部では、北海道でと同様に後北 C_2・D 式と呼ばれる土器が使用されており、当該地域には続縄文文化の担い手が居住していたと理解されている（工藤雅 2000）。しかしこれは、弥生文化の担い手であった東北北部の人々が、突然、続縄文の担い手となった、あるいはその人々が別地域に去り、北海道から人々が南下してきたわけではない。土器から見るならば、東北北部の人々は縄文晩期以来北海道の人々と交流を継続しており、その土器は共通内容を多く持ち、続縄文土器と呼ぶことが自然なものである（第 2 図）。

　後北 C_2・D 式土器は古墳時代前期併行期に主に東北北部から北海道にかけて分布する。その代表例を地域別、時期別に示したのが第 3 図である。鈴木（1998）、熊木（2001）の北海道の当該土器の編年をもとに作成したものだが、Ⅱ期が古くⅢ期が新しい。Ⅱ期の古い時期には、東北北部の例と道奥部、道東部ともに類似するが、Ⅱ期の新しい時期には東北北部の例は道東部のものに似る。さらに新しいⅢ期には、北海道から東北北部に至る全域で、文様モチーフが弧状を多用するものから直線状のものに変わる。このようにある一定の広い範囲でほぼ同時に文様が変化する背景には、そこでの土器製作者の時代を超えた遠近縦横の交流がなければならない。

　土器製作者は、時間、空間、文化の違いを越えて常に移動していたことになり、その活動は普遍的である。人間の持つ普遍的な面は、自然から生じる面でもあるのだが、そのうちの一つである近親婚の禁忌（レヴィ＝ストロース 1967）を基礎とした女性の移動こそがそれを可能とする活動である。土器製作者は女性であり、婚姻による個人の移動や集団の移住が常時おこなわれた

東北北部における続縄文土器の分布域が示すこと（松本）

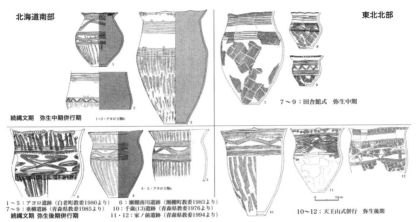

第2図　北海道および東北北部の続縄文、弥生中期～後期の土器

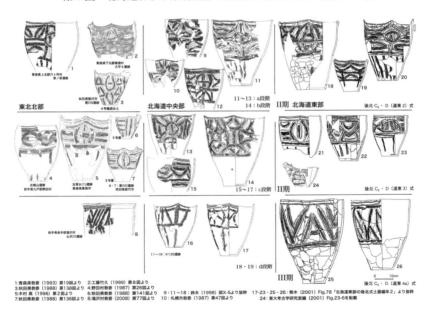

第3図　北海道および東北北部の後北 C_2・D 式土器の変遷

結果、各地で同一型式の土器が作られたと理解できる（松本 2103）。

また、婚姻や集団の移住がおこなわれる範囲は、基本的には、同一言語が話される同一文化の地域であった。東北北部に続縄文土器が分布していた時

期、そこでは後にアイヌ語となる言語が話され、北海道の人々とも婚姻関係を持っていた。このようにして見てくるならば、東北北部では、縄文時代のある時期以降、続縄文土器の使用期まで、一貫して北海道同様、縄文系の文化が継続していたのであり、前方後円墳が築造され土師器が使用された時期の東北南部以南の文化とは異なっていた。

註

1)「続縄文」という用語は 1933 年刊行の「日本遠古の文化」には見えず、1939 年追加の註 44 が初出となる。

引用・参考文献

青森県教育委員会　1976『千歳遺跡 (13)』青森県埋蔵文化財調査報告書第 27 集

青森県教育委員会　1985『垂柳遺跡発掘調査報告書』青森県埋蔵文化財調査報告書第 88 集

青森県教育委員会　1993『家ノ前遺跡・幸畑 (7) 遺跡 II』青森県埋蔵文化財調査報告書第 148 集

青森県教育委員会　1994『家ノ前遺跡 II・鷹架遺跡 II』青森県埋蔵文化財調査報告書第 160 集

秋田県教育委員会　1988『一般国道 7 号八竜能代道路建設事業に係る埋蔵文化財発掘調査報告書 I　寒川 I 遺跡　寒川 II 遺跡』秋田県文化財調査報告書第 167 集

秋田市教育委員会　1987『地蔵田 B 遺跡』

石巻市教育委員会　2003『新金沼遺跡』石巻市文化財調査報告書第 11 集

岡本孝之　1974「東日本先史時代末期の評価 (4)」『考古学ジャーナル』101 号　18-23 頁　ニュー・サイエンス社

岡本孝之　1994「東北大森文化続期論序説」『神奈川考古』30 号　43-56 頁　神奈川考古同人会

木村　高　1996「青森市玉清水 (1) 遺跡出土の後北式土器」『青森県考古学』9 号　7-14 頁　青森県考古学会

工藤竹久　1987「東北北部における亀ヶ岡式土器の終末」『考古学雑誌』72 巻 4 号　39-68 頁　日本考古学会

工藤竹久　1999「第 5 章　大平 4 遺跡発掘調査報告書」『東通村史』181-236 頁　東

通村

工藤雅樹　2000『古代蝦夷』吉川弘文館

熊木俊朗　2001「第三節　後北C_2・D式土器の展開と地域差」『トコロチャシ跡遺跡』176-217頁　東京大学大学院社会系研究科考古学研究室

札幌市教育委員会　1987『K135遺跡』札幌市文化財調査報告書XXX

佐原　真　1975「農業の開始と階級社会の形成」『岩波講座日本歴史』1巻114-182頁

白老町教育委員会　1980『アヨロ遺跡』

鈴木　信　1998「黒層の土器について」『ユカンボシC15遺跡(1)』329-339頁　北海道埋蔵文化財センター

瀬棚町教育委員会　1983『瀬棚南川』

高瀬克範　2004『本種島東北部の弥生社会誌』六一書房

滝沢村教育委員会　2008『仏沢Ⅲ遺跡』滝沢村埋蔵文化財センター調査報告書第3集

チャイルド,V.　1956〔近藤義郎・木村祀子訳(1969)〕『考古学とは何か』岩波新書

東京大学大学院人文社会系研究科考古学研究室　2001『トコロチャシ跡遺跡』

冨樫泰時　1985『日本の古代遺跡　秋田』保育社

七飯町教育委員会　2000『桜町遺跡発掘調査報告書』

野田村教育委員会　1987『古館山』

弘前市教育委員会　1991『砂沢遺跡発掘調査報告書　本文編』

松本建速　1998「大洞A'式土器を作った人々と砂沢式土器を作った人々」『北方の考古学』225-251頁　野村崇先生還暦記念論集刊行会

松本建速　2013「本州東北部にアイヌ語系地名を残したのは誰か」『考古学研究』60巻1号　55-75頁　考古学研究会

松本建速　2014「考古学からみた東北北部と蝦夷」『青森県考古学』153-176頁　青森県考古学会

山内清男　1933(1939年註追加)『日本遠古の文化』1997年復刻『先史考古学論文集(1)』所収　3-46頁　示人社

レヴィ=ストロース　1967〔福井和美訳(2000)〕『親族の基本構造』青弓社

記念講演

大森と弥生
― 文化関係論の展望 ―

岡本孝之

1　はじめに

　私にとっての久ヶ原・弥生町論（岡本 1974・1976・1979）は、大森・弥生論の一つの顕在化であって、編年論にとどまるものではなかった。同時期（5年後）に私だけでなく複数の研究者（滝沢・星 1979）が指摘しているので必然の成果でもあったといえるが、大森（縄文土器）文化と弥生文化を時間的だけでなく地域的にも対立的に理解することにおいて、他の研究者との相違があった。

2　縄文土器研究と弥生土器研究の隙間

　縄文土器の終末と弥生土器の開始については、山内清男の縄文土器文化同時終末論（すなわち、弥生時代同時開始論）（山内 1930・1932）と杉原荘介の弥生文化の階段状（荘介段）開始論（杉原 1955・1959）があった。清水潤三の縄文時代終末中世論（清水 1961）もまだ生きながらえていた。私はすべてを否定する。

　東北・北海道の縄文土器時代晩期以後の評価が問題となる。縄文土器文化の終末を列島でほぼ同時として北海道に続縄文時代を設定したことは大きな誤である。弥生文化の過大な評価の反動といえる。社会体制は同じであるのだからその続期と位置づけるべきであるとした。これはアイヌの問題にも関連する。北海道大学アイヌ・先住民研究センターでの講演会でマンローの話をした際に主催者に勧められて関係論を話したことがある（岡本 2008c）。

　九州、西日本の評価は、九州の前期・中期並行期は曽畑・阿高文化とし、

西日本晩期並行期は、三万田文化とした。2012 年に九州縄文研究会（岡本 2012）で再論した。土器文化だけでなく、呪術石器の相違に注目した。

沖縄の評価（岡本 1998b ほか）については、沖縄考古学会と知名定順さんから「東日本からみた九州・沖縄の石器時代文化」を発表してほしいという要請を受けて、沖縄国際大学で開かれた日本考古学協会（私は会員ではない）で発表し、宜野座村前原遺跡の発掘調査を手伝った（岡本 1999e）。また伊江島型石斧論を沖縄の仲宗根求と共同で発表した（岡本ほか 2008b）。

3　宮ノ台期弥生文化論

関東での条痕文系土器、須和田式土器を宮ノ台式土器と対比してみると、大きな差異があることに気づき、宮ノ台期弥生文化を本格的弥生文化の最初として評価した。これは後に池上遺跡（さらに後に中里遺跡も）が調査されて、中里期弥生文化を本格的、本当の弥生文化の最初と改定した（岡本 1993a）。石川日出志は 2001 年に中里期を評価した（石川 2001）。

地域的には、南関東の宮ノ台式土器、東北関東の足洗式土器、西北関東の栗林式土器の鼎立があり、これらは、東北の大森文化続期、中部高地の栗林文化、東海からの弥生文化に連なり、南関東に弥生文化の領域的限界があると認識した。そして、後期になっても久ヶ原式、弥生町式は南関東から拡大せず停滞したと理解した。停滞したからこそ多様な克服方法が模索され、多様な後期土器文化が生まれたと考えた。

久ヶ原と弥生町を直線的に考える杉原荘介の編年論を批判することになった。二つの土器様式は文様構成において、沈線区画の有無の違いだけであり、沈線区画は縄文土器の系譜とした。縄文はどちらにもあるが区画の有無に注目したのである。区画のない弥生町は西日本系の文様（流水文）の系譜と考えた。系譜上の差異に気づき、沈線区画のある久ヶ原を大森系、縄文帯だけの弥生町を弥生系と判断した。

環壕、方形周溝墓の分布（第 4 図 1）の限界も指摘したが、これは以後 40 年を経過しても変わらないことが重要である。秋田県地蔵田遺跡の柵列は大森時代晩期以前からの系譜が明らかにされ、環壕とは区別される遺構である

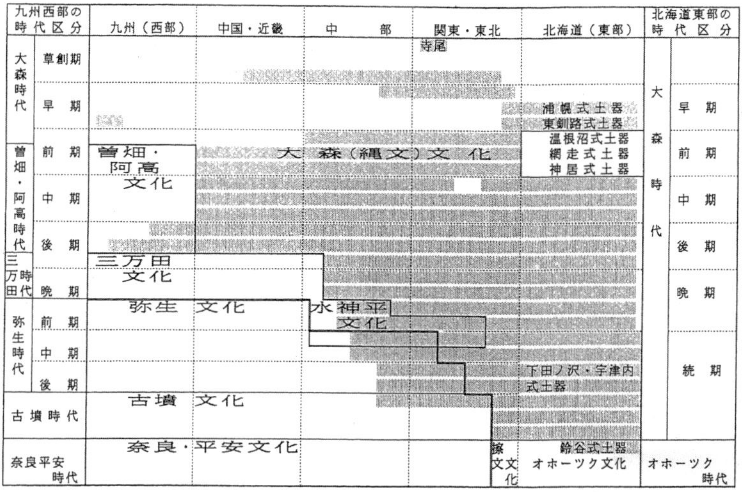

記念講演　大森と弥生―文化関係論の展望―（岡本）

第1図　沖縄・九州・本州の石器時代文化区分と縄文土器の範囲（岡本1990）

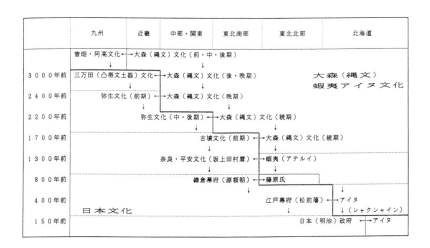

第2図　大森文化と日本文化の関係（岡本1991）

[1]。群馬県安中市注連引原遺跡も弥生前期の環壕として取上げられたが、その後の発掘で古代の牧に関連する遺構と判断された。そして、古墳時代前期になると東北中部まで拡大（第1・2図）することが重要である。

関東の3文化（南部・宮ノ台文化、西北部・竜見町文化、東北部・足洗文化）は、本州の3文化（第4図1）と一致する。東海系弥生文化と、栗林系弥生文化と東北・北海道の大森文化である。関東は大森文化と弥生文化の境界が凝縮しているのである。

南関東弥生文化限界論（第4図1・2・3）であり、茨城以北を大森文化続期（第1・2図）とみるのである。

4　研究会

明治大学の熊野正也・星龍象から呼びかけられて研究会をともにし、佐倉市大崎台遺跡、中野区平和の森公園遺跡などを案内された。3回目は岡本の番として大浦山遺跡を案内しようかと考えていたが、会は中断した。また、滝沢浩も自宅に訪ねてこられて意見交換をしたことがあった。滝沢は渡辺誠の同志で、二人の議論の場に同席したこともあった。また、滝沢、熊野は私が高校生の時参加した加曾利貝塚の発掘で一緒した。

5　呪術石器の集成

1990年代の半ばごろから、大森文化の呪術石器の集成を開始した。いわゆる有角石器を足洗型石斧（当初は足洗型石器）として集成し、環状石斧、多頭石斧、独鈷石などの集成へと拡大し、西馬音内型石斧（岡本1997）、桜ヶ丘型石器（九州）（岡本1998c）などを見出した。

足洗型石斧（有角石斧）の研究（岡本1999a）（第4図5）で、有角式石剣は弥生石剣を歪んで受容したという森本六爾説（森本1930）に反対した。白川型石斧（独鈷石）の型式変化とし、縄文土器文化の所産と考えた。本来は利根川以北の茨城県、福島県、宮城県で生まれたもので、南関東には搬入されたものであり、その契機は戦争行為もあるとした。戦争も文化交流の一形態である。

記念講演　大森と弥生―文化関係論の展望―（岡本）

	九州	中四国	近畿	中部	関東	東北	北海道	
草創期								草創期
早期前半	◎	◎		◎	◎	◎		早期前半
早期後半	◎					◎	◎	早期後半
前期				◎		◎		前期
中期				◎		◎		中期
後期		◎				◎		後期
三万田文化				◎	◎	◎	◎	晩期
弥生前期				◎	◎	◎	◎	
中期	◎	◎	◎	◎	◎ ◎		◎	続期
後期					◎ ◎	◎		

第 3 図　橋場型石斧の分布地域と時期（岡本 2001）

　橋場型石斧（環状石斧、多頭石斧）の集成（第 3・4－4 図）は、関東（岡本 2000）から始まり、東北と北海道（岡本 2001）、中部（岡本 2003a）、長野県（岡本 2004a）、西日本（岡本 2005a）をまとめ、青森県（岡本 2006a）で大森文化早期からあることを確認し、九州（岡本 2012b）もようやくまとめることができたが、全体の総論は完成していない。北海道・本州・九州で早期からあるが、九州では前期、中期がなく、弥生時代に再び現れる。本州では晩期終末に形式変化を示しⅣ～Ⅵ形が現れる。多頭形橋場型石斧については、沖縄での発表（岡本 1998b）を契機として、収集を開始し（岡本 1999d）、10 年後にまとめることができた（岡本 2009）。

　白川型石斧（独鈷石・独鈷状石器）の集成は、近畿（岡本 1998a）、西日本・九州（岡本 1998b）から開始した。東日本は埼玉（岡本 2004d）から始め、青森（岡本 2006b）、岩手（岡本 2008d）、静岡（岡本 2008e）、秩父（岡本 2011c）を整理したが、秋田、山形で中断している。研究史については二度まとめた（岡本 1999f・2011b）。白川型石斧は、弥生時代中期後半まで近畿～南関東にて存続し、同時期に東北では型式変化を示すことが重要である。大森文化続期を提唱する由縁である。長野も関東と同様に弥生時代まで出現する[2]。

　熊倉型石斧（岡本 2010・2011a）の集成を開始した。八幡一郎（1941・1949・

第 1 部 研究発表とコメント

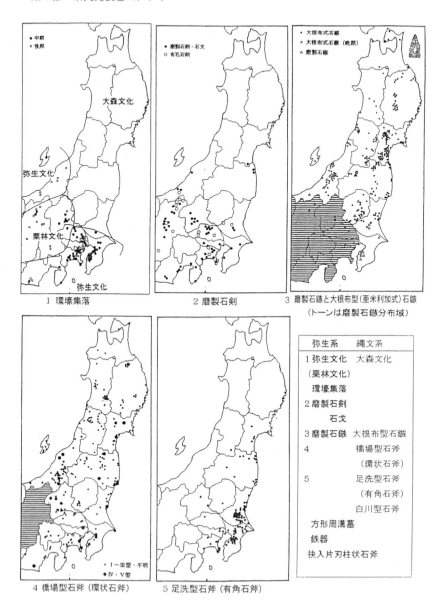

第 4 図　東日本の弥生系分布（1〜3）と大森系分布（3〜5）
（岡本 2003b・2004c・2007・2008）

1979)の鍬とする説に反対し、当初は呪術石斧としたが、熊倉型石剣と改めることにした。下端部に刃部をもつものは少なく、側面に刃部をもつことが確認されることから、石剣の仲間である。縄文早期の石器とする考察もあるが（及川良彦など）、大森・弥生境界期の石器である。

呪術石器ではないが、アメリカ式石鏃と呼ばれている石鏃を、大根布式石鏃（第4図3）（岡本 1995・2000b・2003b）として集成した。茨城県を中心とした関東にとどまっているが、東北や北陸の集成（石原・古川 1986、石原 1996、坂本 1995）を検討し、近畿例（高槻市芝生）を観察し、分布図を作成した（岡本 2003b）。名称が不適切であるため誤解されているが、アメリカインディアンの石鏃とは関係しない。晩期の飛行機鏃の形式的な変化と考えている。中村五郎（1983）の鉄鏃を模したとする説にも反対する。鈴木素行（2013）はこの石鏃を威信財としたが、それにも反対する。大森文化の大根布式石鏃と弥生文化の磨製石鏃が対比できると考える。その後横浜市でも類例が発見された（山田・古屋 2010）[3]。

6 弥生文化領域論

本州の弥生文化は千葉・群馬、新潟を限界とする。当該期の本州と九州の全域を一元的、統一的には理解できないとするものである。

これは敗戦期に接触式文化を弥生文化に取り込んだ誤りと考えている。設楽（2000・2014）の縄文系弥生文化論は戦後弥生文化観の改良であり、成立しない[4]。

環壕集落、方形周溝墓の分布（第4図1）が、弥生文化の広がりを示しているのである。今回のシンポジウムでの鉄器（杉山和徳）、ガラス製品（斎藤あや）、青銅器（楠恵美子）の分布と一致し、石戈・磨製石剣、磨製石鏃などの分布と一致するのである。注意すべきは、主要分布域と派生的分布域の認識である。東北の散発的分布を、一括りにするのか、量的分布域を見極めるのかの違いである。新潟県村上市山元遺跡の環壕や福島県湯川町桜町遺跡の方形周溝墓もこのような関係で理解できるのではないか。

第Ⅰ部　研究発表とコメント

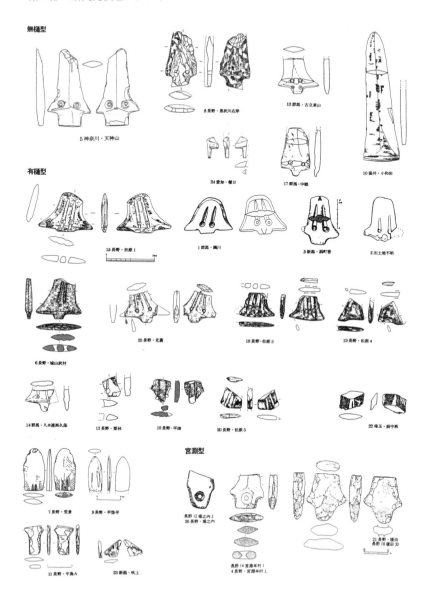

第5図　東日本石戈　（縮尺8／1）
無樋型・上2段、有樋型・中3段、宮淵型・右下3点、その他・左下4点

記念講演　大森と弥生─文化関係論の展望─（岡本）

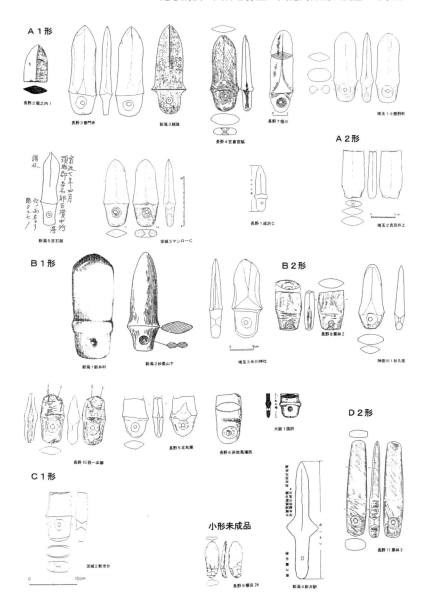

第6図　吉石型石剣（岡本2014）（縮尺8／1）
A1形、A2形、B1形、B2形、C1形、D2形、小形未製品

第 I 部　研究発表とコメント

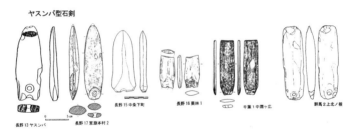

第 7 図　ヤスンバ型石剣　（縮尺 8 / 1）

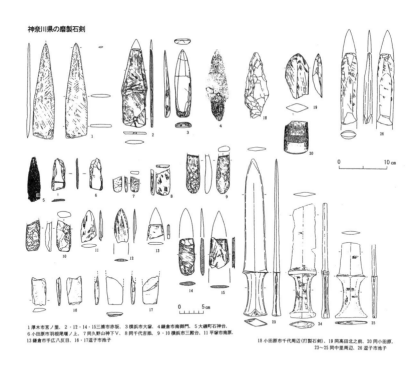

第 8 図　神奈川県の磨製石剣（岡本 2007）（縮尺 8 / 1、4 南御門は概略）

7 弥生文化における縄文的要素の意味

　山内清男（1932）が最初に指摘し、佐原真（1975）が整理した弥生文化の三要素論は、大森文化側から見直すと重大な事実に気づかされる（岡本 2012b）。「桃と栗」『異貌 13』（岡本 1993b）で中部・関東、「東北大森文化続期論序説」『神奈川考古 30』（岡本 1994）で東北を検討して両地域での相違を確認し、『平塚市史』（岡本 1999c）、『大磯町史』（岡本 2007）、『大地に刻まれた藤沢の歴史Ⅲ』（岡本 2011d）などで検討してきた。

　弥生文化は、基本的には朝鮮系文化に日本列島的改良（在地的要素は大森文化だけではない）が加えられたものであり、縄文的要素を消し去るための時間・期間が弥生時代である（岡本 2012b）。古墳時代前期に土器から縄文が消え、白川型石斧、石棒、土偶も消える。基本的には大森文化の要素は古墳時代に消える。三要素論はまやかしであり、再検討すべきだ。

　大森呪術石器の弥生石器の武器・利器への改変（岡本 1996a・d）という現象を理解すべきである[5]。

8 小田原市天神山石戈の再発見（第5図5）

　小田原の石戈の再発見（岡本 2006c・2007・2014a・c）を契機として、石戈などを再検討することにした。関東における九州系遺物の初発見（新潟、長野よりも前）である。発見は 1940 年 3 月であり、新聞報道を受けて、雑誌『考古学』11－5 の会員短信欄にも掲載されたが、研究者の検討に至らず、出土地不明（杉原 1956）で恐らくは九州と推定されていたものである（乙益 1960）。これは『考古学』と 1940 年新聞記事を再確認しなかったことの誤りである。74 年の空白があり、杉原荘介・乙益重隆・岡本勇・神沢勇一の責任とみる。杉原と乙益は『考古学』の短信欄を見ていたはずであり、検討できた。岡本や神沢は神奈川県民であり、小田原市立図書館で探せたはずであるからだ。長野県の藤沢宗平 1973 は神奈川県の石戈について触れていた。1940 年代の内田某も『日本青銅器時代遺跡地名表』（国会図書館本）に書込みをしていた。私自身が記事を確認したのは神奈川の研究史を点検した

2006 年であり、明治大学にある資料と一致することに気付いたのは 2013 年である[6]。

弥生文化は武器で守られていた。関東には、武器を携行して登場したことを示す。石戈のほかに、磨製石剣類は、中部・関東で 200 本以上確認される（第 4 図 2）。長野県で 40 本以上あるほか、愛知、静岡、神奈川県で多い。分布は南関東、北陸の新潟県までであり、宮城・福島・茨城県例は派生的分布と理解する。磨製石剣（第 4 図 2）は、神奈川（岡本 1999c・2007）（第 8 図）、埼玉（岡本 2004b）、茨城（岡本 2003b）で集成した。

磨製石鏃の分布も基本的には一致する（第 4 図 3）。神奈川の集成をした（岡本 1999b）。埼玉（村松篤 2001・2007）、山梨（村松佳 2001）の集成があり、関東のあり方を及川良彦がまとめたが（及川 2002）、分布の状況は関俊彦 1965 以来変わらないことが重要である。大森文化の牙鏃と対比すべきでない。

石戈（26 本）（第 5・9 図）の分類は、無樋型、有樋型の二者に大別され、後者と吉石型石剣との中間的形態としての宮淵型石戈を位置づける。また、完形品出土地域と破片出土地域が区別され、後者は再生品出土地域と重なる。

吉石型石剣（有孔石剣・25 本）（第 6・9 図）は、長野県北部を中心とした独自の石剣文化として理解する。それであるからこそ磨製石剣との中間的形態としてのヤスンバ型が生まれるのである。吉石型石剣の分類は、剣部の横断面形態（A〜D）と節状隆起形態（1・2）に注目するが、A1 形とB1 形が主体である（岡本 2014b）。

9　東日本における弥生石製武器と大森呪術石器（第 4 図、第 1 表）

これを検討すべきであると考える。西日本に中心をもち、その系譜下にある石製武器群（磨製石剣、石戈、磨製石鏃など）が中部・関東（東北部を除く）に分布する。これに対して、東日本に中心があり、大森文化の系譜下にある呪術石器（白川型石斧、橋場型石斧など、熊倉型石剣）が広域に分布する。東北、関東、中部と近畿以西にも分布する。東日本で狭域分布を示す石器に吉石型石剣（長野県北部）、足洗型石斧（茨城県）がある。

記念講演　大森と弥生―文化関係論の展望―（岡本）

第1表　東日本石戈などの属性対比表

	採集状況	残存状況	遺跡	分布		中心	遠隔地出土
石戈	発掘	破片	集落	西日本	近畿・中部・関東	福岡	
磨製石剣	発掘	完形・破片	集落	西日本	近畿・中部・関東		宮城、福島
磨製石鏃	採集・発掘	完形・破片	集落・単独	西日本	近畿・中部・関東		山形？
吉石型石剣（有孔石剣）	採集・発掘	完形・大形破片	単独・集落	東日本	中部・関東	長野北部	大阪？
熊倉型石剣（註） 岡本2010・2011	発掘・採集	完形	集落・単独	東日本	中部・関東・東北		鹿児島
多頭形橄欖型石斧 岡本2009	採集	完形	単独	東日本	中部・関東・東北	岐阜、長野	
IV〜VI形円形橄欖型石斧	採集	完形	単独	東日本	中部・関東・東北		
足洗型石斧（茨城県以北） 岡本1999	採集	完形	単独	東日本	関東・東北	茨城	群馬、長野？
足洗型石斧（千葉県以南） 岡本1999	発掘	完形・破片	集落	東日本	関東・東北		

（註）　熊倉型石斧（磨製有孔石鍬）を改める

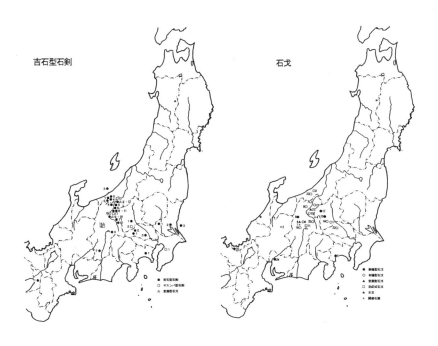

第9図　東日本の石戈・吉石型石剣分布図

10　吉石型石器の系譜論批判（第10図、第2表）

　西日本の磨製石剣や石戈の系譜を主張する春成秀爾（1997）、関沢聡（2008）、馬場伸一郎（2008）、石川日出志（2009）、小林青樹（2013）の想定は、森本（1930）の焼き直しであり、高橋健自（1923・1925）に遡る。森本（1930）は、大陸・弥生の磨製石剣文化の中に位置づけ、変形鉄剣式石剣と命名した。

　これらに対して鳥居龍蔵（1924）は、大陸の石剣と縄文の石剣と区別して有孔石剣と命名した。第三の石剣文化の想定である。私はこれを受け継ぐ。長野県北部には石戈や磨製石剣が分布するのであるから、別の形態を生む必然性はなく、系譜が違うことを示す。私は、白川型石斧、橋場型石斧の系譜を考える（岡本1997・2014ab）。中間的形態として宮淵型石戈（第5図下段）とヤスンバ型石剣（第7図）などがある。石材について宮淵型石戈は吉石型石剣と、ヤスンバ型石剣は磨製石剣と同じであり相互の系譜がみられる（第10図）。

11　弥生武器との交換論

　武器の交換論を提案したい。吉石型石剣の分布は、長野県北部を中心とし、栗林文化にほぼ一致する。周辺の新潟県、茨城県、長野県南部、神奈川県に分布することの意味を、次のように位置づける。

　　　新潟県　　　　　北陸系弥生文化と衝突
　　　　　　　　　　（有樋型石戈・磨製石剣の交換として分布する）
　　　茨城県　　　　　東北系大森続期文化と衝突（足洗型石斧の交換）
　　　長野県南部　　　東海系弥生文化と衝突（磨製石剣の交換）
　　　神奈川県　　　　東海系弥生文化と衝突（磨製石剣・石戈の交換）

　足洗型石斧の分布は、茨城県南部を中心とし、足洗式土器文化を基本とする。周辺の関東南部や西部への分布の意味を、次のように考える。

　　　群馬・埼玉県　　栗林文化と衝突（吉石型石剣の交換）
　　　千葉・神奈川県　南関東系弥生文化と衝突（磨製石剣の交換）

　以上は、弥生文化、西日本系の石製武器の分布から見直すこともできる。

第2表 吉石型石剣と足洗型石斧の系譜の諸案

	宮淵型石戈 (宮淵本村、榎田)	吉石型石剣	足洗型石斧	
鉄剣形石剣 →		変形鉄剣式石剣 →	有角式石斧	森本1930
石戈 →		分厚い石剣 →	角の生えた石斧	坪井1960
石戈形石剣 → 石戈 →	変形鉄剣形石剣 → 変形鉄剣式石剣 →	変形鉄剣形石剣 変形鉄剣式石剣	なし	桐原1963 桐原2006
有孔石戈 →	有孔石戈 →	有孔石戈（有孔石剣）	なし	増田1968
有樋石戈→石斧化 → 無樋単孔石戈 →	無樋単孔石戈	←	有角石斧	難波1986 難波2011
石戈（有樋）→ 近畿有孔石戈 有樋石戈	変形石戈	有孔石剣	有角石器 有角石器	春成1992 春成1997 ・1999
石戈 → 無樋石戈Ⅰ類 →	石戈 → 無樋石戈Ⅱa類 →	有孔石剣（石戈説） 無樋石戈Ⅱb類	有角石器 ・ 有角石器	石川1992 石川2009
石戈 → 石戈 →	有孔石剣 → 有孔石剣 →	有孔石剣 有孔石剣	なし	関沢1994 関沢2008
中部高地型石戈 → 栗林型石戈	中部高地型石戈 →	中部高地型有孔石剣 有孔磨製石剣	有角石器 ←	両刃磨製石斧	町田1999 町田2008
銅戈形石製品 →	変形銅戈形石製品 →	変形銅戈形石製品	なし	馬場2008
石戈 九州型単孔式石戈 →	石戈 →	有孔石戈・有孔石製品	有角石器	柳田2012
戈形石製品 → 有樋系列	無樋系列A 無樋系列B	→	有角石器A ← 有角石器B	独鈷石	小林2013
銅戈形石製品 →	有孔銅戈形石製品 →	有孔石剣	→ 有角石器 ←	独鈷石	吉田2013
石戈 磨製石剣	宮淵型石戈 ヤスンパ型石剣 →	吉石型石剣	西馬音内型石斧 ← 橇場型石斧 ← 白川型石斧 足洗型石斧 ← 白川型石斧	岡本1997 岡本2014 岡本1999

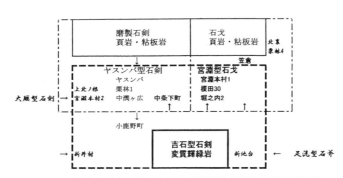

第10図 磨製石剣・石戈と吉石型石剣の関係

そして、交換あるいは交流には、戦争行為も含むと考えている[7]。

12 縄文土器文化は終末していない

縄文土器文化は終末していないと考え、大森文化続期論・新期論（第1・2図）となるのである。縄文土器文化的世界は蝦夷えみし、蝦夷えぞ、アイヌへと連続し、アイヌは世界の原住民と連帯している。弥生の系譜を引くあなたは、彼らとの敵対関係をどう解消させるのか。それが問題なのだ[8]。

歴史の4段階は、原始・古代・中世近世・近代である。あるいは、中世、近世を古代に含ませて、原始、古代、近代の3段階とすべきかと考える。古代は原始を否定して国家をつくり、近代は古代国家を否定して近代国家をつくった。否定の否定は新たな世界の創造となるはずだが、帝国主義も共産主義も失敗した。今も変化の時代にあるという認識である。

古代化（弥生～国家成立期）は、1000年間ほどの時間が必要で、1000年を維持した。近代化（明治～今）は、まだ150年を経過したにすぎない。近代化の達成まであと850年時間が必要ということになる。どのような世界が作られるのか、私は生き続けて確かめたい。

註

1) 横浜市大塚遺跡の環壕の外側に設けた柵列は、地蔵田遺跡をモデルとしており、問題がある。外土塁そのものが問題であった（岡本2004c）。岡本（1998c）で想定した外土塁は否定できるが、新潟県妙高市斐太遺跡では丘陵斜面の壕の外側に土塁があるという（滝沢規朗教示）。

2) 私のほかには岐阜北部（吉朝1987・2008）が早くの集成であり、新潟（滝沢規2001）、千葉（小沢2009～11）、栃木（山岸1990、平山1998）、東京・神奈川・富山（山岸1989・2000）、滋賀（田井中1997）などがある。秋田～福島、茨城、群馬、長野、愛知などが未整理であるが、全国の点数を集計した（岡本2006b）。宮城県を除く東北5県、東京・神奈川を除く関東4県、長野、岐阜県に多い。近年は渡辺誠が再び意欲を、小沢は研究領域を拡大する目論見を示している。なお、前中西シンポでの馬場伸一郎の発言（馬場2014のp 62は少し整理されている）は不勉強である。藤森ほか（1936）、（岡本1996e）がある。

3）横浜市中里遺跡の打製有茎石鏃（釜口ほか1971）を、大根布式石鏃としたことがあったが（岡本2008a）、茎部が長い打製石鏃であるので訂正して除外する。
4）国立歴史民俗博物館（2014）は、内輪の議論に終始し、小林青樹（2007）の壁論も含めて研究史を踏まえていない。否、ようやく表れたというべきか、多様な見解があふれてきたことを歓迎したい。
5）渡来系要素も石戈のように消えるものがある。
6）本石器については、今回のシンポジウム資料集に発表したほかに小田原市教育委員会2014『天神山周辺の原始・古代の遺跡』小田原の遺跡探訪シリーズ9に写真が掲載された。論文として神奈川県考古学会の『考古論叢神奈河』21に投稿したが、まだ刊行されていない。
7）もっと弥生の石器を整理してほしいという立花実の要請には、今回の石戈、吉石型石剣（有孔石剣）の検討で始まっていると返答したが、磨製石剣、磨製石鏃の検討（岡本1999b・2007）があり、西馬音内型石斧や足洗型石斧の検討で開始していたのである（岡本1997・1999a）。
シンポジウムでの北條芳隆は、「攻める弥生、引く縄文」と発言したが正しくない。「攻める弥生、退く縄文」である。「岡本防衛ライン」というならば、逆に「北條弥生攻撃ライン」は整ったかと反論したい。松本健速の発言は、えみしの評価であい入れないものである。
8）山内清男と森本六爾との間にある弥生文化理解の前後関係について、山内の先取権が認められて久しいが（田村1988）、国立歴史民俗博物館（2014）ではほとんど取り上げられず、逆に森本の評価を増している。それは研究結果を示したほうが勝ちだと、いわんばかりのように見える。歴博は研究成果を残せるかという危惧がある（岡本2005b）。戦前の考古学が政治状況に追随していたことは批判されるが、戦後もまた本質において同じである。これは、接触式文化を一方的に弥生文化に組み込んだことと無関係ではない。

引用・参考文献

石川日出志　2001「関東地方弥生時代中期中葉の社会変動」『駿台史学』113
石川日出志　2009「中野市柳沢遺跡・青銅器埋納坑調査の意義」『信濃』61－4
石原正敏・古川知明　1986「アメリカ式石鏃に関する一考察」『六地山遺跡』
石原正敏　1996「アメリカ式石鏃再考」『考古学と遺跡の保護』

第 I 部　研究発表とコメント

岡本孝之　1974「東日本先史時代末期の評価」『考古学ジャーナル』97〜99・101・102

岡本孝之　1976「宮ノ台期弥生文化の意義」『神奈川考古』1

岡本孝之　1979「久ヶ原・弥生町期弥生文化の諸問題」『異貌』8

岡本孝之　1990「縄文土器の範囲」『古代文化』42-5

岡本孝之　1991「杉原荘介と山内清男の相剋」『神奈川考古』27

岡本孝之　1993a「攻める弥生・退く縄文」『新版古代の日本』7　中部

岡本孝之　1993b「桃と栗」『異貌』13

岡本孝之　1994「東北大森文化続期論序説」『神奈川考古』30

岡本孝之　1995「北の矢尻・南の石鏃」『西相模考古』4

岡本孝之　1996a「弥生化を強制された石器たち」『神奈川考古』32

岡本孝之　1996b「茨城県上高崎の足洗型石器」『湘南考古学同好会々報』64

岡本孝之　1996c「足洗型石器論ノート」『西相模考古』5

岡本孝之　1996d「新しい弥生文化成立論のために」『月刊文化財発掘出土情報』159

岡本孝之　1996e「最後の白河型石器」『異貌』15

岡本孝之　1997「西馬音内型石器論」『西相模考古』6

岡本孝之　1998a「近畿出土の白河型石器とその考古学的意義」『列島の考古学』

岡本孝之　1998b「東日本からみた九州・沖縄の石器時代文化」『日本考古学協会1998年度沖縄大会発表資料』

岡本孝之　1998c「外土塁環壕集落の性格」『異貌』16

岡本孝之　1999a「足洗型石器の研究」『考古学雑誌』84-3

岡本孝之　1999b「神奈川県の磨製石鏃」『湘南考古学同好会々報』77

岡本孝之　1999c「平塚の弥生時代」『平塚市史』11 上別編考古（1）

岡本孝之　1999d「多頭石斧集成」『西相模考古』8

岡本孝之　1999e「前原遺跡と荻堂伊波文化の諸問題」『前原遺跡』

岡本孝之　1999f「遺物研究　独鈷状石器（独鈷石・白河型石器）」『縄文時代』10

岡本孝之　2000a「関東の環状石斧」『西相模考古』9

岡本孝之　2000b「関東の大根布式石鏃」『利根川』21

岡本孝之　2001「東北の橋場型石器（環状石斧）」『西相模考古』10

岡本孝之　2003a「中部の橋場型石斧」『西相模考古』12

岡本孝之　2003b「茨城県における弥生文化観の再検討―大森系呪術石斧と弥生系石

製武器―」『茨城県史研究』87

岡本孝之　2004a「長野県の橋場型石斧」『西相模考古』13

岡本孝之　2004b「埼玉県の弥生系石剣」『時空をこえた対話―三田の考古学―』

岡本孝之　2004c「南関東環壕集落の性格」『考古学ジャーナル』511

岡本孝之　2004d「埼玉県白川型石斧の再検討」『異貌』22

岡本孝之　2005a「近畿・中国・四国の橋場型石斧」『西相模考古』14

岡本孝之　2005b「相模国府研究史の諸問題」『論叢古代相模』

岡本孝之　2006a「青森県の橋場型石斧」『西相模考古』15

岡本孝之　2006b「青森県の白川型石斧」『古代』119

岡本孝之　2006c「小田原考古学の始まり」『小田原市郷土文化館調査研究報告』42

岡本孝之　2007「弥生時代」『大磯町史』10 別編考古

岡本孝之　2008a「新神奈川・新弥生論」『新神奈川・新弥生論』神奈川県考古学会

岡本孝之・仲宗根求　2008b「伊江島型石斧」『廣友会誌』4

岡本孝之　2008c「マンローの横浜時代」北海道大学アイヌ・先住民研究センターｈｐ

岡本孝之　2008d「岩手県の白川型石斧」『神奈川考古』44

岡本孝之　2008e「静岡県の白川型石斧」『西相模考古』17

岡本孝之　2009「多頭形橋場型石斧論」『西相模考古』18

岡本孝之　2010「熊倉型石斧考―磨製有孔石鍬の再検討―」『西相模考古』19

岡本孝之　2011a「熊倉型石斧考補遺」『西相模考古』20

岡本孝之　2011b「白川型石斧の考古学史―とくに名称の変遷について―」『旃檀林の考古学』

岡本孝之　2011c「秩父の白川型石斧」『埼玉考古』46

岡本孝之　2011d「弥生時代とは」『大地に刻まれた藤沢の歴史』Ⅲ

岡本孝之　2012a「東日本の呪術石器からみた九州の石器時代文化」『縄文時代における九州の精神文化』

岡本孝之　2012b「九州の橋場型石斧」『西相模考古』21

岡本孝之　2013「江戸時代の橋場型石斧」『西相模考古』22

岡本孝之　2014a「大森と弥生―その関係論の展望―」『久ヶ原・弥生町期の現在』

岡本孝之　2014b「吉石型石剣試論」『神奈川考古』50

岡本孝之（投稿中）「神奈川県の石戈」『考古論叢神奈河』21

第Ⅰ部　研究発表とコメント

小沢清男　2009〜11「千葉県の独鈷石・独鈷石形土製品」(1)〜(3)『貝塚博物館紀要』36〜38

乙益重隆　1960「武器、狩猟具、漁撈具」『世界考古学大系』2 日本Ⅱ弥生時代

及川良彦　2002「有孔磨製小形尖頭器」『研究論集』19 東京都埋蔵文化財センター

釜口幸一・佐藤安平・井上義弘　1971「横浜市港北区新吉田町中里遺跡第2次調査報告」『昭和45年度横浜市埋蔵文化財調査報告書』

楠恵美子　2014「東日本における青銅器の流通」『久ヶ原・弥生町期の現在』

国立歴史民俗博物館　2014『弥生ってなに？』

小林青樹　2007「縄文から弥生への転換」『弥生文化はどう変わるか』

小林青樹　2013「戈形の象徴性」『栃木史学』27

斎藤あや　2014「関東地方における玉類の流通と画期―ガラス小玉を中心に―」『久ヶ原・弥生町期の現在』

坂本和也　1995「アメリカ式石鏃考」『みちのく発掘』

佐原　真　1975「農業の開始と階級社会の形成」『岩波講座日本歴史』1 原始および古代1

設楽博己　2000「縄文系弥生文化の構想」『考古学研究』47－1

設楽博己　2014「農耕文化複合と弥生文化」『国立歴史民俗博物館研究報告』185

清水潤三　1961「東北地方における考古学の成果と蝦夷の種族論」『史学』33－1

杉原荘介　1955「弥生文化」『日本考古学講座』4

杉原荘介　1956「弥生式文化」『図説日本文化史大系』Ⅰ縄文・弥生・古墳時代

杉原荘介　1959『登呂遺跡』

杉山和徳　2014「東日本における鉄器の流通と社会の変革」『久ヶ原・弥生町期の現在』

鈴木素行　2013「鷹ノ巣遺跡のアメリカ式石鏃」『ひたちなか埋文だより』39

関　俊彦　1965「東日本弥生時代石器の基礎的研究（Ⅰ）―有孔磨製石鏃について―」『立正大学文学部論叢』21

関沢　聡　2008「弥生時代の争いと祈り」『平出博物館ノート』22

田井中洋介　1997「弥生社会からみた独鈷石」『紀要』10　滋賀県文化財保護協会

高橋健自　1923「銅鉾銅剣考2」『考古学雑誌』13－6

高橋健自　1925『銅鉾銅剣の研究』

滝沢　浩・星　龍象　1979『赤塚氷川神社北方遺跡』板橋区教育委員会

滝沢規朗　2001「新潟県の独鈷状石器」『新潟考古』12
田村晃一　1988「山内清男論」『弥生文化の研究』10 研究の歩み
鳥居龍蔵　1924『諏訪史』1
中村五郎　1983「東北中・南部と新潟」『三世紀の考古学』下
馬場伸一郎　2008「武器形石製品と弥生中期栗林式文化」『「赤い土器」のクニの考古学』
馬場伸一郎　2014「シンポジウム討論記録」『熊谷市前中西遺跡を語る』
春成秀爾　1997「祭りからみた弥生時代の東西」『歴史街道』10 月号
平山紋子　1998「栃木県内出土の独鈷状石器集成」『栃木県考古学会誌』19
藤沢宗平　1973『東筑摩郡・松本市・塩尻市郷土誌』2 上
藤森栄一・神田五六　1936「弥生式遺跡出土の両頭石斧」『考古学』7－10
村松　篤　2001「埼玉の磨製石鏃」『埼玉考古』36
村松　篤　2007「弥生時代の石鏃」『埼玉の弥生時代』
村松佳幸　2001「山梨県出土の磨製石鏃」『立命館大学考古学論集』II
森本六爾　1930「関東有角石器の考古学的位置」『考古学』1－1
八幡一郎　1941「石鍬」『考古学雑誌』31－3（1979『八幡一郎著作集』3 所収）
八幡一郎　1949「石器二題　石鍬」『人文学舎報』5（1979『八幡一郎著作集』1 所収）
八幡一郎　1979『八幡一郎著作集』1
山岸良二　1989「南関東の「独鈷石」」『東京考古』7
山岸良二　1990「北関東の「独鈷石」概観」『東国史論』5
山岸良二　2000「越の「独鈷石」考（其一）」『原始・古代の日本海文化』
山田光洋・古屋紀之　2010「横浜市港北区新吉田東出土の表採資料」『利根川』32
山内清男　1930「所謂亀ヶ岡式土器の分布と縄紋式土器の終末」『考古学』1－3（1967『山内清男・先史考古学論文集』1、1997『先史考古学論文集（一）』）
山内清男　1932「日本遠古之文化」『ドルメン』1－8・9（1939 補注付新版、1967『山内清男・先史考古学論文集』3、1997『先史考古学論文集（一）』）
吉朝則富　1987「独鈷石集成」『飛騨の考古学遺物集成』II
吉朝則富　2008「飛騨の独鈷石について」『飛騨紀』平成 20 年度

総括と今後の展望
―半世紀の軌跡に呼応して―

比田井 克仁

1 はじめに

シンポジウム「久ヶ原・弥生町期の現在―相模湾／東京湾の弥生後期の様相―」では、略半世紀前の問題提示以来、紆余曲折してきた研究動向に、現時点における回答を提示できたものと考えている。

そこで、50年間の研究史の大筋を確認して、比較をすることによって今回の成果を総括し今後の課題を確認する。

2 これまでの久ヶ原・弥生町式問題の研究

今から半世紀以上前、南関東の弥生時代中期後半から後期の土器編年は「宮ノ台式→久ヶ原式→弥生町式→前野町式」と連続するものとして捉えられ、これに基づいた研究が進められていた。菊地義次氏による緻密な型式編年と細分化はこの頃の代表的な研究といえよう（菊池1974）。

そういった中、40年前の1974年、岡本孝之氏により久ヶ原式・弥生町式は縄文土器文化と弥生土器文化の対立構造の中で現れたもので一系的な連続性を有するものではないというセンセーショナルな提言がなされたのである（岡本1974）。その後、岡本氏は論を重ねていった。

そのような折、1979年に滝澤　浩氏により久ヶ原式と弥生町式が共伴することが指摘され、型式学的な再編成の必要が示された。この頃からにわかに論議が沸騰しはじめたのである（滝澤1979）。

一方、古墳時代の側からは1976年「纒向遺跡」の報告書の刊行により、畿内と各地の土器との関係が検討され、南関東地方では「前野町式」が「纒

向3式」に併行することが示された（石野・関川1976）。そして、庄内式の位置づけにも関連するが、前野町式は弥生時代後期後葉ではなく古墳時代初頭のものとする考え方が出はじめた。前野町式の構成器種とされる小型器台の帰属から、これは現在共通認識となっている。

　1981年筆者は、従来の久ヶ原式・弥生町式を連続するものとはとらえず、両者の甕の変遷とされていた輪積痕甕→刷毛調整甕は型式差ではなく分布・系統を異にし後期全体を通して別々に展開するものと考えた。そして、輪積痕甕＝東京湾東岸、刷毛調整甕＝相模・大宮台地、両者の共存＝東京湾西岸・武蔵野台地という構図を示した（比田井1981）。

　これらの結果「久ヶ原式→弥生町式→前野町式」は弥生時代後期の時間軸と古墳時代のはじまりの二つの問題を内包するかたちで再検討・再構築の時代に突入するのである。以後、百花繚乱の中、主だった成果を挙げてみる。

　相模では1987年西相模考古学会（西相模考古学研究会の前身）により、秦野市根丸島遺跡・海老名市本郷遺跡・平塚市向原遺跡・平塚市王子ノ台遺跡・厚木市子ノ神遺跡の関係者間で各遺跡の編年研究のつきあわせを図り、資料集を加えた「西相模の土器」が刊行された（西相模考古学会1987）。この折、東海西部系外来土器の存在が相互確認されたが分析されるまでに至らず、課題として残された。それは後の2001年シンポジウム「弥生時代の人の移動〜相模湾から考える〜」に結実している（西相模考古学会2001）。

　輪積痕甕分布圏である東京湾東岸では1984年の大村　直・菊池健一氏や1996年の君津郡市文化財センターの編年研究（大村・菊池1984、（財）君津郡市文化財センター1996）などを経て2004年大村　直氏により「久ヶ原式→山田橋式」の設定が示された（大村2004ab）。以後、それに沿った形で検討が進められるようになり、一応の決着を見ている。

　1999年筆者は、輪積痕甕・刷毛調整甕、両者の共存地域の東京湾西岸地域で久ヶ原式に続く様相について南武蔵様式と括りその成立過程を検討、南武蔵北部東京地域について、すでに発表していた編年案に即して「Ⅲ段階6細分案」を示した（比田井1997・1999ab）。その後、南武蔵南部横浜地域では2003年黒沢　浩氏により「二ッ池式」の提唱がなされた（黒澤2003）。同年

の「シンポジウム南関東の弥生土器」では南武蔵様式と二ッ池式について議論が交わされたが、発展性のある結果にはならなかった。その要因は、両者にとって必要な鶴見川流域の膨大な弥生後期集落遺跡の資料が未公開であったことが大きく、横浜地域の検討資料数が少ないことであった。また、このシンポジウムではもう一つ大きな進展があった。それはそれまで、南関東地域を中心にした意見交換を主にしていたが、岩鼻式・吉ヶ谷式・臼井南式など近隣地域の様相も検討に加えたことであった（シンポジウム南関東の弥生土器実行委員会 2005）。

2008年の「シンポジウム南関東の弥生後期土器を考える」はこれまでの弥生後期土器研究の「混沌から秩序への歩み」を目指すものとして、南武蔵・房総・朝光寺原式・北武蔵・下総・東京湾西岸〜相模川流域といった南関東各地の土器編年を再考し、広域的な系統・併行関係について検討した。

結果、それまで整合性が意識されなかった南関東・北関東・東関東相互の関係を探る糸口が示された（関東弥生時代研究会・埼玉弥生土器観会・八千代栗谷遺跡研究会 2009）。

以上、駆け足で半世紀を辿ってみたが、そもそも久ヶ原式・弥生町式問題は、高度成長期の発掘資料の激増により、戦前に一地域の土器を指標として組み立てられた編年が南関東全域に適用できなくなったことにはじまる。

これを見直すために行われてきた今までの取り組みは、第1に地域性（分布圏）の把握である。この点で相模は他とは異なる地域性があることが古くから認識され、編年検討が早い段階に着手された。第2に東海系外来土器の検討が進められたことである。第3に各地域性（分布圏）ごとの編年研究が進行したことである。第4が北関東・中部高地・駿河といった隣接地域との整合性の確認である。第5に青銅器・鉄器などの関東への流通に対する着目である。

このように、単なる編年の再構築ばかりでなく、弥生時代全体の様々な考古学事象への関心が高まり、研究は多角的かつ立体的な思考が求められてきている。歴史学としての弥生時代研究をめざす段階がはじまったのである。

さて、今回のシンポジウムがこれらの動向にどこまで寄与できたのだろう

か、確認してみたい。

3　シンポジウムの成果

　今回、提示された問題は多肢に渡るが、大きくみれば次の3点に集約される。a．南武蔵様式の二大別分布圏の提示、b．近接地域間ネットワークの検討、c．青銅器・鉄器・玉をめぐる流通交易の視点、である。

a．南武蔵様式の二大別分布圏の提示

　古屋紀之氏により東京湾西岸の鶴見川流域、港北ニュータウン地域の土器様相が開示された。その結果、甕は輪積甕・ナデ甕に占められ、器種構成に外来的要素はほとんどないことが明らかにされた。つまり、久ヶ原式の系譜は鶴見川流域・多摩川左岸域に継承され、これを南武蔵南部様式とし、刷毛調整甕を主体とする武蔵野台地中北部は南武蔵北部様式と分けることが提示された。封印された資料開示によりそれまで不明瞭だった地域性（分布圏）が鮮明になったといえる。さらに、これに伴い前期大型前方後円墳の築造が南武蔵南部様式圏内に集約されることが明らかになったが、その要因は何故なのか今後の課題である。これにより関東地方の地域性（分布圏）把握は一応の決着を見たといってよいだろう。以上を模式化したのが第1図「関東地方弥生時代後期の地域圏模式図」である。

b．近接地域間ネットワークの検討

　シンポジウムの中で共通する観点としては、周辺地域との接触や相互関係にかかわるものであった。以下、発表者・コメンターの見解を要約する。

　相模湾岸では中嶋由紀子・池田　治氏により新資料として真田北金目遺跡群の土器変遷と相模川流域低地遺跡の内容が報告された。前者では東遠江系土器、後者では三河西遠江系土器が多く出土していることが確認された。

　朝光寺原式について、浜田晋介氏は東京湾西岸系土器が伴出しながらも折衷することなく距離を保ちながら継続していく姿に集団関係の在り方を示し、渡辺務氏は両者の関係の背後に物流・交易の視点を模索する。

　柿沼幹夫氏による東京湾西岸の岩鼻式・吉ヶ谷式との伴出事例からの併行関係の検証は編年研究ばかりでなく近接地域間交流をも示唆するものである。

総括と今後の展望（比田井）

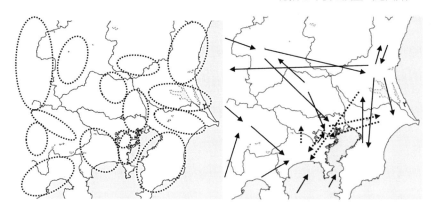

第1図　関東地方弥生時代後期の　　第2図　近接地間ネットワーク模式図
　　　　地域圏模式図

　小橋健司氏は久ヶ原式・山田橋式の分布圏について検討し、山田橋1式の段階に北方向に拡大し、臼井南式との接触点を八千代市域に求める。轟　直行氏はこの地域に認められる南関東系土器に複数系統の存在を指摘する。
　鈴木素行・稲田健一氏による十王台式土器の動きも刺激的である。地元、久慈川と那珂川南北間相互の動き、西方、上野・樽式分布圏への動き、南方、上総・山田橋式分布圏への動き、そしてその目的は鉄器の入手と仮定する。
　鈴木氏は一方、樽式から東方、常陸・十王台式分布圏への動き、山田橋式から北方、常陸・根鹿北式分布圏への動きを考える。この他、樽式の動きについては深澤敦仁氏により北武蔵・吉ケ谷式相互の交流が指摘されている。
　中部高地では甲斐が面白い、稲垣自由氏により、盆地内で箱清水式系分布圏と菊川式系分布圏の対峙する中、前者から富士五湖あたりを経て相模へ至る道が示された。これは、相模湾西部地域で中部高地系の土器が確認されていることに対する甲斐側からの回答である。
　少し時期が降りるが東北では、会津盆地桜町遺跡で、樽式・八幡台式・北陸系土器が天王山式のもとに集合する。青山博樹氏いわく「ちまた」が形成されている。そうすると関東は「ちまた」だらけなのであろうか。
　以上のように、後期中葉から小様式圏の近接地域同士の動きが活性化され、関東ネットワークを形成していることがより鮮明になった点に、今回の大き

223

な成果を見ることができる。これらを模式化すると第2図のようになる。

　ところで、各地で展開する動きがどのような要因によるものなのであろうか。興味深い視点として小橋氏の報告による気候変動の問題がある。1〜2世紀の気候変動には紀元1世紀前半の寒冷期→温暖化、2世紀後半の冷涼湿潤→回復という波があり、印旛沼周辺では宮ノ台式の後に北関東から櫛描文土器群が南下してくるが(大崎台式か・筆者)、南関東のように久ヶ原式には移行しない。その後、久ヶ原式を継承する上総の山田橋1式が北上するという現象は、この波に重ねて考えられることを指摘している。

　気候変動が人類に与える影響について文化の断絶や人の動態にどのくらい作用するのかさらなる検討が必要であるが、傾聴すべきものと考えている。

c．青銅器・鉄器・玉をめぐる流通交易の視点

　東日本の青銅器は、楠惠美子氏により内陸は銅剣・銅戈・銅鐸など西日本的共同体祭祀、太平洋側は銅釧・銅環・小銅鐸など個人的な装身具を主とする違いがあることが示され、その波及ルートは内陸部では天竜川北上・千曲川南下といった南北ルート、関東へは、西日本から太平洋沿岸東西ルートが想定されている。

　鉄器について杉山和徳氏は、後期中頃の関東地方は日本海沿岸部⇔信濃川⇔千曲川⇔利根川⇔荒川⇔太平洋沿岸部あるいは日本海沿岸部⇔信濃川⇔千曲川⇔天竜川⇔太平洋沿岸といったルートを経た積極的な入手をすると想定する。そして2・3期（弥生後期中〜後）の網の目のような広がりに対して4期（後期末〜古墳前）には中部高地で鉄器が激減する現象を指摘する。このことに対して豊島直博氏は鉄剣の波及に太平洋側の流通経路を評価する必要があると述べる。土屋了介氏は後期中葉から神奈川県域〜東京都域に小型鉄器の生産がはじまり、素材は東海地方を介しているとする。

　ガラス玉について斎藤あや氏は淡青色と紺色のものは大きくは前後の関係にあり、その流通は、天竜川北上・日本海側南下と、太平洋側では東京湾から荒川北上という動きを提示する。

　以上のことにより青銅器・鉄器・玉の東日本への波及はほぼ同じ流通経路が考えられることから、鉄剣・螺旋状鉄釧・帯状銅釧・ガラス玉をセットと

して特定コアから拡散するという、北条芳隆氏の指摘も興味深い。

4 まとめ―展望と課題―

　50年の経過で示した、下記の五つの課題に対して、今回どのような回答を示せたかまとめることとする。

　　第1：地域性（分布圏）の把握
　　第2：東海系外来土器の検討
　　第3：各地域性（分布圏）ごとの編年研究
　　第4：隣接地域との整合性の確認
　　第5：に青銅器・鉄器・玉の流通に対する着目

　五つのテーマのうち第1～3については今回の成果として、一定の落ち着きをみせたものと評価したい（第1図　関東地方弥生時代後期の地域圏模式図、巻末編年併行関係表参照）。第4については、単なる整合性の枠を超えて、地域間ネットワークの構築とその要因に踏み込んだのは最大の成果といえよう（第2図　近接地間ネットワーク模式図参照）。第5は、青銅器・鉄器・玉が多分に威信財・祭祀の役割をもつことと、農具は集落内の集中管理が必要なことなどを勘案すると、単なる流通経路ばかりではなく、関東内の生産遺跡の分析も含めて課題は残されていると考える。

　また、今まで集中的な検討がなされてこなかった大きなテーマとして、墳墓論・集落論が挙げられ、今後、検討を深めていくことが必要な課題である。

　さて、今回の発表にはテーマの「久ヶ原・弥生町期の現在―相模湾／東京湾の弥生後期の様相―」に加えて古墳時代前期までを射程においた内容が認められた。最後にこの点に触れておきたい。まず、外来土器の点では後期の三河・西遠江・東遠江の流入と叩き調整甕、S字A・B類甕、北陸系、近江系甕、廻間Ⅱ式諸器種の波及とは時期的な隙間が認められ系譜的な連続性もない。神門古墳群・高部古墳群など古墳の成立にも密接に絡むことからも後期とは違う意味を考えなくてはならないだろう。加えて、長茎短身鉄剣・ヤリの波及する4期はまさに後者の時期にオーバーラップするものと予測されるため、これも含めた考察が今後の課題となる。さらに、今回あまり触れら

れなかった鏡の問題も高尾山古墳・高部古墳群の上方作系浮彫式獣帯鏡などはその他の弥生後期の青銅器の波及と同質にすることはできないだろう。

　そして、今回の最大の検討成果である後期の地域間ネットワークが、引き続き機能するのか、新たなネットワークが生成されるのか、古墳時代前期研究にかかわる課題も大きいといえる。

　以上、総括と課題を示してみた。限られた紙面の中でもあり各発表者に対する誤謬もあろうかと思うがご寛恕いただければ幸いである。

　〔追伸〕ここ半世紀の研究を支えた、岡本孝之氏をはじめとする長老たちの果てしない情熱と好奇心、そしてたぐい稀なるエネルギーが、ともすれば惰眠しそうな我々に強烈な叱咤激励を与えて下さった。深く感謝申し上げるとともに21世紀前半を支えるのは我々若者？である。ここまできた蓄積を生かし、発展させていくことを念頭に置いて、これからも精進を進めていくことを皆で確認できればと思う次第である。

これまでの久ヶ原・弥生町式問題の研究：出典文献 （発表年代順）

菊池義次　1974「南関東後期弥生式文化概観」『大田区史』資料編考古1　大田区

岡本孝之　1974「東日本先史時代末期の評価」『考古学ジャーナル』97〜99・101・102　ニューサイエンス社

石野博信・関川尚功　1976『纒向』奈良県立橿原考古学研究所

滝澤　浩　1979『東京都板橋区赤塚氷川神社北方遺跡』板橋区教育委員会

比田井克仁　1981「古墳出現前段階の様相について－南関東地方を巨視的に－」『考古学基礎論』3　考古学談話会

大村　直・菊池健一　1984「久ヶ原式と弥生町式」『史館』第16号　史館同人

西相模考古学会　1987『西相模の土器』本文編・資料編

(財)君津郡市文化財センター　1996「君津地方における弥生後期〜古墳前期の諸相」『研究紀要』Ⅶ

比田井克仁　1997「弥生時代後期における時間軸の検討」『古代』第103号　早稲田大学考古学会

比田井克仁　1999a「弥生後期南武蔵様式の成立過程」『西相模考古』第8号　西相模

考古学研究会

比田井克仁　1999b「遺物の変遷－遺物から見た後期の社会変革」『文化財の保護』第31号　東京都教育委員会

西相模考古学研究会　2001『弥生時代のヒトの移動～相模湾から考える～』六一書房

黒澤　浩　2003「神奈川県二ッ池遺跡出土弥生土器の再検討」『明治大学博物館研究紀要』第8号　明治大学博物館

大村　直　2004a「弥生時代後期の山田橋遺跡群」『山田橋大山台遺跡』(財)市原市文化財センター

大村　直　2004b「久ヶ原式・山田橋式の構成原理」『史館』第33号　史館同人

シンポジウム南関東の弥生土器実行委員会　2005『南関東の弥生土器』六一書房

関東弥生時代研究会・埼玉弥生土器観会・八千代栗谷遺跡研究会　2009『南関東の弥生土器2』六一書房

第Ⅱ部　討論記録

シンポジウム「久ヶ原・弥生町期の現在」

　　司　会　西川修一、北條芳隆
　　発表者　中嶋由紀子、古屋紀之、小橋健司、稲田健一、
　　　　　　深澤敦仁、稲垣自由、楠恵美子、斎藤あや、
　　　　　　杉山和徳、青山博樹、岡本孝之（発表順）
　　発言者　轟　直行、柿沼幹夫、浜田晋介、渡辺　務、
　　　　　　大村　直、鈴木敏則、赤澤徳明、豊島直博、
　　　　　　大賀克彦、池田保信、寺前直人、杉山浩平、
　　　　　　立花　実、比田井克仁（発言順）

司会（西川）　では、これから三時半をメドにシンポジウムを始めたいと思います。進行は北條芳隆さんと西川が担当します。
　今回のシンポジウムでは、横浜市ふるさと歴史財団埋蔵文化財センターにおけるプレシンポジウム及びクローズの検討会を4回ほど行い、議論を深めました。そこで大きなテーマを3つ設定しました。1つ目は「弥生時代後期の土器を中心とした地域色の様相とその変革」について、2つ目は「弥生時代後期の物流とネットワークの変遷とその意義」について、3つ目は二つの議論を踏まえたうえで「古墳出現期についての展望」についてです。3番目のテーマについては、既に他のシンポジウムでも取り上げられていますし、時間も限られていますので、1番目と2番目の議論が中心となると思います。パネリストの皆さんにはこのことをお含みおきいただき、3番目のテーマについて関連する事柄については適宜ご発言下さい。また会場においでの方のご発言もいただきながら進めていきたいと思います。
　この二日間にわたって、各地域の状況について発表していただきましたが、土器編年観や様相については「一定の共通理解」が得られたと思います。その上で、土器変化の画期とその特色について、再度総括的にまとめていただ

き、未解明な点があれば、その点について補足していただきたいと思います。
　では、相模湾岸の様相についてお願いいたします。
中嶋　相模湾岸の様相ということで、昨日は真田・北金目遺跡群を中心にお話させていただきました。まず広域編年、資料集206、207ページ（本書巻末付録1）をご覧ください。この表で、共通編年の1段階、後期前葉とするか後期初頭とするかは別として、相模湾のⅤ−1の段階で久ヶ原式の古段階の住居址が確認できます。その次の段階、後期の前葉1とした段階には久ヶ原式は継続しません。代わりに東遠江の土器が流入します。純粋に「移住」と表現して良いか判断に迷いますが、土器製作技術のレベルで共通したものが入ってきます。

　次に後期中葉とした段階では、現段階では東遠江の菊川式のものだけではなくて、静岡東部の駿河の地域の土器も入り、それらの土器がⅤ−2の後期中葉にかけて「相模的」な様相として普遍化しはじめ、住居址が爆発的に増え、安定的な定着の様子が確認できます。またこの時期、方形周溝墓もかなり増加します。

　このように後期の初頭と前葉、つまり共通編年1の段階に画期があります。また次は段階3の終わりから4の初頭にかけ、また大きな変動があると理解しています。

司会（西川）　ありがとうございます。相模湾岸については、後期の初頭の資料が充実してきました。そして1期と3〜4期にかけて大きな変動があったということが明確になってきました。次に古屋さんの方で大きな画期はどのへんにあるか、集落の動向も含めて東京湾西岸の様相について、お願いします。

古屋　まず、東京湾西岸の時間軸についてですが、資料集207ページの編年表（巻末付録1）に示した通り、南武蔵南部の北川谷遺跡群の編年を使っています。北川谷編年の1、2、3、4、5、6というのが共通編年の0、1、2、3、4、5にそれぞれ対応し、一つずつズレていますので、対応関係にご注意ください。ここでは共通編年の方で申し上げます。

　東京湾西岸における後期の画期については、共通編年の方の番号で2とし

た後期中葉に菊川式系を中心とした東海東部系の影響が、昨日の発表で南武蔵北部様式とした荒川下流域を中心とする地域や八王子盆地などに流入します。この現象は、おそらく菊川式などの東海東部の故地から相模湾・東京湾岸に人口圧がかかってくるためと想像していますが、この現象に影響されるように、次の共通編年3の段階には、多摩丘陵の朝光寺原式の集団規模が次第に縮小していくというような状況があります。さらに、2の段階には、その前段階に東京湾岸に斉一性をもっていた久ヶ原式土器が、東京湾東岸の房総側では山田橋式に、西岸では南武蔵南部様式に変化する、と言ったように地域性が顕在化してきます。このような状況を見ますと、やはり共通編年で2とした後期の中葉の段階がここでは大きな画期になると理解しています。以上です。

司会（西川）　ありがとうございます。それでは小橋さん、東京湾東岸の画期ついてお願いします。

小橋　東京湾東岸も、西岸と同様に後期中葉の山田橋1式の成立段階で、土器が大きく変化します。具体的には、壺などに施文される横走縄文帯の区画が、沈線文区画から自縄結節文区画に変化する点を久ヶ原式と山田橋1式の境界としています。その変化の原因となったのが安房形と呼ばれる、東京湾の湾口部の方の土器群の壺の文様の影響です。このような考えは大村直さんが提示されて、私もそう思っています。

　その前段階、中期後半の宮ノ台式から後期初頭〜前葉の久ヶ原式に変化するときに、東京湾東岸では比較的連続的に土器が変わっていきます。その段階以降、東京湾東岸と安房形の壺に表れる土器文化圏が併存しています（平底甕／台付甕）。昨日の話で触れた通り、この時期は寒冷期にあたるイメージしていますので、各地で遺跡が激減するなか、潮だまり的に人が比較的多く残った、「核となるような地域」において、それぞれが成立したのではないかと思います。そして後期中葉段階に安房形壺の要素が北上して久ヶ原式に影響を与え、山田橋式が形成される…私はこういうイメージを持っています。

　次に終末期の中台式の成立にも大きな画期があると思います。これは外来

の北陸南西部系、東海西部系の影響が大きく関与していると考えられ、後期中葉に東京湾西岸で菊川系などの東海東部系が「外来系として影響を与えている」のに対応する状況だと思います。人が移住してきて、影響を与えているというイメージをもっています。

司会（西川） ありがとうございます。それでは稲田さん、関東東部の状況をお願いします。

稲田 資料集207ページの共通編年の図（巻末付録1）でご説明します。鈴木素行さんのご研究を参考にしながら発言させていただきます。

　まず「東中根式」の器形を引き継いで「十王台式」が成立してくるという点で一つの画期が見出せます。次に、いまだ「十王台式」1期はなかなか資料が増えませんが、「十王台式」の2期、共通編年ですと3期の後期後葉ぐらいから集落が増え始め、5期あるいは古墳時代まで継続する集落もあります。「十王台式」2期、共通編年の3期というのが、集落が増加するという点で画期となると思います。また、群馬県の樽式圏との東西交流もこの時期から活発になっていきます。

　「十王台式」4期、共通編年でもほぼ4期ですが、この時期からガラス小玉・鉄鏃・銅鏃などが、交流・交易によって「十王台式」地域に多くみられるようになります。さらに「十王台式」5期になると、「土師器」が供伴してきます。このような大きな流れがあると思っています。

司会（西川） ありがとうございます。群馬県地域の様相を深澤さんお願いします。

深澤 今回のシンポジウムの論議となる諸点について、いろいろな角度から再度検討してみました。群馬県域における大きな画期は、資料集207ページの編年表（巻末付録1）で言うと、樽式3期の中のどこかにあるのではないか？…という考え方に変わりました。今までは北関東というと、どうしても南関東と比べてやや遅れた段階、共通編年でいう4・5期ごろの東海西部の強い影響が出てくる段階が強烈な印象として映りがちです。ダイレクトに東海地方西部の動きに連動させ、この段階に画期を設けていました。

　しかし今回のシンポジウムで関東各地の樽3期併行の動きを見ますと、北

関東における樽3期のなかで、様々な歴史事象を伴った画期があると考えるようになりました。北関東における樽3期は細分していく必要があると思いはじめました。昨日も懇親会の席で埼玉の柿沼幹夫さんから「樽3期は区分した方が良いのでは…」というご意見を賜りました。私も同じ考えに傾いています。北関東における後期の画期は、その樽3期のどこかにあると思います。

司会（西川）　では、甲府盆地の状況を稲垣さんお願いします。

稲垣　甲府盆地では資料集206ページの編年表（巻末付録1）で、Ⅱ期新段階から菊川系を中心とする東海東部系土器の影響が南から流入し、それ以降、甲府盆地内で箱清水を主体とする中部高地系の地域と東海東部系を主体とするような地域に二分化される状況が見られます。共通編年で言えば2期の段階にこうした二分化現象がはじまるという点で大きな画期があると見ています。

　また、共通編年4期にあたる段階で、甲府盆地で東海西部の伊勢湾系の土器群が大きな影響を与え始め、先の二つの分布圏に関係なく盆地内に普遍的に定着してくる様相が見られます。ここにも大きな画期が認められると思います。

司会（西川）　今、土器の地域圏について一通りお話を伺いましたが、資料集206、207ページの編年表（巻末付録1）で、後期の中葉、今回の共通編年2期のあたりに大きな変動がある点は確認できたと思います。しかし、中には樽式や十王台式の分布範囲ではまたもう少し遅い段階の画期を評価する意見もありました。大きな画期である後期の中葉は、編年表をずっと左の西方に視点をずらしていきますと、この画期が、山中式の新段階や廻間式の始まりという段階に併行してくるということが確認できるかと思います。

　まずパネラーの皆さんに、各地域の土器様相を改めて整理していただき、画期について交通整理をしました。本当は、後期の始まりの問題についても論題として取り上げるべきですが、今回のシンポジウムでは時間も限定されていますので、残念ながらあえて俎上にはあげません。

　この後期初頭の問題にはふれずに、今パネラーの皆さんが取り上げていな

い地域について、会場からご発言をいただきたいと思います。下総の印旛沼・手賀沼の周辺の様相について、轟さんからお願いします。

轟 八千代市の轟直行です。これまでの皆さんのお話を聞いていると、後期中葉に一つの画期があるという点で共通していますが、この問題について述べます。資料集79ページの印旛沼周辺の図版をご覧ください。この地域に分布する臼井南式と呼ばれる土器群の中には東京湾岸、久ヶ原式系統の影響を受けた土器があって、東京湾岸との併行関係が分かります。その画期については、各研究者によって若干考え方にズレがありますが、私はあじき台遺跡の様相などを見る限り、後期中葉段階に臼井南式が成立して画期となっていると考えています。この段階はかなり遺跡数が増えますので、その点でも他の地域との連動性が認められるのではないかと思っています。

司会（西川） ありがとうございます。同じく埼玉県域の土器の様相について、柿沼さんからお話いただけますでしょうか。

柿沼 資料集207ページの編年表（巻末付録1）により、北武蔵の土器にみられる画期について話します。北武蔵では、岩鼻式3期から吉ヶ谷式1式に移るところに一つ大きな画期があり、ちょうど久ヶ原式から山田橋式に変わる時点が岩鼻式3期のなかにあると考えています。およそ東京湾岸と対応する形で、岩鼻式と吉ヶ谷式の間に画期があります。

それからやはり吉ヶ谷式2式の新しい段階になりますと、吉ヶ谷式が分布している地域内に荒川下流域系だけの土器を出土する集落が出現し、その後、吉ヶ谷式と荒川下流域系両方の土器が集落や墓で一緒に出土する状況が認められます。この吉ヶ谷2式の新しい段階は東京湾東岸の中台1式に移行する段階と併行すると思います。この段階に吉ヶ谷式土器そのものが群馬県の樽式と同様、徐々に変容・消失していく状況が認められます。

なお、先ほど深澤さんから樽式3期の細分についてお話がありましたが、私が深澤さんにそういう話しをしたのは、北武蔵との併行関係からみますと、樽式3期がかなり長い時間幅を持っていると思ったからです。編年表を訂正しながら併行関係を確認しますと、樽式1期は岩鼻式1期併行で、樽式2期が、岩鼻式2期と3期に併行します。そして樽式3期というのは吉ヶ谷式を

全部含んでいると思います。樽3期を細分した方がいいというのは、かなり長い時間を含んでいるという観点です。

司会（西川） ありがとうございます。さて、東京湾の奥の方からお話いただきましたけれども、東京湾西岸の朝光寺原式の状況について浜田さんからお願いします。

浜田 私は、資料集50ページに図（本書50頁第1図）を出しておきました。昨日・今日の話を聞いていて、おもしろいなと思いながら、いろいろ勉強させてもらいました。私は皆さんとはちょっと違った視点を持っていまして、その話をさせていただきます。

まず朝光寺原式というのは久ヶ原・弥生町とは全く異質の土器である。それが混在して出てくるところに特徴がある。誰が見ても久ヶ原・弥生町の土器と朝光寺原土器というのは区別ができます。これは皆さんご存じだと思います。このことを利用すると、実は中期末の段階では朝光寺原式土器と言われるものは、甕と壺を持っており、そのあと後期初頭から前半までやはり同じように、甕と壺を持っていて、同じ竪穴から久ヶ原・弥生町が出ています。つまり「そこに住んでいる人」は一緒に、二つの系統の土器を作っていて、使っていることなります。ところが、後期中葉から後葉の段階になるとなぜか朝光寺原式の壺だけがなくなって、甕だけが残ります。そして最終的には朝光寺原式が無くなってゆくという経過をたどります。

これをどのように理解するか。私は系統の違う土器を作る人たちが、一つの集落に一緒に住んでいる。それも一つの竪穴に一緒に住んでいたと考えます。そういう状況は弥生時代中期終末に栗林式系統を中心とした土器が関与して成立するようです。その段階が終わり、東海系の土器が席捲するようになるというような流れのなかで、画期になるのが共通編年でいう2期の後期中葉、渡辺編年の朝光寺原3式と4式の間に1つ大きな画期になると思います。土器様相はあまり変わらないが、土器組成が変わってくる。ここに一つの大きな画期がある。その後、朝光寺原式が無くなる後期後葉段階にも、大きな画期があると考えています。

司会（西川） どうもありがとうございました。次に渡辺さんから、朝光寺

原式だけではなく、県西部の中部高地系の土器の話も含めてお願いします。
渡辺 渡辺 務です。画期の問題については、私は、浜田さんが説明した段階の一つ前、私の編年の朝光寺原2式の古というところと2式新の間、この段階に画期があると思っています。最後の4式に朝光寺原式が無くなるという点は、浜田さんと同じ考え方です。朝光寺原式が安定的に発展していく前段階と考えられるのは2式の古くらいまでで、2式の新から3式のころにはかなり集落の数も増加して安定期に入りますので、その間に画期を設定したいと思います。

次に神奈川県西部で散見される中部高地系櫛描文土器群については、立花実さんがいろいろ発表しています。それによると小田原市・大磯町・平塚市など、いわゆる西相模の地域に、朝光寺原式とは「異質な櫛描文」が入ってきていることが明らかにされています。施文の特徴などからは、山梨県金の尾遺跡と共通性があるようで、稲垣さんの発表にもありましたが、資料集第5図の④のルートを通って小田原地域に入ってきているのではないかと理解します。あと中嶋さんのご発表資料にありますが、資料集17ページの「真北1段階」の1番右下、「52区SI007」の1番の土器。このような土器については、私は山梨というよりは、南信地域や諏訪周辺の影響のものと考えています。

最後に、稲垣さんの発表のなかで、駿河とか相模地域との交流が出てくるのが山梨のⅡの新段階というお話でしたけれども、相模側の小田原市域などで出ている中部高地系土器を見ると、もう一段階古くなるのではないかと推定しています。

司会（西川） 私も渡辺さんと同意見です。立花論文などによれば、神奈川県側の中部高地系土器、あるいは甲府盆地系の遺物というのはもう少し古いのはないでしょうか。後期前半、比較的古い時期の資料が目立つようです。山梨県側の状況を参考にすると、その後も継続的に交流があり、神奈川県側に甲府盆地系の遺物が来ている可能性が高いと考えています。いっぽう今のところ、甲府盆地側で相模的なものは、古い段階では確認できない。昨日と今日で、このあたりは明確になったと思います。この点において立花さんが

シンポジウム「久ヶ原・弥生町期の現在」

論文で取り上げられた、神奈川県大磯町馬場台遺跡の中部高地系の資料が、もっと注目されるべき資料と思います。

　ここまで、土器からみて各地域で大きな画期がどのあたりにあるかということを確認してきました。示し合わせたわけではありませんが、結果的に山田橋式の成立に代表される頃、後期の中葉に大きな変動が認められるようです。この点について、またはこれまでの議論を聞いて、大村さんからご意見をいただきたいと思います。

大村　まず、山田橋式成立に画期があるとするならば、私の考えでは東京湾沿岸地域における画期であって、他と連動するものではないと思っています。

　前段階の経過を少し説明します。中期後葉の宮ノ台式の段階、南関東全体に本格的な農耕集落が拡散した後、小橋さんが気候変動の話をしましたが、中期末から後期初頭に大きな変動があったようです。各地で集落が激減して、東京湾沿岸地域に集合する。こうした地域的な変動に伴い、土器が斉一的になっていくわけです。

　一方、次段階の山田橋式というのは、相模などと違って、外的な影響を受けないで安定しています。山田橋式の土器の文様、地域色は複雑になりますが、地域としては安定化しています。だからこそ、地域色が現れると私は踏んでおりますので、そうした視点から考えると、先ほど西川さんのお話にあった「山田橋の画期」という点については、他の地域と連動するかといわれれば違うと思いますし、房総にいて、山田橋式成立期に明確な画期があるということを考えたことはありません。本当は物流の方しゃべりたかったんですけど、とりあえずお返しします。

司会（西川）　どうぞ、物流についても続けてお話し下さい。

大村　今回、土器と物流の問題をどういうふうにつなげていくかという点を非常に楽しみにしております。ただ、私は、土器と物流が連動するとは考えておりません。私は、地域間の土器における影響や地域色というのは、集落の再編、定住的な移住に限定して考えています。後期の社会というのは、世代ごと、またはリーダー交代ごとに更新されるような社会だと思っていますので、メンバーシップというのは非常に稀薄であると考えています。だから

こそ、終末期などに、既存集落への定着的な移住が各地域で起こるわけです。

　一方、本日の議論を聞いていると、意外に皆さん、南関東への物流ルートについて東海系の影響を強く考えているように感じました。しかし、私は、中部高地、北関東が基幹的なルートとして機能していると思っています。それに対して土器の影響というのは圧倒的に東海地方が強いのが現実です。仮に、後期中頃に画期があったとしても、土器は中期から一貫して東海であるのに対して、磨製石器や玉類などの物流は、やはり中期から中部高地、北関東であります。後期中頃に画期があったとしても、では、それ以前はどうなのか、ということです。やはり土器の影響と、物流ルートは違うものであると考えています。

司会（西川）　ありがとうございました。今の大村さんのご発言について一つだけ、申し添えさせてください。私は山田橋式の成立により、他の周辺地域も変動したという意味で「連動」という言葉を使ったのではありません。同じような時期に、汎南関東的に大きな変動がおこっていて、その中の一つの現象として山田橋式の成立もあるのであろうかという視点です。そのような意味で「連動」という語を使いましたと…ご理解ください。大村さんは「それでも違う！」とおっしゃるかもしれませんが…（笑）。

　さて、大村さんのお話の後半で言及されていますが、本日の「鉄・ガラス・青銅製品の流通」の各発表をお聞きになって、地域発表のパネラーの皆さんに改めて一言ずつご発言いただきたいと思います。今日は玉類、青銅器、鉄器についての発表で、各地域への言及がありましたので、逆に各地域からの視点で、何か思うところありましたら、お話し願います。では相模湾岸の中嶋さんからお願いします。

中嶋　そうですね、感想めいたものになりますけれども、真田・北金目遺跡群では、住居址などから青銅製品がたくさん出ています。東海系土器の動きと青銅製品が連動していて、菊川式や駿河の土器が動いてくるときに青銅製品がいっしょに入ってくるのかなと思っていたのですが、皆さんのお話はちょっと違っているようですね。ひょっとすると連動するものではないのかなぁ…そんな感想を抱きました。

司会（西川）　古屋さん、東京湾西岸についてお願いします。

古屋　資料集 39 ページ（本書 28 頁第 5 図）をあけてください。昨日の私の発表のなかで、南武蔵の土器様式の進退と、威信財の招来のされ方が連動しているではないかという視点を示しました。先ほどの大村さんのお話とは、立ち位置がだいぶ違うなと感じました。

　東京湾西岸の状況をあらためて簡単にご説明しますと、まず後期のはじめに朝光寺原式の集団が内陸方面に広範なネットワークを持っていると考えます。そのネットワークを活用して、後期の初頭から前葉の久ヶ原式の時期には、西岸でも朝光寺原式圏内とその東隣の、のちに南部様式となる範囲とに螺旋状鉄釧が入ってくる。

　そして次段階の後期中葉には、徐々に鉄釧の分布が北部様式の方に移っていき、中葉から後葉にかけては、荒川流域に鉄釧も入ります。そのころには鉄剣も荒川流域や大宮台地に顕著に入ってくるという動きもあります。この後半のモノの動きは、北部様式圏内に東海東部から人口圧がかかってきたのではないかという、土器様相から想定される状況と連動しているように見えます。

　つまり太平洋ルート、東京湾岸経由で鉄剣が入ってくるという風に推測したわけです。今日の杉山さんと豊島さんのお話を聞いていますと、あくまでも鉄剣の長いものは信州ルートで入ってくるというお話でしたので、やはりさきほどの大村さんのお話にもあったとおり、モノによっては「土器の状況」と「物流の問題」をいったん分けて考えることも必要かと思いました。

司会（西川）　次に小橋さん、東京湾東岸の状況をよろしくお願いします。

小橋　私は、土器の動きと物流の関係について、物流のネットワークの拡大が土器の地域色に影響するといったような向きの「因果関係」はあまり無いと思っています。そうではなくて、土器が動いて、その後付けでそのルートを通ってモノが来る。この表現は、ちょっと抽象的すぎるかもしれませんので少し説明します。

　共通の編年表でいう 4 期に北陸南西部系の土器が東京湾東岸に来た推定ルートは、若狭湾から伊吹山南麓を抜けて伊勢湾を通って来る。そのルート上

にある要素、たとえば奇数孔の多孔鉄鏃、円形墓などが東京湾東岸に来ている事実があります。（集団移住の反映と見られる）土器の移動と物流には、「相関関係」があるとは思いますが、必ずしも、（非在地産物資を求めて）物流ネットワークができたから土器の地域色が発現する、という向きの因果関係ではないと思っています。

司会（西川）　わかりました。稲田さん、東関東についてお願いします。

稲田　午前中に物流の発表をされた方々の資料を見ても、茨城はほとんど物が少なくて、なかなか検討対象にならない状況です。一つだけ注目される事例を紹介します。鈴木素行さんがすでに指摘していますが、ひたちなか市鷹ノ巣遺跡の住居址からガラス小玉が57点出ています。後期前葉の「東中根式」中段階ぐらいの資料で、住居は長軸が9mの大型住居址です。鈴木さんは「屋内墓」の事例に該当すると想定しています。発掘調査の際、その想定に基づき調査を進め、住居址床面から5cm上のところで覆土掘削を止め、そこからなるべく手慣れた作業員さんに「削り出す」ように下げ、更に排土はすべて篩いました。その結果57点のガラス玉を検出できたのです。ただしベテランさんにゆっくり削りながら掘削してもらったにもかかわらず、その57点のうちの原位置で見つかったのは5点ぐらいで、50点ぐらいは「すり抜け」て、排土の篩いで見つかりました。

　鈴木さんは、茨城の弥生時代後期の墓制のほとんどが屋内墓であった場合、このように廃土を篩わなければ、副葬品として供えられたとおぼしき玉類などの「小さなモノ」は見つからないのでは？…と指摘しています。よって茨城では、現段階ではガラス小玉の「空白地帯」となっていますが、実際は見出されていないモノが多いという可能性があります。分析する際には、この点を留意したいと思います。

司会（西川）　強烈な問題意識をもって調査されているという貴重な話が聞けたと思います。ただし、篩ってないのは茨城だけではありませんので、他の地域にとっても「考えさせられる話」だと思います。是非とも我々も調査の方法のあり方について再検討し、鈴木さん等のあくなき探求心に学ばなければならないと思います。では次に深澤さんお願いします。

シンポジウム「久ヶ原・弥生町期の現在」

深澤　関東の北西部においては、共通編年3期から4期のなかで、墓制も含めて、遺跡数が増加するというようなことを昨日説明しました。今日の鉄製品や青銅製品の話を聞いていると、物流の活発化と遺跡動態が連動するのではないかと感じました。両者の影響が同じルートで来たかどうかは、また今後検証しなければいけませんが、鉄・青銅製品について、土器に反映されている集団関係が認められると思いました。それには、青山さんの指摘のあった、衢という風な考え方が興味深く感じられます。現代と弥生後期を結びつけるのは難しいですが、そうした今までと違った視点で俯瞰してみると、何か新しいものが生まれてくると感じました。

さらに群馬県ではガラス玉はよく目にする遺物ですが、今日の斎藤さんのお話を聞いていますと、ガラス玉の動きは鉄や青銅製品とは少し違うように感じました。ただし、そもそも群馬界隈では、ガラス玉をしっかりと観察・分析できる人があまりいないのかもれません。ちゃんと「観察できる人」が見ていくと、新しい歴史観が浮かび上がってくるのかもいれないなぁ…と感じました。

司会（西川）　稲垣さん、山梨県の場合はどうでしょうか。

稲垣　資料集110ページの方に図5（本書125頁第4図）として、甲府盆地の土器の地域色の動態と変化を示してあります。昨日の発表の時は、時間不足で省略しましたが、Ⅱ期の新段階以前にもこの④と書いてあったルート（甲府盆地から山中湖を抜けて足柄峠に至るルート）があったのではないかと考えています。

相模側の資料は、先ほどから話題になっております大磯の馬場台遺跡が、こちら甲府盆地の編年でいいますとⅠ期の古段階ぐらいで、古く位置づけられます。その段階に甲府盆地から相模側へ伸びていく動きは、今のところ明確には確認できません。しかし最近、ちょうどこの④のルート上に富士河口湖町の河口湖バイパス建設に伴う調査で発掘された滝沢遺跡から中部高地系櫛描文土器の破片も出土しています。山梨県側でも一段階遡る段階のものが、このルート上に出てくる可能性は十分あると考えます。

物流、特に斎藤さんと杉山さんからお話のあった玉と鉄の流通ルートが後

期前半と後半で変化するという点について、甲府盆地における北からの中部高地系の影響と南からの東海系の影響の強弱に照らし合わせると、前半は北の影響が強く、後半は南からの影響に移っていくという動きとマッチしていると思いました。

　出土したモノ自体が少なく、茨城の稲田さんもご指摘していましたが、住居址掘削で出た廃土の篩いを行うことによって、甲府盆地でも出土例を増やしていけるかも知れないと思います。土器の様式圏の変化と、ガラス製品・鉄製品などの流通ルートが関連している可能性について、色々と考えさせられました。

司会（西川）　ありがとうございました。さきほど豊島さんの話の中でも出てきた山梨県北杜市Ａ遺跡の長剣（資料集114ページ、本書127頁第5図）について、稲垣さんから少しご説明をいただけないでしょうか。この剣の年代として、南からの東海系の影響が強くなる前、つまり後期の比較的古いところでいいのでしょうか？

稲垣　頭無Ａ遺跡については、古い段階に円形周溝墓があります。その後、方形周溝墓が出現して、墓域がどんどん拡大していくと理解できます。そのように墓域が円形から方形へ再編成され、さらに比較的大型の方形周溝墓が出現する段階に、この鉄剣は位置付けられます。よって後期でも終りの方の所属年代と推定されます。

　その段階は当然、南からの東海系統の土器が主流を占めている段階ですが、その中でこうした信州ルートでもたらされたと思われる長い剣などの副葬品が出土するとは、全く予想外の発見であって、甲府盆地内でも今のところ「かなりイレギュラーな扱い」をされています。

　ただ、諏訪以南の南信地域でも、この後期の終わりごろには北信の箱清水式の影響が大きくなって南下してくるような動きが認められます。その影響は甲府盆地にはあまり超えて来ないようです。そのような状況下、このような長剣のような威信財が、ポンと入って来て、方形周溝墓に副葬されているような感じを受けます。頭無遺跡の事例は、「南と北の要素」が混ざったような様相ではないかと思っています。

シンポジウム「久ヶ原・弥生町期の現在」

司会（西川）　よくわかりました。必ずしも古い段階ではないけれども、北の要素が継続的に入り込んできている状況ですね…。このような点からも、もっと注目されるべき資料だと思います。

　既に後半の物流の方に話がシフトしています。これまでの議論では、土器の様式圏の変動と物流が関係しているのか？していないのか？ということが大きな問題として浮かび上がってきました。ところで今回取り上げた地域の西側の窓口に当たる東海地方は、そちらからもモノが関東へ来ていると思います。浜松市の鈴木敏則さんに東海地方の状況をご説明していただきたいと思います。とくに鈴木さんのフィールドの西遠江あたりの土器様式の影響、相模湾岸にも強く受けています。そのあたりの状況についても説明をお願いします。

鈴木　まず私が気になったのは、土器の併行関係です。果たしてこの共通編年の通りで良いのかということです。東海と南関東の併行関係は今後見直すべきかと思います。いずれにしても東海西部系の土器、私がいる浜松は東海西部といいましても、その一番東の端で、伊勢湾岸の大様式である山中式とか欠山式の分布域の東端に位置しています。その地域の土器が東に移動するのは山中式の中段階ぐらいからで、ちょうど同じころ、東隣りの菊川式の中段階の土器が相模湾岸や武蔵野台地あたりに影響を及ぼしているのは間違いないと思います。その段階を遡るものも少しずつ出てきておりますので、後期前葉の交流があるだろうと思います。

　大きく土器が移動して土器様式に影響を及ぼす、もしくは影響を及ぼさないまでも集落として入っていく、たとえば神崎遺跡のようなものですが、そういうものはやはり共通編年で言うと3期の始まりあたりのころになるのかなと思っています。

　それとは別にもうひとつ、私が三和町式といっています欠山式の終りと、そのあとの段階の堤町式との間に大きな画期があるわけです。私は堤町式の始まりをもって古墳時代と考えていますので、関東で言う弥生時代終末期が東海で言うところの古墳出現期に相当して、そのあたりで時代区分に齟齬をきたしてしまうのかなと思います。たぶんこの地域でもこの弥生時代と古

第Ⅱ部　討論記録

墳時代の境界にあたる、この時期をどう呼ぶかという問題があると思います。

　この辺の細かい論議は、物流の評価の問題にも大きくかかわってくるかと思いますので、各自が慎重に考えながらシンポジウムを進めていただきたいと思います。

司会（西川）　どうでしょうか、今話題になっている共通編年の2期3期あたりで、浜名湖周辺、天竜川水系で、物流の変化で目立った動きはありますか。モノの種類・出土量・人口などが増えてくるなど、様々な要素が相関するようなことがありそうですか？無さそうですか？

鈴木　伊場式の2段階から3段階にかけて、共通編年ですと2の後期の中葉になるかならないかの時期に集落が爆発的に多くなりますので、その段階でやはり人口圧が高まり、地域外にあふれ出て、移住している状況を引き起こしていると思います。また多孔銅鏃に代表されるような青銅器が渥美半島から浜名湖周辺まで濃密に分布するという状況で、それらの青銅器が土器の移動と連動するように東へ移動しているという状況もあると思います。

　集落が爆発的に多くなる段階、土器や青銅器などのモノが外に行っているというのは間違いありません。

司会（西川）
　更に西から来てくれている福井の赤澤さん、日本海側のモノの動きや地域様相の画期について、今の鈴木さんと同じような観点でお話し願います。

赤澤　日本海側では今回の共通編年の2、北陸南西部の編年で言う法仏式の初頭に大きな画期があると思います。というのは集落もこの時期に爆発的に増えますし、逆にいうとその前の段階、北陸南西部の編年の猫橋式という時期は、集落がよくわかりません。

　この画期を境にして、北陸では有段口縁土器が確立され、玉作りも活性化します。玉作りについては、さきほど杉山さんが玉の穿孔に使う錐状鉄器が大量に出てくるとおっしゃった林・藤島遺跡がこの時期ですので、この時期に鉄利器を利用した玉作りというのが一定量広まるようです。また玉作りにおける中期の技法である施溝分割技法がなくなるのも、この時期のようです。

　私は、北陸系土器が北陸の外に動き始めるのは、法仏式の時期と考えてい

ます。三河とか東京湾沿岸への動きは、ひょっとしたらこの画期に連動するかもしれません。そのあとの月影式の時期にも動いているようですが、やはり法仏式の時期に集落が爆発的に増えているのと、それに伴う外への人の移動が起きたと考えています。長野の善光寺平に出て行ったのは確実にこの時期に顕著ですし、少なくとも日本海側では、会津までつながる動きがこの時期から認められると思います。それから副葬品については、おそらく法仏式の初頭から少し遅れますが、あまり変わらない時期に鉄器の副葬が顕著になります。やはり後期中葉の法仏式の頭の画期というのは大きく評価すべきと思います。

司会（西川）　ありがとうございました。鈴木さんのおっしゃった土器編年のズレについては、まだまだ継続的に研究を進めていかなくてはいけないと思います。

　ここまでの前半は、土器分布圏の様相の変動時期と周辺地域との関連について話を進めてきました。ここで進行を北條さんと替わり、後半ではいよいよ物流や集団関係の示す意味について議論を進めていきたいと思います。それでは、北條さんお願いします。

司会（北條）　今前半の話をお聞きいただいて、あるいは私も伺いながら、2001年の小田原シンポから議論が進展した部分と煮詰まっていない部分があるような感じがしました。物流の話に入る前に、少しだけ話をさせてください。

　広域に広がる物流の動きと土器の地域色の顕在化というのが大きな目で見れば連動しているのはまず間違いない話だ、という所までは良いと思います。全体としてみて、中期末から後期初頭のところがひとつの大きな画期になり、先ほど大村さんもご指摘になられた通り、気候の大きな変動期にあたっているのだと思います。また同時にそれまでの温暖な時期の地域社会の関係が維持できなくなったようです。だから日本列島のかなり広い範囲で集団の流動化が始まるとみてよいし、この段階には鉄器が多元的なかたちで日本列島に入ってくる。その段階に土器地域色が細かい範囲で顕在化してくるようです。

そして、やがて古式土師器になる段階、また斉一化していくというような流れをつかめます。

弥生時代後期の問題というのは、物流がものすごく活性化するという方向性と、土器の地域色が同時に顕在化する方向性の両者があって、ふたつの流れを切り離すべきではないと思います。しかし相互の因果関係やその顕在化のメカニズムとは何だろうか、というところは依然として解けていないような気がします。

また 2001 年のシンポジウムから、大きく変わってきた点というのは、特にこの西相模考古学研究会がリードした分野だと思いますが、移住と入植のプロセスというのを考古学的に突き詰められるようになってきた点です。特に資料集 93 ページで鈴木素行さんが示された他地域から来た外来系と在地系の土器作りの情報が融合し、それが竪穴式住居の形態にまで影響してくるケースがあります。北海道の事例で恐縮ですが、旭川市の瀬川拓郎さんが指摘する内容と深く関わる話です。擦文文化がオホーツク文化を同化していくための戦略として、最初に女性が送り込まれて土器が変わる。次にその女性が生んだ子同士の婚姻で男が移動し住居形態が変わる、と想定しています。明快なモデルを描いていますが、それを連想させるものがあります。土器の地域色が発現する、顕在化するプロセスについて、男と女の動き、あるいは土器製作者の動きなどについて、シュミレーションしてみる必要があります。こういう視点はもっと突き詰めて検討すべき課題だと思います。

では後半の「物流の話」に入ります。私は、今お話ししたようなモデルを頭に思い浮かべながら今日の報告を聞いておりましたが、玉、青銅器、鉄器の流通の状況というのは斎藤さん、楠さん、杉山さんの三人ともお互いリンクした形で整理ができているように受け止めました。三人にそれぞれ他の方に対して質問を展開していただきたいと思います。自分の理解との共通点があれば、もちろんそれもでも良いです。相違点があれば、どこが違うのかを言及してください。では楠さんの方からお願いします。

楠　では私が担当しました青銅器の画期ということで、先ほどの話しと重複する部分もありますが、簡単にまとめてみます。この共通編年でいえば、1

シンポジウム「久ヶ原・弥生町期の現在」

と2の間、後期前葉まで中期から後期前葉までと、それ以降とで青銅器の様相はかなり変わってきていると思います。

　まず中期から後期前葉まででは、完形の大型の青銅器が非常に多いと言えます。それに関しましては西日本の強い影響のもと、もたらされていると思います。後期の中葉以降になりますと、住居祉や墓から発見される釧であるとか小銅環などの小型品が非常に多くなってきます。玉とか鉄器のあり方と似ている構造が見えてきます。午前中、青銅器は日本海側のルートでは少ないのではないかというご指摘がありましたけれど、そうではなくてやはり天竜川経由で太平洋側につながるルートと、千曲川をのぼる日本海側ルート、この二つのネットワークが重要だと思っております。

　というところで質問ですが……。今、二つのルートを挙げましたが、やはり後期中葉以降になると日本海側からより、太平洋側ルートの遺物が非常に多く感じます。それがどんどん内陸に入っていくような様相として見えると…私は思います。この点について、玉類や鉄製品では、後期中葉以降と以前では日本海側のルートと太平洋側から内陸に行くルートで、物流の強さについて、何か変動や差異のようなものがあれば教えてください。

司会（北條）　ありがとうございます。斎藤さんどうですか。発表されたルートについては、いくつか異論も出されましたが、その点を併せてお答え下さい。

斎藤　後期中葉以降の物流の変化は、玉類にもみられます。私の資料の135ページ下の第5図（本書147頁第1図）を見てください。この図は玉類のⅡ期、共通編年の2〜4期前半のガラス小玉の分布を示したものです。玉類のⅠ期には近畿北部から内陸ルートを通り、太平洋側ルートを介した西から東へのシンプルな経路が推定されますが、Ⅱ期になるとガラス小玉の出土数が増加し、流通経路は複雑化すると思います。例えば、淡青色の小玉はⅠ期からの伝世品が拡散したものと想定しましたが、新出する紺色の大型品は太平洋側ルートの東京湾岸から海路や陸路で各地域に運ばれたと考えました。周辺の出土状況から判断して、長野県の紺色の大型品も日本海側からではなく、太平洋側から北上するようなルートを想定しました。

第Ⅱ部　討論記録

司会（北條）　そうですね、たいへん注目すべき見解だと思います。その点について杉山さんどうですか。問題を膨らましてもいいですよ。

杉山和徳　はい、斎藤さんの 135 ページ第 5 図（本書 147 頁第 1 図）ですが、たいへん「勇気のある図」だと思っています。鉄器の場合、太平洋沿岸から、それから日本海沿岸から中部高地を下ってくるルートがあって、とくに鉄剣の流通ルートは、後期には日本海沿岸から内陸部に入ってきて、それが関東地方に入ってくる。この日本海から中部高地を経由するルートが強くて、そのあと、終末期と言っている共通編年の 4、5 期ぐらいになると、太平洋の沿岸部の方の流通が活発化する、というような感じで、太平洋岸沿いに矢印を西から東へひっぱった図を論文に書いたことが過去にありました。最近ではなかなかそんな単純なものではないだろうと考えを改め、「もっといろんな動き方がありそうだ…」と思っています。よって今回分布図には矢印を一切載せていません。ドットしか載せずに、動きの方向などの解釈の仕方はみなさんに自由に考えていただこうと思いました。午前中の発表のスライドでも、矢印は双方向で表示しました。これと比して、斎藤さんの第 5 図（本書 147 頁第 1 図）は、東側の東京湾沿岸部から矢印が発せられて、西側の東海地方の方に来ているように表現されています。ガラス玉の分布の状況から、このように「東から西へと矢印が引かれている」ことについて、その根拠やお考えを聞きたいです。

斎藤　矢印の向きの根拠は、ガラス玉の紺色大型品の分布にあります。Ⅱ期の東京湾東岸地域で 875 点、西岸地域でも 268 点出土していて、これは関東周辺に限らず、全国的にも非常に多いです。ちなみに北部九州でも紺色のガラス玉が確認されますが、材質はバラエティーに富むため、南関東とは様相が異なります。つまり現状では、列島内で紺色のカリガラスの大型品が多く出土する地域は南関東以外にみられないことは「事実」です。したがって、紺色の大型品が東京湾岸地域に最も集中し、そこから離れるにつれて数が減少する分布を重視すると、ガラス玉の流れも東から西へ、南東から北西へとする方が自然ではないかと考えるに至りました。このような理由から、紺色の大型品は東京湾岸地域から他の地域に運ばれたと想定しました。ただし、

淡青色の小玉は状況が異なり、日本海側のルートも皆無ではないと思います。先ほど杉山さんがおっしゃったように、日本海側と太平洋側で相互に動くことも考えられます。

135ページの第5図（本書147頁第1図）は、新しい解釈と捉えられるかもしれませんが、私が今考えているルートを思い切って出してみたもので、あくまで「推定図」と考えていただければと思います。

司会（北條） この135ページの第5図は、斎藤さんの謙虚な言葉とは裏腹に、斎藤さんが思っている以上に「画期的な意味」を持っていると思います。会場の方ではどうでしょうか？…。私にとっても驚愕の事実で、これはたいへん「大胆な図式」だと思います。最も特徴的な遺物が最も大量にかつ集中的に入ってくるところに分布の中心を想定するということは常道です。そこがまず拠点であって、そこからの分配だろうという、ある意味では正当な評価だといえると思いますが。豊島さんはどう考えますか？

豊島 奈良の豊島直博です。この図で、最初に東京湾に入ってくる矢印は、どこから来ると想定してるのでしょうか。

司会（北條） そうですね、肝心なところです。是非そのあたりを斎藤さん、どうぞ。

斎藤 東京湾に向けて外から矢印を引きましたが、どこから来たかははっきりしません。あくまで紺色のカリガラスの大型品が、列島内の他の地域、例えば北部九州や近畿北部などとの繋がりが追えないため、列島外との直接交渉の可能性も含めた形で示しました。

ガラス小玉は広域に流通する遺物です。この時期の世界のガラス小玉の貿易状況をみると、北アフリカ、西アジア、東南アジア、中国などで作られた製品が、交易品として海のシルクロードを介して流通していたようです。私はこの時期の列島内の製品の大部分は舶載品と考えており、成分的に東南アジア〜東アジア由来のものが多いと思いますが、製作地との繋がりや列島内の経由地については不明な点が多く、これ以上の検討は難しいです。

司会（北條） ありがとうございます。豊島さんどうです？

豊島 杉山さんの資料で資料集159ページ（本書165頁第2図）に鹿角装鉄剣

の分布図がありますが、この図だけをぱっと見ると群馬県のあたりが非常にドットが集中的に落ちて、とくに長い剣が集中しているのが群馬県なので、群馬県あたりから東日本のたとえば埼玉とか、場合によっては千葉方面とかまで流通していく、というように群馬県域が流通の結節点になっているなということは、これはこの分布図を見ても普通に感じることなので、ガラス小玉の場合は東京岸沿岸というのがこういう地域に当たるのかなと思います。ただ鉄剣の場合は、よそから持ち運ばれるものだと思うので、ではどこから運ばれてくるのかなと考えると、次に良いものが出ているのが、長野の北の方あたりですね。あと丹後半島で大量に出ています。しかし丹後半島から新潟を経て、長野へ行くまでのルートが全然解明できていません。ですからそう考えずに、丹後半島あたりから太平洋側に行って、今度は逆に南信の方を通って、一度信濃の方に行って、それから群馬に行くというすごく回り道ルートを想定する場合もあるのかなと思います。私の場合は論文を書いた時はそう考えなかった。それはこういう感じで鉄剣の図を作ると、伊勢湾のあたりが全くぽっかりと空白地点になってしまうので、富山も空白です。濃尾平野もほとんど空白であるという事実もあります。

　もうひとつ、発想をガラッと転換させることもできます。群馬県のあたりというのが流通の一番最後のゴール地点で、そこから配っていくのではなくて、群馬がゴール地点、という風に考えて、なぜか理由はわからないけれども、一番いい物が群馬のあたりに多く到達すると言うように発想を180度変えるということも可能ではないでしょうか。その理由はそういうものを地域社会が欲していたからで、間の地域はそれを止めることなく最後の群馬までいい物をなぜか運び続けたという風に発想を転換することもできるかなと思いました。そうすれば富山あたりとか、能登半島のあたりで資料がないということも説明することは可能ではないでしょうか。

司会（北條）　ありがとうございます。今の議論は、鉄器に関して器種別に具体的な議論が展開できる段階に至ったという現状を示しているようで、だいぶ研究が進展したと感じます。

　先に、玉の問題だけ片付けておきたいと思います。大賀さん、斎藤さんの

Ⅱ期のところについて、大賀さんの持っているイメージを解説していただけないでしょうか。

大賀 奈良の大賀克彦です。イメージと言われると、ちょっと困ってしまいますが、まず補足から述べさせていただきます。ここで問題になっている、紺色大型のガラス小玉ですけれども、世界的な状況が判明しているとは言えません。どこで作っているかというと、たぶん南インド系のガラスだと思います。ガラスの材質というのは基本的に生産地と結びついています。おそらく南インドに生産地がある。場合によっては東南アジアに生産地が拡散しているかもしれません。日本列島周辺部以外における紺色大型のガラス小玉の分布状況は年代的な側面も含めまだ未整理です。一方、少なくとも日本列島の内部を細かく地域別に見たり、朝鮮半島南部を見た場合には、南関東の共通編年2期の段階と同じような状況になるところは全くありません。そのあたりが中継地になっているという可能性は無いので、それより南方の沿岸地域のどこかから来ているということまでは言っても良いのではないかな…と私も思います。

　それから日本海ルートの話に関してですが、私はもともと石製の玉類を主に研究しておりまして、弥生時代中期以降、石製玉作りが北陸に広く確認されます。石製玉類の場合、素材に使う原料がどこから調達されているかという点から見ても、そこで作られたものがどこへ流通しているかという点から見ても、北陸のなかで、富山以西の北陸西部地域と、佐渡島およびその対岸の越後地域の北陸東部地域というのは、一貫して別々の地域圏を形成しています。お互いにそれを越えた移動というのは偶発的にしか生じていないようです。現在の「親不知地域」が確固たる境界として、ずっと継続している状況が認められます。ガラスに関しても、同様な状況が認められることも間違いありません。私もガラスが、北陸でも西の方から日本海を北上し、越後を経由して北信に入るというルートは考えにくいのではないかと考えます。

司会（北條） ありがとうございました。ガラス玉の研究というのは、近年急速に進展している状況です。先ほど深澤さんも触れられたとおり、真に小さな遺物ですから、馴染みが浅い側面もあるかと思います。幸い大賀さんは

第Ⅱ部　討論記録

2014年度から奈良女子大学で玉研究の拠点を築かれるようですので、各地から資料の分析依頼が集まることを大いに期待しています。

ではもう一度、楠さんがつくられた青銅器の分布図に話を戻させてもらいます。楠さんは非常に興味深い整理をしてくれました。つまり後期前半の青銅器は、いわゆる共同体祭祀に供される要素が非常に強く、いっぽう後期後半は個人が装着する装身具類に変化する。要するに共同性から個人性への変化が流通ルートの差と密接に対応しながら現れるという、青銅器の流入と受容の変化を論じています。そこで、近畿地方からおいでの天理市の池田さん。この問題提起を枕にコメントをお願いします。近畿地方から見ても興味深い視点だと思いますが、いかがでしょうか。

池田　天理の池田保信です。近畿地方の様相からみた場合と言われましたが、反対に西の方がまだわかってないと言えるかも知れません。このコメントは厳しいものがあります。寺前さんはどう考えますか。

司会（北條）　すみません、ではそのあたりは寺前さんにお話しいただくとしますが、今日の議論をお聞きになって、近畿側からどのような受け止めをされたでしょうか？

池田　そうですね。まず近畿地方では、後期に関してこのくらい地域を細かく分析するということをまだやっていないと思います。近畿の様相を少しご説明しますと、後期になると方形周溝墓が激減します。なので、検討する材料が少ないというのが現状です。大和で言いますと、中期末に、墓制を変える大きな社会的な変化が考えられます。墓は土壙墓に変わるかも知れませんが、まだ確認されていません。その後、弥生末になると、また方形周溝墓が造られ始めます。その頃に再度、社会の変化があると思います。

今回は、東日本の関東でこういう細かいところまで検討できるという点、逆にすごいなぁ…と感じています。昨日から目からウロコが落ちる思いで、色々と勉強させていただいています。

司会（北條）　ありがとうございました。では寺前さん、斎藤さんの挿図を踏まえてのコメントをお願いします。

寺前　まず全体に関わる問題としてガラス玉を中心として、いわゆる「希少

財の分布」をどう解釈するかという問題について述べます。議論を進めるうえで、念頭に置いておかなければならない事は、このような希少財の場合、それがどのように交換されたのか、あるいはそれが受容され、それを我々がその遺跡や地域で何故検出することが可能であるか？という点だと思います。

同じ時期、近畿地方ではいわゆる銅鐸が特異な分布状況を示しています。皆さんよくご存知の通り、高知とか、和歌山南部、それから三遠地域といったような、畿内の周辺地域に集中的に分布しています。この状況については、「境界論」説など、色々な議論があります。この事実に対して、和歌山南部で近畿式銅鐸を作っていたとか、その地域が入手と分配の中心になっていたというような事を主張する研究者はいません。

このように考える、先ほどのガラス玉に関しても、昨日の岡本孝之さんの発表にもありましたが、それを次に手渡す、あるいは交換する対象がいない地域、そういう吹き溜まりみたいな地域で蓄積された結果で出土量が増えているとも考えられます。

これは分布論に関する「一つの解釈」です。そういった観点で、東京湾沿岸地域をみた場合、こういった個人消費と思われる、属人性の高いアイテムが、弥生時代後期の南関東地域にたくさんあるという現象こそ、岡本さんがおっしゃっているフロンティアゾーンという理解と重なってみえるように思います。それよりも東側の人はもう「それを欲しくなかった」のか、それとも「あげようと思っても受け取ってもらえなかった」のか？

レジメの北條さんのコメントでも、具体的な事例をあげていますが、「分布の背景」にある社会関係、特に南関東が日本列島の中でどういった位置にあるのか？…という点が興味深く思います。鉄器、さらに青銅器の問題、ガラス小玉もこういった観点で見直すと色々な解釈ができるのではないかと感じました。

司会（北條） ありがとうございます。今、寺前さんのコメントで、フロンティアゾーンというお話が出てきましたが、今回の大きなテーマのひとつである「岡本防衛ライン」ですね。ガラス小玉の分布については、およそ利根川より北へは行かないことが確認されます。逆に言えば「大森防衛ライン」

と「弥生防衛ライン」のちょうど境界のところで、弥生時代後期に物流がかなり活発化して展開していることが分かります。このような状況に関して、寺前さんが指摘した観点も踏まえて、今日の最後のまとめの段階で、もう一度取り上げたいと思います。

さて「流通のあり方」の問題について、青山さんから興味深い提言がされています。「衢(ちまた)」の問題です。その点について、パネラーの方々のなかで、どなたかコメントや質問、ご意見がありましたらお願いします。では岡本さんお願いします。

岡本 岡本孝之です。さきほどの青山さんのご発表について、私は衢の話、古代の郡家と立地が重なるという点について、一言いいたいと思います。

我が西相模考古学研究会の取り組みとして、これまでいくつかの目標を達成していますが、次の目標となっているのが神奈川県茅ヶ崎市の下寺尾西方A遺跡の大環濠集落の保存問題です。この遺跡の環濠の防御性の機能については、小出輝雄さんは認めないかもしれませんが、外径長およそ400m規模の環濠であることが明らかになっています。そしてそこは律令期の郡衙や古代寺院と重複しています。つい2週間ぐらい前、朝日新聞に神奈川県当局は、新たに高校の校舎を新築しない方向に動き出した…と報道がありました。そのことは英断だと思います。西相模考古学研究会のメンバーを始めとした多くの方の努力があったことは言うまでもありませんが、われわれの仲間の県職員も頑張ったのではないかと思います。今後の展開としては、まず郡衙の遺構を保存して、その後に弥生時代の環濠集落を二重指定するという方向性が考えられます。

先ほどの青山さんの指摘された衢という視点は、古代の郡衙と重なる下寺尾の弥生環濠遺跡などがあてはまり、他の地域でも類例が見つかってくると思います。桜町遺跡の墓域をどう理解していくか?…まだ私には成案が見つからない状態です。

司会(北條) ありがとうございます。他のパネラーの方はどうですか? どうぞ、深澤さん。

深澤 青山さんの話はたいへん面白く感じました。自分の地域に照らし合わ

せた時、どう理解できるか考えてみました。今回話題になっている樽3期から、高塚古墳が成立する頃にかけて、群馬県内で最も注目される地域は、渋川・高崎・太田の三地域になります。渋川は樽3期の段階で、鉄器の所有率が高くなるという特徴的な地域で、その後衰退していく。いっぽう高崎と太田地域は、高塚古墳がいち早く成立するという所です。しかし有馬遺跡などが所在する渋川地域は、関東平野の一番奥のエリアで、樽3期にはここから新潟あるいは北信地域に入っていく結節点です。最初に前方後方形の周溝墓が成立する高崎地域は、江戸時代には大きな舟で荷物を積んで利根川を遡ってきた場合、もう大型な舟が上がれない所に差し掛かって、小さな舟に荷を積み替える、いわゆる河川様相が変わる地点です。太田地域は一見すると平坦な場所のように感じますが、古代の東山道の武蔵路と駅路のちょうど交差点の部分であって、そこに新田郡の官衙ができている場所です。また小銅鐸の出土でも知られる場所でもあります。これらの群馬県内の状況を考え併せた時、衢という視点でもう一度各地域を見直すと面白いんじゃないかと思います。

司会（北條） ありがとうございました。深澤さんは昨日も、群馬における初期前方後方形墓がちょうど「境界領域に展開する」のではないかという説を提示されています。その点については若狭 徹さんも同じようなことをおっしゃっていたと思います。青山さんから提起された衢という場所は、「市が立つ場所」でもあり、そういう場は、それぞれの領域の境界にあたる場合がしばしばです。この点はたいへん興味深いと思います。

　ここで少々発言させて下さい。会津の桜町遺跡について、青山さんは奈良県纒向遺跡との共通性を指摘されました。岡本さんも先ほどちょっとご指摘なさった点ですが、墓との関係がよくわからないということに関連して、私見を言わせていただきます。

　桜町遺跡が纒向遺跡とよく似ているというのは確かにそうだと思います。なによりも纒向遺跡の4基の纒向型前方後円墳というのは、前方部の向きが全部ばらばらです。全部放射状に存在しているところもよく似ていると思います。

私は桜町遺跡そのものについて、立地や環境を具体的に存じ上げませんが、纒向遺跡は山際にあって、弥生時代後期段階は洪水による層が厚く堆積していて、そのままでは水稲耕作には適さない場所に営まれています。つまり立地条件からみても衢とよく似ていると考えられるのです。そもそも箸墓古墳じたい「大市墓」と言われていて、そこに非常に大きな市が立ったことを名前が示しています。

また近畿地方そのものは、それ自体「東の世界」と「西の世界」の境界にあたっているとも評価できます。実はその要件こそが、あそこに「都市」ができあがってくることの基本条件だったと考えられるのではないかと思います。そのあたりについて、ご本人からコメントをお願いします。

青山 桜町遺跡がある会津盆地も、東西の弥生文化の境界に接していると思います。会津盆地は天王山式土器の分布圏で、環濠集落や青銅器をもたず土器や墓制に縄文伝統を強く保持した東の弥生文化圏の周縁部に位置します。越後山脈を越えた越後平野は北陸系土器が分布する西の弥生文化圏です。このような東西の弥生文化の境界に接しているという会津盆地の地理的な要因が、桜町遺跡を成立させた要件といえるかもしれません。

他の方のご発表について少し質問させていただければと思います。

今日、実は稲垣さんのご発表を聞いていて、甲府盆地も会津とよく似ていると感じました。会津と甲府は盆地であるということ、それから稲垣さんの指摘にもあったように、やはり「道が交わっている＝（会）のクニ」という点が注目されます。道がそこで交わっているかどうか？…その細かい状況を知りたいです。更に甲府盆地の衢と思われるような地点にも墓域が作られているのかどうか、気になります。

今日お話したのは、いずれも内陸を通るルートの交差点のことをお話しましたが、古代の文献を見ると、衢として出てくる場所は、内陸の道だけではなくて、港も含む場合があります。『出雲国風土記』には、出雲国府が隠岐島に通ずるもう一つの道につながっている、つまり港も含めて衢なんだというふうなことが書いてあります。弥生〜古墳時代にかけてもこういった見方が可能だとすれば、必ずしも内陸部だけではなく、海沿いの衢があるのでは

ないかと思います。

　稲垣さんから、この点について何かお教えをいただければと思います。

稲垣　墓制が入ってくるルートとの関連で、東海系ルートについてお話しします。

　朝霧高原を通って、精進湖ブルーラインという自動車道があります。資料集110ページの第5図でいきますと③のルートです。このルートを甲府盆地側に登っていくと、ちょうど終着点付近は曽根丘陵の古墳が集中する地域となっています。また付近には、1980年代に調査されました弥生後期以降に連綿と営まれた上の平方形周溝墓群があります。全部で125基ぐらいの方形周溝墓が確認されており、近くに造営母体の集落があると考えています。ただし、この集落には様々な地方からの外来系土器が入り込んでいるというようなことは確認できません。

　議論になっている「墓域があるか？ないか？」という点に関して、甲府盆地の南端部がひとつの終着点と考えると、「ある」と言えると思います。

司会（北條）　ありがとうございました。青山さん、どうぞ。

青山　もう一つの海路の問題ですが、小橋さんにお聞きしたいです。

　東京湾東岸には、北陸ですとか、東海ですとか、いろいろな地域からのものが入ってきていて、神門古墳群のような出現期の古墳群ができる。この状況も衢と似ているのではないかと感じています。東京湾東岸についても、道と道との交差点というような発想ができるのかどうか。お教え下さい。

司会（北條）　小橋さんお願いします。

小橋　神門古墳群がある市原台地は、養老川と村田川に挟まれた台地ですが、陸路としてはその台地上の道とかを交通路と考えれば河川交通と交差しているとも言えそうです。また海際といえば臨海部です。このように経路の交差するという点を重視すれば、そういう側面もあると思います。そもそも後の国府が作られる所ですので、地形・地勢的に交通の要衝にあたるのだと思います。

青山　ありがとうございました。

司会（北條）　この問題、稲田さんが担当されている茨城の那珂川流域方面

にも関連する様相がありますか。今日の青山さんの問いかけのように、大洗町は大型前方後円墳が集中するところですが、那珂川の流域から太平洋ルートへ出て行く場所にちょうど当たり、まさに結節点です。さらに墳墓の造営地でもあるわけですから、衢としての評価が与えられる可能性は高いと思うのですが、いかがでしょうか。

稲田 北條さんが言われたとおりだと思います。今日はご参加されていませんが、茨城大学の田中裕さんは、内水面交通について、先ほど小橋さんから説明があった東京湾東岸から内水面を伝わり、今の霞ヶ浦などである「香取の海」から涸沼川へ続くルート、もしくは北浦をぬけて那珂川河口の大洗や那珂湊にたどりつくルートがあると想定しています。銚子沖は潮流が非常に厳しい地域ですから、ここを避けていると考えます。そして那珂川の河口から北方の外洋に抜けていくというルートが重要視され、それ故、古墳や車塚古墳がこの場所に位置していると思われます。現在でも大洗港から北海道へのフェリーが出ていることからも、そのことが良く分かると思います。大洗町周辺は陸上と海上の結節点ということで、その役割が引き継がれていると思います。

　さらに久慈川下流域の160ｍの規模を誇る梵天山古墳が存在する場所も衢の可能性が高い。田中さんの言葉を借りれば、「みちのくと、みちのくじゃないところ」の結節点に築かれていると考えています。梵天山古墳の付近にも古代の官衙が設置されています。これも、みちのくとの結節点になると考えます。ちょっと弥生時代から話がそれましたが…。

司会（北條） ありがとうございました。ちょっと急ぎ足で恐縮ですが、この衢の問題、あるいは市の問題は、弥生時代後期にどうだったのかとなると、まだ検討の余地があるかと思います。しかし弥生時代を通じて、このような交流の結節点というものは存在し、なおかつそれが弥生時代の終末に顕在化しているようです。この「市」で鉄器や青銅器までもが取引されたとまでは言えないかも知れませんが、ガラス小玉については可能性が高そうです。

　さて、そこで今回の一番のテーマであります、衢もおそらくその境界ラインに設定された可能性があるという含みについて、「岡本防衛ライン」の話

シンポジウム「久ヶ原・弥生町期の現在」

の方へ議論を展開していきたいと思います。

　まず物流についてですが、全体としては利根川水系を北へ越えない点は何度も出てきましたので、会場のみなさんも十分に理解されていると思います。同様に日本海側では、新潟より北へは越えないようです。このラインはずっと続いてきた「物流の限界」でもあり、弥生社会の領域というのは、ここを「跨がない」という岡本さんのテーゼが再確認されている状況です。
（岡本氏ここでVサイン）。
　岡本さん、ピースじゃなくて、ですね…この問題をもうすこしパラダイムに引き上げる方向性をもたせ会場全体として共有したいと思うのです。「攻める弥生、引く縄文」、とは違う形で、このような「防衛ライン」をずっと維持しつづけた要因は何だとお考えでしょうか。解説をお願します。

岡本　弥生時代の限界が「そこにあった」というのが私の理解です。中期・宮ノ台式期から、今回の議論の対象である後期も利根川のラインを越えないというところが重要だと思います。そこを突破したときに、東北の世界にまで、古墳時代前期の世界がぐっと広がるわけで、弥生の段階ではまだ限界がある。限界があったからこそ久ヶ原式・弥生町式というのが東京湾の両側で地域を異にして分布する。その周辺に北側から、茨城の方から入ってきた臼井南式とか、埼玉には吉ヶ谷式がある。神奈川県の横浜には朝光寺原式がある。そういうのは限界を超えられないからこそ、それを越えるためにいろんな動きをしたとことの現れではないか。というのが私の理解です。

司会（西川）　ありがとうございました。ここまで物流の話をして参りました。これまでは主に鉄・玉・青銅器など、考古遺物としてよく残っているものを中心として話を進めてきました。しかし、考古資料として残らないものについても目配せをしなければいけないと思います。私見を言わせていただきますと、土器自体もすべて、人間関係、または人の交流によって動いている。このような社会の変化などにより、土器様式が変動している以外にも、内容物が入った容器としての土器が動いているという場合もあると思います。出土資料から、具体的にこれがそうであるということは断定できませんが、運搬具として、容器としての土器もたくさん動いていると思います。その中

261

には、いったい何がはいっていたのか視点も大切だと思います。

　古墳時代の始めにかけ、北から天王山式土器や続縄文が南下してくるという事象は、かねてより注目されていました。その点で桜町遺跡の調査成果は、やはり注目に値します。しかし、あの中にどれだけ天王山式の土器をもった人たちが定住していたのか、まだ未解明な問題も残っていると思います。ただしあれだけの遺構・遺物が出土しているわけです。人工遺物の量じたい、今までの天王山式系の遺跡として画期的な物質量だと思います。北方系文化資料というのは、小規模な遺跡が支配的です。そこではキャンプのような遊動的な生活が支配的だったのではないかと思います。そういう面でも桜町遺跡の成果は画期的だと思います。

　岡本さんの、そこに大きな限界があったという視点に関し、北方系文物はやはり太平洋側では宮城県より南に下りて来ていないと思います。それに対して日本海側では、もっと南まで下りて来ています。

　この点に関して、さきほど滝沢さんのコメントでは、「鉄を求めて南と交渉している」ということでした。考古資料としての限界性もあるかもしれませんが、太平洋側でも福島以北には、鉄がそんなに出ていないようにも思います。このような点も射程に入れ、北からの反対給付は何が供給されていたのか？または西の方に求めていたのは何なのか？桜町遺跡以外の事例も含めて、青山さんの考えをお聞かせ下さい。

青山　非常に難しい問題です。考古資料をもとにお話をしなければいけませんが、続縄文などの北方世界に何が行っているのかを、モノとして認定することは、なかなか難しいのが現実です。ただ全く無いわけではなく、先ほど取り上げた盛岡市の永福寺山遺跡、ここでは北海道系の土坑墓群が検出されており、鉄鎌などが副葬品として出土しています。また秋田県能代市寒川Ⅱ遺跡、ここでも北海道系の土坑墓群から板状鉄斧が出ています。このような状況から、やはり北方世界が求めていたのは鉄であったと思います。

　北海道では、札幌市K135遺跡がよく取り上げられますが、この時期に石器が無くなりますが、皮なめしに使った思われるラウンドスクレーパーは、大量に残るという指摘があります。黒曜石製のラウンドスクレーパーは、宮

城県や新潟県の続縄文関連遺跡からも出土します。北海道を含めて北方世界側は、鉄の対価として革、皮革製品…こういったものが交換物として生産されていたのではないでしょうか。モノからはこのように考えられます。

縄文と弥生の接点に関して付け加えさせていただきますと、これも衢をキーポイントにして、接近できると思います。さきほど、歌垣という行事が衢を舞台に行われると申し上げました。歌垣では色々な地域の人が集まって参加しています。すると歌垣ですから、やっぱり子どもができる場合もあろうと…思います。そうして、いろんな地域の血の混ざり合った新しい世代が生まれて来るのではないでしょうか。衢とは、そういう特別な場でもあったと思います。

衢では土器も融合し、墓制も融合します。衢を舞台にして文化の融合が起こっていると思います。そうして新しい文化が生まれ、それを担う新しい世代が、歌垣によって生まれている。このような多様な文化要素の融合によって生まれたものが、今日の三つめのテーマに関わりますが、「古墳文化」なのかもしれないと思います。

杉原荘介氏は「土師器は斉一性の強い土器」と規定しました。その斉一性というのは、墓制も含め、「衢の交流」によって、生まれそして拡散していったのではないでしょうか。それまで縄文的な世界と弥生的な世界の境界が利根川、それから越後山脈あたりにあったわけですが、それが衢で、創造された文化によって、斉一化していくのではないかと考えます。古墳時代という時代は、纒向遺跡や桜町遺跡といった各地の衢で誕生したと考えるわけです。衢では、土器や墓制といった文化の融合と歌垣という血の融合によって誕生した新しい世代が新しい文化を担った、という理解です。

司会（西川）　ありがとうございます。「古墳時代になって、地域間交流が発展したことで、土器様相が斉一化し土師器が成立する」という考え方は、既に「時代遅れの議論」になっている感があります。しかし最近の論文にも書きましたが、私は必ずしもそうは思いません。古墳時代になり土器様相が斉一化する事＝日本全国どこでも同じような土器を使っているというのはむしろ異常なことであると…認識を新たにしています。他の時代はどうだったの

かというと、逆に交通手段も未発達な段階において、他の時代にはこのような斉一性は無かったのではないかと思います。青山さんから「土器の斉一化」という問題についても、面白い視点に基づく斬新な提言がなされたと感じます。

また物流の反対給付についてですが、北から南へ降りてくるものとして、皮革や鷹羽とか、その他にも希少な器物、列島西部から見ると「これは貴重だ…」という資源があったと思います。出土資料により証明できないものもあると思います。昨日の稲田さんや鈴木さんのお話の中で、布生産について言及されていました。稲田さん少しご説明願います。

稲田 茨城の県北部、「十王台式」のエリアにおいて、弥生時代中期末までは底部片などを再加工した紡錘車を用いています。しかし後期に入ると専用の土製紡錘車が作られるようになります。さらに後期後半の「十王台式」の時代になると、地域社会の日常的な使用に供するにしては、多すぎるような多量の紡錘車が出てきます。かなりの規模で布生産していたのではないか、そして地域を越えて交換財して交易していたのでは？…と考えています。

その布を交換財にした背景として、まず「軽さ」があると鈴木さんは指摘しています。持って歩くのにとても軽い、ひょっとすると「十王台式」の壺の中に丸めた「反物」を入れて持ち歩いたのではないかとさえ思います。交換財として価値も高い、かつ軽くて運搬しやすいという利点も見逃せません。

なおこの地域では、後世の『常陸国風土記』に「静織の里(しどり)」という機織り集団の存在が記されています。このような布生産の伝統は弥生時代後半期に起源があり、継続しているのではないかと考えています。

司会（西川） 確かに物資の移動について、もっと有機質のものも考えないといけないと思います。茨城県では特産的な布生産が始まっている可能性があるということ、とても興味深いお話ですね。

ところで三宅島のココマ遺跡の調査の成果により、貝製品についても注目されています。調査成果の概要について、杉山さんからお願いします。

杉山浩平 杉山浩平です。資料集55ページから概要を書いておきましたが、ちょっと訂正させてください。神奈川県逗子市池子遺跡の出土品、弥生時代

後期として載せていますが、中期の間違いでした。申し訳ありません。

　さてココマ遺跡というのは伊豆諸島の三宅島にある遺跡です。われわれの調査の結果、そこが縄文時代から続くオオツタノハ貝製の貝輪の生産遺跡だったという事がわかりました。現段階では、この貝輪は三宅島を発し、三浦半島の海蝕洞穴を経由し、関東地方一円に広がっているのではないかと考えています。

　今回、このレジメの中で強調したかった点は、弥生時代後期では、どうしても鉄製品や土器が主要な研究テーマとなりがちですが、貝輪も重要な品目として入ってくるという事です。特に後期前葉段階では鉄製・青銅製もあれば貝製品もあり、その三者がすべて併用されているという段階があると思います。

　また銅釧の形態について、レジメの58ページ（本書56頁第1図）にあげた千葉県袖ケ浦市荒久遺跡、市原市御林跡遺跡、これらの銅釧形態について、断面を斜め方向に面取りしているという特徴があります。これについては、かながわ考古学財団の池田治さんが既に指摘していますが、オオツタノハ貝製品の影響という可能性があります。

　オオツタノハ貝輪が流通している時期、房総半島では銅釧が流通し、武蔵野台地周辺では鉄釧が散見されます。そして三浦半島を中心とした相模湾沿岸・東京湾沿岸地域では貝釧を含めた三者が混在しているという状況があります。

　必ずしも鉄・青銅一辺倒ではない…という点を強調したいと思います。

司会（西川）　私も三浦半島と伊豆諸島の物資の交流については、地元ということもあり以前より興味深く思っています。今回のような話は、十数年前までは無かった様な話です。弥生時代後期の社会変動の背景に、多様な物資の交易や、それに供するため資源開発を進めている可能性について、もっと検討するべきと思います。革・布・貝…他にまだまだ沢山あると思います。金属製品やガラス製品だけでなく、広い視野で考えるべきでしょう。

　この点について、腕釧に係わる問題ですから、北條さん何かご発言ありますか？

第Ⅱ部　討論記録

北條　今の杉山さんの話、たいへん興味深く聴きました。個人的な見解ですが、このような貝輪・釧などの動向こそ、先に斎藤さんが示されたガラス玉の流通と深く関わっている可能性があると思います。誤解を恐れずに単刀直入に言うと、南方の海人集団の関与がなければ、房総半島に大量の玉を持ってくるなどできないのでは？…とも考えています。

司会（西川）　さて、これまで物資の移動の可能性について、色々な角度から検討してきました。また集落の変動、人口の集中がどの時期にあるかということについても議論を進めることができました。昨日からの議論で、大きな土器の様相の変動があったのはいつ頃か、集落の変動も連動していることが具体的になってきたように思います。

　弥生後期のある段階で、物資流通が非常に活性化するなか、大規模集落において集住が進み、集落人口が爆発的に増える様です。また土器様式圏の細分化とどのように関わっているのか？…この問題について各地の状況を踏まえて概観してください。また土器様式圏と婚姻圏の範囲にも目配せいただきながら、ご発言ください。古屋さんからお願いします。

古屋　南武蔵の状況について意見を述べさせていただきます。

　従来から言われているとおり、東京湾岸では後期後半になると土器の小地域色が顕在化してきて、土器の小様式圏がはっきりしてきます。今回の私の作業結果も方向性は同じです。資料集39ページの図（本書28頁第5図）を用いて説明します。南武蔵は南北に分けた方がいいだろうということで、南武蔵をさらに細分化したわけですけれども、これは南北が細胞分裂のように割れたのではなくて、もともと違う地域圏としてスタートしていると考えます。特に南部様式の領域については、後期前半は大きく久ヶ原式の領域に含まれており、東京湾東岸や三浦半島も含めた範囲に斉一性があります。このことについて、昨日杉山祐一さんに色々教わりました。地域のなかで、交流と言うか物資の移動など、ちゃんとネットワークがつながっている状態だから斉一性があると考えます。弥生時代後期前半の東京湾西岸は人口が減っているように感じます。ある程度人口を保っている東京湾東岸地域は、この紐

シンポジウム「久ヶ原・弥生町期の現在」

帯をつなぎ止めていると考えます。ちゃんとネットワークが働いているからこそ、斉一的な土器様式が保たれるという話です。大村さんの考えも、同じようなニュアンスではないかと思います。

弥生時代後期後半になると、久ヶ原式に後続する段階に、東京湾西岸と東岸で土器様相は、違うものになっていくと思っていますが、これは西岸でも人口が増えたことが背景にあると思います。人口が増えた結果、西岸だけでも自立してやっていける状態になったと考えます。

南武蔵南部様式圏の西隣、朝光寺原式圏も内陸方面に広域なネットワークを持っています。この地域とのやりとりも生きていると思います。このような経過により、小様式圏が独立していくと考えます。

その背景には、中葉以降の「人口の増加」が関わっていると思います。これは小橋さんの発表でもあったように気候変動なども関わっていると思います。諸々の条件が揃って人口が増加していることが、この問題のポイントと考えます。人口が増えた結果、通婚圏が相対的に狭い地域で安定するようになるのかもしれません。当然、土器様式圏と通婚圏の関係性はあると思いますが、まだしっかりとした考えがまとまりませんので、今日はこの位でお許しください。

司会（西川） 他の方はどうですか。土器の様式圏が狭まってくる件については、通婚圏が狭くなることにより、それが顕在化するという解釈も可能です。各地域の土器様式圏の変動を研究されている皆さんとしてはどういった視点をお持ちでしょうか？

皆さん、特にノーコメントで良いですか…。難しい問題ですから、軽々に発言しにくいのかもしれませんね。では、少し私見を述べさせて下さい。私は最近、土器の地域色にはアイデンティティ＝自集団の表象という文化的側面が機能しているという観点で評価しています。それが細分化かつ、鮮明化してくるというのは、通時的な人口増加を根拠とした「通婚圏の狭隘化」だけでは説明できないと思います。縄文時代以来、土器の様式圏というのは、常に後の旧国郡レベルの範囲が有意性を持っていて、時代を超越した普遍性があると思います。これは「ヒト社会」が本質的に持っていた行動範囲や領

域性と関係していると思います。移住などにより様式圏が変動する場合もありますが、時間の経過により、広範に斉一化したり、逆に小地域色が鮮明化したりという伸縮を繰り返していると理解されます。例えば関東地方では、弥生時代後期の土器様式圏と大差ない地域色が古墳時代後期にはリバイバルして再現されます。弥生時代後期の小地域色が解消し、それが通婚圏やネットワークの高次元化に由来するなら、再び鮮明化する古墳時代後期の地域色は何故惹起されたのか？…整合的に理解できません。このことは、社会発展論的な解釈では理解できないことを示しています。むしろ集住、密集化と「われわれ意識」としてのアイデンティティが作用していると考えます。それが古墳時代前期、汎列島的に解消することにこそ、明らかにすべき何かが潜んでいると思います。

　これからも多くの方が、土器分布圏や通婚圏の問題を視野に入れ、土器研究を進めていってほしいと思います。杉原荘介がわれわれに投げかけた「斉一性」というテーマは決して色あせていないと考えています。それでは議論を先に進めたいと思います。

　土器地域圏という問題、人口変動についての検討、そしてそれが物資の移動とどう関わってくるかなど議論してきました。器物の移動については、かなり大胆な提案もあり、東京湾岸から西へモノが動いている可能性や、中部高地からどういう物流のルートがあるのか、または山梨方面ももっと見なければいけないとか、天竜川水系から東へくるルートと中部高地へ上がっていくルートなど、様々な物流ネットワークが俎上に上がりました。まだまだ検討し足りないことは沢山ありますが、久ヶ原・弥生町という問題について、立花さんからご発言いただきたいと思います。相模湾岸から見た「久ヶ原・弥生町論の現在」についてお願いします。

立花　立花 実です。久ヶ原・弥生町論の前に土器の地域差について、触れておきます。私は、関東の弥生時代後期に小さな土器様式圏が並立するというのは、西川さんが言われたように、通婚圏があってその変化により付帯的に形成されたのではないと思っています。むしろ各地域で「意識して土器を作っている」結果からであるという見解です。ちょっと大村さんとは意見が

シンポジウム「久ヶ原・弥生町期の現在」

違うかも知れませんが…。移動や人口増などの「結果」として地域圏が狭くなったということはなく、広域の情報が行き来することが、逆に一部の日常生活レベルでの「地域圏」を形成したということです。それが土器に現われたところもある。こだわりの強い朝光寺原式のあり方などを見ると、意識して土器を作っているという気がします。

　次に本題の「久ヶ原・弥生町の話」です。まだ私が学生の頃、岡本孝之さんが「久ヶ原・弥生町の問題」を大胆な発想で書かれている論文から新鮮な刺激を受け、かつ楽しく読んだ記憶が鮮明に残っています。岡本さんは、いつも大胆な発想をされますが、正直言って細かいところは違うだろうなぁ…と感ずることもあります。しかし後になって振り返えると、くやしいことに、何となく「合っている」みたいなところもあります。

　たとえば、綾瀬市神崎遺跡が見つかった時、私たち相模の研究者は勇んで「遠江詣で・三河詣で」、つまり「みんな一斉に西に注目した」わけです。結果としては、神崎遺跡の重要さが明確化し、そのお陰もあり飛躍的に研究が進展しました。しかし、その時も岡本さんは「おまえたち西ばっかり見ているんじゃない！北だって何かあるぞ…！」と繰り返し言われていました。そのときは気に留める余裕もありませんでしたが、今になってみると、弥生時代後期前半代、中部高地を含めて様々な情報が行き交っていたことが鮮明化してきたわけです。久ヶ原・弥生町についても、岡本説は「土器文様の系譜」に基づく「見解」でしたが、結果的には「異なる系譜を持つ土器群」が別々に存在し、それぞれ変容して混在しているプロセス、そういう複雑な様相が後々になって明らかになってきました。そして、土器系統の背後には土器にとどまらない文化的な動態、地域関係が隠されていたということで、なにか岡本さんが問題提起したとおりになっているかのようです。畏敬の念を込めつつ、なんか悔しいなぁ…と、そんな気がします。

　私としては、久ヶ原・弥生町の問題について、今でもシンポジウムを開いてテーマとして討論できているということが「すごいこと」だと思います。昔と比べると中身はずいぶん深化しましたし、より広い項目にわたっています。今日的な視点からしても、久ヶ原・弥生町の問題は未だ大きな課題とし

て生き続けているということでしょう。そしてその方向性を岡本さんがずっと前に敷いていたことが「よりすごい」と思います。

別の話になりますが、岡本さんに注文があります。岡本さんの一連の仕事である、弥生時代の縄文系石器のお話です。まさしく「岡本ワールド」であり、我々としてはなかなか乗りにくい領域ですが…。私の理解では、縄文系石器が弥生文化に接触し、どう変容しているのか、何で存続してずっとあるのか？…が大事なところだと思います。

岡本さんによって、私たちでも分かりやすく「土俵を整え」ていただけると、私たちも乗りやすい。特に弥生系石器と弥生の青銅器・鉄器との関係、岡本さんの一連の成果をうまく議論できると発展の余地があると思います。そうすれば、またまた面白くなってくるんじゃないかなと思います。是非とも岡本さんと楠さんが「同じ土俵」で戦うという姿を見てみたいと思います。そういう土俵づくり、交通整理をしていただけませんか？いかがでしょうか。

司会（西川） 岡本さんに対する、西相模の後進からの「挑戦状」です……ふふふ。

岡本 今回私が提示した資料がまさにその答えです。石戈という弥生時代の武器そのものを見つけ、集成を試みて分布図を作って議論の場に出したということです。

従来、弥生系磨製石剣の一つに位置づけられていた有孔石剣ですが、私は吉石型石剣と名前をつけています。そういう材料を出し、かつ分布を明確にしました。それが結果的には、右や左に並ぶ若い人三人の鉄・青銅・玉の分布図と重なる事実をもっと議論して欲しいのが、今回の私の提言です。

磨製石剣の研究というのは、石戈と有孔石剣だけではなく、本当の磨製石剣をやらなくちゃいけないと思います。今回、私は50点ほどの資料を二ヶ月間で集めましたが、磨製石剣自体は約200点程度あるので、一年、半年ぐらいでは、ちょっとできないと思っています。あと数年かけてやってみたいと思います。これから縄文系呪術石器と弥生系石器の関わり方がどんどん議論されていくと期待しています。

何故、縄文系呪術石器が残るのか。弥生文化の三要素論の中で、縄文系と

シンポジウム「久ヶ原・弥生町期の現在」

いわれるモノがいろいろ指摘され、それが弥生文化の形成に一役かってきたという視点でずっとやってきたのが山内清男や佐原真の理論だと思います。昨日の石川さんのご発表では、そのあたりちょっと別の考えを持っているようですが、私は「弥生文化を作った縄文」というのではなくて、「弥生から排除された縄文」というデーゼを中心に使っていきたいという考えです。

司会（西川） 石川さんが言っていた、現代文化との展望というところについて、何か言及してくれませんか…。

岡本 昨日、石川さんは「考古学は現代史」と言っていましたが、まさにその通りだと思いますね。

現代史というのは、近代史と同義語で一致すると思います。近代と現代とは同じ言葉で、近現代という二重に重ねることは必要ないと思います。近代のはじまりから考古学があって、そのなかを私たちは今生きているわけで、現代がどういう世の中となるのか実は誰もわからないわけです。これまでの百五十年のなかで、最初に帝国主義という形が顕現し、それは失敗に終わりました。破綻したんですね。共産主義の社会も破綻しましたが、そういったものとまた違う世界がこれから待っていると思います。それは「縄文的な世界」に戻るのではないかと思っています。「縄文的な世界」を「弥生」が否定して、その結果、今私たち生きている現代に繋がっていますが、それをまた否定する世の中が来るのではないかと期待しています。

こういうことを学生時代に思いながら、勉強してきました。そして今日まで視点がぶれない様に研究を続けているわけです。本当にありがとうございました。

十年前に比べると土器型式の研究というのは緻密になってきて、私も勉強してついていくのが大変になってきています。今日のテーマの一つであるガラス・鉄・青銅器などの物流の研究というのは、新しい分野として切り開かれてきた分野だと思います。それを目指す若い人たちが、たくさん我が西相模考古学研究会に加わってきたこと、大変うれしく思っています。このような新たな局面を総合し、新しい考古学像というものが出てきたということは、世の中が良い方向に変わるのでは？…そういう期待を持っています。

271

第Ⅱ部　討論記録

司会（西川）　いつもの西相模考古学研究会らしくなってきました…しかし残念ながら時間もそろそろですので、最後に二日間のまとめに入りたいと思います。本会の比田井さん、総括をお願いしたいと思います。

比田井　比田井克仁です。パネラーの皆さん、会場の皆さん、お疲れ様でした。二日間の総括といっても、問題が大きく、かつ複雑怪奇なところもありますので、私が理解できた範囲で、分かりやすくお話をさせていただきます。

　まず、土器の点では後期全体にわたる土器様相をあらためて見直すということができました。古くて新しい話題ですが、地域性について改めて整理されたことが重要な成果だと思います。その結果、ほぼ今回のシンポ編年2段階に共通して何か起こっている、ということが明確となりました。この地域性が分化していく過程、相互の地域間の関係については、基本的な型式圏とか、様式文化圏のお隣どうしで多少の交流があるということも分かりました。たとえば北関東でいえば、茨城と群馬の間で、東西方向に行き来する矢印の相互の関係、それから茨城と東京湾東岸との間、臼井南式の地域を媒介にする南北の関係、同様な関係が信濃でも甲斐でもあったようです。これがまず第一の点です。

　今まで2001年のシンポジウムで外来土器とか、外からの移住というのを強調しすぎていたのかもしれません。隣接地あるいは近い者どうし、同じ「関東弁」をしゃべる者同士の関係について、今回発表した研究者がそれぞれの思いをもっており、総体的にどうなっているのかが、今回の議論で少し見えてきたと思います。この点は大きな成果だと思います。すなわち、北関東弁、南関東弁をしゃべる人たちのなかでも、多少の行き来がありまして、たとえば東京都内でも、今回はあまり話題に出てきませんでしたが、岩鼻式・吉ヶ谷式がけっこう出土しています。相模にも吉ヶ谷式が入ったりしています。同じ土着の人々の文化圏形成にあたって、お互いを認めた形でのネットワークがあることが話題になってきたと思います。それに対して2001年のシンポ以来、「外から人がやってきた」という問題ですが、これは静岡県の人たちですね…しかしこの東海東部系の移動の問題は、今回の共通編年で言う1～3期の範囲、いわゆる弥生の範疇になりますが、この関係はあく

までもその中に納まります。そして、次の尾張の人たちが顔を出すころの移動はまた性格が違ってくると思います。これが前期古墳のスタートラインになりますので、これまでさんざんやってきたわけですが、今日はここの話は控えておきましょう…。

1〜3期の弥生時代後期としては、このような地域間のネットワークがあり、それぞれの地域同士がひとつのアイデンティティを持つために、青銅器があったり、鉄器があったり、ガラス玉があったりという、そういうとらえ方ができるようです。そういったものには無関係だという解釈もありますが、地域によって多様なあり方が存在すると思います。ただ、実際に出土しているということは、少なくともそこの地域が持っていたわけですが、その道具そのものが、個人に帰する物とは、なかなか言いにくい物品ではないかと思います。青銅器・玉・鉄製品いずれもそうだと思います。この地域性の形成と分化の過程、それが確立していく過程、結局はこのような段階が弥生後期そのものだったと思います。その後の時代、私は畿内の庄内式の時期は、古墳時代と考えていますが、その後の時代は、地域性が崩壊、崩壊というか解体に向かっていく時代と位置づけると、今日の話題はまさに地域性確立、それに必要なアイテムを地域に持ち込んでいくという過程が鮮明になってきたと思います。

その中で螺旋状の鉄釧だけが特異な動きをしていると思います。東京23区にもありますし、神奈川県内にもあります。群馬県有馬遺跡の礫床墓の方にもあります。あの鉄釧の動きについては、杉山さんが提示した以外のことも考えなければならないかもしれないなという印象を受けました。

そのほかに非常に興味深い話として、これは考古学ではありませんが、小橋さんの紹介してくれました、気候変動で寒冷地化して雪がいっぱい降って死にそうだという話。これが宮ノ台式から次の久ヶ原式にかけての時期に遺跡が少なくなっていく。遺跡が少なくなるが東京湾東岸だけが継続していく。鉄・青銅・玉の分布傾向はあまり変化がないようです。この地域性に関する問題について、青銅器の流入について、ひょっとすると中期まで遡らせて再検討しなおす必要性があると思います。宮ノ台式も昨日、白井さんがおっし

やったように、どこから来たのかとい言うくらい突然出てきます。この会場のお隣にあります大塚遺跡も、ここに移住する前はどこにいたのだろうかという点が問題になると思います。今のところ解答できる人がいません。中期の中葉に遡る遺跡では千葉県の常代遺跡などがありますが、そうした一部の遺跡を除いて、関東の宮ノ台式のスタートラインもよくわからない状況です。そこをスタート地点として、人口が減少した後期の初頭の久ヶ原式にバトンタッチがうまくいっていないなど…もう一度丹念に各種の資料を見なくてはいけないと感じています。後期の初頭をより鮮明にする研究をやっていくなかで、この様相が鮮明になればなるほど、この「空間の継続性」の不鮮明さが垣間見えてきたのではないか？…と感じました。

　それから衢の話は重要な視点です。青山さんにお聞きしますが、衢というのは必ずしも交通路の接点という意味に限定しなくても、もう少し拡大解釈して構わないわけですよね。

青山　はい。

比田井　人々が集まってきて、そのなかで交易等が展開され、ひとつの文化情報的なことが交換できるようなエリアが形成されました、というふうな理解をすれば、各地で議論を展開できると思いました。各地域の方々により、面白い話へと展開する可能性があると感じます。最期に磨製石剣の視点というのも、岡本さんから大きな宿題として、私たちに与えられました。

　以上、私が感じたことをまとめました。どうもありがとうございます（拍手）。

司会（西川）　二日間にわたり、皆さんお疲れ様でした。ありがとうございました。

　最後になりますが、今回の成果をまとめて、シンポジウム記録集として刊行する計画があります。1年後ぐらいになると思いますが、それをもって会長の曾根博明さん、近藤英夫さん、岡本孝之さんの歴代会長、および西相模考古学研究会の最初期メンバーである望月幹夫さん、合田芳正さん、中田英さんらのお歴々から被った「多様な学恩」に対し後進からの記念品として献呈したいと思っています。「追い出し」ではありませんから、念のため…今

後のますますの発展を祈念しての記念シンポジウムでした。更に若い方の研究の発展を期待しています。今回はそういった意味も含めて開催しました。
　ということで、壇上の方々およびご発言いただいた皆さん、記録集の編集でもどうかご協力お願いします。それでは、お疲れ様でした（拍手）。

第Ⅲ部　コラム集

【コラム1】

久ヶ原・弥生町期の未来?

安 藤 広 道

1 はじめに

　シンポジウム『久ヶ原・弥生町期の現在』の最も大きな成果は、この種のシンポジウムでいつも名を連ねていたベテランたちから、これからを担う研究者への世代交代を押し進めたことにあると思っている。残念ながらシンポジウムには参加できなかったので、当日の発表や討論を聞いておらず、会場の雰囲気も知らないのであるが、『資料集』には、若い世代ならではのエネルギーと情熱を感じる論考も多く、彼らがもたらす刺激が研究全体の活性化につながる予感がして、とても嬉しい気持ちになった。

　そうしたシンポジウムの個々の内容に対し、最近弥生文化の研究から遠ざかっている私が、気の利いたコメントなどできるはずもない。そこでここでは、数年前に思いついたまま文章にしていないことを書いて、お茶を濁しておきたいと思う。

2 「久ヶ原式」「弥生町式」に未来はあるか

　シンポジウム資料集を読んで、おやっと思ったのは、タイトルが『久ヶ原・弥生町期の現在』であるにも関わらず、「久ヶ原式」「弥生町式」の議論がほとんどないことであった。もちろん、タイトルの「久ヶ原・弥生町期」は、「相模湾／東京湾の弥生後期」のことであり、それを敢えて「久ヶ原・弥生町期」としたのは、岡本孝之氏の業績へのオマージュであることは承知している。また、「久ヶ原式」「弥生町式」に対する意見の相違があまりにも大きくなってしまっている現状をみれば、取りあえずそこから一端離れて議

論を組み立てたいという気持ちになるのも分からないではない。

ただ、数年前より私は、学史的な久ヶ原Ⅰ式、Ⅱ式、Ⅲ式、弥生町式を、現在の資料で再編し、継承することは充分可能、というより、混乱している南関東後期弥生式土器研究においては、菊池義次氏の久ヶ原Ⅰ～Ⅲ式を基軸とし、弥生町式・前野町式等の学史的型式名を用いて編年を再編したほうが混乱を解消しやすいのではないか、と思うようになった（安藤2012）。もちろん、こうした意見が混乱を助長するだけに終わる可能性もあるのだが、「久ヶ原・弥生町期」の現在、そして未来を考えるには、今一度これらの型式名に立ち返った議論が必要なのではないかという気がしている。

3　久ヶ原式をどのように理解するか

では、「久ヶ原式」をどう理解するのか。菊池氏は田子台遺跡の報告書のなかで、壺形土器の装飾帯をTⅠ～TⅤに分類し（菊池1954）、『大田区史』において、TⅠ～TⅢに基づいて久ヶ原Ⅰ式、Ⅱ式、Ⅲ式の壺形土器を整理した（菊池1974）。もちろん、そこにはTⅣをTⅢの次に位置付けたことなどの問題はあったものの、TⅠ～TⅢの変遷に限れば、資料の蓄積が進んだ今日でも大きな修正を要しないものと評価できる。

そこで、この菊池氏の久ヶ原Ⅰ式～Ⅲ式の壺形土器の変遷を軸に、TⅣやTⅡの一部の単純な文様を、複雑なTⅡ、TⅢの下位の位相に位置づけたうえで、久ヶ原台一帯～三浦半島、市原台地～館山一帯の土器群を見直してみると、頸胴部の文様帯（Ⅱ文様帯）の構造に、土器群を貫く共通の構造（KY基本構造、安藤2008）がみられること、そしてその基本構造の定着と系統的な変化を捉えることで、これらをひとつの系統として理解できることが分かってくる。より具体的に言うと、これらの土器群のⅡ文様帯は、頸部（KY a）、胴部（KY c）、及びそれらに挟まれた無文帯あるいは装飾帯（KY b）からなっており、この基本構造に基づいて相同の関係にある装飾同士を特定し変遷を整理することで、土器群の系統的まとまりが捉えられる、つまり広義の久ヶ原式を規定でき、その変遷も整理できるということである。

こうした考え方に基づいて、菊池氏の久ヶ原式を再編成してみると、まず、

久ヶ原・弥生町期の未来？（安藤）

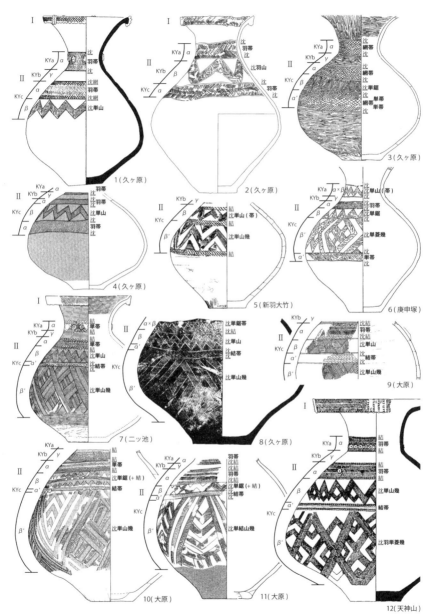

第1図 久ヶ原Ⅱ式・Ⅲ式の文様（縮尺1／8）
1・2：Ⅱ式古、3〜6：Ⅱ式新、7〜9：下末吉北Ⅲ式古、10：同中、11：同新、12：市原Ⅲ式古

久ヶ原Ⅰ式は、菊池のＴⅠの手法に基づき、ＫＹ ａが縄文帯（α）、ＫＹ ｂが無文帯（γ）、ＫＹ ｃがＫＹ ａと同じ縄文帯（α）か縄文帯＋山形文（僅かに菱形文）（α＋β）となる段階と理解できる。ただし、近年、こうした定型的な文様が確立する以前の様相と思われる資料が増加しており、そうしたＫＹ基本構造及び文様の成立期を古段階、それぞれの確立期を新段階としておくことにする。

続く久ヶ原Ⅱ式は、菊池氏のＴⅡの理解のように、ＴⅠに幾つかの手法が付け加わるとともに、文様の定型性が崩れ、久ヶ原Ⅲ式につながる様々な文様が生み出される段階である。具体的には、文様表出手法として、沈線区画羽状縄文のほかに、自縄結節区画（ＴⅣ）や沈線＋結節（網目状文）区画の羽状縄文（1）、結節文（網目状文）（＋沈線区画）(3)など多様な手法が定着する。ＫＹ ａとＫＹ ｃは、これらの手法による縄文帯（α）となるのが基本であるが、Ⅰ式とは異なりＫＹ ａとＫＹ ｃに異なる手法が用いられたり（1、3、6）、縄文帯に山形文や鋸歯文を重ねることもある（α×β：6）。ＫＹ ｃの縄文帯下の付加文が、単節縄文・結節文の山形文（1、4）や鋸歯文、幾何学文（5、6）などとなり、それらが重畳して複雑な構成を取るものもみられるようになる（α＋β＋α：3・4、β＋β'：5、α＋β＋β'＋α'：6）。また、ＫＹ ｂに山形文等が加えられることがあるのもⅡ式の特徴である（2）。なお、久ヶ原Ⅱ式も、依然ＴⅠが目立つ古段階（1、2）と、ＫＹ ｃが拡張し複雑な構造が見え始める新段階（3～6）に分けられる。なお、古段階には菊池氏の久ヶ原Ⅰ式の一部が含まれる。

久ヶ原Ⅲ式は、ＴⅢが確立した段階で、ＴⅡの一部やＴⅣも下位の文様として組み合わさる。文様の階層性が発達することもあり多様化が進んだように見えるが、ＫＹ ａやＫＹ ｃに結節区画の羽状縄文帯が多用されるほか、ＫＹ ｂが基本的に無文帯に戻り、さらにＴⅢに強い画一性が認められるなど、再び定型性が高まっているものと評価できる。やはり2～3段階に細分可能であるが、ＴⅢは地域差がはっきりしているため、地域によって細分の指標は異なる。

ＴⅢの画一性と地域差の例を挙げておくと、久ヶ原遺跡を含む下末吉台地

北部一帯では、KY a：α（沈線＋結節区画羽状縄文帯か結節区画羽状縄文帯）、KY b：γ（無文帯）、KY c：α（沈線＋結節区画羽状縄文帯か結節区画羽状縄文帯（×βもあり））＋β（単節縄文山形文か鋸歯文）＋α'（沈線区画結節文帯（区画なしもあり））＋β'（山形文系幾何学文）という構成が主体となる（7～11）。この地域のTⅢは、主に最下段のβ'の、幅の拡大、縄文帯の細身化、構造の単純化、結節の使用率の増加などを指標に3段階に細分できるが、文様構成自体は一貫しており、その厳格さは、KY基本構造が崩れる前野町式併行期になっても、維持された事例が見られるほどである。

　一方、東京湾東岸では、西岸に比してTⅢ自体が少なく、むしろ定型化はTⅣにおいて顕著に進んでいるが（山田橋式の特徴）、それでも市原台地では、下末吉台地と同じ構成でKY c最下段のβ'が菱形文系幾何学文となるTⅢがみられる（12）。また、袖ケ浦台地一帯では菱形文系幾何学文を構成する沈線が2条になるものが、そして両地域にまたがり、KY cがα＋β＋αとなる山形文系の幾何学文が、特徴的な発達をみせるようである。なお、下末吉台地南部では、著名な浦島ヶ丘遺跡例や横浜市道高速2号線No.6遺跡例のように菱形文系幾何学文が主体となるようであり、三浦半島では、鴨居上ノ台遺跡にみられるように、また別の幾何学文系文様が展開する。

　こうした地域差に着目すれば、TⅡの指標でもある沈線＋結節区画羽状縄文帯が盛行し、山形文系の画一的なTⅢが展開する下末吉台地北部一帯を、狭義の久ヶ原Ⅱ式、Ⅲ式とすることもできるし、やはり特徴的なTⅢが展開し、TⅣに強い定型性がみられる市原台地一帯を山田橋式と呼ぶことも可能となる。このような久ヶ原式における地域型式の設定は今後の課題であるが、決して難しい作業ではないと思っている。

　以上のように、久ヶ原式は、主にKY基本構造を軸とするひとつの系統的まとまりとして規定できるのであり、菊池氏の分類をあまり修正せずにⅠ式、Ⅱ式、Ⅲ式を再設定することが可能である。もちろん、久ヶ原式の編年は、Ⅱ文様帯だけではなく、口縁部文様帯（Ⅰ文様帯）や器形、製作技法を含めて論じる必要があり、特にⅠ文様帯の系統的整理は重要であるが、その分析視点については以前少しだけ触れたことがあるので（安藤2008）、そちらを

参照していただきたい。

4　弥生町式をどのように理解するか

　一方、弥生町式をめぐっては、標式資料が口頸部を欠いた１点の壺形土器であり、かつそれが弥生町遺跡一帯のスタンダードな土器とは言いにくい特徴をもっていることも絡み、その復権のハードルは、久ヶ原式よりも高そうである。

　しかし、私は、「弥生町の壺」を、縄文帯上部に菊川式文様帯の「頸部区画文」（篠原 2006）の残影が認められる、菊川式の在地変容型と考えており、以下で述べる、武蔵野台地〜大宮台地、多摩川上流域一帯の菊川式系統を基盤とする土器群の一例として充分評価できると判断している。そうであれば、「弥生町の壺」を含むこれらの土器群を、広義の「弥生町式」として再編することも不可能ではないはずである。

　ちなみにシンポジウムでは、古屋紀之氏が、比田井克仁氏の「南武蔵様式」を「東京湾岸系」中心の「南武蔵南部様式」と、「東海東部系」中心の「南武蔵北部様式」に分けているが（古屋 2014）、「南武蔵南部様式」は、本稿の久ヶ原Ⅰ〜Ⅲ式と見なすことができるため（ただし目黒川流域や多摩川中流域は含まない）、氏の言う「東海東部系」の「南武蔵北部様式」が、広義の「弥生町式」に相当することになる。

　これらの土器群のうち、下戸塚遺跡と武蔵野台地北部については、松本完氏によって精緻な編年が提示されている（松本 1996・2007b）。そこで、氏の編年に基づいてこれらの土器群の成立と展開をまとめると、まず、宮ノ台式の直後に、菊川式（古段階）中段階の要素が武蔵野台地北東部一帯に貫入する。しかし、相模地域の伊場式・寄道式とは異なり、武蔵野台地北東部では当初から久ヶ原Ⅰ式のＴⅠ等との混交が認められ、菊川式とは異なる型式となっているのが特徴である。その後、端末結節区画縄文や内湾口縁など菊川式中〜新段階に連なる要素が継続的に導入されながらも、菊川式特有のハケ具の羽状文等は減少していき、単純な端末結節や自縄結節区画の幅広羽状縄文帯へと収斂していく。以後、無文帯を挟まない頸部下の文様帯が基本と

久ヶ原・弥生町期の未来？（安藤）

なるが、久ヶ原式の影響である2帯の縄文帯も一定度存在し続ける。大宮台地方面や多摩川上流域一帯に分布域を拡大し始めるのはこのころである。そして終末に近くなるにつれ、縄文帯に鋸歯文が組み合わさる文様や網目状文の定着などが進行する。なお、紙数の関係で詳述は控えるが、こうしたⅡ文様帯の変化とともに、棒状浮文（有刻）を多用する特徴的な受口状口縁、複合口縁のⅠ文様帯が発達する点も重要である。

以上のように、これらの土器群は、武蔵野台地北東部で成立し、継続的に菊川式の要素を定着させながらも、周辺諸型式との関係のなかで変容を遂げていったものと理解でき、壺形土器の特徴と変遷からみても、ひとつの系統として評価できそうである。そして「弥生町の壺」が、同様に菊川式の要素を有しつつ在地化していることに着目すれば、この土器の特徴をもって、この系統を代表させることも充分可能となる。

ただ、これらの土器群は、分布の拡大とともに地域差を生じさせており、久ヶ原式と同様、壺形土器文様に基づいて複数の型式に細分することが必要になる。例えば、西ヶ原遺跡群のある本郷台一帯では、安房方面の土器と関係した、2帯の沈線区画縄文帯を連結する縦区画縄文帯と、その下に配される山形文・鋸歯文、そして網目状文の多用を特徴とする、個性的で画一的な文様帯が発達する。また、そこまで明瞭ではないが、拡散した地域ごとに特徴的な文様を抽出することもできると考えている。

5　おわりに

以上、Ⅱ文様帯に偏った雑駁な議論ではあったが、学史的な「久ヶ原式」「弥生町式」の名称を用いて、東京湾沿岸の後期諸型式を再編成できること、つまり「久ヶ原・弥生町期」にはまだまだ未来があることを示してみた。先述のとおり、この議論が逆に現在の混乱を助長してしまう危険性も捨てきれないが、一方で『資料集』において古屋氏が、「南武蔵南部様式」を「東海東部・相模的な様相は限定的で」「房総との親縁性が高い」、「北部様式」を「東京湾岸系と東海東部・相模系（菊川系が主流か）が混沌と混じり合っている」と表現し、後期を通じてそれぞれの系統的変化がみられることを示し

ているように、土器群の理解自体は共通した方向にまとまりつつある。そうしたなか、もしそれらに型式名を与えるとすれば、多くの人が「久ヶ原式」「弥生町式」を想起するはずであるし、実際にこれらの名称に戻してみると、型式内容はもちろん、学史的にも大きな問題がないことに気付いてくれるのではないかと思っている。

引用・参考文献

安藤広道 2008「東京湾西岸〜相模川流域の後期弥生式土器の検討」『南関東の弥生土器2』関東弥生時代研究会ほか 六一書房

安藤広道 2012「大倉精神文化研究所内遺跡(太尾遺跡)及び出土遺物の考察」『大倉精神文化研究所内遺跡出土資料報告書』大倉精神文化研究所ほか

菊池義次 1954「南関東弥生式土器編年への私見」『安房勝山田子台遺跡』早稲田大学考古学研究室

菊池義次 1974『大田区史資料編考古Ⅰ』大田区

篠原和大 2006「登呂式土器と雌鹿塚式土器―駿河湾周辺地域における弥生時代後期の地域色に関する予察―」『静岡県考古学研究』No.38

古屋紀之 2014「南武蔵地域における弥生時代後期の小地域圏とその動態」『久ヶ原・弥生町期の現在―相模湾／東京湾の弥生後期の様相―』西相模考古学研究会記念シンポジウム資料集

松本 完 1996「出土土器の様相と集落の変遷」『下戸塚遺跡の調査 第2部』早稲田大学校地埋蔵文化財調査室

松本 完 2007a「久ヶ原式・弥生町式土器について」『弥生土器シンポジウム南関東の弥生土器』弥生土器を語る会ほか

松本 完 2007b「武蔵野台地北部の後期弥生土器編年―埼玉県和光市午王山・吹上遺跡出土土器を中心として―」『埼玉の弥生時代』六一書房

【コラム2】

久ヶ原式土器のはじまり

杉山祐一

　筆者は以前、房総地域を中心に弥生時代中期後葉宮ノ台式土器から後期久ヶ原式土器への変遷について論じたことがある（杉山2010）。小稿では、未検討資料や近年の動向も踏まえ、南関東弥生時代後期の定点となる久ヶ原式土器の成立について、シンポジウムの議論を補足する形で再論したい。

　宮ノ台式には、地域差を伴いつつも各属性の変化の方向性は全分布域に汎用できるという特徴がある。壺の無文化傾向、羽状縄文や赤彩の盛行、甕のナデ整形多用、小形鉢や高杯など器種の多様化は、宮ノ台式後半期のすべての地域で進行する。それらは壺の無文化を除き、久ヶ原式に継続する要素であることは間違いない。にもかかわらず、単純にその事実をもって久ヶ原式の成立を汎東京湾岸的現象と断定できない理由は、明確な地域差の存在による。第1図のとおり、相模と東京湾東岸では宮ノ台式終末期のセットにかなりの相違があるが、その地域差が要素ごとに整理、限定規格化される中で斉一的な久ヶ原式が成立する[1]。したがって、久ヶ原式の要素を遡ることのできる地域こそが成立母体であるとの逆説的な推定が可能となる。

　まず、宮ノ台式から久ヶ原式への連続性が明確に辿れる地域としては、房総半島の東京湾東岸が挙げられる。その理由は、中期段階において、壺の帯縄文山形文化や甕の有段化の明瞭な進行が唯一追跡できる地域だからである（比田井2003、杉山2010）。対岸の三浦半島周辺では、いち早く宮ノ台式後半期には房総の影響が現れる[2]（白石2009）。これに加え、後期初頭の相模川流域、鶴見川流域といった東京湾西岸の中核地域や、東京低地や大宮台地の湾奥一帯に顕著な断絶状況が広範に認められる事実も、久ヶ原式東京湾東岸成

第Ⅲ部　コラム集

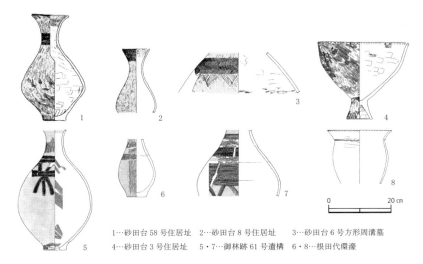

1…砂田台58号住居址　2…砂田台8号住居址　3…砂田台6号方形周溝墓
4…砂田台3号住居址　5・7…御林跡61号遺構　6・8…根田代環濠

第1図　相模（上段）と東京湾東岸（下段）の地域性を示す土器

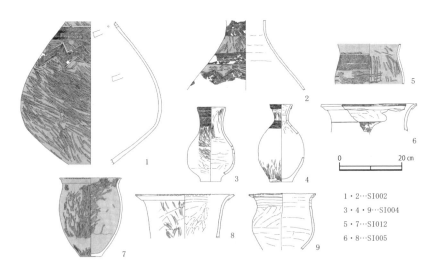

1・2…SI002
3・4・9…SI004
5・7…SI012
6・8…SI005

第2図　真田・北金目遺跡群出土の久ヶ原式土器（後期初頭）

立説に有利に働いてきたと考えられる。

しかし、三浦半島周辺以外の東京湾西岸においても、後期初頭[3]に位置付けられる報告例がいくつか現れ、その状況には若干の変化が見られる。近年では、それを根拠に宮ノ台式から久ヶ原式への変遷は東京湾両岸で同時進行したとする見解も現れている（轟 2012）。このことは、後期社会の史的展開を評価する上で重要な意味をもつと思われるので、以下では、東京湾西岸移行期の事例を地域別に確認してみたい。

1　東京湾西岸各地の様相

a．「相模」平塚市真田・北金目遺跡（河合ほか 2003・2008）（第 2 図）

真田・北金目遺跡は丹沢山地東南麓を流れる金目川流域に位置し、王子ノ台遺跡や砂田台遺跡とともに中期中葉に遡る長期継続型集落群を構成する。本遺跡は宮ノ台式終末期に環濠が廃絶するものの、集落規模を縮小しつつ後期初頭に継続する。2 区 SI014、19 区 SI004・SI005・SI006、32B 区 SI002・SI012 はその時期の竪穴で、沈線区画羽状縄文帯の壺（1〜4）や甕（5・6）、ナデミガキ整形の折り返し口縁長胴甕（7・8）、多段輪積装飾甕（9）など、総じて高い規格性が窺える。とりわけ、縄文帯下位に振り幅が広く独立した山形文帯を施す久ヶ原式の典型的な壺（1）が数個体出土している点は特筆される。本遺跡で久ヶ原式初頭に集落が営まれていたことは疑いない。

しかし、これらの土器要素を在来の宮ノ台式に遡らせることは難しい。中期段階の相模に輪積装飾甕のプロトタイプは認められず、ハケとナデの比率も房総に比べると明らかにハケの比率が高い。東京湾西岸で一般的な壺の羽状縄文帯を頸部最小径に施す属性も（第 1 図 1、第 3 図 1）、胴部上半を主要施文部とする房総宮ノ台式や久ヶ原式とは異なる（第 1 図 5〜7、第 2 図 1・2・4）。ただし、多条の羽状縄文を口縁部にもつ壺や浅鉢はむしろ相模西部を分布の主体としており（第 1 図 2）（杉山 2010）、沈線区画の定着する久ヶ原式の文様と接点をもつ。

b．「武蔵南部」横浜市権田原遺跡（古屋 2014）（第 3 図）

権田原遺跡は、宮ノ台式期に大規模集落群を形成した鶴見川流域に所在す

第Ⅲ部　コラム集

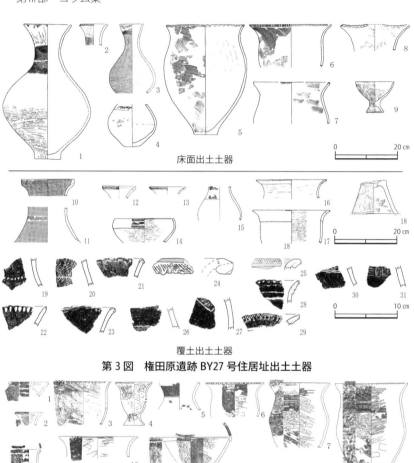

床面出土土器

覆土出土土器

第3図　権田原遺跡 BY27 号住居址出土土器

1-4…82号住居跡　5-8…97号住居跡
9-12…72号住居跡

第4図　午王山遺跡出土土器

〈中期末〉　　　　　　　　　〈後期〉

鶴喰 SF01　　　　　　　　　　　　　　　　　　　尾崎 環濠

第5図　東駿河中期末から後期初頭における口縁部の変化

る拠点的環濠集落である。鶴見川流域では、折本西原遺跡などの拠点的集落も含め、ほとんどの遺跡が宮ノ台式終末期までに廃絶した様相を示す。その中で、本遺跡は真田・北金目遺跡と同じく久ヶ原式初頭に遡る資料が少数ながら報告され、特にBY27号住居址では床面から宮ノ台式最終末、覆土中から主に久ヶ原式初頭の土器が出土する良好な層位関係が検出された。

問題となる床面出土資料からの連続性については、この時期東京湾西岸に多く分布する口縁部羽状縄文壺（3）を除き、久ヶ原式に直接繋がる要素は認められない。覆土資料は、羽状縄文帯に沈線区画を有する鉢（14）や壺（15）、ナデ整形の折り返し口縁（16）や頸部一段有段甕といった、三浦半島でも見られる久ヶ原式初頭の典型的なあり方を示している。なお、実見したところ、未報告の宮ノ台式土器はBY27号址床面資料と同様、鶴見川流域で一般に見られる地域性とよく整合しており、久ヶ原式への型式学的な展開は看取できなかった。もちろん、層位が連続する以上、中期から後期への移行期にも集落は継続したとみて相違ない。しかし、環濠の廃絶や竪穴数の凋落から、後期初頭には大幅に集落規模が縮小し拠点性を失ったことも確かであり、権田原遺跡BY27号住居址出土土器のような事例は大規模な発掘調査が行われた港北ニュータウン地域でも類例を欠く。完全な断絶とは言えないまでも、本地域で急激な人口減少を伴う地域社会の解体が起こった事実を覆すものとは言いがたい[4]。

C.「武蔵北部」和光市午王山遺跡（鈴木2001）（第4図）

武蔵野台地北東部の荒川低地右岸崖上に立地する。宮ノ台式期の小規模集落が、後期には久ヶ原式、岩鼻式、菊川式の複数系統が入り混じる複雑な土器様相を呈しつつ、環濠をもつ拠点的集落に成長する。本地域の特異性を示す遺跡である。

宮ノ台式終末期の6次82号住居跡では、口縁部多条帯縄文壺片（1）が床面付近から出土するが、その他は覆土中の回転結節文壺片（2）や（脚台付）ハケ甕（3・4）など、久ヶ原式との接点は薄い。岩鼻式系土器も出土しているが、覆土中の出土で一括性には疑問符がつく（柿沼2008）。8次97号住居跡では、沈線区画の口縁部多条羽状縄文壺片（5）が、床面付近で出土した

ハケ甕小片（6）や岩鼻式甕（7・8）より高い位置で出土しているが、岩鼻式は柿沼編年2期（古）の時期が与えられており（同2008）、また出土位置も同時性を保証しない。6次72号住居跡では、床面付近〜覆土下層で東京湾岸系（9〜11）が岩鼻式2期（古）の鉢（12）と伴出している。沈線区画口縁部多条帯縄文壺（9）や口唇部交互押捺と頸部に段を有するナデ整形長胴甕（11）の組成は、実測図上では後期初頭に認定しうる内容と言えるが、実見したところ東京湾岸のオリジナルに比べ稚拙なつくりで、編年の基礎資料とするのは躊躇される[5]。これらを総合的に勘案すると、柿沼氏（同2008）が指摘するように、72・97号住居跡の時期は後期前半まで下る可能性がある。つまり、本遺跡における真の後期初頭の様相はまだ定かになったとは言いがたい[6]。

2　久ヶ原式の成立と伝播のプロセス

　以上、後期初頭の資料がある程度まとまって出土した東京湾西岸の遺跡では、在来の宮ノ台式から単系的に久ヶ原式へと発達する様相が認められないことを確認した[7]。しかし、比田井氏や筆者が想定した東京湾東岸から久ヶ原式が各地に波及・定着したとするモデルについては、他にも検討すべき課題がある。

　ひとつは、壺の折り返し口縁の普及である。宮ノ台式の壺は素口縁を基本としており、折り返し口縁は久ヶ原式の新しい要素として出現する。これは東京湾東岸を母体とする久ヶ原式の成立過程とは異質な現象であり、無視することはできない。宮ノ台式にごく稀に見られる折り返し口縁に起源を求める意見（轟2014）もあるが、筆者は宮ノ台式の親縁型式である駿豆地方有東式土器も、雌鹿塚式土器に移行する過程で急激に折り返し口縁化が進む点を重視し、太平洋岸の帯縄文土器大様式圏内で同時的広域的に進行した現象として理解する考えをもっている（第5図）。轟氏は宮ノ台式の折り返し口縁を妻沼低地北島式土器の影響と大胆に論じるが、北関東在来土器群と中部高地栗林式土器の折衷型式である北島式の宮ノ台式への明らかな影響は妻沼低地においてすらごく一部にとどまる[8]。やはり、久ヶ原式の口縁部装飾は、後期初頭に新たな装飾部位として太平洋岸で広域的に派生する過程で、久ヶ原

式本来の加飾化傾向に親和的な要素として発達した整形技法と見る方が妥当であろう。

　もうひとつ、口縁部に多条羽状縄文を有する壺や浅鉢の問題がある。筆者はかつて、これらの宮ノ台式期における分布が東京湾西岸を主体とする点を指摘し、東京湾西岸の要素が久ヶ原式成立に影響を与えた一例として捉えた（杉山 2010）。これらは、東京湾西岸在来の要素に文様帯を沈線で区画する東京湾東岸の施文法が波及し、久ヶ原式の組成に取り込まれて成立した可能性がある。しかし、東京湾東岸でも後期の早い段階からこれらの土器が多く出土しているので、必ずしも東京湾西岸でのみ進行した現象とは断言できない。

　後者のように、個別要素に関しては検討課題も残るものの、久ヶ原式の成立と伝播のシナリオを簡潔に図式化すれば以下のようになる。まず、東京湾東岸で在来の宮ノ台式要素の整理と限定規格化が進み、久ヶ原式の諸要素が生成されたことは前稿（杉山 2010）のとおりである。その動きと同時に、東海から関東で広域的に口縁部粘土貼付技法が普及し、口縁部を装飾帯とする原理が採用されることで久ヶ原式が成立する。ほどなく、三浦半島などを経由して東京湾西岸に久ヶ原式の製作技法が波及し、一部西岸的要素を取り込みつつ東京湾岸一帯に定着していく。その伝播過程は、大規模な集団移住の証拠がないことから見て、後期初頭にはまだかろうじて残存していた宮ノ台式期の地域間ネットワークを通じ、情報として地域社会の再編成が進む東京湾西岸に拡散したものと推測される。

　先に見た午王山遺跡を含む武蔵北部の様相は、この伝播モデルと表裏一体の関係で捉えられる。この地域は北島式系分布圏に接する宮ノ台式分布圏の周縁部にあたり、当該期の集落や地域社会の構造・規模は東京湾岸や相模とは大きく異なる。宮ノ台式の在地化過程を読み取ることも難しく、むしろ東京湾岸諸地域との関係性が土器様相に強く反映していた可能性が高い[9]。後期になると、久ヶ原式は中部高地系の岩鼻式や東海東部系の菊川式と共存しつつ、一層複雑な集団関係のあり方を示すようになる[10]。山形縄文壺や多段輪積装飾甕といった典型的な久ヶ原式の出土が極めて限られるという午王山遺跡の特性は（松本 2007）、それらが搬入品か集落内生産かにかかわらず、

293

本地域の変わらぬ周縁性によるものと思われる。それは、隣接する多摩川下流域に久ヶ原式が濃密に分布する地理条件にもかかわらず、菊川式系の波及により異なる展開が進行した下戸塚遺跡と同様、久ヶ原式の成立に関与できるような社会的条件になかったことを暗に示している。後期を通じて安定的に発展する東京湾東岸とは著しく異なる状況にあったことがあらためて想起されよう。

このように、久ヶ原式の成立と伝播が複雑なプロセスを経ていることは間違いなく、したがって、東京湾両岸で久ヶ原式の成立を異なる現象として把握することは、社会構成史的にも重要な意味をもつと考えられるのである。

結語

南関東弥生中期後葉の地域社会は、等質的な集団関係を基礎に灌漑水田中心の地域開発を志向し、環濠を核とする居住域及び墓域からなる累積的な集落構成と、生活利器と威信財の安定的な遠隔地流通システムを発達させる特質をもつ（杉山2014）。

こうした中期社会は、後期初頭前後に急速に解体へと向かう。東京湾東岸から既存のネットワーク経由で伝播した久ヶ原式と、東海地方から相模湾／東京湾経由で拡散した菊川式系、関東山地丘陵部から進入した中部高地櫛描文系（岩鼻式、朝光寺原式、金の尾式）、常総系縄文多用土器群の南下といった錯綜した状況は、中期の伝統的ネットワークに楔を打ち込み、次に続く山中式集団の相模への入植を含め、後期社会の基盤となる新たな集団編成とネットワークの成立を促す結果をもたらす。しかし、こうした社会変動の原因の究明はいまだ緒についたばかりであり、今後の大きな課題である。

小稿に関する資料観察や挿図作成については、石井寛、植田雄己、白石哲也、中嶋由紀子、中村勉、根本岳史、古屋紀之の諸氏にご尽力を賜った。末筆ながら記して感謝します。

註
1) 中期末での地域差を代表し、かつ断絶が顕著な代表例として、東京湾東岸では

自縄回転結節文（第1図6）、西岸（特に相模西部）では帯縄文下部の櫛描鋸歯文（同3）が挙げられる。
2）このことから、三浦半島とその基部付近は、地域区分上、他の「東京湾西岸地域」とは弁別される。そして、後期には東京湾東岸と共通の分布圏を形成するに至る。
3）筆者は、宮ノ台式の残存要素と久ヶ原式の萌芽要素の伴出する時期が房総を中心に認められる可能性から、作業仮説として久ヶ原0式を設定した（杉山2010）。その妥当性は引き続き検討を要するが、小稿では便宜的に、その時期を含む大村直氏（2004）の久ヶ原1式に相当する時期を後期初頭、久ヶ原2式相当を後期前半と呼ぶことにする。
4）ただし、東京湾に開口する多摩川下流域周辺については、三浦半島と同様、後期に久ヶ原式が安定して分布することから、中期社会を基盤に発展的に後期へ展開した可能性を残す。
5）柿沼氏（2008）は、岩鼻式集団の手によるものではないかと推測している。
6）近接する花ノ木遺跡では、宮ノ台式終末期〜後期前半の土器が出土しており、宮ノ台式に混ざって白岩式の壺片も検出されている。武蔵野台地東縁部では菊川式に先立つ中期後葉段階から既に東遠江地方と一定の関わりがあった可能性も指摘されており（石坂1994）、局地的な地域間ネットワークの存在や連続性を探る上で今後とも注目される地域である。
7）人とモノが個別に移動する以上、地域性（考古学的文化）は相対的な量的偏差から設定される必要がある。巨視的に見ても、東京湾西岸で久ヶ原式に直接繋がる宮ノ台式はスポット的に出土しているに過ぎず、久ヶ原式汎東京湾岸成立説に有利な材料はほとんど見当たらない。
8）妻沼低地はもとより、木曽免遺跡や代正寺遺跡といった南北両系統の土器が混在する荒川低地右岸台地上の遺跡でも折衷土器はごく客体的で、口縁部の折衷形は皆無に近く、北島式系列と宮ノ台式は最終段階まで明確に峻別される。宮ノ台式壺において、素口縁に対し出現率が1％を優に下回る折り返し口縁は、そもそも型式学的検討の素材としての適性に欠けると言わざるをえない。
9）総体的に、宮ノ台式の古い時期は東京湾西岸、新しい時期は房総方面の影響が色濃く窺える。
10）後期初頭の真田・北金目遺跡群でも、甲州方面との関連を示す中部高地系櫛描文土器が出土している。しかしその出現は客体的で、主体はあくまで第2図に示した久ヶ原式であり、武蔵北部との相違は明らかである。一方、相模湾沿岸部の馬場台遺跡第17号住居址では、少量の久ヶ原式に対し、後期初頭に位置付けられる菊川式と甲州地方金の尾式に類似した土器群が主体を占める状況が確認された（立花2010）。こうした土器組成の出現が後期初頭を起点とすること、また武蔵北

第Ⅲ部　コラム集

部と相模の土器様相が後期を通じて東海地方の動向と連動することを考えると、小地域ごとに異なる展開を示す後期社会のあり方は、この時期に形成された集団関係に長期的に規定され続けた可能性も検討する必要があろう。

引用・参考文献

石坂俊郎　1994「花ノ木遺跡出土の弥生土器について」『花ノ木・向原・柿ノ木坂・水久保・丸山台』埼玉県埋蔵文化財調査事業団報告書第134集

大村　直　2004『市原市山田橋大山台遺跡』市原市文化財センター調査報告書第88集

柿沼幹夫　2008「北武蔵中央部の後期土器」『南関東の弥生土器Ⅱ～後期土器を考える～』関東弥生時代研究会　埼玉弥生土器観会　八千代栗谷遺跡研究会

河合英夫他　2003『平塚市真田・北金目遺跡群発掘調査報告書4』平塚市真田・北金目遺跡調査会

河合英夫他　2008『平塚市真田・北金目遺跡群発掘調査報告書6』平塚市真田・北金目遺跡調査会

白石哲也　2009「三浦半島における宮ノ台式土器の編年と様相」『考古論叢神奈河』第17集　神奈川県考古学会

杉山祐一　2010「房総における宮ノ台式土器から久ヶ原式土器への変遷」『西相模考古』第19号　西相模考古学研究会

杉山祐一　2014「南関東から見た弥生中期妻沼低地集落群の特質」『熊谷市前中西遺跡を語る～弥生時代の大規模集落～』関東弥生文化研究会　埼玉弥生土器観会

鈴木一郎　2001「和光市午王山遺跡における弥生時代土器の変遷」『あらかわ』第4号　あらかわ考古談話会

立花　実　2010「神奈川県西部地域における弥生時代後期の土器様相と中部高地型櫛描文土器」『中部高地南部における櫛描文系土器の拡散　資料集』山梨県考古学協会

轟　直行　2012「久ヶ原式土器の成立に関する再検討」『考古学集刊』第8号　明治大学文学部考古学研究室

轟　直行　2014「久ヶ原式土器の装飾帯─複合口縁装飾帯と口頸部装飾帯の系譜─」『考古学集刊』第10号　明治大学文学部考古学研究室

比田井克仁　2003「久ヶ原式土器成立考」『法政考古学』第29集　法政考古学会

古屋紀之　2014『権田原遺跡Ⅲ　弥生時代後期～古墳時代前期編』港北ニュータウン地域内埋蔵文化財調査報告47　横浜市教育委員会・公益財団法人横浜市ふるさと歴史財団

松本　完　2007「武蔵野台地北部の後期弥生土器編年─埼玉県和光市午王山・吹上遺跡出土土器を中心として─」『埼玉の弥生時代』埼玉弥生土器観会

【コラム3】

弥生時代中期～後期への移行期の様相
―下総―

小林　嵩

1　はじめに

　昨年のシンポジウム当日は、各地域の土器様相と共に、利器・装身具等の流通に関して意見交換がなされ、これまで意見交換が行われることが少なかった各遺物の研究者同士との意見の摺り合わせが行われ、大きな成果を挙げた。本稿ではシンポジウム当日にはあまり取り上げられることのなかった、弥生時代中期～後期への移行期の様相について触れたい。特に筆者の研究対象地域である下総について簡単に報告する。

2　各時期の様相（第1図）

　下総は周知の通り、弥生時代後期は南北の土器が折衷した結果生まれた「臼井南式」が分布し、様々な文化の混交する地域として知られている（田中2005）。そのような状況は中期後半、宮ノ台式の時期も同様であり、成田市関戸遺跡や佐倉市大崎台遺跡、千葉市城の腰遺跡などで確認することができる。以下に中期後半～後期前半の大まかな様相を述べる。

a．弥生時代中期後半（宮ノ台式・足洗式～阿玉台北式）

　上総と比較してその遺跡数は少なく、長期的に継続する集落も少ない。東京湾沿岸～印旛沼南西岸に宮ノ台式を主体とする集落が集中し、北東部へ向かうにつれて南北の土器が混交する集落が多くなり、現在の香取市近辺には北関東系土器群である足洗式・阿玉台北式が主体の小規模な集落が存在し、分布圏の境界を見ることができる（石川1998）。下総における宮ノ台式期の集落はETⅡa～Ⅱb期（小倉1996）にかけて最も遺跡数が増加するが、宮

第Ⅲ部　コラム集

ETⅢ期

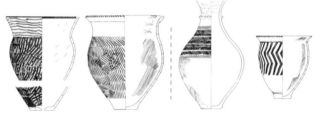

宮ノ台式と阿玉台北式の混交。一部の宮ノ台式に附加条縄文が用いられる等、折衷・変容する。

大崎台1式期

北関東系土器群単相の時期。

大崎台2式期

北関東系土器群がほぼ単相で分布し、僅かに南関東系土器群が分布。

高花Ⅰb期・小玉Ⅱ段階・久ヶ原式期

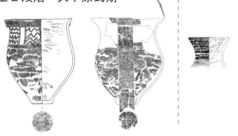

北関東系土器群がほぼ単相で分布し、僅かに南関東系土器群が分布。

高花Ⅱ期・小玉Ⅲ～Ⅳ段階・久ヶ原2式期

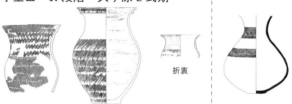

南関東系土器群との混交・折衷が印旛沼南岸を中心に見られるようになる。

第1図　中期後半～後期前半の下総の土器様相の変化

ノ台式最終末のETⅢ期は集落数が減少し、大崎台遺跡や台方下平Ⅱ遺跡・関戸遺跡等が確認されるのみとなる。そしてこの後、南関東系土器群である宮ノ台式の出土は途絶え、北関東系土器群である大崎台1式が下総において単相で分布するようになる[1]。

　b．弥生時代後期前半（久ヶ原1～2式・高花Ⅰ～Ⅱ期）

　大崎台1式期から引き続き、下総は北関東系土器群がほぼ単相で分布する時期にあたり、大崎台2式期（高花Ⅰa）における南関東系土器群は、苅込台遺跡や松崎Ⅳ遺跡等で僅かに確認されるのみである。続く高花Ⅰb期もその状況にほぼ変わりはない。久ヶ原2式・高花Ⅱ期になると、印旛沼南岸において、「臼井南式」が成立し、土器からも南北の交流があったことが顕著に判断できるようになる。その後の山田橋1式・高花Ⅲ期以降は活発に交流があったことが判明している（高花2007・小林2013）。

3　まとめ

　このように下総における弥生時代中期から後期への移行期の土器様相を概観すると、中期末葉の大崎台1式期に南関東系土器群は一度断絶しており、中期～後期へ連綿と系譜を保つのは北関東系土器群である。中期から後期にかけて東北南部の桜井式や天神原式の影響を受けて成立した阿玉台北式を祖形とし、中部高地の多条の櫛描波状文等の影響[2]を受けて成立した大崎台1式（小玉2002・小林2014）から複合口縁が定着を始める大崎台2式へと変化する。高花Ⅱ期・久ヶ原2式以降は南関東系土器群の影響を受けて変容した所謂「臼井南式」も見られるようになるが、大崎台1式からの系統を引く北関東系土器群は後期を通して下総に分布している。

　下総で見られた大崎台1式～大崎台2式期の北関東的な土器の南下現象は下総だけではなく、相模・武蔵方面の朝光寺原式の成立も同様の現象の結果と考えられる。このような北方の土器の南下現象の背景や、幾度か指摘されてきた弥生時代後期初頭の集落数の激減という現象（西川1991、石川2011）の背景としては、自然科学的な分析結果として、気候の寒冷化が指摘されている（今村・設楽2011、小橋2014）。今後は土器様相だけではなく、中期～後

期の移行期の社会像を考古資料を用い検討し、具体的に環境の変化が人々の生活にどのような影響を与えたのか、といった点を含めて考察していく必要がある。

註

1) 但し、甕形土器の口唇部に刻みが施されるものも存在することから、南関東系土器群の影響を受けていた可能性はある。大崎台1式が宮ノ台式に併行するか、久ヶ原式に併行するかは、市原市椎津茶ノ木遺跡123号遺構の評価も含め、今後の資料の増加を俟って判断したい。
2) 栗林2式の甕形土器に大崎台1式に類似した縦区画の櫛描文内に横走波状文を施す資料があるが、大崎台1式とは編年上隔たりがあり、文様構成は系譜と考えていない。しかし、多条の櫛描文という要素は中部高地系の影響と考える。

引用・参考文献

石川日出志　1998「弥生時代中期関東の4地域の併存」『駿台史学』第102号　駿台史学会　pp.83-108

石川日出志　2011「関東地域」『弥生時代（上）』（『講座日本の考古学』5）青木書店　pp.397-429

今村峯雄・設楽博己　2011「炭素14年の記録から見た自然環境－弥生中期－」『多様化する弥生文化』（『弥生時代の考古学』3）同成社　pp.48-69

小倉淳一　1996「東京湾東岸地域の宮ノ台式土器」『史館』第27号　史館同人　pp.32-69

小玉秀成　2002「涌井遺跡の桜井式土器－桜井式土器の南下と阿玉台北式および周辺型式の設定－」『玉里村立史料館報』第7号　玉里村立史料館　pp.53-82

小橋健司　2014「東京湾東岸における弥生時代後期後半の様相」『久ヶ原・弥生町期の現在－相模湾／東京湾の弥生後期の様相－』西相模考古学研究会　pp.59-76

小林　嵩　2013「下総における弥生時代後期の南関東系土器群について」『駿台史学』第149号　駿台史学会　pp.161-182

小林　嵩　2014「下総における弥生時代中期後半〜後期初頭土器編年の再検討」『古代』第133号　早稲田大学考古学会　pp.123-141

高花宏行　1999「印旛沼周辺地域における弥生時代後期の土器の変遷について」『奈

和』第37号　奈和同人会　pp.17-43

高花宏行　2001「臼井南遺跡群出土弥生土器の再評価」『佐倉市史研究』第14号　佐倉市　pp.45-63

高花宏行　2007「「臼井南式」と周辺土器様相の検討」『財団法人印旛郡市文化財センター　研究紀要5』財団法人印旛郡市文化財センター　pp.27-50

高花宏行　2009「印旛周辺地域における中期末葉から後期初頭の様相」『南関東の弥生土器2－後期土器を考える－』考古学リーダー16　六一書房　pp.203-209

田中　裕　2005「国家形成初期における水上交通志向の村落群－千葉県印旛沼西部地域を例として－」『海と考古学』六一書房　pp.331-353

西川修一　1991「相模後期弥生社会の研究」『古代探叢Ⅲ－早稲田大学考古学会創立40周年記念考古学論集－』早稲田大学出版部　pp.249-273

報告書

石倉亮治・黒沢　崇　2004『佐倉市岩名町前遺跡－佐倉印西線道（緊急地方道路整備）埋蔵文化財調査報告書－』(『千葉県文化財センター調査報告第490集』) 千葉県土木部・財団法人千葉県文化財センター

井上文男・間宮正光　2012『苅込台遺跡（第2次）』(『柏市埋蔵文化財調査報告書69』) 柏市教育委員会

内田儀久・川嶋英彦　1986『海隣寺於茶屋遺跡発掘調査報告書』佐倉市教育委員会

内田儀久・田村言行・横田里司・高橋　健一　1979『江原台－土地区画整理事業に伴う千葉県佐倉市江原台1遺跡Ⅱ区の発掘調査報告書－』江原台第1遺跡発掘調査団

菊池健一　1999『千葉市戸張作遺跡Ⅱ』千葉市東寺山第三土地区画整理組合

菊池真太郎・谷旬・矢戸三男　1979『千葉市城の腰遺跡－千葉東金道路建設工事に伴う埋蔵文化財調査報告3－（千葉市大宮地区）』日本道路公団東京第一建設局・財団法人千葉県文化財センター

小谷龍司　1995『千葉県佐倉市八木宇廣遺跡発掘調査報告書』(『財団法人印旛郡市文化財センター発掘調査報告書第111集』) 財団法人印旛郡市文化財センター

佐倉市大崎台遺跡B地区遺跡調査会　1986『大崎台遺跡発掘調査 報告Ⅱ』佐倉市大崎台遺跡B地区遺跡調査会

鈴木道之助・沼沢豊・深沢克友ほか編　1977『東寺山石神遺跡』財団法人千葉県文化財センター

第Ⅲ部　コラム集

古宮隆信・野村誠二・竹崎真夫　1976『中馬場遺跡第三次発掘調査報告書』千葉県柏市教育委員会

宮内勝己・大沢孝ほか　1993『千葉県佐倉市高岡遺跡群Ⅱ』(『財団法人印旛郡市文化財センター発掘調査報告書第71集』) 生活協同組合千葉県勤労者住宅協会・清水建設株式会社

宮澤久史・朝比奈竹男　2003『千葉県八千代市栗谷遺跡（仮称）八千代カルチャータウン開発事業関連埋蔵文化財調査報告書Ⅰ－第2分冊－』大成建設株式会社

宮　重行　2009『成田新高速鉄道・北千葉道路埋蔵文化財発掘調査報告書2－印旛郡印旛村小原第1遺跡・小原第2遺跡・堀尻第2遺跡－』(『千葉県教育振興財団調査報告第620集』) 成田高速鉄道アクセス株式会社・財団法人千葉県教育振興財

【コラム4】

総武の内海―東京湾―と小銅鐸

白井 久美子

1 分布域と系譜

　東京湾は古代の総・武蔵・相模に囲まれた内海である。近現代に陸路が主流となるまで湾岸の流通と交流を育んだ水域であり、相模と伊豆に囲まれた相模湾―「相模の内海」に対して、「総武の内海」であったといえる。
　本書の主題である相模と総武の内海をめぐる弥生時代後期の様相の一端として、小銅鐸の分布と特性をとりあげることにしたい。
　中国大陸に起源をもつ青銅の鳴り物のうち、小型の銅鈴（どうれい）が朝鮮半島を経由して九州に伝わったのは、弥生時代中期前半とみられる。稲作文化の本格的な波及と連動してもたらされた銅鈴は、列島の農耕祭祀に用いられて倭様化し、2つに分かれた。ひとつは、半島から搬入された銅鈴本来の鳴り物としての機能を保持した小銅鐸に、もう一方は銅鐸という独特の祭器に発展する。
　小銅鐸の出土例は、北部九州から静岡県の駿河湾沿岸にわたる銅鐸分布圏を超えて関東地方におよび、半島経由で波及した弥生時代の青銅製品のうち、腕輪・指輪などの装身具に次いで広範に分布する。出土地点は、弥生時代中・後期の環濠集落の分布域にほぼ重なっており、環濠集落の波及とともに伝播したことがうかがえる。特殊化した銅鐸とは対照的に単純な形と携帯できる大きさを保ち、日常のマツリに用いた祭器であったといえよう。
　小銅鐸の出土例は、2014年12月現在57例に達しており、この25年間でほぼ倍増している（第1表）。かつて、出土例がなかった北陸の福井県・石川県でも発掘例が相次ぎ、分布域を広げている。また、関東地方では群馬県・栃木県・神奈川県・東京都・千葉県に分布し、総数は16点に及んで列島全

第Ⅲ部　コラム集

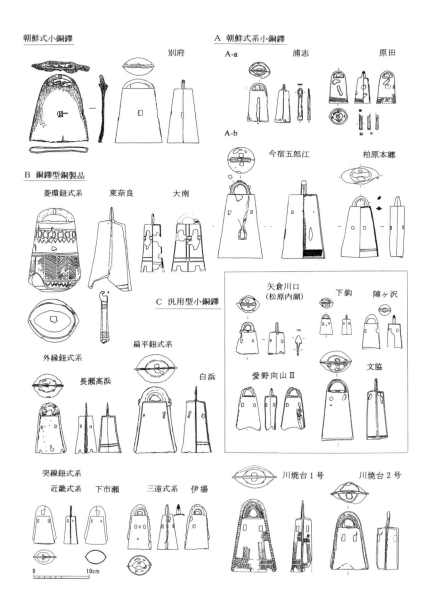

第1図　小銅鐸分布図―関東地方を中心に―　（番号は第1表に対応）

体の出土例の 3 割近くを占める。さらに、その 9 点が東京湾東岸の上総に集中する。

2 同工品の可能性をもつ小銅鐸

小銅鐸には地域による纏まりや差異が認められ、極めて類似した製品が複数見受けられる。このなかには同じ工房で作られたか、同じ原型を基に作られた同工品が存在すると考えられる。しかし、単純な形態の小銅鐸について同工品を抽出する意義については、あまり注目されていなかったといえる。小銅鐸を第 2 図のように分類して、銅鐸型銅製品を中心に同工品抽出の可能性を探り、それらを受容した背景を検討してみた（白井 2015）。

菱環鈕式・外縁付鈕式・扁平鈕式銅鐸を模した銅鐸型銅製品は、九州～近畿地方に分布し、数も限られている（第 1 表）。突線鈕式の段階になると、分布域が一挙に拡がり、類例が急増する。岡山県真庭市出土の下市瀬鐸は、鰭が身の裾より高い位置にあり、無文ながら近畿式を模した唯一の例で、ほかは三遠式を模した例である。三遠式系の銅鐸型銅製品は 7 例あり、すべて静岡県以東で出土しており、うち 5 例は関東地方に集中する。6 例について検討し、文様をもつ川焼台 1 号型（川焼台 1 号・青木原）、無文の川焼台 2 号型（川焼台 2 号・田間・内沢・中溝）の 2 型式を確認した。

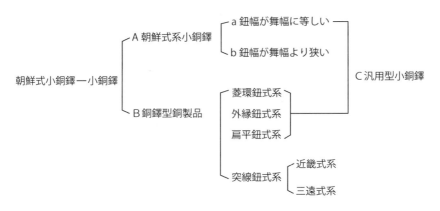

第 2 図　小銅鐸の分類

第Ⅲ部　コラム集

第1表　小銅鐸出土地名表

No.	遺跡名	所在地	出土状況	高さ(cm)	鈕	鰭	分類	廃棄時期	備考
1	原田	福岡県嘉麻市嘉穂町	木棺墓捨外	5.5	有	無	A-a	弥生中期前半	有文有舌、碧玉管玉
2	大南	福岡県春日市大字小倉	溝	10.1	有	無	B	弥生後期	菱環鈕、有文
3	板付	福岡県福岡市博多区	ピット	7.6	有	無	A-a	弥生後期	有舌
4	今宿五郎江	福岡県福岡市西区	溝（谷部包含層）	13.5	有	無	A-b	弥生後期前半	鐸身円筒状
5	浦志	福岡県前原市浦志	溝	6.5	有	無	A-a	弥生後期	有舌
6	井尻B	福岡県福岡市南区	住居跡	5.3	有	無	A-a	弥生後期後半	銅戈鋳型・銅滓・坩堝出土
7	元岡・桑原遺跡群	福岡県福岡市西区元岡	川	6.5	有	無	A-a	弥生後期後半	銅鏃先・貨泉・銅鏃出土
8	元岡・桑原遺跡群	〃	〃	5.5	有	無	A-a	弥生後期	（九州大学統合移転地内）
9	立明寺遺跡B地点	福岡県筑紫野市立明寺	方形周溝西角下層	4.5+	有	無	A-a	弥生後期前半	下部欠失
10	比恵	福岡県福岡市博多区	井戸	5.5+	有	無	A-a	弥生後期中頃	
11	本行	佐賀県鳥栖市江島町	溝	5.0+	有	無	B	弥生後期	鈕欠失
12	別府	大分県宇佐市大字別府	住居跡	11.8	有	無	朝鮮式	弥生後期	故意に押し潰される
13	多武尾	大分県大分市横尾	溝	4.7+	有	無	A-a	弥生後期後半～末	片面欠失
14	上日置女夫木	熊本県八代市方保田	包含層	5.3	有	無	A-a	弥生後期～古墳出現期	有舌
15	江原	徳島県美馬市脇町	（伝来）	6.3	有	無	C		鐸身円筒状
16	弘田川西岸	香川県善通寺市仙遊町	包含層	3.7+			(A-b)	弥生後期前半	舞～鐸身上部の破片
17	長瀬高浜	鳥取県東伯郡羽合町	住居跡	8.7	有	無	B	古墳前期	外縁鈕、有舌
18	東郷北福	鳥取県東伯郡東郷町	丘陵上（畑）採集	9.4	有	無	C		鐸身内欠失、扁平鈕
19	下市瀬	岡山県真庭市落合町	井戸跡付近	5.6	有	無	C	弥生後期	突線鈕近畿式系、舌状石製品
20	矢部南向	岡山県倉敷市矢部南向	住居跡小穴	6.4	有	無	C	弥生後期後半	扁平鈕、鐸身円筒状
21	横寺	岡山県総社市新本	溝	5.5	有	無	C	弥生	扁平鈕
22	瓜生助	福井県越前市瓜生町	住居跡	7.0+	無	無	C	弥生後期	下部欠失
23	藤江B	石川県金沢市藤江	自然河道	7.3+	有	無	C	弥生後期～古代	鈕一部欠失
24	高篠	兵庫県三木市細川町	住居跡壁溝（鎌倉）		有	無	C		内突帯
25	月若第96地点	兵庫県芦屋市月若町	ピット	6.6+	有	無	C	古墳出現期～前期	下部欠失
26	寛弘寺	大阪府南河内郡南河内町	住居跡	6.1	有	無	C	弥生中期中葉～後期	鐸身円筒状、鈕欠失、内突帯
27	上フジ	大阪府岸和田市三田町	溝	4.5+	有	無	C	弥生後期初頭	
28	柏原本郷	大阪府柏原市本郷	溝状遺構	10.5	有	無	A-b	弥生後期	円環鈕、内突帯
29	東奈良	大阪府茨木市東奈良	溝（弥生中期）	14.2	有	無	B	弥生中期中頃	菱環鈕、綾杉文有り、銅製舌付
30	矢倉神門（松原内湖）	滋賀県彦根市松原町	溝（奈良時代）	5.5	有	無	C	弥生後期	銅鏃の舌
31	下鈎	滋賀県栗東市下鈎	環濠内の溝	3.4	有	無	C	弥生中期末	「導水施設」出土か
32	草山	三重県松阪市久保町	包含層	5.4	有	無	C	弥生後期	銅鏃の舌
33	白浜貝塚	三重県鳥羽市浦村町	貝塚	12.0	有	無	C	弥生後期	扁平鈕、耳付、内突帯
34	余野神明下	愛知県丹羽郡大口町	表面採集	5.6	有	無	C	弥生後期	内突帯
35	朝日	愛知県西春日井郡清州市	包含層	6.8±	無	無	(C)	弥生後期	草刈H区鋳系の失敗作か
36	愛野向山Ⅱ	静岡県袋井市愛野	木棺墓付近	7.5+	無	無	C	弥生後期後半	銅鏃の舌、大井戸八木型
37	伊場	静岡県浜松市東伊場	採集品	7.8	有	無	B	弥生後期	突線鈕三遠式系
38	有東第1	静岡県静岡市駿河区	表面採集	6.4	有	無	C	－	
39	関峯	静岡県沼津市東井出	表面採集	7.8	有	無	C	－	裾部に型持孔
40	青木原	静岡県三島市南二日町	御殿川旧河道	12.6	有	無	C	弥生後期～後半	突線鈕、川焼台1号型
41	陣ケ沢	静岡県富士市船津	（横穴式石室）	4.2	有	無	C		
42	海老名本郷	神奈川県海老名市本郷	住居跡	7.6+	有	無	C	古墳前期	内突帯、大井戸八木型
43	河原口坊中	神奈川県海老名市河原口	土壙	7.9	有	無	C	古墳前期	内突帯、大井戸八木型
44	内沢	神奈川県平塚市広川公所	溝	10.0	有	無	C	弥生末	突線鈕、川焼台2号型
45	高田馬場3丁目	東京都新宿区高田馬場	住居跡床面	5.8	有	無	C	弥生末	内突帯
46	中郷	東京都八王子市椚田町	溝	3.5+	有	無	C	弥生末	鈕欠失
47	中溝Ⅱ	群馬県太田市新田	住居跡	4.3+	有	無	C	古墳出現期？	突線鈕、川焼台2号型
48	田間	栃木県小山市田間	採集品	10.3	有	無	B		突線鈕、川焼台2号型
49	大井戸八木	千葉県君津市大井戸	土壙墓	9.5	有	無	C	弥生後期	土壙墓、銅釧・管玉・勾玉
50	中越	千葉県木更津市大久保	住居跡	6.4	有	無	C	古墳出現期？	内突帯、有孔石製品付（舌か）
51	文脇	千葉県袖ケ浦市野里	木棺墓	10.8	有	無	C	弥生後期	内突帯、管玉・小玉
52	水神下	千葉県袖ケ浦市奈良輪	旧河道	6.3	有	無	C	弥生末～古墳出現期	銅鏃・石製垂飾品伴出
53	天神台	千葉県市原市村上	住居跡	6.8	有	無	C	弥生後期	下部欠失再加工か
54	川焼台1号	千葉県市原市草刈	住居跡	12.3	有	無	B	弥生末後期	突線鈕、袈裟襷文
55	川焼台2号	千葉県市原市草刈	住居跡？	9.8	有	無	B	古墳出現期～前期	突線鈕
56	草刈Ⅰ区	千葉県市原市草刈	住居跡	5.0+	無	無	C	弥生後期	内突帯
57	草刈H区	千葉県市原市草刈	方墳周溝内土壙	5.9	有	無	C	古墳前期古段階	朱壺付出

a．川焼台1号型

　川焼台1号鐸と青木原鐸は、突線鈕式袈裟襷文銅鐸を模した銅鐸型銅製品である。2例の各部位の大きさは、鋳型のズレや収縮、川焼1号鐸の裾部が欠失後研磨されている点などを考慮するとほぼ同規格の製品と考えて良い値で、鐸身裾部の内突帯の有無が異なる。川焼台1号鐸は、鈕に3条の突線、鐸身に横帯2条・縦帯2条から成る袈裟襷文をもつ。鰭に斜行する櫛歯文、鐸身の帯状文に綾杉状の浮彫り文が鋳出されている。青木原鐸は、鈕に5条の突線、鐸身の下部に綾杉状の横帯文が1条あり、横帯文から上方に向けた突起が2か所に見られる。川焼台1号鐸を重ねると、突起はそれぞれ縦帯文2条の外郭線・綾杉文の中心線に当たることから、川焼台1号鐸と同様の袈裟襷文を基にしていると見られる。横帯文の下に1条の突線を廻らせ、鰭の文様を省略するなど、文様に変容は見られるが、川焼台1号鐸に極めて近い図柄のひな形を用いたことがわかる。

b．川焼台2号型

　川焼台2号鐸と田間出土鐸は、突線鈕式銅鐸を模した無文の例である。2例の各部位の計測値はかなり近似しており、鐸身高は両者とも72㎜である。また、左右の鰭の幅も等しい。2点とも鈕の突線は2条、舞の型持孔は片側に1孔のみで、鐸身の型持孔の位置もほぼ一致する。両者とも舞孔側の鐸身型持孔がふさがっており、同規格の鋳型を使用した製品と考えて良いであろう。

　内沢鐸は、川焼台2号鐸・田間出土鐸と同じひな形を用いた可能性のある製品である。立面形は、形態・大きさ共に川焼台2号鐸に極めて近い。鐸身の型持孔は2例より5㎜ほど上に位置しているが、大きさはほぼ等しい。湯廻りが悪くふさがった型持孔は内面に明瞭な凹みを遺しており、川焼台2号鐸・田間出土鐸の未開口の型持孔も同様であろう。

　中溝Ⅱ鐸は、舞部と鐸身上部を除いて欠失するが、鰭をもち、摩滅した鈕の痕跡がある。川焼台2号鐸・内沢鐸の立面図を84％に縮小すると、中溝Ⅱ鐸にほぼ重なる。舞部の形状・側面観とも内沢鐸に近似する。川焼台2号・田間・内沢鐸の縮小版と考えられ、これらの4例は、川焼台2号鐸に代

表される型式として捉えられる。

　浜松市の伊場出土例は未確認であるが、鈕・鐸身の形状、型持孔の位置が上記の6例とは異なる。突線鈕三遠式銅鐸の中心的な分布域の例であり、再検討を要する。

3　銅鐸型銅製品展開の背景

　銅鐸出土例の東限は、掛川市小出ヶ谷遺跡の突線鈕三遠式銅鐸で、菊川より西側にあたる。青木原鐸の出土した三島市は、銅鐸分布圏の周縁部に位置し、周辺では突線鈕近畿式銅鐸の双頭渦文飾耳が沼津市藤井原遺跡・伊豆の国市段遺跡で出土している。一方、銅鐸分布圏外の関東地方の5例は、相模・総武の内海沿岸と総武の湾奥を遡る河川（江戸川・利根川）沿いに点々と分布しており、東進した弥生文化がいち早くこのルートでつながることを示している。

　関東地方への弥生文化の波及ルートは、中期の本格的な水田稲作・環濠集落・方形周溝墓をもたらした相模・総武の内海沿いの東海道ルートを幹線として、後期前半には鉄製の長剣・刃関双孔剣・鉄釧などの鉄製品の分布に見られる日本海側から中部高地を経由した内陸ルートが顕在化する。後期後半は、さらに活発な地域間交流を反映して、双方の威信材が関東地方で融合することになる。小銅鐸が関東地方に波及するのはこの頃であろう。小銅鐸は、北陸と関東にあって中部高地に分布しない青銅製品であるが、帯状銅釧はむしろ中部高地と関東地方に分布の中心をもち、甲斐・駿河・伊豆にも分布する。帯状銅釧の関東への波及には、中部高地から南下して内陸・東海道の2つの道を経由した可能性がある。土壙墓に副葬された2例の小銅鐸（49 君津市大井戸八木・51 袖ケ浦市文脇）に濃紺のガラス玉・水晶玉と共に鉄石英管玉が伴っているのは、両ルートの流通を反映したものといえる。大井戸八木例ではさらに翡翠勾玉と4連の帯状銅釧が伴う。

　さて、突線鈕三遠式系の銅鐸型銅製品がもたらされたのは、東海道を経由した総武の内海ルートであったといえる。また、最終段階の銅鐸を模した銅鐸型銅製品が関東地方に集中し、一定の型式を保って汎用型小銅鐸と併存す

ることは、東国的な弥生文化受容のあり方として興味深い。小銅鐸が半島から搬入された農耕祭祀の祭器として波及する一方で、弥生時代後期後半に至って銅鐸祭祀の様子が関東地方に波及したことを示しているからである。突線鈕式系の銅鐸型銅製品が墓から出土した例はなく、住居跡・旧河道・溝の出土に限られている。特に、川焼台の2例は住居跡に廃棄あるいは埋められていたと見られ、単に銅鐸の形を模しただけではなく、ムラの祭場で特別なマツリに用いるという、銅鐸の意義を兼ね備えていたのではないかと思われる。川焼台2号鐸が廃棄されたのは古墳時代出現期新段階以降とみられ、前期古段階には同じ草刈遺跡群内で汎用型の草刈H区鐸がその役割を終えて墓壙に副葬されている。銅鐸祭祀が終焉を迎える時期に、ムラの祭場で用いる銅鐸型銅製品と司祭などが携帯する汎用型小銅鐸が併存した可能性を示しているのではないだろうか。

註

　弥生時代後期前半とした年代観は、本シンポジウム資料集小橋報告「草刈遺跡周辺の久ヶ原式・山田橋式」の久ヶ原1式～2式新、後期後半は山田橋1式・同2式古・同2式新、古墳時代出現期古段階を中台1式、出現期新段階を中台2式と捉えている。さらに古墳時代前期古段階の南中台2式後半～同3式に草刈1式がほぼ対応する。

引用・参考文献

井上洋一　1993「銅鐸起源論と小銅鐸」『東京国立博物館紀要』第28号　東京国立博物館

池田　治ほか　2010「神奈川県内出土の弥生時代金属器（2）」『かながわの考古学』（財）かながわ考古学財団

岩名建太郎ほか　2011『青木原遺跡Ⅱ』（財）静岡県埋蔵文化財調査研究所

小田冨士雄　1991「金属器をめぐる日韓交渉－銅鐸の出現」『日韓交渉の考古学』六興出版

神尾恵一　2013「銅鐸型銅製品祭祀の研究－いわゆる小銅鐸祭祀について－」『古文化談叢』九州古文化研究会

第Ⅲ部　コラム集

白井久美子　2002「小銅鐸圏の東縁」『古墳から見た列島東縁世界の形成』千葉大学考古学研究叢書 2

白井久美子　2015「小銅鐸同工品の検討」『型式論の実践的研究Ⅲ』千葉大学大学院人文社会科学研究科

進藤　武　2009「銅鈴と銅鐸の成立」『花園大学考古学研究論叢Ⅱ』花園大学考古学研究室 30 周年記念論集刊行会

野口義麿　1967「栃木県小山市田間発見の銅鐸について」『考古学雑誌』第 52 巻第 4 号日本考古学会

野島　永　2004「弥生時代後期から古墳時代初頭における鉄製武器をめぐって」『河瀬正利先生退官記念論文集　考古論集』河瀬正利先生退官記念事業会

比田井克仁　2001「関東における「小銅鐸」祭祀について」『考古学雑誌』第 86 巻第 2 号　日本考古学会

【コラム5】

吉ヶ谷式土器研究に対する展望と課題

内 藤 千 紗

1 はじめに

　吉ヶ谷式土器は、埼玉県東松山市吉ヶ谷遺跡住居址出土遺物を基に認識された土器型式である（金井塚1965）。現在の埼玉県北西部を中心に分布し、入間川を挟んだ南側には東京湾岸系土器群が展開する。器種は壺・甕・高坏・鉢・甑から成り立つ。吉ヶ谷式土器全体に共通する特徴は、（徐々に消失する傾向にあるが）輪積痕を残し縄文を施文した土器として捉えられる。施文される縄文原体は単節RL・LR、無節R・Lなどであるが、いずれも東京湾岸系土器群と比較すると目の粗い縄文である。
　本稿ではシンポジウムの成果を踏まえて、北川谷編年との対比を行いながら吉ヶ谷式土器各時期の様相を提示し、現状の課題と展望をまとめたい。

2 吉ヶ谷式土器の編年観

　吉ヶ谷式土器は中部高地系櫛描文土器である岩鼻式土器との時間的前後関係を軸に検討されてきた[1]。現在では岩鼻式土器を3期、吉ヶ谷式土器を3期に区分し、吉ヶ谷式土器は後期中葉に出現し、古墳時代初頭まで継続する型式として概ね理解されている（柿沼1982・94・96・2006・09・14、柿沼・佐藤・宮島2008、柿沼・宮島2010）。
　編年観の基準となる甕形土器は器形・器面調整・口唇部文様の変化などから二大別できる。本稿では甕形土器の変遷を基にして大きく3時期に区分し、各時期の様相を次に述べる。

3 吉ヶ谷式土器の成立

吉ヶ谷式土器成立期に類する資料は横浜市関耕地遺跡 11 号住居址（田村ほか 1997）から出土しており、北川谷 3 期に併行するものと考えられる。胴下半部の刷毛目調整、口唇部の刻目施文等、文様原体が縄文か櫛描文かの差異以外は文様の施文部位を含めて先行する岩鼻式甕からの連続性を持つ。東松山市八幡遺跡 6 次 2 住（柿沼・宮島 2010）や同市高坂二番町遺跡 1 次 12 号住（柿沼・佐藤・宮島 2008）の共伴資料から、現状では岩鼻式と吉ヶ谷式が同時併存しながら文様原体の置換により緩やかに移行していく様相を呈する。岩鼻式甕からの非連続的な要素として輪積装飾が挙げられ、器形についても系譜的な問題が指摘されている。吉ヶ谷式壺の 2 帯縄文帯や甕の輪積装飾は東京湾岸系土器群との関連が想定されているが（松本 2003、柿沼 2009）、甕の輪積装飾の初現は岩鼻式 3 期であり、時間的な間隙から南関東地方からの影響とは安易には捉えにくい。また頸部の立ち上がりが緩やかな長胴形を呈する吉ヶ谷式甕の古相の器形は岩鼻式 2 期までしか遡れず、その系譜が注目されている（佐藤 2012）。

岩鼻式・吉ヶ谷式土器の併行期に確認できる細長の頸胴部帯縄文甕や無文刷毛調整甕は、当該地域のみならず武蔵野台地北部や多摩丘陵南東部に類例が存在する（第 1 図 1〜4）。このような土器については「仮称上星川式」（滝澤 1985）や「長尾台北式」（浜田・宮川 2003）の提唱もなされており、吉ヶ谷式土器成立前の先行型式と捉えるのか、あるいは既存の土器型式の範疇で捉えるのかが争点となっており、土器の基礎的な分類を通じて吉ヶ谷式土器の古段階の要素を抽出し、周辺地域との比較検討を行うことが課題である。

4 吉ヶ谷式土器の展開と拡散

北川谷 4 期に相当する時期の吉ヶ谷式甕は胴上半部に輪積痕を残さないものが主体となり、胴下半部には丁寧にヘラミガキが施される。この時期には樽式土器分布の南縁部である神流川流域（埼玉県本庄市周辺）や鏑川流域（群馬県甘楽郡・富岡市）でも吉ヶ谷式土器が確認でき（恋河内 1991、大木 1997、深

吉ヶ谷式土器研究に対する展望と課題（内藤）

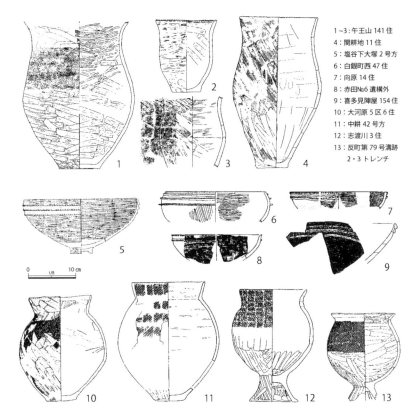

第1図　吉ヶ谷式土器および関連資料（各報告書より引用）

澤1999・2000）、樽3期に相当する樽式土器との共伴事例や折衷土器が見受けられる。荒川流域では対岸の大宮台地上でも吉ヶ谷式土器が確認され（笹森1990）、多摩丘陵での朝光寺原式土器との共伴事例や武蔵野台地上を中心とした東京都内での事例が報告されており（浜田・宮川2003）、散発的ではあるが客体的に器種組成の一部を構成するような形で各地に広まる。器種に主だった偏りは存在しないが、各地の吉ヶ谷式高坏を事例としてみてみると、口縁上部の貼付突帯に刻みを施す高坏（第1図6～9）が出土し、輪積を摘み上げて突帯を形成する荒川中流域の高坏（第1図5）とは異なる。北川谷4期以降には吉ヶ谷式土器は各地に広がるが、分布の中心域では他地域の土器と

第Ⅲ部　コラム集

の共伴事例が稀少である。この事実は一つの特質と言えるが交差編年の妨げになる要因でもある。しかしながら各地に展開する土器の検討により吉ヶ谷式土器と周辺地域の関係性を論じることは可能である。

5　吉ヶ谷式土器の終焉

東海系や南関東系の器種組成の一部を構成し、吉ヶ谷式土器の規範に乱れが生じた土器群を吉ヶ谷系土器（吉ヶ谷式系土器）と呼称され（柿沼 1994・96・2014）、消長が注目されている。北川谷5・6期に相当する。

当該地域における吉ヶ谷系甕の特徴としては、口縁部から胴上半部にかけて縄文を施文し胴下半部成形にヘラミガキを施す等、前段階からの連続性が確認できる一方で口唇部は無文化する。また、頸部が「く」の字状に屈曲する甕（第1図10・11）や輪積痕が明瞭に残り縄文が施文される台付甕（第1図12・13）が出現し、器形の多様化が看取できる。近年では坂戸市大河原遺跡5区での調査事例を軸に周辺地域に広がる吉ヶ谷系土器の検討の必要性を示唆した論考もある（藤野 2012a・b）。樽式・二軒屋式・十王台式土器分布域にも広がる吉ヶ谷系土器[2]の比較検討を踏まえた分類や細分の可能性も残されている。

6　おわりに

吉ヶ谷式土器の成立から終焉まで甕形土器を基準にして周辺地域とのあり方を交えながら論述してきた。

丘陵地や台地上に占地する吉ヶ谷式期の集落のあり方については、周辺地域と比較した生業形態の特質に関して近年注目されている[3]。現状では対比できる資料が限られているが、樽式・朝光寺原式等の櫛描文土器群、大宮台地や武蔵野台地上に存する近隣の東京湾岸系土器群との詳細な検討を行うことで、吉ヶ谷式期の特質を見出すだけではなく、相互関係も理解し得ることになるだろう。

註
1) 吉ヶ谷式土器や岩鼻式土器を巡っては数多くの論考が存在する。研究初期の動向については柿沼幹夫や小出輝雄らによって詳細にまとめられている（柿沼1982、小出1997）。
2) 吉ヶ谷系土器は、群馬県域では鏑川流域の他に赤城山南麓地域にも広がりを見せ（深澤1999・2000）、栃木県域では渡良瀬川流域南岸に広がる傾向にある（矢島1984）。
3) 吉ヶ谷式期の石器は磨石・石皿などの器種が主体を占め、土製紡錘車の出土事例も顕著である（佐藤1994、村松2002・03）。四反歩遺跡3号住では、住居内から石皿・磨石・土製紡錘車が出土し、住居周辺には不整円形の土坑が検出されている。こうした遺構と遺物のセット関係が確認できる事例はままあり、岩鼻式期から吉ヶ谷式期にかけて荒川中流域の遺跡が低地部から丘陵部へ移行する傾向にあることからも（柿沼2014）、集落の占地やそれに伴う生業の特質を持つ集落像を想定できる（内藤2012）。

引用・参考文献

大木紳一郎　1991「赤井戸式土器の祖形について」『研究紀要』8　（財）群馬県埋蔵文化財調査事業団

大木紳一郎　1997『南蛇井増光寺遺跡Ⅴ』(財)群馬県埋蔵文化財調査事業団調査報告書第217集

柿沼幹夫　1982「吉ヶ谷式土器について」『土曜考古』第5号　土曜考古学研究会

柿沼幹夫　1994「吉ヶ谷式土器を出土する方形周溝墓」『検証！関東の弥生文化』埼玉県立博物館

柿沼幹夫　1996「方形周溝墓出土の土器（埼玉県）」『関東の方形周溝墓』同成社

柿沼幹夫　2006「岩鼻式土器について」『土曜考古』第30号　土曜考古学研究会

柿沼幹夫　2009「北武蔵中央部の後期土器」『南関東の弥生土器2－後期土器を考える－』六一書房

柿沼幹夫　2014「前中西遺跡の周辺をめぐる課題」『熊谷市前中西遺跡を語る－弥生時代の大規模集落』六一書房

柿沼幹夫・佐藤幸恵・宮home秀夫　2008「岩鼻式土器から吉ヶ谷式土器へ－東松山市高坂二番町遺跡第1次第12号住居跡出土土器をもとに－」『国士舘考古学』第4号

第Ⅲ部　コラム集

国士舘考古学会

柿沼幹夫・宮島秀夫　2010「岩鼻式土器から吉ヶ谷式土器へその2－東松山市八幡遺跡6次2号住居跡出土土器をもとに－」『埼玉考古』第45号　埼玉考古学会

金井塚良一　1965「埼玉県東松山市吉ヶ谷遺跡の調査」『台地研究』16　台地研究会

恋河内昭彦　1991『真鏡寺後遺跡Ⅲ』児玉町文化財調査報告書第14集　児玉町教育委員会

小出輝雄　1997「宮ノ台式土器の周辺－吉ヶ谷土器を中心として（序論）－」『人間・遺跡・遺物―わが考古学論集3－』文献出版

小島純一　1983「赤井戸式土器について－赤城山麓の後期弥生土器の一様相－」『人間・遺跡・遺物―わが考古学論集1－』文献出版

笹森紀己子　1990「大宮市内出土の外来系土器について」『研究紀要』第2号　大宮市立博物館

佐藤康二　1994「Ⅳ　発掘調査の成果と課題」『大野田西遺跡』(財)埼玉県埋蔵文化財調査事業団報告書第138集

佐藤康二　2012「吉ヶ谷式土器成立に関する覚書」『考古学論攷』Ⅰ　千葉大学文学部考古学研究室

滝沢　亮　1985「第Ⅵ章　結語」『釜台町上星川遺跡』相武考古学研究所

田村良照ほか　1997『関耕地遺跡発掘調査報告書』観福寺北遺跡発掘調査団

浜田晋介・宮川和也　2003「吉ヶ谷式土器の拡散と変容－東京都・神奈川県内の集成－」『埼玉考古』第38号　埼玉考古学会

内藤千紗　2012「弥生時代後期の竪穴建物の変化と画期－吉ヶ谷式土器分布圏を対象として－」『法政考古学』第38号　法政考古学会

深澤敦仁　1999「「赤井戸式」土器の行方」『群馬考古学手帳』vol.9　群馬土器観会

深澤敦仁　2000「群馬県出土の「赤井戸式」土器について」『東日本弥生時代の後期土器編年』第1分冊　東日本埋蔵文化財研究会福島県実行委員会

藤野一之　2012a『大河原遺跡2』坂戸市教育委員会

藤野一之　2012b「吉ヶ谷系土器の終焉に関する一考察」『駒澤考古』37　駒澤大学考古学研究室

松本　完　2003「後期弥生土器形成過程の一様相－埼玉県中央・北西部の事例から－」『埼玉考古』第38号　埼玉考古学会

村松　篤　2002「弥生時代の紡錘車」『埼玉考古』第37号　埼玉考古学会

村松　篤　2003「吉ヶ谷期の石器文化－棒状磨石と扁平磨石－」『埼玉考古』第 38 号　埼玉考古学会

矢島俊雄　1984「堀米遺跡の土器について－栃木県の吉ヶ谷・赤井戸系土器について－」『唐澤考古』第 4 号　唐澤考古会

図版出典

1〜3：鈴木一郎　2010『市内遺跡発掘調査報告書－午王山遺跡（第 14 次）－』和光市埋蔵文化財調査報告書第 42 集　4：田村ほか　1997　5：恋河内昭彦　1990『塩谷下大塚遺跡』児玉町文化財調査報告書第 11 集　6：宮下孝優　2013『新宿区白銀町西遺跡』共和開発株式会社　7：藤波啓容　1994『向原遺跡』板橋区向原遺跡発掘調査団　8：渡辺　務　1994『赤田地区遺跡群』集落編Ⅰ　日本窯業史研究所　9：髙杉尚宏　1996『喜多見陣屋遺跡Ⅲ』世田谷区教育委員会　10：藤野 2012a　11：杉崎茂樹　1993『中耕遺跡』埼玉県埋蔵文化財調査事業団報告書第 125 集　12：長滝歳康　2005『南志渡川遺跡・志渡川古墳・志渡川遺跡』美里町遺跡発掘調査報告書第 16 集　美里町教育委員会　13：赤熊浩一　2011『反町遺跡Ⅱ』埼玉県埋蔵文化財調査事業団報告書第 380 集

【コラム6】

草刈古墳群土器編年の基準資料と隣接地域への影響

田　中　　裕

1　はじめに

　草刈古墳群土器編年は、千葉県市原市の草刈古墳群（草刈遺跡）出土土器を中心として、加藤修司（2000）により報告され、その後、少なからず引用されてきている。この編年観は、前期古墳の編年を容易にするため、古墳出土土器を用いた編年とすること、とりわけ周溝出土例が多い、甕により時期を判断できるようにすることなどの基本方針を議論した上で編まれた（田中2002）。

　その後、同じ市原市内の大規模調査の整理作業が進み、それらの報告書刊行を受けて、大村直（2004）により弥生時代後期後半の土器群が詳細に分析された。これに伴い、弥生時代後期久ヶ原式と、古墳時代前期における私どもの草刈古墳群土器編年との間をつなぐ編年体系が示された。久ヶ原式の後継として「山田橋式」、「中台式」が設定され、これに続く私どもの草刈古墳群土器編年は「草刈1式」、「草刈2式」、「草刈3式」という様式名におおむね対応する形で改められて再設定された。

　大村によるこの整理は、市原市内の土器編年観ではあるが、房総半島における弥生時代後期から古墳時代前期の土器編年として一つの到達点を示しており、大いに影響力がある。これに伴い、私どもの示した草刈古墳群土器編年も再度参照される機会が増えた。このとき、私どもの当初報告では（加藤2000）、例えば草刈1期の開始期について、その前の土器群との相違に力点を置いて説明していないこと、草刈1期・草刈2期をそれぞれ前半と後半に分けたことから、大村の提示する体系的編年観に組み込むと、「中台式」等

と重複部分が生じているなど、注意を要する部分がでてきている。実際、大村によって「中台式」の詳細が発表されると、私どもの草刈1期が「中台式」と重なり、「草刈1式」が草刈1期と草刈2期の間に挟まるように設定されたことが判明した（大村2009）。標識遺跡名が同じであるが、「期」と「式」で異なる番号の編年案が併走することとなり、必ずしも同じ番号の示す時期が対応しないとなると、混乱の恐れがある。

　とはいえ、ひとえにこの問題は、草刈古墳群土器編年が当初から内包していた問題点が招いたことともいえる。実際こうした問題が起こることを予見し、すでに編年の基本的考え方を説明しているが（田中2002）、いま改めて参照される際の、草刈古墳群土器編年の前提、実際の資料にみられる問題点等を整理しておきたい。また、地域編年を構築した際の次なる課題である、広域編年の考え方について、東海や近畿等と対応させることも必要であるが、近隣土器群との関係を示す資料の積み上げが肝要である。とりわけ地域色が強いため相互の関係が漠然としか把握できなかった北関東系土器（茨城県域の土器）との併行関係を知る手がかりについて、充実しつつあるので触れておきたい。

2　甕を基軸とした編年にみえる壺の多様性

　草刈古墳群土器編年は、千葉県内の出現期古墳を含む前期古墳の分析に供する目的で整理したものである（第1図）。したがって、基本的に集落出土土器ではなく、墳墓出土の土器を集成し、その実態を踏まえた上で、汎用的で実用的な編年案作成を試みた。とりわけ発掘調査における古墳出土資料は、量的に、周溝出土資料が多くを占める。その器種構成を調べると、甕の出土比率が極めて高いのが実態である（田中2000）。このことから、甕によって時期を判断できるようになると、より多くの小規模方墳等を編年的研究に位置づけることができる。また、壊れやすい煮沸具である甕は、外来の影響を被ることはあっても、比較的伝統的かつ連続的変化をたどりやすい生活用具である。集落との併行関係を知る上でも寄与する可能性が高い。東海や近畿の土器様式編年において、甕が重要な指標になっている点を考慮すれば、広

草刈古墳群土器編年の基準資料と隣接地域への影響 (田中)

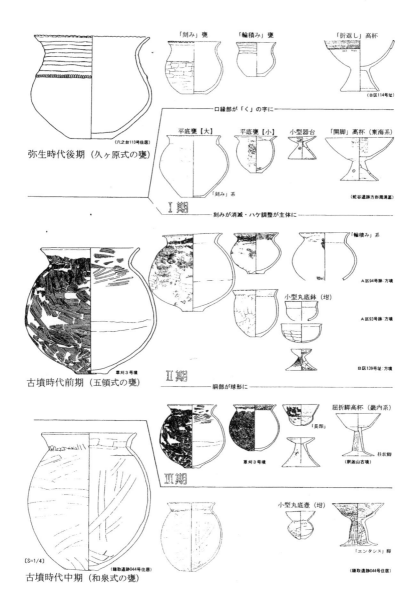

第1図　草刈古墳群土器編年の概要 (田中 2002) (縮尺 1／10)

域編年の対比軸としても、甕の編年軸整備は不可欠といえる。

　関東の土器編年において、甕は必ずしも基軸には置かれてこなかった。その理由は、微視的な視点、巨視的な視点の二方面で問題があったからである。細かくみると、甕にはとりわけ口縁端部形状に外来ないし在来の諸要素が多数混在しており、要素毎に分解する組列の整理では、個体の一体性を十分に反映しにくく、有効性が疑わしくなる。一方、大まかにみると、甕はそれらの多様性を内包しながらも全体的に共通する部分については緩慢に変化するため、甕以外の器種のほうが連続的変化を細分しやすく、型式学的編年がすでに進んでいるという現実に直面する。つまり、細分が進んでいる先端的な研究に対して、甕の緩慢な変化を基軸にすることは、時代に逆行するような錯覚にとらわれる。

　実際に、甕の緩やかな編年にあわせて伴出土器を整理してみると、壺の一部を除き、高杯や器台その他の器種にはほとんど矛盾を生じる余地はなかった。このことは、甕を基軸とした様式編年の有効性を示すが、一方で、それまでの細分化された土器編年研究とは逆行するような、大つかみの編年観にならざるをえなかった。他器種の編年観を併用すればさらなる細分は可能であったが、そうしなかったのは、汎用性の高い地域編年という当初目的を重視したためである。

　ここで問題となるのが、古墳出土土器（おもに周溝出土土器）を甕の緩やかな編年にあわせて整理すると、ほとんどの器種は整合するが、壺については理論上の型式変化と合致しないと思われる例が少なからず含まれる点である。周溝出土の場合、必ずしも下層出土土器と上層出土土器を峻別できない例も多いので、資料の一括性が低いことによる新古の混在が常に疑われるとはいえ、これだけ大つかみの分類にもかかわらず、とくに壺において異様に古相の例が含まれる印象がある。特定器種のみが整合しないとなると、その要因を一括性の疑念にのみ押しつけるだけでは、問題は解決しないかもしれない。その代表例が、そもそも草刈古墳群土器編年の基準資料とした、草刈3号墳周溝下層土器群である（白井ほか1994）。

　草刈3号墳周溝下層土器群は、極めて多数の甕を含む一括性の高い土器群

草刈古墳群土器編年の基準資料と隣接地域への影響（田中）

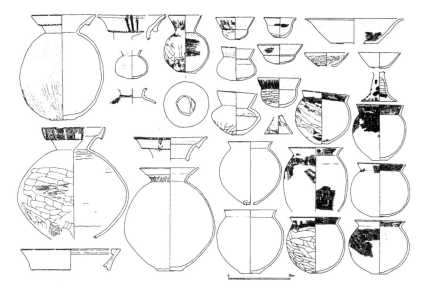

第2図　草刈3期の基準資料（千葉県草刈3号墳下層土器群抜粋）

と評価して、草刈2期と草刈3期を分ける基準資料としている（第2図）。いいかえると、当該土器群にみられる甕のバリエーションに注目し、同様の甕が含まれる土器群を草刈3期と認識しているのである。同じ周溝覆土から滑石製腕飾片[1]が出土している点も考慮している。なお、草刈3期は五領式の新しい段階、すなわち前期後半または前期後葉の土器群として設定しており、中期の和泉式に接続するまでを大枠で代表させている。この土器群に含まれる壺をみると、理論的に整合性のある折返し口縁壺はもちろんであるが、ほかに棒状浮文を多数有する有段口縁壺、三条一単位の刻みを持つ棒状浮文を有する折返し口縁壺、大郭式の大型壺などが含まれている。これらを、一定期間に共存した壺のバリエーションと見なすか、長期間かけて周溝内に蓄積された土器と見なすか、である。上層の中期土器群との比較においては、築造後の早い時期とみられる、まとまった層位からの出土状況と認められる。伴出した大量の甕は均質的で、未使用に近い品を含む。長期間の蓄積と断じられる出土状況とは、いいがたいのである。したがって、壺の場合はとりわけ、理論的に古相のものと新相のものとが、バリエーションとして共存して

323

第Ⅲ部　コラム集

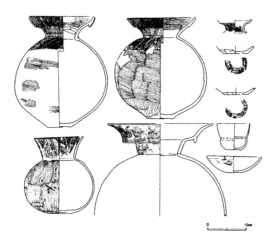

第3図　茨城県面野井2号墳周溝出土土器

いる期間が長い可能性を考慮するべきではないか、というのが、草刈古墳群土器編年の提案時における議論であった。

棒状浮文を多数持つ壺の例として、茨城県つくば市面野井古墳群出土土器群（第3図）がある（小林 2014）。同様に周溝出土例である。壺のみを見ると、草刈1期にも比較

したくなる古相のものである。これに対し、小型丸底鉢形の土器などの組成は、草刈2期と共通する。壺のみを最初に献げる行為ののちに、長期にわたって土器が持ち込まれた可能性は排除できないが、出土量や器種構成、出土状況からは、いささか想像しにくい。壺の構成のみに絞っても、安易に時期差とは認めがたい多様性がある。この特徴は、草刈3期の草刈3号墳下層土器群と類似する。草刈3号墳下層土器群が一括性の高い土器群と認めてよければ、その前段階（草刈2期）には、さらに古相の壺が相当に存在していたはずである。そう考えると、面野井古墳群例は、むしろ理論的に古相の壺が混在する土器群の、好例となる可能性もある。いずれにせよ、草刈古墳群土器編年は以上の前提に基づくものであることを念頭に、問題点があれば検証をお願いしたい。

3　草刈1期の基準資料と併行関係

草刈古墳群土器編年における草刈1期の土器群は、じつは草刈古墳群中にほとんど見ることのできない土器群である。同古墳群中で最古相の土器群をもつのは、前方後方墳の草刈99号墳であるが、千葉県内の古墳等ではそれよりも古相の土器群が知られていた。そこで、古墳分析のための汎用性をも

たせるため、草刈99号墳出土資料を、草刈1期と2期の境界土器群として、それ以前の土器群を草刈1期とみなし、設定したのである[2]。それ以前の土器群とは、流域は異なるものの比較的近隣に所在する、市原市神門古墳群の出土土器群である。すなわち提案者の意識としては、草刈99号墳出土土器と神門3号墳墳頂出土土器がおおむね対応するとみて、それらより古式とみられる神門5号墳、神門4号墳出土土器を加え、草刈1期の土器群とみなしたといいかえても差し支えない。ただし神門4号墳等では、墳頂部のほか、墳丘内や、とりわけ墳丘下（旧表土）において大量の土器が出土している点に一定の注意が必要である。

　このように、草刈古墳群土器編年では、編年上の基軸として伝統性が強いと考えられる甕の変化に求めているため、伝統性にしばられた緩慢な連続的変化の中に画期を見出すことになる。一方で、墳墓出土の土器群を対象として墳墓の編年のため考案したものであるから、古墳の時代はともかく、弥生時代からの変化を捉えることは難しい面がある。土器の大移動期に当たり、新来の要素が多く認められる一方で、それらの地域への定着は不十分な状態が草刈1期の特徴である。伝統要素の残存、新来要素の未定着、この二点を顕著に満たす最初の時点をどう把握するか、容易には意見の一致をみいだせなかったである。そこで、草刈1期については、神門古墳群を念頭に置いて出現期古墳を代表させ、それとは異なる草刈2期、3期を明確に切り取り、高杯・小型丸底鉢に頼らない編年案の実用化を優先した格好になったと認識している。

　なお、草刈1期と2期の境界にあたる草刈99号墳出土資料は神門3号墳墳頂土器群に併行する時期のものとみている。神門3号墳の資料は、千葉県木更津市高部30号墳や長野県松本市弘法山古墳のいくつかの器種に対応関係があり、副葬品においても対応関係がみられるので、広域編年上の基準資料と考えている。これらの見立てが正しければ、大つかみにいって草刈1期と2期の境界は、おおむね、東海西部における廻間2式から3式にかけての資料、近畿における庄内式から布留式にかけての境界の資料、ないし布留0式の前後資料に、積極的な比較対象が求められることになる。

4　草刈1期における甕の特徴

　草刈1期の甕とは、房総半島における「く」の字口縁甕の出現及び定着までの時期のものとしてよい。房総半島の弥生時代以来続く伝統的な甕は、千葉市以南の南部では、比較的緩やかに口縁部がひらく幅広の平底甕であり、頸部から口縁部にかけて輪積装飾をもつものと、輪積装飾の下端部（肩部にあたる）を残して輪積を撫で消したものとの2種類を基本とする。これらは房総半島内部でも地域的に分布の偏りが指摘されており、輪積装飾を主体とする甕は木更津市から富津市にかけて多く分布するのに対し、輪積を撫で消した甕は北部の市原市から木更津市にかけて多く分布する（酒巻ほか1996）。ただしこれらは、共通の特徴も多く、器形においては共通の変化が想定されることから、まったく別器種というわけではない。古相においては緩やかなくびれをもち、口縁が大きく開く器形であり、新相になると頸部が強くくびれ、胴部のふくらみが目立つようになる。また、口縁端部は押圧波状の「刻み」を有し、新相になると工具による「刻み」に変化する。「刻み」は口縁部だけでなく、輪積装飾の下端（肩部の段）に施される場合があるが、これも、輪積装飾の有無（ナデ消しの有無）に関わらず、認められる。したがって、「刻み」は、輪積装飾にみられる小地域性を超え、比較的広域で共有された伝統に基づくものである。口縁部「刻み」の有無は、「く」の字状口縁甕出現後の定着過程において、地域の伝統性発露を測る、重要な指標である。

　加藤修司（2000）は、草刈1期の甕について、口縁端部のこの「刻み」を重視している。一部の搬入品や外来の影響を極めて強く受けた甕を除くと、草刈1期の甕は基本的に口縁部「刻み」がある。外来の要素である「く」の字状口縁を採用して甕の形状が変化した後も、一定期間、口縁部に伝統的な「刻み」が施されることを見出したのである。なお、伴出例から見ると、「刻み」の消滅時期において平底甕と台付甕との間に明確な差がない。そもそも房総では、「弥生町式」の系譜とみられる台付甕は少ない。頸部が強く外反するこのころに流入してくる。一方、口縁部「刻み」がなくなった段階の「く」の字状口縁台付甕は、房総半島では主体的器種にならない。「刻み」の

消滅時期は、主体的器種である、「く」の字状口縁平底甕を中心とする土器群の成立時期と重なる。よってこの時期を、地域に定着した安定的な土器群が成立した時期とみなし、草刈2期とした。

したがって、草刈1期は、平底甕圏といわれる房総半島においても、比較的台付甕が多い時期であり、台付甕の多寡に地域性を見出すことができる。比較的少な

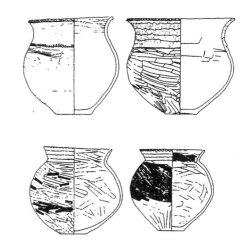

第4図　房総における弥生時代後期の甕（上段）と「く」の字甕（下段：千葉県打越遺跡）

い市原市以南の旧・久ヶ原式土器圏に比べて、千葉市以北の北総地域に広がる印手式分布圏では、台付甕を含む土器群への移行が顕著である。共伴例をみると、「く」の字状口縁台付甕とともに、おそらく「弥生町式」に系譜を求められる、頸部が強くくびれているものの屈曲はしない非「く」の字状口縁の台付甕も共存している。台付甕の流入が、房総半島内部における南から北への動きではなく、東京方面をはじめとする西関東からの動きが入り込んでくることを強調しておきたい。

同様に、平底甕圏でも地域的特徴が認められるのが、草刈1期である。すでに述べたように、久ヶ原式圏内における甕には2種類の平底甕が存在し、混在している（第4図）。輪積装飾を施す器種が内房地区南部（富津市〜木更津市）、肩部に段を残して輪積装飾を撫で消す器種が内房地区北部（木更津市〜市原市・千葉市）に多く、この地域的特徴は草刈1期においても影響している。内房地区北部では、口縁端部の「刻み」を有する「く」の字状口縁平底甕がいち早く主体的になるが、内房地区南部では輪積装飾がより根強く残り、おそらくはこの地区で生み出されたであろう、「く」の字状輪積口縁平底甕

第Ⅲ部　コラム集

（以下、「『く』の字輪積甕」と呼ぶ）が草刈1期を識別する特徴的な器種として多く混ざってくる。草刈1期の「く」の字輪積甕は、口縁端部の「刻み」を有し、頸部が明瞭に屈曲し、その上部に輪積装飾を2～3段程度残すものである（第4図）。これを生み出すまでの型式学的変化は、すでに酒巻忠史（1996）が富津市打越遺跡の資料を用いて詳細な編年案を示しており、富津市周辺における伝統の根強さを知ることができる。

　草刈2期になると、輪積装飾を一部残す例があるが、痕跡器官のように撫で消しが不十分なものが混ざり、口縁端部の「刻み」を失うなど、退化の論理で複数の特徴が整合してくるので、型式学的にわかりやすい変化を示す。これらは土器群の中で客体的に残るだけなので、1期から2期への変化が、単なる連続的変化だけではない安定的な土器様式の完成時点であることをものがたる。

5　南から北への人々の動きと北関東系弥生土器の終焉時期

　草刈1期前後にある程度限定的に現れる特徴的な器種として「く」の字輪積甕が存在し、この器種が決して面的に受容され生み出されたものではなく、房総半島東京湾岸南部の比較的限られた地域（内房地区南部）の所産であることに注目すると、この器種との共伴関係を追うことにより、草刈古墳群土器編年と他地域の土器編年とを広域で直接つなぐ資料になることがわかる。そこで注目したのが、茨城県域において出土例が認められ、しかも、十王台式や上稲吉式といった後期弥生土器との共伴例が認められる点である（第5図）。

　茨城県内における「く」の字輪積甕の存在が知られたのは最近ではなく、那珂市森戸遺跡の「豪族居館」堀下層出土土器に含まれることから、川崎純徳は付近の地名を採ってこれを「額田式」と名付け、この地域に特徴的な古式土師器として認識している（那珂町1988）。その後私は、この特徴が細部に至るまで千葉県域の特定地域の土器に由来する可能性を考え、再実測を進めた結果、千葉県域内房地区南部で出土する土器の「忠実品」であり、搬入された可能性も高いことを指摘した（田中2011）。ここで注目されたのは、と

草刈古墳群土器編年の基準資料と隣接地域への影響（田中）

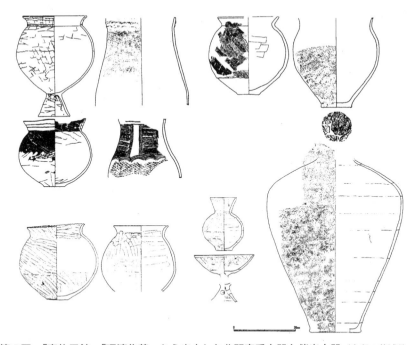

第5図　「豪族居館」「環濠集落」から出土した北関東系土器と伴出土器（上段：茨城県森戸遺跡抜粋【左：堀、右：118号住居跡】、下段：千葉県呼塚遺跡【堀Bブロック土器群】）

もに一括して溝に投入されたであろう土器群のなかに、地元茨城県域の土器2点が、含まれていた点である。このとき私は、堀出土のこの2点と、堀に伴う竪穴住居跡（118号）から出土した1点がともに茨城県域北部に分布する十王台式と述べたが、その後、竪穴住居跡出土例は、頸部無文帯の存在から、むしろ茨城県域南部の上稲吉式ではないかとの指摘をいただいている[3]。

　森戸遺跡「豪族居館」堀下層出土土器群は、全体に千葉県域の土器群と類似しており、甕とその他の器種の特徴は、草刈2期に相当する。これらのうち「く」の字輪積甕は最も古相にみえるが、よくみると口縁端部には刻みがなく、平底甕では指頭圧痕が軽微な施文になっているなど、草刈2期前半のごく限られた時期（感覚的には初頭）、限られた地域（房総半島東京湾岸南部）の土器と、区別できないほど細部の特徴が共有されている。

　そうなると、十王台式はもちろん上稲吉式も含めて、北関東系弥生土器は、

329

草刈 1 期併行期には強固に保たれており、草刈 2 期に移行するころ、急速に終焉にむかう可能性が高い。茨城県域北部の久慈川流域に所在する森戸遺跡の「豪族居館」とされる遺構の造営には、東京湾岸南部の土器群を持ち込むことのできる集団が重要な役割を担っており、そこには茨城県域南部の上稲吉式も持ち込まれ、地元・茨城県域北部の十王台式を一緒に用いた行事が行われている。茨城県域で「方形周溝墓」といわれる小規模方墳の導入も、ほぼこの時期（草刈 2 期に移行するころ）とみられる[4]。直接的には、こうした関東内部の動きが土師器定着の背景にあり、後期弥生土器の伝統を一掃する背景にもなったといえる。

　この動きを裏付ける遺跡が、千葉県域にもある。柏市戸張一番割遺跡、戸張城山遺跡、呼塚遺跡である。「環濠集落」と位置づけられるが、堀の一部は突出部を有し、戸張一番割遺跡例以外は全体が方形をなす箱形堀である点で、森戸遺跡等と共通する。なによりも森戸遺跡と同様に、堀に投入された大量の土器群の中に、ごく少量の北関東系弥生土器が完形に近い遺存状態で含まれている。この点は、祭祀等における諸所作において共通した部分があることをものがたる。呼塚遺跡の堀出土土器群は草刈 1 期と 2 期の境界期の土器群であり（第 5 図）、森戸遺跡と極めて近接する時期の所産である（齋藤洋ほか 2012）[5]。ただし、「く」の字輪積甕は少ない。そもそも、千葉県北部の北総地域は輪積甕圏内ではなく、一度も定着することはないのである。つまり、茨城県の森戸遺跡に東京湾岸の土器をもたらした集団は、北総地域の集団と同様の活動をしているであろうにもかかわらず、北総地域を通過して動いていると考えられる。

註

1) 草刈 3 号墳周溝出土滑石製腕飾片にもっとも近い類例は、前期末から中期初頭の基準資料である千葉市七廻塚古墳出土の滑石製腕飾とされる。ただし、周溝下層土器群と腕飾片の位置関係は明確ではない。
2) 大村直による編年で設定された「草刈 1 式」は、むしろこの境界土器群に相当すると思われる（大村 2009）。
3) 鈴木素行氏の御教示による。

4) 森戸遺跡から見下ろす久慈川低地は、久慈川と里川などの大河川が合流する地点に当たっている。この里川沿いに存在する常陸太田市瑞龍古墳群では、方形周溝墓（小規模方墳）群が調査されており、刻みのない「く」の字輪積甕が出土している。ほかの周溝からは、最終段階の十王台式が出土しており、森戸遺跡との類似性が注目される。なお、森戸遺跡からは茨城県域最古の前方後円墳と目される常陸太田市梵天山古墳等を望むことができる。

5) 報告書では、大村による体系的な編年の「中台2式」の土器が主体的であるとしている（齋藤洋ほか2012）。「中台式」は草刈古墳群土器編年における草刈1期と重複する様式のようであるが、呼塚遺跡の土器群には、草刈1期の資料に当たる甕（例えば、口縁部刻みを有する等）は稀であり、総じて草刈2期（の中でも前半）の特徴がある。「中台式」が草刈2期にも重複してくると、続く「草刈1式」の取扱いなどを含めて違和感がでてくる。手焙形土器や装飾器台等の特殊な土器に判断が引っ張られている可能性があり、またそうでないとすると、様式の細分が、構成する全器種の組成上の矛盾（バリエーション）を広域（県域程度の範囲）においては吸収しきれていない可能性も考慮する必要がある。

引用・参考文献

大村　直　2004「久ヶ原式・山田橋式の構成原理」『史館』第33号 史館同人

大村　直　2009『市原市南中台遺跡・荒久遺跡A地点』市原市文化財センター調査報告書第10集

加藤修司　2000「土器編年案」『研究紀要』21 財団法人千葉県文化財センター

小林和彦　2014『面野井古墳群－都市計画道路新都市中央通り線バイパス建設事業地内埋蔵文化財調査報告書－』茨城県教育財団文化財調査報告第391集　茨城県土木事務所・公益財団法人茨城県教育財団

齋藤洋ほか　2012『呼塚遺跡（第15次）発掘調査報告書』柏市埋蔵文化財調査報告書71 株式会社地域文化財研究所

酒巻忠史　1996「富津市打越遺跡の再検討」『君津郡市文化財センター研究紀要』Ⅶ 財団法人君津郡市文化財センター

酒巻忠史ほか　1996「甕形土器の様相から見た君津地方の小地域性」『君津郡市文化財センター研究紀要』Ⅶ 財団法人君津郡市文化財センター

白井久美子ほか　1994『千原台ニュータウンⅣ―草刈六之台遺跡―』財団法人千葉県

第Ⅲ部　コラム集

　文化財センター
田中　裕　2000「編年的研究に見る前期古墳の展開」『研究紀要』21 財団法人千葉県文化財センター
田中　裕　2002「五領式から和泉式への転換と中期古墳の成立」『帝京大学山梨文化財研究所研究報告』第 11 集　帝京大学山梨文化財研究所
田中　裕　2011「茨城県北部から出土した東京湾岸南部との土器―茨城県那珂市森戸遺跡「豪族居館」出土の古式土師器の再検討―」『茨城県史研究』第 95 号　茨城県立歴史館
那珂町　1988『那珂町史』自然環境・原始古代

【コラム7】

越後・佐渡における弥生時代後期の土器・玉・鉄・青銅器

滝沢規朗

1 はじめに

　弥生後期後半の変革は集落数の増加に加え、標題とした土器・玉・鉄・青銅器などの考古資料が増加するなど、大きな画期と認識している。今回のシンポジウムに参加して、関東を中心とした資料の集成とその解釈は、大変刺激的な内容であった。所用で討論を聞くことができなかったが、標題資料の中部高地・関東への流入は、日本海⇒（⇔）信濃川⇒（⇔）千曲川ルートが想定され、日本海側の玄関口として越後でも頸城あたりが重視されているようであった。そこで本稿では、基礎データとしては出土数が十分ではないが、越後・佐渡における弥生時代後期の土器様相、玉生産に加え、ガラス小玉、鉄・青銅器の状況を示して若干の感想を述べる。

2 弥生時代後期における越後の土器・玉・鉄・青銅器

　時間軸は、ことわりがない限り新潟シンポ編年に従う。各地域の併行関係は課題を多く残すが、試案として第1表に示した。これに、弥生時代中期後半の編年観を加えている。

a．土器

　第1図には後期後半（主に2期）の土器の地域性を示した。大きく3つの土器分布圏に分かれるが、境界は厳密な区分が難しい。例えば信濃川右岸の新潟市古津八幡山遺跡では器形は東北系で、外面は縄文施文されずにハケ目を残す折衷土器が色濃く分布する。近年は信濃川左岸で東北系土器が目立つようになってきている。

第Ⅲ部　コラム集

第1表　編年対応表（滝沢2014aを改変・加筆）

新潟シンポ	時代時期	越後・佐渡		北陸南西部		東海	畿内
		笹澤2006	滝沢2010〜2012	田嶋1986・2006・2007		赤塚1992ほか	西村2008
	中期後半	Ⅰ期					
		＋					
		Ⅱ期					
1	後期前半	1		1群	V-1	八王子古宮	
					V-2	猫橋	山中1
					V-3		
2	後期後半	2		2群	2-1	法仏	山中2
					2-2		
			2-3				
3		3		3群	3-1	月影	廻間Ⅰ
					3-2		
4	古墳早期	様相1	古	4群			庄内式 古段階
5			新	5群		白江	中段階
6		様相2		6群		廻間Ⅱ	新段階

最も土器変化が捉えやすい北陸北東系土器は、1期に比して2期では細別器種の変化等で北陸南西部と異なるが、4期には共有細別器種が確認できる。1〜6期では2期と4期が画期となり（滝沢2009）、5期には越後・佐渡全域が北陸北東部土器分布圏なる。

b．越後・佐渡の玉生産

　北陸からの櫛描文土器流入に呼応して中期後半（中期中葉）から緑色凝灰岩・鉄石英製の管玉、ヒスイ製勾玉の生産が活発になる。重視したいのは中期後半でもⅠ期では越後の下谷地遺跡・吹上遺跡等を代表とする大規模な生産遺跡が確認できるが、「＋」の段階では越後での玉作は低調になり、それに対応するように佐渡での生産が活発化する。佐渡市平田遺跡をはじめとした弥生中期の管玉生産の最盛期は、越後の下谷地遺跡・吹上遺跡の衰退後の可能性が高い。緑色凝灰岩製を主体とするが、鉄石英（赤玉石）製のものも確認できる点に留意が必要である。

　後期に入ると佐渡の玉作遺跡は大きく衰退する（滝沢2010、龍田・鹿取2011）。後期も継続し

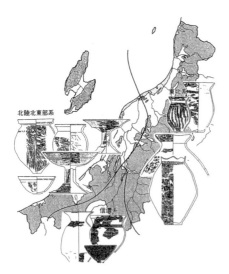

第1図　弥生時代後期後半の主体的土器
（滝沢2009）

て玉生産を想定する論考もあるが、これは表採土器を根拠として時期比定されてきたことが要因である。発掘調査の進展や編年の細分により、後期前半から後半（1～2期）の断絶期を挟んで中期後半（玉作）と後期後半以降（3期以降）の集落形成パターンが見えてきた。これらの集落では中期後半で玉作りを行っていても、後期では玉作の根拠を欠く。例えば学史的に名高い千種遺跡では玉作関連遺物の顕著な出土は確認できない。そもそも佐渡では越後と異なり後期後半でも2期での集落増加は確認できず、再び集落が増加するのは3期以降である。現状では後期後半での玉生産の確実な根拠は得られていない点を強調したい。

　越後における2期の生産は北陸北東部系土器分布圏の遺跡で確認できるが、規模は決して大きくない。一遺跡あたりの未成品・工具の出土量が少なく、中期後半の集中的生産から小規模分散的な生産へと変化した可能性すらある。このような状況で注目したいのは後期の上越市下馬場遺跡である。管玉生産関連と想定される錐状の鉄製品が9点確認でき、北陸の他の玉作遺跡と同様に2期には玉作工具に鉄が導入されている。石材では鉄石英が多いことも重要である。越後・佐渡での緑色凝灰岩製・鉄石英製管玉の生産は中期後半と後期後半では異なる。

　3期の動向は不鮮明なものの、4期には同じく上越市の釜蓋遺跡で生産が確認できる。中期後半から5期にかけて、頸城平野の信濃側で、吹上遺跡⇒斐太遺跡⇒釜蓋遺跡と続く大規模集落に加え、斐太遺跡・釜蓋遺跡と重複する下馬場遺跡・子安遺跡の玉作は、日本海側から信濃・関東に向けての生産とできようが、中期後半と後期後半の製品ルートが一致するか否かは十分な検討が必要と考える。

　c．ガラス小玉

　帰属時期が明確でないものも多いが、墓の調査事例から中期に遡るものは確認できない。遺跡の消長から2期に急増するものと考える。墓の調査例が少ない越後・佐渡の弥生後期では包含層からの出土が多く、まとまった出土例は東北系土器分布圏の山元遺跡SK1（土坑墓）の72点、墓域の6点以外は確認できない。カリガラス（淡青色）で、管切り法による製作であり、山元

第Ⅲ部　コラム集

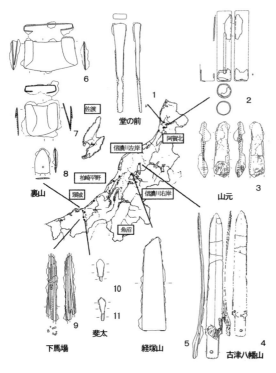

第2図　弥生時代後期後半の鉄器・青銅器（滝沢2014b）

遺跡以外の状況もほぼ同様である。

　ガラス小玉と石製玉類との量比は算定していないが、山元遺跡では墓から緑色凝灰岩製管玉の出土は確認できない。頸城では2期の裏山遺跡で6点、4～5期の釜蓋遺跡で10点出土しているが、卓越した出土量ではない。信濃・関東への伝播が日本海側でも頸城の上越市当たりからの経路を想定した場合、出土量が多くないことも指摘しておきたい。

d．鉄・青銅器（第2図）

　鉄は木製品のあり方等から中期後半からの流入が想定されているが、鉄製品そのものの出土は後期からである。越後・佐渡では1期から6期頃までの出土数は約50例に及ぶ。細別時期の認定には課題もあるが、最も出土量が増加するのは2期であり、40点弱と全体の7～8割にも及ぶ。比較的出土量の多い遺跡は頸城に集中し、上越市下馬場遺跡の14点を筆頭に、同市裏山遺跡の11点が続く。確実な根拠を示すことは難しいが、両遺跡では鍛冶関連遺構を彷彿させる炉のあり方にも注目したい。北陸北東部系土器分布圏での数量が際立つ一方で、東北系土器分布圏でも確実に存在し、村上市山元遺跡では埋設土器から剣（3）が、堂の前遺跡では鏨または鑿（1）が出土している点にも注意が必要である。

これらの搬入ルートは日本海側での卓越性（村上2001）から、北九州・山陰から日本海側をリレー方式での搬入が想定されているが（林2005など）、北陸内では北陸南西部の越前・加賀⇒北東部の能登・越中・越後で理解してようかどうか。裏山遺跡の鋤・鍬先（6・7）や三条市経塚山遺跡の大型板状鉄斧（5）は2期の北陸南西部では未検出である。越後の高地性環濠集落築造ピークと関連はないか。日本海側をリレー方式とされる鉄製品の伝来には、北九州・山陰から北陸南西部を飛び越えて伝播するものとの整理が必要と考えている。また、古津八幡山遺跡の鹿角装鉄剣（刀関双孔鉄剣）（4）は関東・北関東での出土が卓越する（豊島2003・2010）。信濃川を北上する動きも想定できないか。大きな関心事である。

　青銅製品はわずかな出土例のため評価が難しいが、近年、東北系土器分布圏にある山元遺跡から筒形銅製品が出土している（2）。全国でも10例程度の出土例しか確認されていないが、本州での分布は太平洋側に中心をもつ（吉井2013）。この遺物の伝来もまた日本海側経由とするには、分布状況もあいまって評価が難しい。太平洋側から中部高地⇒信濃川経由も視野に入れる必要を感じている。

　越後は鉄器・青銅器の入手にあたり日本海側のルートを確保したことは確実であるが、このルートのみで理解して良いか疑問もある。中部高地からの流入は全くないのか。当期の越後には、続縄文土器（後北C1式末～C2-D式）の飛び地的南下（石井1994、石川2013）の背景には、鉄を含めた西（南）側の物資や情報を求めたことと考えている（滝沢2014a）。続縄文土器は越後北部の阿賀北を中心に、南部の上越市下馬場遺跡まで確認でき、この背景には鉄伝播ルートを複数確保していた可能性も考慮したい。なお、越後・佐渡における鉄器・青銅器の伝来の系譜については別稿を用意しており（滝沢2015）、詳細はそれに譲る。

3　おわりに

　ここまで越後・佐渡における土器・玉・鉄・青銅器の状況を確認した。少なくても緑色凝灰岩製を含む管玉生産は中期後半と後期後半では、佐渡での

生産状況が大きく異なる。石材の原産地推定には課題を残すものの、中部高地・関東へ伝播していたとすれば、その経路は後期後半と同一とは言えず、少なくても佐渡からの流通は確実とはできない。越後・佐渡における緑色凝灰岩製管玉の生産状況にこだわる要因は、当シンポジウムで弥生時代後期における日本海側の流通ルートが、中期から継続されているような論調を感じた点にある[1]。

同じく鉄・青銅器・ガラス小玉の分布状況から、2期における日本海側からの伝来は相当数あったと想定しているが、全てこのルートで考えてよいか。東日本でも天竜川・信濃川間で分布が集中する鉄・青銅器（豊島2010、森岡2013）の整理の進展と評価が大きな課題と考えている。

日本海側から中部高地・関東への玄関口の一つとされる越後[2]では、2期には様々な変化が確認できる。物資の流通のみならず、新たに構成される集落でも、とりわけ高地性環濠集落の盛行が大きい。一方で中小規模の高地性環濠集落が当期をもって成立・解体して3期まで継続しない点も注意を要する。ガラス小玉・鉄・青銅器の流入などの物資の伝来については、日本海側をリレー方式で伝播したものが多かったと想定しているが、リレー方式の具体的中身を検討する段階でもあり、少なくても北陸南西部（越前・加賀）を介在しない動きがないか。当面の大きな課題である。背景には高地性環濠集落・環濠集落の解釈もある。

岡本孝之氏はシンポジウム当日の記念講演で、環濠集落の防御性を強調した。数年前、埼玉で行われたシンポジウムの懇親会で関東の研究者と環濠集落・高地性集落の防御性が話題となり、「一定の緊張状態を反映した結果」と考える筆者に対し、否定的な意見が多かったことを考えると、岡本氏の主張に勇気づけられる思いがした。戦い・緊張状態を反映したか否かの二者択一の議論はさておき、標題のうち鉄・玉・ガラス小玉の生産と流通には、どのような集落で出土頻度が高いか。環濠集落・非環濠集落での所有量に差異はないのかは大きな関心事であり、環濠集落（高地性集落を含む）とその他集落との質的な差にもアプローチが可能と考える。

シンポジウムで指摘された2・4期の画期は、越後の環濠集落（高地性集落

を含む)の動態・消長ともあいまって大変刺激的であった。その一方で、物資の流通にあたり関東・中部高地から越後(佐渡は?)に入って来るものも一定量存在するような気がしてならない。これに加えて日本海側からの物資が、越後でも頸城(上越市)を玄関口にするもの以外のルートの存在が示唆される2日間であった。

註

1) 大賀克彦氏は信濃への管玉搬入ルートが、中期と後期〜終末期共に佐渡から信濃川を経由するルートを想定している(大賀2001)。
2) 北信濃に流入した北陸北東部系土器について、笹沢浩氏は富山湾地方の月影式の流入を想定する(笹沢1988)。田嶋明人氏は漆町2群併行期(2期)で越後、同3群併行期(3期)には「越中からの土器移動が明確に確認できるようになる」(田嶋2009 p.57)と評価する。

引用・参考文献

石井　淳　1994「東北地方北部における続縄文土器の編年的考察」『筑波大学先史学・考古学研究』第5号　筑波大学歴史・人類学系

石川日出志　2013「弥生時代の新潟県域」『弥生時代の新潟』　新潟県立歴史博物館

大賀克彦　2001「弥生時代における管玉の流通」『考古学雑誌』第86巻4号　日本考古学会

大賀克彦　2011「弥生時代における玉類の生産と流通」『講座日本の考古学5　弥生時代(上)』青木書店

笹沢　浩　1988「4古代の土器」『長野県史』考古資料編全1巻4

笹沢正史　2006「第Ⅵ章まとめ」『吹上遺跡発掘調査報告書』　上越市教育委員会

滝沢規朗　2009「第Ⅶ章まとめ」『山元遺跡』新潟県教育委員会・(財)新潟県埋蔵文化財調査事業団

滝沢規朗　2010「土器からみた佐渡玉作遺跡の年代観」『今なぜ佐渡の玉作か』　日本玉文化研究会佐渡大会実行委員会

滝沢規朗　2014a「続縄文土器と在地土器の併行関係」『古墳と続縄文文化』　東北・関東前方後円墳研究会編　高志書院

滝沢規朗　2014b「蒲原平野における遺跡の動向」『解き明かされた城の山古墳(第3

第Ⅲ部　コラム集

回城の山古墳シンポジウム）』胎内市教育委員会

滝沢規朗　2015「越後・佐渡における鉄器・青銅器－伝来の系譜と性格－」『古代文化』66巻4号（3月刊行予定）

田嶋明人　2009「古墳確立期土器の広域編年 東日本を対象とした検討（その3）」『石川県埋蔵文化財情報』第22号　（財）石川県埋蔵文化財センター

龍田栄次・鹿取　渉　2011「弥生時代佐渡島の玉作について」『新潟応用地質研究会誌』第76号　新潟応用地質研究会

豊島直博　2003「弥生時代における鉄剣の流通と把の地域性」『考古学雑誌』第88巻第2号

豊島直博　2010「東日本型金属文化圏の盛衰とその背景」『小羽山墳墓群の研究』研究編　福井市立郷土歴史博物館・小羽山墳墓群研究会

西相模考古学研究会　2014『久ヶ原・弥生町期の現在』

林　大智　2005「日本海沿岸地域の「鉄」が北陸にもたらした変革」『北陸の玉と鉄』大阪府立弥生文化博物館

村上恭通　2001「日本海沿岸地域における鉄の消費形態－弥生時代後期を中心として－」『古代文化』53-4

森岡秀人　2013「古墳時代成立過程解明に向けての覚書」『新資料で問う古墳時代成立過程とその意義』　考古学研究会関西例会

吉井雅勇　2013「第Ⅶ章1 C（1）青銅器」『山元遺跡』　村上市教育委員会

（新潟県内の主な報告書）

三条市教育委員会　1999『内野手遺跡・経塚山遺跡』

上越市教育委員会　2006『吹上遺跡発掘調査報告書』

上越市教育委員会　2008『釜蓋遺跡範囲確認調査報告書』

上越市教育委員会　2009『子安遺跡』

新潟県教育委員会・（財）新潟県埋蔵文化財調査事業団　2000『裏山遺跡』

新潟県教育委員会・（財）新潟県埋蔵文化財調査事業団　2005『下馬場遺跡』

新潟県教育委員会・（財）新潟県埋蔵文化財調査事業団　2010『堂の前遺跡』

新津市教育委員会　2001『八幡山遺跡発掘調査報告書』

斐太歴史の里調査団・新井市教育委員会　2005『斐太歴史の里確認調査報告書Ⅰ』

【コラム8】

多数のガラス小玉が出土した弥生後期の集落跡
―長野女子高校校庭遺跡―

柳 生 俊 樹

1　はじめに

　長野女子高校校庭遺跡は、長野県長野市の市街地東北部、三輪地区に位置する。市西部の山間地を水源とする浅川が形成した扇状地の端部に営まれた集落の跡である。長野女子高等学校の校庭敷地を内包することから、その名がある。

　平成24年、長野市埋蔵文化財センターは、この遺跡で初めての面的な発掘調査を実施した。長野女子高等学校の校舎新築工事に先立つ、記録保存のための調査である。調査面積は2,570㎡、調査完了までに2月末から5月までの3ヶ月間を要した。検出した遺構は、竪穴住居跡48軒、溝跡9条、大型土坑6基、井戸跡2基、小穴99基である。住居を時期別に見ると、弥生時代後期後半（箱清水式期）28軒、古墳時代中期・後期19軒、不明3軒となる。遺物は、土器を主とし、その他、鉄製品、石製品、そして表題に掲げたガラス小玉である。コンテナ整理箱（60cm×40cm×15cm）で54箱分、総重量約572kg（572,355g）に及んだ。整理作業には1年半以上を要し、平成26年3月にようやく報告書を刊行することができた。

　本コラムでは、長野女子高校校庭遺跡における発掘調査成果のうちで、本書のテーマである弥生時代後期に関するものを取り上げ、簡単に紹介しよう。

2　火を受けた痕跡のある住居跡

　覆土に多量の炭化物・炭化材を含み、床面・壁面が被熱硬化するなど、火を受けた痕跡のある住居跡（焼失住居跡）を、28軒中7軒の高い割合で検出

第Ⅲ部　コラム集

写真1　火を受けた痕跡のある住居跡の一例（48号住居跡）
床面に壁際まで炭化物・炭化材が堆積し、壁面が被熱硬化している。

した（写真1）。いずれの例も、規模等は通常の住居跡と変わらないものの、土器の出土量が極端に少ないという傾向がある。こうした点に注目し、住居が燃焼した要因を、失火や自然災害、あるいは戦火などではなく、意図的な放火と考えている。おそらく、住居廃絶の特殊な一形態を示している。近隣の遺跡における調査成果を見ると、火を受けた痕跡のある住居跡は、弥生時代後期の例が圧倒的に多い。同時期の時代相を探る手がかりとなりそうである。今調査で検出した火を受けた痕跡のある住居跡も、弥生時代後期社会の研究にとって有益なものと考える。

3　北陸系土器の出土

　11軒の住居跡から、北陸地方北東部（特に越中の砺波平野や富山平野）に系譜を辿ることができる土器が出土した。器種には、壺・甕・高杯・器台・蓋があり、小破片を含めれば21点を数える。在地模倣品が多くを占めるが（写真2　奥右下　器台・蓋）、少数ながら、色調・胎土・焼成が箱清水式土器とは明らかに異なった、搬入品とみなし得る個体がある。5号住居跡出土の脚付装飾壺（写真2　奥左下）や、52号住居跡出土の長頸壺（写真2　奥上）などで、

法仏式から月影式の古段階に相当するものと考えている。これらが住居床面で在地の土器群と高い一括性を持って共伴した点、今調査の大きな成果である。弥生時代後期における地域間交流の手がかりとしてだけでなく、箱清水式土器と法仏式・月影式の併行関係を探る上での基準資料となろう。

4　住居跡における多数のガラス小玉出土

さて、今調査の成果の中で、おそらく最も大きな問題を投げかけるものとして、多数のガラス小玉の出土がある。出土したのは、長辺9.8 m、短辺5.5 mの隅丸長方形を呈する大型の住居跡、16号住居跡である。住居跡のほぼ中央部、西の壁際から50 cmほど離れた位置で、床面直上の粘性土層中からまとまって出土した。発掘作業中に確認したのは60点ほどであったが、周辺の粘性土を持ち帰り水洗したところ、さらに破片を含めて200点以上を見出し、最終的には完形の個体で265点を数えるに至った（写真2　手前右）。多くが、高さ3.2〜4.2 mm、直径2.5〜3.5 mmの範囲に収まる大きさである。色調は、大半が淡青色であるが、黄緑色を呈する個体も少数ある。後者は、図化し得なかった破片に多い。色調の相違が何を意味するのか、現状では不明である。

長野県内で多数のガラス小玉が出土した遺構として、塩尻市丘中学校遺跡の方形周溝墓（110点）、木島平村根塚遺跡6号木棺墓（134点）、塩尻市剣ノ宮遺跡6号周溝墓（245点）などがある。16号住居跡における出土数はそれらを上回っており、確認し得た範囲では県内最多である。今調査の成果が、東日本におけるガラス小玉の流通研究

写真2　主要な遺物
奥：北陸系土器、手前右：ガラス小玉

第Ⅲ部　コラム集

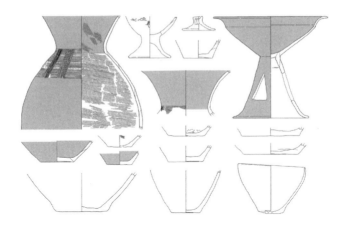

第1図　16号住居跡出土土器実測図（S＝1／8）

にどのように貢献するのか。興味は尽きない。

　ところで、問題となるのは、このような多数のガラス小玉が、墓ではなく住居跡から出土したということである。県内の例を見ると、住居跡からガラス小玉が出土する場合、通常1、2点、多くても数点である。そうした中で、16号住居跡における出土数は突出している。その背景として、報告書では、16号住居跡が、住居としての機能を失った後に遺体を埋葬した「住居内埋葬」の遺構であり、人骨の出土こそ確認できないが、ガラス小玉を装身具として身に纏った遺体が埋葬されていたもの、と推測した。今後、事例を集めてさらに検討を重ねたい。

　長野女子高校校庭遺跡の発掘調査は、天候不順に悩まされ、時間にも追われたものであった。今から見れば、未熟な点や後悔が多々ある。そのようなものであっても、弥生時代研究に寄与するところがあれば、調査に携わった者にとって望外の幸せである。

引用・参考文献

飯島哲也・柳生俊樹・平林大樹　2014『浅川扇状地遺跡群　長野女子高校校庭遺跡』
　長野県教育委員会・長野市埋蔵文化財センター

【コラム9】

弥生時代後期～古墳時代前期の小田原市出土金属器

土 屋 了 介

1 認識する課題

　金属製品が使用された時代の記述にあたっては、遺構や他の素材でできた製品に関する知識と同水準の金属製品に関する十分な知識をもった上で、その時代について考察することが求められるだろう。その知識とは第1図のような行動を行えるものが必要である。実際に遺跡出土の金属製の遺物からは様々な情報を得ることができる。

　しかし、分からないことも多く、また、分かりにくさのために検討結果が必ずしも同意を得て広く周知されるとは限らない。提示された知見の正否に

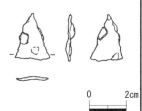

```
┌─────────────────────────────────────────────┐
│          資料として鉄器を使いこなすために          │
│                                                 │
│ ・鉄器を体系的に把握する                          │
│   ・形を正確に把握する                            │
│   ・製作技法を理解する                            │
│   ・製作技法の難易度を判定する                    │
│                                                 │
│                          倉見才戸遺跡出土三角形鉄片│
│ ・各地域の鉄器製作技術を理解する                  │
│   ・地域内自給品と搬入品を判別する     → 資料価値を│
│   ・製作技術の系譜関係を判別する         引き出す！│
└─────────────────────────────────────────────┘
```

第1図　鉄器研究の基礎的目標

ついて判断する術をどのように構築していけば良いのか検討できていない、という問題がそこにはあるのではないだろうか。追認する作業をおこなうのが最も良い方法ではあるが、残念ながら時間的制約や費用の制約から提示資料すべてを再実測・再点検する追認作業実施がおこなわれる可能性は低い。

　例えば、円環形帯状銅釧について、その製作方法をどのようなものと考えるのか。これについては、帯状銅釧が多くの人の目に触れる概説書で紹介された際、登呂遺跡出土品が簡易な鍛打による曲げ輪造りの製作品として紹介されたため（小田1974）、話をした実感としては西日本では一般に帯状銅釧は鋳造品だと考えられていない。これは登呂遺跡出土帯状銅釧が一箇所を断ち切られた再加工を受けた帯状銅釧であったことも一因だろう。しかし、東日本で円環形帯状銅釧の実物を見ていれば、スと呼ばれるガスの抜けた痕が確認できることや鍛接痕が無いこと、曲げ輪に伴う側面中央の凹みが生じていないことなどから、本来は鋳造品であると理解することができる。これはX線写真によっても、継ぎ目がなく、表面上見えない内部にまでスがあることから追認できる。ただ、以上の説明しても理解が得られないことは多い。

　同様に、金属器の最新の考古学的な研究成果については、一般的に認められるまでには時間がかかると見ておいた方が良いだろう。賛同者は徐々にしか増えていかないことをあらかじめ想定しておき、より詳しい説明を用意していく必要がある。研究の進展とその効果を見通し、切り口を変えながら様々な側面から適切に成果を提示し続ける必要があるとも言えよう。

　また、同時に金属器の紹介も継続的におこない、多くの人が遺跡出土金属器について慣れる機会を提供することが非常に重要であろう。したがって、まずは図の提示や写真の提示でその機会を設けたい。そのため、本稿ではシンポジウム資料集『久ヶ原・弥生町期の現在―相模湾／東京湾の弥生後期の様相―』における拙稿で整理した鉄器製作技術に関係する遺物の紹介をするとともに、筆者の勤務する小田原市域で出土した金属器を紹介していきたい。

2　鉄器について

　まずは最近の鉄器に関する議論を押さえておきたい。本稿執筆の直前にあ

たる 2014 年について見てみると、東日本における鉄器集成がおこなわれ、出土点数からの「西から東へ」／「西高東低」という評価への疑問が提示されている（杉山 2014a）。また、鉄器による社会変革として新たな交易と流通網を確立させたと評価されている（杉山 2014ab）。反面、鉄器生産量と鉄器の規格性や鍛冶遺構などの製作痕跡からしても、九州北部における弥生時代後期の鉄器製作技術はより熟練したものという評価もある（野島 2014）。

また、石器との関係や鉄製品・素材の流通形態、流通経路など、神奈川県内出土の弥生時代の鉄器に絞った課題の確認もされた（戸羽 2014）。

この点に関連して、九州北部と関東とを比較してみよう。佐賀県唐津市中原遺跡では、一遺跡のみで弥生時代後期の 200 点を超える鉄製品と鉄器製作の痕跡である鉄片や多機能的な棒状品等 3500 点以上とが出土した（小松編 2014）。鉄器製作の技術的水準は 3 類型にあたり、Ⅱ類鍛冶炉相当の機能をもつ鍛冶炉とⅣ類相当の鍛冶炉による鉄器製作がおこなわれていたと考えられるものであった（土屋 2014b）。佐賀県では後期の鉄製品が 277 点確認されていたため（細川・土屋 2008）、477 点以上が出土していることになる。

この点数は杉山による集成で示された、弥生時代．古墳時代前期の南関東出土鉄器 612 点から棒状品等のその他の鉄器数 164 点を差し引いた 448 点（杉山 2014a）よりも多い。その他の鉄器を除いた南関東と北関東の合計は 521 点となる。また、南関東の鉄器製作技術の水準は 5 類型相当である。同時期の比較をするとき、地域内で生産・消費される鉄製品に限れば、野島が指摘するように質と言える鉄器製作技術や鉄器の規格性、製作可能な器種の豊富さ、量と言える鉄器の普及度ともに北部九州が高い点は認めざるを得ない。

しかし、自給率が生活水準の高低の指標とならないことも忘れるべきではなく、弥生時代後期の南関東の生活水準を比較検討しなければ、当時の社会に関する情報の復元や鉄器の果たした役割を述べることは難しい。鉄器の研究を押し進めると同時に、全体的な情報の把握も忘れないようにしたい。

さて、鉄器に着目した研究を進めるにあたっては、北部九州では佐賀県だけでも関東全体で出土している鉄器と大差無い量が出土する状況を踏まえる

必要がある。「西高東低」とは異なる評価をするならば、杉山が説くように地域にとって鉄器がもっていた意味を探ることとなる。ただし、鉄という当時自給不可能な素材を手に入れ利用していた具体的な歴史を復元するには、鉄器のもつ情報を最大限引き出し、鉄器そのものの検討を基礎に据える必要がある。地域間の関係も資料に基づき検討することが必要である。

　このような必要性を実感したとき、安藤広道が宮ノ台式期の石器組成の偏りから南関東の宮ノ台式期以降の見えない道具の想定、鉄器化された器種の増加、鉄器の普及を説いたこと（安藤 1997）に対して、村上恭通が「鉄器が自給されたか、外部から搬入されたかすら議論されない現状がある。鉄器そのものの検討が急務である」（村上 1998、78 頁の註 17）と評価したに留まる理由が理解できる。研究では鉄器の普及という言葉が示す内容がどのようなものなのか、実態を理解することが必要とされている。少ないながらも出土している鉄器をどのように位置づけるのかが問われているとも言えよう。鉄器をどのように採用するのかは各地域の事情によって異なるとする杉山の意見（杉山 2014a）に対しても、鉄器そのものの検討が課題である状況は解決されていないため、それに取り組むよう提案がなされるであろう。これは自分自身に科せられた課題として忘れないようにしたい。

　なお、神奈川県では弥生時代中期に板状鉄斧が特徴的に出土するが、石斧も伴っている事例が目立つ。本来、使用できる道具を、火災などの事故が無いにも関わらず住居とともに廃棄してしまう現象の意味はどのようなものだったのだろうか。住居を廃絶する儀礼と斧の関係がある可能性も検討しなければならないだろう。また、そのような儀礼が斧を用いておこなわれていたのであれば、斧に対する価値観は我々の想像とは異なっていた可能性が高い。また、後期の石・鉄・銅のいずれの利器も出土が少ないという現象に関し、所持方法や保管の方法が中期とは異なっていないか検討が必要である。山小屋で伐採用利器が集中管理されていたならば、自然消滅しにくい石器であろうとも居住域から出土するとは考えにくい。材木加工に関わる遺跡の探求がそこでは必要になるに違いない。

　注意しておきたいのは、すべての鉄器が分布域の鉄器製作技術そのものを

示すわけではなく、鉄器製作技術を議論しようとするならば、まず搬入品と在地生産品を判別し、製作場所である鍛冶遺構周辺に遺された素材や道具立てなども合わせて、その地域の技術水準を判定する必要がある点である。例えば、多くの螺旋状鉄釧は、極軟鉄という、含有炭素が低いために鉄の中でも融点が高く、特に高温でなければ鍛接が不可能な素材の鍛接や規格性が生じる程に確立された巧妙な鍛延・成形技術という3類型以上の技術水準を必要とする。そのため、螺旋状鉄釧は分布域内での生産が基本的に不可能と判断される。したがって、かつて示された螺旋状鉄釧が南関東の鉄器製作技術を示す可能性（安藤 2002）は追認できない。私たちはまずは具体的な資料の検討・把握と体系的に堅実な評価をおこなうことで研究を続ける必要がある。これは、帰納的な推論の前に、演繹的な資料把握をおこない、論の飛躍を制限する必要があると言い換えられよう。したがって、東日本の金属器については、資料から得られた情報を基に議論することができる環境を整えることが最重要課題となっている。これは現実的な議論をするためでもあるし、鉄への過大評価を避けるためでもある。

3　鉄器製作技術を示す資料の一例

製鉄し、精錬鍛冶（A工程）後の鉄素材を用いた鉄器の製作工程は、素材の選定、素材の整形（粗加工）（B工程を含む）、加工（C工程）、研磨等仕上げ

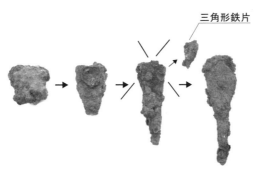

板状素材　➡　鏃　未成品　➡　鏃　完成品

第2図　圭頭鏃製作工程の復元

第Ⅲ部　コラム集

という過程に分解される。加工については裁断、鍛打、鍛延、折り曲げ、という成形技法を挙げることができる。また必要に応じて鍛接が行われる。

　第2図は佐賀県中原遺跡で復元できた圭頭鏃の製作工程であるが、小型鉄器製作は同様の工程を想定することができる。東日本の小型鉄器も鍛打成形と裁断による製作と判断されるものは類似した鉄片が副産物として生じているため、モデルとして参照することができるだろう。身の薄い鉄器が製品として出土している場合、鍛打整形を行わず、裁断のみで成形している場合が多い。無茎鏃も裁断のみで製作される傾向にある。

　第3図は摘鎌の製作工程であるが、精良な素材を使用している場合、鉄滓の出土は極めて少ない。また、特徴的な微小三角形鉄片が生じる。圭頭鏃の製作時に出る三角形鉄片とは明らかに大きさが異なり、器種によって三角形

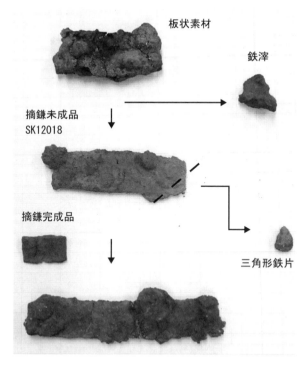

第3図　中原遺跡 SH12035 における摘鎌製作工程の復元

鉄片の大きさも異なることが鏃と摘鎌の比較から分かる。

　また、第4図に示すように、裁断方法によって三角形鉄片に遺る切断痕の鋭さが異なる。鉄板が問題なく切断されている場合、弥生時代では鏨の硬度が素材と同程度のものが通有であるため、熱した状態で切られている。熱間鍛冶による鉄器製作では、半溶融状態の鉄を切るため、切断面が表面張力で丸みを帯びる。古墳時代以降は高炭素鋼を用いた高硬度の鏨が供給されるためか、常温での切断痕も認められる。これは切断面が鋭く、表面張力は働いていない。

　鏃の刃部形成は、鍛接が可能な場合は、第5図に示すように、材を折り曲げて鍛打による圧着で刃部を形成する場合がある。この場合は三角形鉄片は生じない。技術的制約が低い場合には様々な方法で目的とする形の鉄器が製作されるが、製作方法が非常に効率化され定型化されている場合や技術的制約が多い場合には製作技法の多様性は生じにくい。効率化されている場合は合理性からそのような多様性の無い状況が生まれ、技術的制約が大きい場合はそもそも

熱した状態の切断痕

常温の切断痕

第4図　三角形鉄片に残る切断痕

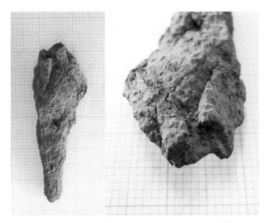

第5図　圭頭鏃における刃部折り曲げ成形

第6図　棒状品の製作技法②

第7図　棒状品の製作技法③

選択肢がない。

　有茎鏃や細身の鉇・刀子、小型鑿などの棒状の茎をもつ器種や穿孔具や針などの棒状の器種の製作は、第6図に示した叩き分け（技法②）と切断による方法や第7図に示すような板を巻き込み気味に鍛打し製作する方法（技法③）がある。また特に小型の針などは他の器種の刃部を整形する際に出る細長い鉄片を研磨するもの（技法④）や、鏨切りのみで棒状品を作り研磨する方法（技法①）などがある。こういった技術の多様性は鉄器製作の技術的制約が比較的低い北部九州で認められる。

　以上のような鉄器製作の知識をもとに、第1図の中で示した神奈川県寒川町倉見才戸遺跡出土の三角形鉄片を見てみると、形態は底辺が1.8cmほどであり、無茎鏃や刀子、近接する神奈川県綾瀬市神崎遺跡出土の小型の鎌といった器種の製作に伴うものと考えられる（土屋2014a）。また、厚みは2mm程度で鑿や鏨などの強度の必要な身の厚い工具を製作しうる鉄板ではない。裁断していけば、針や穿孔具は製作可能であり、また、細長く裁断された鉄片も伴っていることから、必要に応じた小型鉄器製作が窺われる。これは螺旋状鉄釧や鉄剣などの象徴的な鉄器に対する需要とは異なるものであり、針状工具の使用は鉄器の特性や利便性を知っていたためと推察される。

4　小田原市域の金属器

　最後に小田原市域における金属器の出土事例を第8〜14図として紹介して、本稿の結びとしたい。なお、小田原市域の土器は系譜の整理が小地域ごとに必要な状況であり（土屋2015）、位置づけの変更が今後、生じる可能性がある。下曽我遺跡出土袋状鉄斧は出土状況及び形態から古墳時代後期の手斧と判断されるため、本稿では対象外とした。小田原市域の銅製品は静岡県登呂遺跡とほぼ同時期に千代光海（端）遺跡に小銅環が出土し、土器同様に東海地方との関係が色濃いものと考えられる。環体幅も中部高地のものとは異質と言え、銅製品に関しては南関東の他地域や東海地方との関係が強いのだろう。

　鉄については千代南原遺跡のほか千代吉添遺跡、永塚北畑遺跡で羽口が出

第Ⅲ部　コラム集

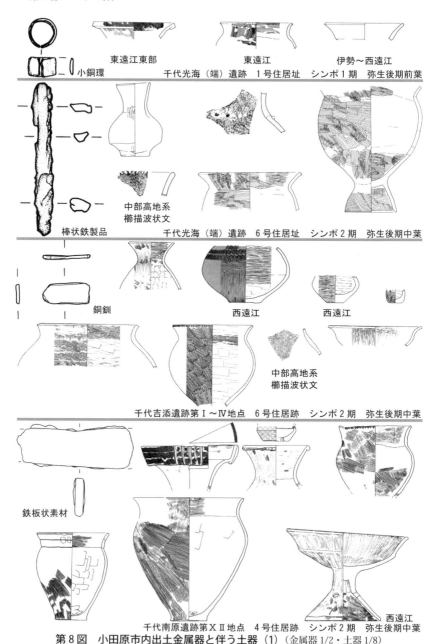

第 8 図　小田原市内出土金属器と伴う土器（1）（金属器 1/2・土器 1/8）

弥生時代後期〜古墳時代前期の小田原市出土金属器（土屋）

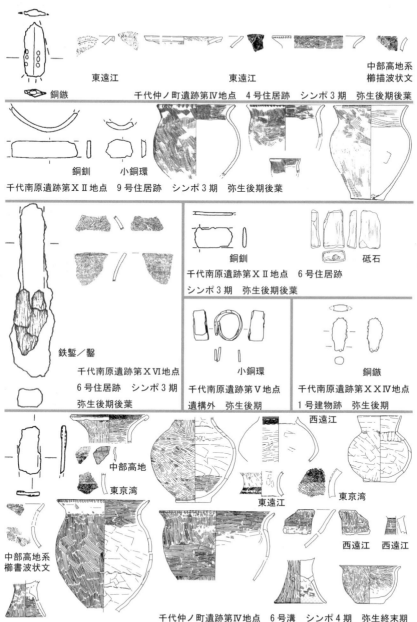

第9図　小田原市内出土金属器と伴う土器（2）（金属器1/2・土器1/8）

第Ⅲ部　コラム集

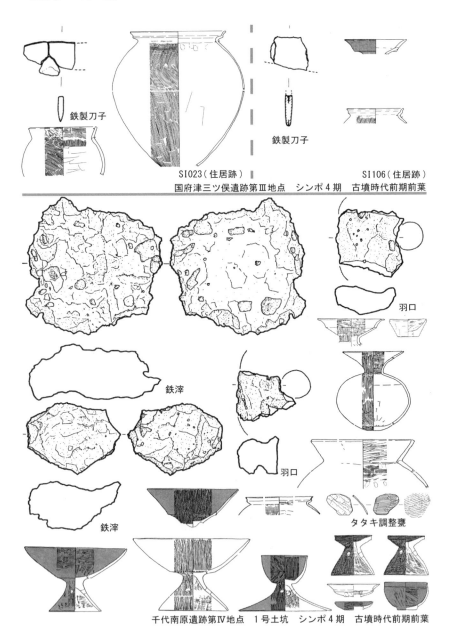

第10図　小田原市内出土金属器と伴う土器（3）（金属器1/2・土器1/8）

弥生時代後期～古墳時代前期の小田原市出土金属器（土屋）

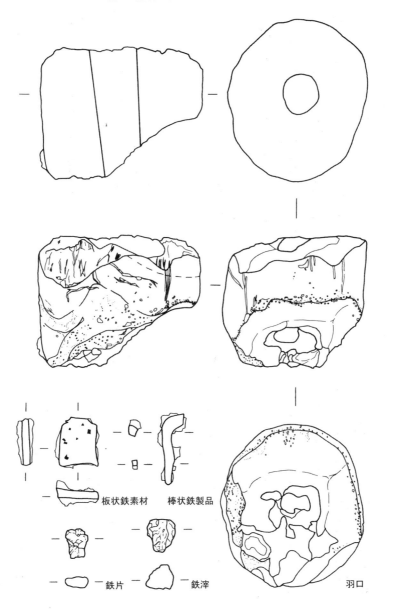

千代吉添遺跡第Ⅰ地点　鍛冶関連遺物集中　シンポ4期　古墳前期前葉
第11図　小田原市内出土金属器と伴う土器（4）（金属器・鍛冶関連遺物 1/2）

第Ⅲ部　コラム集

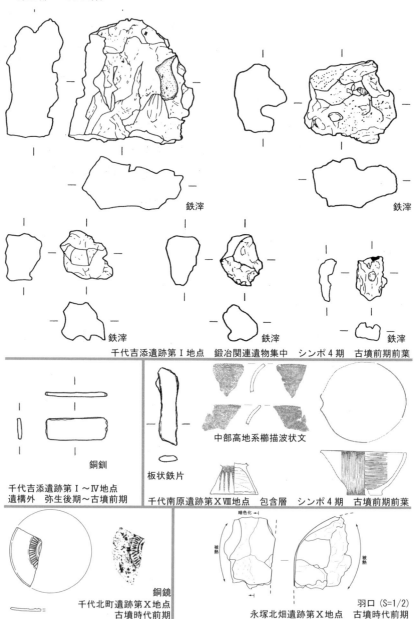

第12図　小田原市内出土金属器と伴う土器（5）（金属器1/2・土器1/8）

弥生時代後期～古墳時代前期の小田原市出土金属器（土屋）

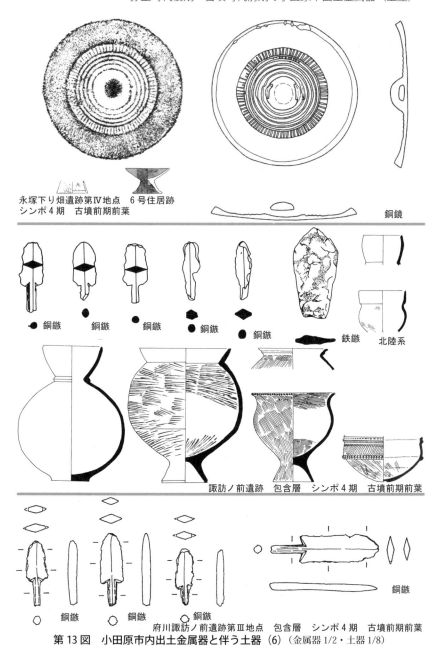

第13図 小田原市内出土金属器と伴う土器（6）（金属器1/2・土器1/8）

第Ⅲ部 コラム集

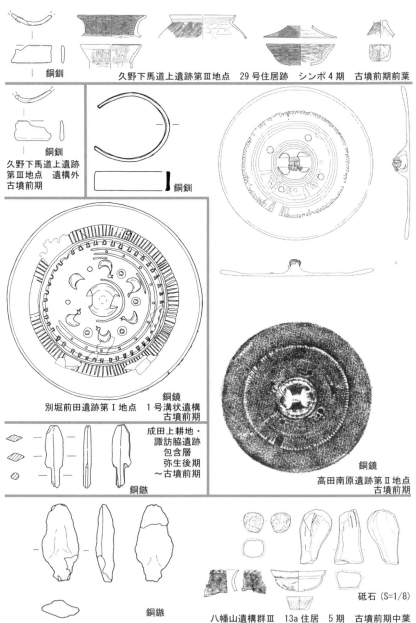

第14図 小田原市内出土金属器と伴う土器（7）（金属器1/2・土器1/8）

土しており、古墳時代前前半には鍛冶技術の
定着が窺われるが、鉄製品自体の出土はわずか
である。したがって、小型品に規格性が無い点
は確認できても、出土点数の制約から形態の傾
向を議論できる段階には無い。また、鉄器製作
に伴う未製品や副産物の量から考えると、規格

第15図　府川諏訪ノ前遺跡
第Ⅲ地点出土鉄鏃

性が生じる程の恒常的な鉄器製作は想定しがたい。しかし、弥生時代後期後
半以降は棒状品のほか、板状鉄片が出土していることから、小型鉄器の定着
が窺え、刀子や穿孔具、鏃などは地域内での生産品を主に使用していたと推
定される。精良な品や大型品は搬入品に頼らざるを得ない状況である。

　特に古墳時代前期以降は鉄器の存在を前提とする玉作も始まり（土屋
2012）、小型鉄器は充足されていたものと考えられる。鉄素材は土器の出土
状況からは東海地方を経由した搬入と推測されるが、箱清水式系の壺や中部
高地系櫛描波状文を施文した甕からは、弥生時代後期から古墳時代前期にか
けて、継続的に山梨などの中部地方を経由する内陸経路も機能したものと見
られ、特定の一地域との交易に全てを託すのではなく、複数の素材入手経路
の確保により需要を満たそうとする戦略が窺える。

　なお、千代吉添遺跡第Ⅰ～Ⅳ地点の5号住居跡からは編み物石が出土し
ており、織物生産がおこなわれていたことがわかるが、このような織物のほ
か、塩や海産物を中部高地の山間部との交易では対価として提供し、東海地
方等との交易は山間部から入手した物品を含めた品々で対応していたのでは
ないだろうか。遠隔地との関係を前提とした集落の運営は、その関係を保つ
ために婚姻も含めた恒常的な交渉を必要としたと考えられ、古墳時代前期の
府川諏訪ノ前遺跡のように集落の立地も交易路の結節点になるよう意図的な
ものなのだろう。これは銅鏃が集中的に出土することや第15図に示す他地
域で生産されたと推定される規格性をもつ圭頭鏃の出土、手焙形土器といっ
た祭祀用の土器や北陸系の土器が出土していることなどが市内の他の集落と
は異質であることからも窺われる。銅鏃も他地域との形態差は大きくないた
め、この時点では小田原市域の工人による生産品ではなく、東海地方以西の

第Ⅲ部　コラム集

工人による生産品と考えられる。このように、土器や鉄器、石器などから窺える地域間の関係が良好であることで当時の生活は維持されていたとみられる。

引用・参考文献

天野賢一・永井　淳　2006『高田南原遺跡　第Ⅱ地点』かながわ考古学財団調査報告 199　財団法人かながわ考古学財団

天野賢一・諏訪間直子・長澤邦夫　2011『成田上耕地遺跡第Ⅰ地点・成田諏訪脇遺跡第Ⅰ地点』かながわ考古学財団調査報告 271　かながわ考古学財団

安藤広道　1997「南関東地方石器〜鉄器移行期に関する一考察」『横浜市歴史博物館紀要』第 2 号　横浜市歴史博物館

安藤広道　2002「地域を越えた様相　関東」『弥生時代のヒトの移動―相模湾から考える―』考古学リーダー 1　六一書房

伊丹　徹・市川正史編　1986『三ツ俣遺跡』神奈川県立埋蔵文化財センター調査報告 13　神奈川県立埋蔵文化財センター

小田富士雄　1974「青銅器の製作技術」『大陸文化と青銅器』古代史発掘 5　講談社

小池　聡　2007『神奈川県小田原市千代南原遺跡第ⅩⅡ地点』株式会社盤古堂

小林秀満編　1999『倉見才戸遺跡発掘調査報告書―第 3 次調査―』倉見才戸遺跡調査団

小松譲編　2014『中原遺跡Ⅷ』佐賀県文化財調査報告書第 203 集　佐賀県教育委員会

杉山和徳　2014a「東日本における鉄器の流通と社会の変革」『久ヶ原・弥生町期の現在―相模湾／東京湾の弥生後期の様相―西相模考古学研究会記念シンポジウム資料集　西相模考古学研究会

杉山和徳　2014b「鉄器の出現は社会をどのように変革したのか」『考古学研究 60 の論点』考古学研究会

杉山博久・湯川悦夫　1971『小田原市諏訪の前遺跡』小田原考古学研究会

杉山博久　1984「小田原市千代光海端遺跡」『西相模における古式土師器の研究』小田原考古学研究会

諏訪間順編　1987『千代南原遺跡第Ⅳ地点』小田原市文化財調査報告書第 22 集　小田原市教育委員会

諏訪間順編　1999『千代仲ノ町遺跡第Ⅳ地点』小田原市文化財調査報告書第 69 集　小田原市教育委員会

諏訪間順・鈴木一史　2014『いにしえの小田原—遺跡から見た東西文化の交流—』小田原城天守閣

田尾誠敏編　2002『神奈川県小田原市下曽我遺跡　永塚下り畑遺跡第Ⅳ地点』鎌倉遺跡調査会・下曽我遺跡発掘調査団

田尾誠敏編　2006『千代吉添遺跡第Ⅰ〜Ⅳ地点』小田原市文化財調査報告書第 137 集　小田原市教育委員会

玉川久子・西本正憲編　2013『神奈川県小田原市久野下馬道上遺跡第Ⅲ地点発掘調査報告書』多摩川文化財研究所

土屋了介　2012「永塚北畑遺跡第Ⅹ・ⅩⅠ地点」『平成 24 年小田原市遺跡調査発表会発表要旨』小田原市教育委員会

土屋了介　2014a「神奈川県から東京都域の弥生時代後期鉄器生産技術・鉄器型式」『久ヶ原・弥生町期の現在—相模湾／東京湾の弥生後期の様相—』西相模考古学研究会記念シンポジウム資料集　西相模考古学研究会

土屋了介　2014b「中原遺跡出土鉄製品・鉄片に関するまとめ」『中原遺跡Ⅷ』佐賀県文化財調査報告書第 203 集　佐賀県教育委員会

土屋了介　2015「小田原市久野川流域における弥生時代後期〜古墳時代前期の土器の様相」『小田原市郷土文化館研究報告』No.51　小田原市郷土文化館

土屋了介ほか編　2015『別堀前田遺跡第Ⅰ地点』小田原市文化財調査報告書第 174 集　小田原市教育委員会

戸羽康一　2014「神奈川県内における弥生時代の鉄器について—現状と課題—」『かながわ考古学論集—有志職員によるかながわ考古学財団 20 周年記念誌—』かながわ考古学論集刊行会

西川修一ほか　2014『久ヶ原・弥生町期の現在—相模湾／東京湾の弥生後期の様相—』西相模考古学研究会記念シンポジウム資料集　西相模考古学研究会

野島永　2014「鉄器の出現は社会をどのように変革したのか」『考古学研究 60 の論点』考古学研究会

細川金也・土屋了介　2008「佐賀県における弥生時代後期の社会変化」『第 58 回埋蔵文化財研究集会　弥生時代後期の社会変化　発表要旨・資料集』兵庫県立考古博物館

第Ⅲ部　コラム集

村上恭通　1998『倭人と鉄の考古学』青木書店
山口剛志　2004『千代南原遺跡第Ⅴ地点』小田原市文化財調査報告書第119集　小田原市教育委員会
山口剛志　2010『千代南原遺跡第ⅩⅥ・ⅩⅧ・ⅩⅩ地点』小田原市文化財調査報告書第154集　小田原市教育委員会
依田亮一　2006『小田原城跡八幡山遺構群Ⅲ (第3次調査)』かながわ考古学財団調査報告201　かながわ考古学財団
渡辺千尋編　2012『千代南原遺跡第ⅩⅩⅢ地点』小田原市文化財調査報告書第162集　小田原市教育委員会
渡辺千尋編　2012『千代南原遺跡第ⅩⅩⅠ・ⅩⅩⅡ・ⅩⅩⅣ地点』小田原市文化財調査報告書第164集　小田原市教育委員会
渡辺千尋　2012「府川諏訪ノ前遺跡第Ⅲ地点」『平成24年小田原市遺跡調査発表会発表要旨』小田原市教育委員会

挿図出典

図1：小林編1999を引用し土屋作成。図2〜7：土屋2014bより改変し引用。
図8〜14：各報告書より引用し土屋作成。図15：諏訪間ほか2014より引用。

【コラム10】

土器様式と交易

中 嶋 郁 夫

1 土器様式（大様式、小様式、類似様式）

　東海地方西部（西遠江から伊勢）の弥生時代後期の土器様式には、西遠江の「伊場式」等のように地域固有の土器に注目し、地域固有の様式名（小様式）がつけられている。しかし、これら地域を大局的にみれば、各地域の小様式の相互に共有する土器群（共有型式）をもつことから、「寄道様式」及び「欠山様式」という「大様式」[1]として把握できる。一方、天竜川以西の東遠江の「菊川様式」と「（仮称）飯田様式」には共有型式がないため「大様式」とすることはできないが[2]、両様式には壺、甕などに「類似」する土器群が存在するため、「類似様式」と見ることができる。この「類似様式」という概念を用いれば、壺、甕を指標として飯田様式と「（仮称）相模様式」[3]を

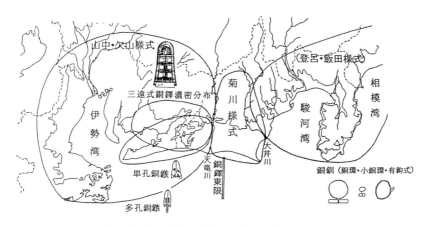

第1図　土器様式と青銅器分布図（鈴木2002）

「類似様式」とみることもでき、さらに飯田様式を介して菊川様式と相模様式を「類似様式」と見なすことも可能であろう。つまり、弥生時代後期には天竜川を挟んでその西側に一つの大様式圏があり、天竜川以東には3つの類似様式圏が存在したことになる。

2 青銅器の流通

周知の如く埋納された完形品銅鐸の分布範囲は、天竜川の西側に集中し、東側には希薄である。駿河以東は全て破片で、小銅環、帯状腕輪、小銅鐸など小型品が多い。完形品銅鐸の分布と土器様式と重ね合わせると、寄道様式、欠山様式圏に銅鐸完形品が分布し、それ以東の菊川様式、飯田様式、相模様式などの範囲に銅鐸破片、小銅環、帯状腕輪、小銅鐸などが多く分布する。土器様式と青銅器の分布はほぼ整合している[4]。

3 ヒトの交流と土器様式

人々の交流頻度は、同一様式に属するほど頻繁であるとすると、小様式→大様式→類似様式の順に交流が希薄になると考えられる。ところが、弥生時代後期の中ごろになると南関東を中心に三河及び西遠江の寄道様式の土器が数多く現れ、特に相模地域では神埼遺跡のように土器の大半が三河の土器で占められるような集落も出現するようになる。ただ、この画期的な現象も高坏など当該地域に存在しない器種に影響を与えてはいるが、相模様式の様相を根底から変化させるものではなかったと言える。別様式圏の人々が拠点的に移住はするが、それはさほど大規模な物ではなく恒常的に続かず、影響はその後に起こる廻間Ⅱ様式、Ⅲ様式の移動とは異なっていたと考えられる。東遠江の菊川様式（中段階）も寄道様式と歩調を合わせるように南関東に流入しているが、大局的に見れば寄道様式の周辺部に点在するように見える[5]。弥生時代後期の土器移動は、一過性であり流入先の土器様式を根底から変えるものではなかったのである。

このような土器移動の発生要因については諸説あろうが、私は、交易によるものと見ている。交易方法には交易物を携えた人が直接移動する方法と、

リレー式に物を交易する方法があると思われる。寄道様式の新段階、菊川様式の中段階にピークとなる南関東への土器移動は、これらの様式圏内に住む人々が物を携え交易のために移動したと考えたい。その交易品として銅製品の原料となる銅破片等を主体とし、土器そのものを交易品とする交流である。あくまでも想定であるが、直接移天竜川以西の銅鐸分布圏に銅の供給が一時増加する時期があり、その銅を携えて入手困難な地域に銅破片等を運んだと考えてみてはいかがであろうか？寄道様式分布圏と隣接する菊川様式分布圏の人々もその恩恵を受けてより多くの銅破片が入手できたため、寄道様式の人々に便乗し交易を開始した。ただ、菊川様式圏の人々の銅の交易量は寄道様式人々の量に及ばないため、その周辺を主たる交易対象とせざるえなかったと考えるのである。

註

1) 鈴木敏則 1985「欠山式の地域性」『転機　創刊号』。
2) 篠原和大氏は、志太平野のモミダ遺跡から出土した土器を「モミダ式」と称し菊川式としている。しかし、高坏は菊川様式の模倣品であり、壺の胴部及び底部形態、口縁部の折返し技法及び施紋方法は駿河「飯田様式」の技法である。「モミダ式」は、菊川様式との折衷型式で「飯田様式」に含めるべきであろう。中嶋郁夫　1988「いわゆる菊川式と飯田式の再検討」『転機2号』。
3) 古屋紀之　2014「南武蔵地域における弥生時代後期の小地域圏とその動態」『久ヶ原・弥生町期の現在』
4) 掲載図は鈴木敏則　2002「地域の様相2　遠江」『弥生時代のヒトの移動』の第34図を使用した。
5) 飯田様式の分布は駿河、伊豆から富士川上流の甲府盆地南縁部、酒匂川流域に及ぶと見られる。稲垣自由 2014「中部高地の様相―土器の地域性とその変化」『久ヶ原・弥生町期の現在』に掲載している「菊川式系」の壺No.12は先の「モミダ式」である。甲府盆地南縁部の土器は「飯田式」が基本様式で、そこに住吉遺跡にみられるように菊川式が拠点的に流入していると思われる。中嶋郁夫　1993「東海地方における後期弥生土器の移動と模倣」『転機4号』註2参照。

【コラム11】

カノー考

石村　智

　カヌー（canoe）が日本語起源であるという説がある。先年亡くなられた茂在寅男（東京商船大学名誉教授）が最初に唱えたと言われているが、カヌーという言葉はもともとカリブ海の原住民が用いていた船の呼び名に由来している。それはいわゆる丸木船であったと考えられるが、その呼び名をヨーロッパ人が持ち帰り、ラテン語標記でカノー、すなわち英語表記でカヌーになったものとされる。いっぽう古代の日本には、「枯野」＝「軽野」と呼ばれる船が存在したことが『古事記』や『日本書紀』に記されている。「枯野」も「軽野」ももともとは「カノー」と呼ばれており、ある種の型の船、すなわち丸木船をそう呼んだのではないかという。そしてカリブ海原住民のカノーという呼び名も、遠く古代の日本の言葉に由来をたどることができるのではないか、というのがカヌー日本語起源説の概要である。

　この説の当否はともかく、『記紀』などの文献からうかがえるように、古代の日本にはカノー（枯野もしくは軽野）と呼ばれる船が存在し、その船が作られたと目される地域のひとつが伊豆である。そこで小論では、このカノーに着目し、それを手がかりに伊豆における海人たちの様相について考察してみたい。

1　カノーと伊豆

　カノーと伊豆を結びつけるのは『日本書紀』応神天皇の処にある以下の記述である。

　「五年冬十月　伊豆国に命じて船を造らせた。長さ十丈の船ができた。た

めしに海に浮かべると、軽く浮かんで早く行くことは、走るようであった。その船を名づけて枯野といった。船が軽く早く走るのに、枯野と名づけるのは、道理に合わない。もしかすると軽野といったのを、後の人がなまったのでなかろうか」

伊豆にはカノーに関連する地名が今なお数多く残されている。天城山をかつては狩野（かの）山と称し、そこから狩野川が流れ出し、その中流域の川岸には軽野（かるの）神社が鎮座する。このあたり一帯は中世に伊豆で一大勢力を誇った豪族・狩野氏の本拠地である。狩野氏は平安時代末、伊豆大島に流された源為朝が反乱を起こした時、その鎮圧に功があり、さらに源頼朝が伊豆に流された時には頼朝に味方して幕府創業に大きく貢献した。その後は後北条氏の台頭のため勢力を失うが、近世には芸術家集団・狩野派を輩出するに至った。狩野川中流域は伊豆半島の中心部に位置し、海から離れた立地にあるが、天城山（狩野山）は良質の木材の産地であり、おそらく船の木材の供給地として重要だったものと考えられる。このように伊豆を本拠とする狩野氏は、造船に長けた海人集団の末裔であった可能性が推察される。

伊豆およびその周辺地域はもともと、海に慣れた海人集団の活躍の場であったと考えられる。旧石器時代から縄文時代にかけて、伊豆諸島の神津島で産出される黒曜石は日本列島内で広く流通することが知られているが、伊豆半島と神津島の間には幅50キロメートルの海が横たわっており、そこを行き来して黒曜石を運んだ人たちがいたことを示唆している。伊豆半島の見高段間遺跡からは神津島産黒曜石が大量に出土しており、黒曜石を運んだ人たちの根拠地のひとつではないかと考えられている（池谷2005）。弥生時代になると、伊豆諸島で産出される貝類のオオツタノハが装飾品の材料として珍重されるようになり、オオツタノハを求めてこの海域を行き来する海人集団が存在したことが想定されている（杉山2014）。

さらに伊豆は太平洋の東と西をつなぐ交通の要所でもある。海路で駿河湾から相模湾に渡るには、伊豆半島を大きく迂回する必要がある。そしてこの海域を掌握するのは黒曜石やオオツタノハの採取に携わった海人集団の末裔であった可能性が高いだろう。応神天皇の御代は考古学的には古墳時代中期

となるが、この頃の伊豆の海人集団がカノー（枯野）を大王に献上することで、畿内政権と政治的な関係を取り結んだということだったのかもしれない。

2　カノーという名の船

　ではカノーという名の船が伊豆だけに限られたものであったかというと必ずしもそうではなく、文献には他の箇所にも関連する用語がみとめられる。『古事記』仁徳天皇の処には、

　「この御世に、免寸河の西に一つの高樹ありき。その樹の影、旦日に當たれば、淡道島に運び、夕日に當たれば、高安山を越えき。故、この樹を切りて船を作りしに、甚捷く行く船なりき。時にその船を號けて枯野と謂ひき。故、この船をもち旦夕淡道島の寒泉を酌みて、大御水献りき」

　という記述がある。この「免寸」は現在の大阪府堺市高石町富木に比定されており、「枯野」は大阪平野周辺で造船されたこととなる。また『常陸国風土記』には、

　「むかし軽野の東の大海の浜辺に流れ着いた大船は、長さ十五丈、幅一丈あまりで、朽ちて砂に埋まりながら、今も残ってゐる」

　という記述があるが、ここで地名として現れている「軽野」は、そこに流れ着いた船に由来するものと推測される。こうした記述からは、カノーは伊豆にまつわる固有名詞ではなく、ある種の船の型を示す普通名詞であったことが示唆される。

　しかし古代におけるモノの名称は、必ずしも現代的な意味で固有名詞か普通名詞か区分することはできないように思う。その一例が、やはり古代の船の名称のひとつである「熊野船」である。「熊野船」の呼称は『万葉集』などの古代の文献に散見するが、このうち巻6（944）で山部赤人が詠んだ歌が以下のものである。

　「島隠り　わが漕ぎ来れば　ともしかも　大和へ上る　ま熊野の船」

　この歌は瀬戸内海を航行する船に乗る山部赤人が、向こうに「熊野船」を見たという様子を表している。場所的に紀伊半島の熊野から離れていることから、これは熊野で作られた船であることを意味していると解釈されるのが

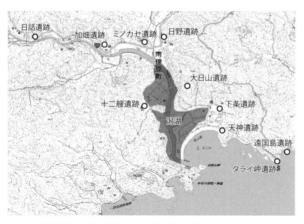

第1図　南伊豆町弓ヶ浜周辺の復元地形（案）

一般的である。また『日本書紀』の出雲神話中、大国主神が国譲りを迫られた場面で、息子の事代主神に天つ神の勅を知らせるために使者を乗せて遣わせた船が「熊野諸手船」と呼ばれる。こうしたことから、「熊野船」とは地名としての熊野という固有名詞のみならず、ある種の船の型を示す普通名詞でもあったと考えられる（穂積2000）。カノーという言葉もおそらく「熊野船」と同様、ある種の船の型を示す言葉として古代では広く用いられていたものと考えられる。

　それではカノーとはどのような型の船だったのだろうか。茂在寅男や谷川健一は、東南アジアやオセアニアで広く用いられているアウトリガーカヌーもしくはダブルカヌーではないかと推察している（谷川2010）。しかし民族学的には日本列島にこれらのカヌーが分布していることは確認されておらず、八丈島と小笠原諸島に例外的に認められるのみである。しかもそれらはずっと後の時代に、アメリカの捕鯨船によって連れてこられたハワイ人によって伝えられた文化である可能性が高いことが、後藤明によって指摘されている（後藤2010）。ただし、南西諸島の平安座船や、厳島神社の管弦祭で用いられる御座船のように、普通の船を横に並べて連結させるという発想は日本列島においても一般的に認められることから、古代においてアウトリガーカヌーやダブルカヌーが存在しないと断言はできないと、私は考えている。

3　伊豆の海人と港

　ここで今一度、伊豆とその海人集団の話題に戻りたいと思う。すでに述べ

たように伊豆は太平洋の東と西をつなぐ交通の要所であるが、同時に海の難所でもある。しかしすでに西川修一が繰り返し指摘するように、弥生時代には東海系の集団が海からのルートで相模平野に侵入したと考えられることから（西川 2007）、伊豆半島まわりの海上ルートはこの時代には存在していたと考えられる。

　しかし伊豆半島は、その沿岸部の多くは険しく切り立っており、船が安全に停泊できる港の適地が少ない。森浩一が指摘するように、古代においては潟湖地形が港の適地として選択されてきた（森 1986）が、伊豆半島にはそのような地形に乏しい。しかし伊豆半島の先端部にあたる南伊豆町の弓ヶ浜は、かつての潟湖地形の特徴を残しており注目すべきである（第 1 図）。現在では陸地化しているが、かつては砂浜の背後は潟湖となっていて、船を安全に停泊させる天然の良港であったと推測される。また現在ではかなり内陸に位置しているが、ここには弥生時代から古代にかけての大集落遺跡である日詰遺跡が存在し、かつては潟湖にずっと近いところに立地していたと推測される。

　古代の海上交通を考えるにあたって、遺跡や遺物の分布を検討することももちろん重要であるが、このように「埋もれた港」を復元的に検討することも重要であることを指摘しておきたい。

引用・参考文献

池谷信之　2005『黒潮を渡った黒曜石：見高段間遺跡』シリーズ遺跡を学ぶ 新泉社
後藤　明　2010『海から見た日本人：海人で読む日本の歴史』講談社選書メチエ
杉山浩平　2014『弥生文化と海人』六一書房
谷川健一　2010『列島縦断 地名逍遥』冨山房インターナショナル
西川修一　2007「南武蔵・相模（特集 古墳出現期の土器交流）」『考古学ジャーナル』
　　554
穂積裕昌　2000「紀伊半島東岸部の古代港と海上交通：記紀熊野関連説話成立の前提」
　　『Mie history』11
森　浩一　1986「潟と港を発掘する」『日本の古代 3 海をこえての交流』中央公論社

【コラム12】

弥生時代後期の大和の墓

池田 保信

　二日目の討論時、「後期前半の青銅器は、共同体祭祀に供されるが、後期後半から古墳時代初頭になると個人が装着する装身具類に変化する」という内容の発表に対し、コメントを求められた。のんびり聞き入っているところへ指名されたことと、近畿、特に大和ではまだまだ検討できない状況があり、司会者の意図する回答はできなかった。

　後日、近畿北部で後期の墳墓や副葬品が多数見つかっており、日本海側の動向を披露すればよかったと思ったが、それは後の祭り。

　個人的には、発表にあったように、青銅器の集団所有から個人所有への流れとなるだろうと考える。一部を除いて、多くの見方もそのようである。ただし、今回、比較された青銅器の出土地は対象エリアが広すぎて散在しており、まだ、方向性を示す段階に留まるようにみえた。資料に限りのある現状では致し方ないが、今後、資料が増加し、一集団が居住する小さな地域の中でこの問題が追えるようになれば、大いに議論が進むことだろう。

　後日、発表者である楠さんとお話しする機会を得たが、この点については充分に理解されていた。今後の進展が楽しみである。

　ところで、先の話にも関連することだが、近畿中央部で後期の墓があまり見つからないことは、他地域では思いの外、知られていないようである。

　平素、発表の場においては資料のある中期と後期末の方形周溝墓が紹介・検討されることとなるが、後期は無いので触れられない。触れないところがミソで、聞く方にすれば単に触れなかっただけで、当然、継続している、と思ってしまう。

近畿地方では方形周溝墓は中期に盛行するが、後期になると何故か激減する。大和ではその傾向が特に強く、中期後半以降の方形周溝墓は見つかっていない。土坑墓や壺棺墓など、他の墓制に変わった可能性もあるが、よく分からない。その後、後期末になると再び方形周溝墓が造られ始める。

細かく言えば、中期後葉から方形周溝墓は無くなる。河内などでは後期初頭以降に減っていくことから、大和での一足早い変化を読み取ることができる。

ここに事例を一つ紹介させていただく。第1図は、2004年に調査された橿原市曲川遺跡の平面図である。この図一枚で、大和の弥生時代中期から後期末にかけての墓制を見ることができる、格好の事例である。

この調査では弥生時代の関連遺構として、中期と後期末の周溝墓が検出されている。図右上の周溝墓群は中期のもので19基、左側の周溝墓群は後期末のもので11基が検出されている。見ていただくとわかるように、両者には規模の差がはっきりしており、後期末の方が小さい。また、後期末の方には1基だけ大きな周溝墓があるが、この周溝墓を取り囲むように小さい周溝墓があるのも特徴である。さらに、大きな周溝墓の右上には円形周溝墓が1基存在する。それまで大和では見られなかった墳形である。播磨地方で盛行するものだが、この時期になると播磨だけでなく、摂津など淀川流域にも分布するようになる。

中期の方形周溝墓と後期末の方形周溝墓や円形周溝墓。これをどう捉えるか。その背景として方形周溝墓が盛行した中期弥生社会、墓を造らなかった後期弥生社会、そして墳丘の規模は小さいが円形周溝墓も伴う新たな社会、の三つが想定できそうだが、いかがなものだろう。

後期末になると、銅鐸を鋳つぶして青銅製品を作る例が桜井市の大福遺跡と脇本遺跡で見られる。ここで重要なのは、どちらの遺跡でも使われている土器が弥生系で在地の土器という点である。両遺跡の事例は、この時期までに祭祀の対象が銅鐸から別のものに変わっていたことに加え、それを担ったのが大和の人々であったことを教えてくれる。

十数年前まで大和では方形周溝墓の検出例が少なかった。その理由として

弥生時代後期の大和の墓（池田）

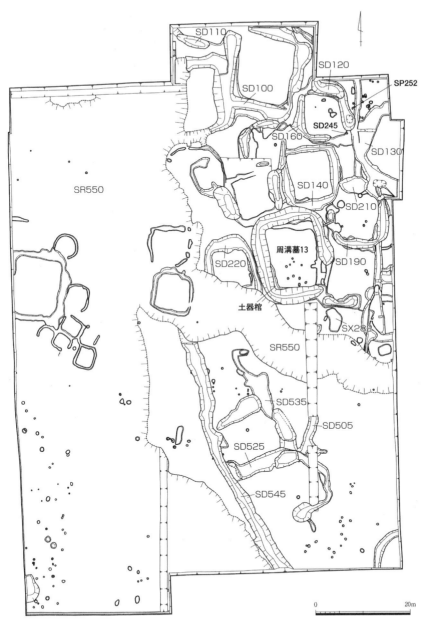

第1図　橿原市曲川遺跡調査区平面図

第Ⅲ部　コラム集

「条里の制定によって削平されたかため」とまことしやかに言われていたが、近年の道路敷設事業に伴う大規模な調査などによって、方形周溝墓が多数見つかり、様相が一変してきた。見つかっていないから無かったと断言はできない。一つの発見を機に、見方が大きく変わることもある。後期の墳墓もこの例に限らず、いつか見つかる日が来るかも知れない。

新たな調査によって、古墳時代に向かう大和内の姿が少しだが見えてきた。まだまだ資料は少ないが、いつか弥生時代から古墳時代への動きを議論できるようになることを期待したい。

今回のシンポジウムでは、中期から後期を経て古墳時代を迎える東日本の弥生社会の動きと変化、そしてそれを頑なに受け入れない利根川より東の縄紋社会などが取り上げられた。

西日本の弥生時代に比べて、短い時間で古墳時代へ向かう東日本の資料を使った発表は、どれもダイナミックなものであった。また、夜の部では、これを可能にしたのは、弥生時代の研究者が少ない環境の中で、資料を整理しまとめられてきた先輩方があってこそ、との話も伺った。

単に土器様式の研究会と考えて参加したが、たくさんの刺激をいただくことができた。雪のため、参加できなかった皆さんには申し訳ないほどである。

関係者の努力と労苦に頭が下がると共に、次回の参会を楽しみとしたい。

引用・参考文献

藤井章徳　2006『曲川遺跡発掘調査報告書』（財）元興寺文化財研究所

【コラム13】

東海・北陸・関東より出土が少ない近畿の弥生時代鉄器

禰宜田佳男

1 弥生時代鉄器研究の今後の新たな展開にむけて

弥生時代の鉄器については、2000年に全国的な集成がおこなわれ（川越2000）、今回、杉山和徳氏は東日本の鉄器集成をおこなった。今後の東日本における弥生時代鉄器の出土状況の具体相を知る上で欠かせない、非常に重要な研究報告だと言える。

その結果、東海から北関東で3,204点の鉄器が集成され、近畿よりも遥かに多くの鉄器が出土していることを明らかにした。換言すると、これまでから再三指摘されているように、近畿とりわけ畿内地域の鉄器出土量が列島全体から見ても非常に少ないことを、改めて確認することとなった。

従来から、近畿では「見えざる鉄器」の存在を前提に議論が進められて来たが、近年では、「見えざる鉄器」だけで議論を進めることに対して疑義が出されるとともに、発掘調査が進んでも鉄器の出土量が増えることはなく、また鉄器製作技術も低いことが指摘されるようになり、鉄器化の歴史的意義を評価しない立場の意見が少なからず出されている（村上2000など）。これについては鉄器の実証的研究に基づくものであり、解釈で示されていた従来の考え方とは異なっており、真摯に受け止める必要がある。戦後からの鉄器研究は生産力の発展と結びつけて考えられて来たが、現状では、それをそのまま引き継いで考えていくことは難しく、新たな見方が求められている。

このように、弥生時代研究における大きな課題である鉄器化は、戦後50年近くは石器の消長から語られることが多かったが、2000年前後から鉄器そのものの研究の深化により、長年の認識が変わって来た。近畿及び畿内地

域を含め、鉄器の出土量は依然として少ないが、石器は減少・消滅に向う。この石器と鉄器の出土状況の現状そして鉄器化の意義をどう考えるのか。この課題は、今後も、検討していかなければならないと考えている。

2　杉山和徳氏の研究成果とそれについてのコメント

杉山氏の集成で明らかになった事項としては、
①東海・北陸・関東、各地域ごとに鉄器の組成が異なること。
②南関東は時間の経過に伴い、概ね鉄器の出土量が増加し4・5期（弥生時代終末期～古墳時代前期）が最も多くなるのに対し、北陸・中部高地・北関東ではこの時期に激減すること。
③鉄器の副葬は、2・3期（弥生時代後期中葉～後葉）に始まり、4・5期に増加するが、北関東だけは例外となること。
④鉄器製作遺構は北陸以外での確認例は少ないが、神奈川県砂田台遺跡の鉄剣再利用板状鉄斧や鉄釧のように独自の鉄器があることから、当地域でもそうした遺構があったとみなされること。
と言う4点をあげておきたい。

以下、それぞれについて、私見を述べることとしよう。

①については、出土遺跡の性格との関わりが影響しているように思われる。墓での出土数比率だけでなく集落出土数を比較すると、さらに特徴が見えてくるのではないだろうか。また、北陸には、福井県林・藤島遺跡など鉄器製作にかかる遺跡があり「その他」が圧倒的に多い。「その他」こそ、今後は「その他」ではなく、鉄素材や鉄器製作工具などに分類しなければならない器種である。それを除外してみたらどのような比率になるのかなど、鉄器組成論が可能になったとも言えよう。氏の集成を使って独自の分析ができる可能性があると言う点で、貴重な作業であったことを改めて指摘しておきたい。もちろん、最後は自分の目で器種を特定する必要があることは言うまでもないことだが。

②については、4・5期に鉄器流通に転換があったことが考えられる。すでに日本海ルートの機能が停止したことが指摘されている（福永2001）。こ

の時期になると、北部九州中心に分布していた青銅鏡が畿内地域を中心に分布するようになる。西日本だけでなく、東日本をもまきこんだ列島の広範囲で流通に変化のあったことが想定される。日本海ルートは、弥生時代前期から機能していたルートであり、長期間にその流通に関わっていた首長が存在していたことを窺わせるが、それが停止したと言うことは、非常に大きな変化であったと考えられる。

　③については、畿内地域において鉄剣などの副葬風習はなく、やはり伝播ルートが問題と考えている。近畿の弥生時代後期で武器等の副葬風習が認められたのは丹後地域である。このことを踏まえると、関東への武器等の副葬風習は、畿内地域からとは考えにくいであろう。むしろ、日本海ルートを想定することが妥当なのではないだろうか。このことについては、すでに北関東には北信濃を拠点としたルート（佐々木・林2000ほか）、南関東には東海を経由したルート（野島・高野2002）が想定されている。豊島直博氏は、近江と伊勢湾沿岸に鉄剣が知られていないことから日本海沿岸から東海東部へのルートは不明としつつ、土器から東海から南関東へのルートがあったことを考えている（豊島2004）。私は丹後地域に鉄剣など鉄器の副葬風習が受容されたことを踏まえ、丹後地域から琵琶湖を南下し、東海地域を経由し南関東に伝わるルートがあった可能性を考えたい。近江地域に伊勢遺跡などが出現するのも、琵琶湖の水運が鉄器等の重要な流通ルートとして機能していたことが背景に考えられるのではないだろうか。

　④については、私自身、兵庫県五斗長垣内遺跡の調査成果を受け、近畿における鉄器製作遺構のあり方を検討したことがある（第1・2図、禰宜田2013）。鉄器製作遺構は、「簡素」な構造だったからこそ、これまでの発掘調査ですでに鉄器製作遺構を「発掘」していたものの気づかなかったものとみた。そうした視点で、弥生時代中期後葉以降の遺物を実見し、報告書を読み返していると、その可能性のある遺構が、丹後地域から紀伊地域までに存在したのではないかということを指摘した。

　先にも触れた砂田台遺跡で鉄剣を切断し刃をつけた板状鉄斧は鉄器の加工技術があったことを示している。この地域においても、すでに鉄器製作遺構

第Ⅲ部　コラム集

○発掘で確認された遺跡　　●発掘調査報告書から可能性のあると考えている遺跡

第1図　近畿地方の鉄器製作関連遺跡分布図（禰宜田2013）を一部改変

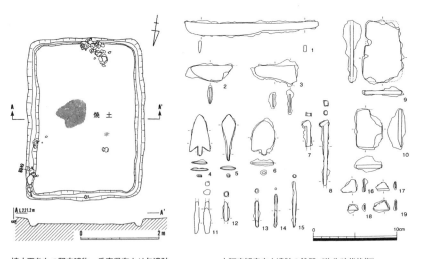

焼土面をもつ竪穴建物　兵庫県奈カリ与遺跡　　　　大阪府観音寺山遺跡の鉄器（弥生時代後期）
（弥生時代中期後葉）

第2図　近畿の鉄器製作関連遺構と出土鉄器（禰宜田2013）

は「発掘」されていたものと推測する。鉄釧も当該地域で製作されたと考えるべきであろう。機会があって、長野県内の弥生時代後期の集落跡の整理状況を見せていただいたことがある。詳細な整理等作業は今後進められるであろうが、私が鉄器製作遺構の可能性があるとみなした要素の幾つかが認められた。そうした遺跡が整理等作業の段階でどう位置づけられるのか期待したい。そして、この種の遺構があったことについては、土屋了介氏によって南関東の状況が一部示されている（土屋2014）。今後、こうした遺跡は増えるとみているが、やはり、発掘作業現場での確認がないと、議論は進まない。それに期待したい。

3　弥生時代後期以降の鉄器と社会

　杉山氏の鉄器集成作業は、弥生時代の近畿と関東との関係を知る上でも、多くの示唆を与えてくれた。近畿においてはこれまでの「見えざる鉄器」ではなく、新たな視点から「新たな見えざる鉄器」論を展開する必要であることはすでに提起してきたところである（禰冝田2013など）。見えざる鉄器は、近畿以外でも想定されるべきで、そうなると、いまの出土状況が当時の鉄器の保有量を反映していると言う解釈も理論上は成り立とう。

　それはそうとして、鉄器化をとおして弥生時代社会は変化し、社会の変化が鉄器化に変化をもたらせた。現在、この点について考えていることを列挙しておきたい。

　第一点目は、冒頭にも触れたように、近畿における鉄器の出土数は、九州・中四国そして東海・関東よりも少ないという点である。石器は後期のうちに列島各地で消滅に至るのに、鉄器の出土に関しては近畿の少なさが際立つことになる。なぜ、近畿で鉄器が出ないのか、違和感を覚えざるを得ない。北部九州に比べて、発掘調査面積が少ないことを指摘したこともあるが、東日本を含めてみると近畿の鉄器が少ないことが、いっそう顕著な現象だと指摘出来る。ただし、弥生時代中期から後期にかけて、畿内式打製尖頭器の製作が中止されることになったのは、鉄剣の普及の裏返しではなく、「石」への価値観が変わった象徴的な事象と考えている。その背景には、鉄器の普及

があったと考えている。近畿とくに畿内地域の鉄器が少ないことは、当該地域が、何か、特殊な状況にあったことを暗示しているのではないか。我田引水で推測の域を出ないとの誹りを受けるかもしれないが、指摘だけはしておこう。

　第二点目は、鉄器が弥生社会においてどのような意味があったのかである。やはり冒頭で触れたように、最近では、鉄器の出土を評価しない立場を取る研究者が増えている。戦後からの生産力の発展、と言う観点からはそうかもしれない。しかし、列島の社会は鉄器化の方向に向かった。地域差や時期差はあったとしても、そこには、石器ではない鉄器に意味があったからと考える。その理由は一つではないだろうが、鉄器の流通を通して、大陸と繋がることが各地域の首長にとって大きな意味があったことも大きな要因であったと考えている。国産の鉄があったことも考える必要もあることを考慮しつつ、鉄素材は基本的に大陸に求めていた。

　近畿でも弥生時代後期初頭には、石器は残存するものの鉄器の出土量も増加する。この時期に出現する高地性の環濠集落にはその現象が顕著に認められる。このような集落の出現には、中国における前漢から後漢への転換期での緊張関係が、間接的であれ情報として伝播してきたために起こったものとみなしている。そうした動きをするようになったのは、鉄器（もちろん青銅器も含まれるが）の素材や製品の流通網ができていたからと考える。

　第三点目は弥生時代の物資流通や情報ルートの問題である。これまでからも指摘されているように、弥生時代にはルートについては日本海ルート・瀬戸内ルート・太平洋ルートが機能していた。瀬戸内ルートは主要ルートで、近畿を経由して東海まで物資等が流通したとみる。しかし、弥生時代終末期には、日本海ルートは衰退していった（福永2001）。太平洋ルートについても、弥生時代後期後葉には停滞するようになったと言う見解がある（福永2010）。そして、この時期には中国鏡の分布が畿内地域中心になる。大きな転換である。ただし、集落遺跡の鉄器はそれに整合する形で出土が増加することはないのである。

　第四点目は、畿内地域でも銅鏡や鉄剣などの威信財の副葬がはじまったこ

とである。副葬風習を受容したことになる。奈良県ホケノ山墳墓では、鉄鏃、素環頭鉄刀、鉄剣や鉄製農工具などの鉄器が副葬されるようになった。ここでは三角縁神獣鏡ではなく、画文帯神獣鏡が出土しており、副葬品においても古墳への過渡期の段階とみなされる。副葬品として、畿内地域で今まで見られない大型の鉄器が出土するようになったことは、大きな変化である。副葬用の鉄器が畿内地域にも出現したことになる。これまでの鉄器は日常の生活道具として求められていた。この時期になって、鉄器に求められていた意義も変わっていったと考える。

4　おわりに

このように、新たな動きが認められる弥生時代終末期、すなわち庄内式期は、弥生時代から古墳時代へのまさに過渡期であった。変化は九州から関東・北陸さらには東北南部までを巻き込んだ、広範囲に及ぶものであった。物資流通、墓制そしてその背景にある死者に対する観念など、多くの点で変化した。こうした社会の中で、鉄器の製作や流通、鉄器に対する価値観や意義も変化があったと推測される。

今後、弥生時代後期から終末期の鉄器化の実態、それに関わる社会の変化については、別稿にて責を果たしたい。

最後に、シンポジウム不参加ながら寄稿の機会をいただき、ご教示もいただいた西川修一氏に感謝申し上げる。

引用・参考文献

川越哲志　2000『弥生時代鉄器総覧』広島大学考古学研究室

佐々木勝・林　大智　2000「北陸地域における弥生時代鉄製品の様相」『考古学ジャーナル』491　ニューサイエンス社

豊島直博　2003「弥生時代における鉄剣の流通と把の地域性」『考古学雑誌』88-2　日本考古学会

禰宜田佳男　2013「弥生時代に近畿における鉄器製作遺跡―「石器から鉄器へ」の再検討の前提として―」『日本考古学』36　日本考古学協会

第Ⅲ部　コラム集

野島　永・高野陽子　2002「近畿地方北部における古墳成立期の墳墓(3)」『京都府埋蔵文化財情報』83　(財)京都府埋蔵文化財調査研究センター

土屋了介　2014「神奈川県から東京都域の弥生時代後期鉄器生産技術・鉄器型式」『久ケ原・弥生町の現在』西相模考古学研究会

福永伸哉　2001『邪馬台国から大和政権へ』大阪大学出版会

福永伸哉　2010「青銅器から見た古墳成立期の太平洋岸ルート」『弥生・古墳時代における太平洋岸ルートの文物交流と地域間関係の研究』高知大学人文社会社会科学系

村上恭通　1998『倭人と鉄の考古学』青木書店

【コラム 14】

彼女は異文化の村でなぜ坏をつくらないのか？
―越境する器種・越境できない器種―

瀬川拓郎

1　土器の社会的属性をめぐって

　土器は煮沸や供膳などの用途と結びついた機能的な存在であるが、同時にすぐれて観念的・社会的な存在でもある。異系統土器の共伴が注目されるのも、「系統」の差異がそれぞれの集団間のどのような観念的・社会的差異を反映するのかが注目されるからであろう。

　ここでは、10～11世紀代の北海道南部の人びとが、津軽海峡という文化的・民族的境界を越えて移住・婚姻し、異文化集団（和人）のなかで土器づくりをはじめたとき、どのような事態が生じたのかをとおして、土器の器種がもつ観念的・社会的性格についてのべる。その論点は、器種のジェンダー――土器製作者のジェンダーではなく器種自体に付与されていたジェンダー、すなわち器種のジェンダー的な帰属――の問題である。

2　境界の融合文化

　まず10～11世紀に前後する北海道の状況から紹介したい。

　北海道では7世紀後葉、本州の文化的影響を強く受けた擦文文化が成立する。その特徴は、農耕や祭儀など古代日本の文化的コンプレックスの全面的な受容であり、本州への交易品生産に特化した自然利用体系・生態系適応（アイヌ・エコシステム）の成立である。この擦文文化は、13世紀には本州の掘立柱の平地式住居・鉄鍋・漆器椀を受容し、考古学的な「アイヌ文化」期へ移行する。

　本州との交易が活発化し、アイヌ・エコシステムが成立していく10世紀

第Ⅲ部　コラム集

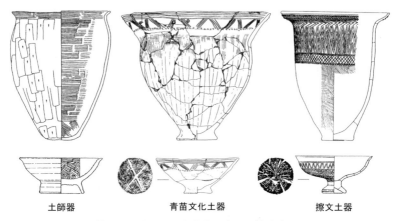

第1図　土師器・青苗文化土器・擦文土器
10～11世紀。土師器甕：青森県逢田大館遺跡、坏：青森県尾上町李平下安原遺跡。
青苗文化甕：北海道奥尻町青苗遺跡。坏：同。擦文甕：北海道小平町高砂遺跡、坏：同。

中葉、北海道の渡島半島南部の日本海沿岸に、本州の土師器文化と擦文文化が融合した文化が成立する。私が青苗文化とよぶ道南型の擦文文化である。

　その土器をみると、基本的に無文で、器面調整がケズリである点は土師器と共通する。底面に砂の付着したものがあり、このような特殊な成形法も青森や秋田の砂底土器とよばれる土師器に認められる。青苗文化の遺跡では把手付土器とよばれる青森一帯の土師器も共伴するが、これは擦文文化の遺跡では出土しない。一方、青苗文化の土器は11世紀には刻文が施されるようになり、それ自体は擦文土器的である。ただしその施文部位は擦文土器と異なり、大きく口の開く器形は土師器とも擦文土器とも異なる（第1図）。

　住居は平地式あるいはごく浅い竪穴で、小規模なカマドが床面上に据えられる。それは深さ1mもある竪穴で、カマドと煙道が壁につくりつけられた擦文文化の住居とも、土師器文化の住居とも異なる。集落は環濠で囲まれるが、これは同時期の東北北部の集落（防御性集落）と共通する。土師器文化の集落と同様、木枠の井戸もみられるが、擦文文化の集落で環濠や井戸をもつ例は一例もない。青苗文化の住居では中央に地床炉を設けるが、このような地床炉は擦文文化の住居と共通し、土師器文化の住居にはみられない。

生業については、青苗文化の豊富な骨角器や活発な海獣狩猟は擦文文化と共通し、鉄生産や鍛冶工人の常駐は擦文文化にはみられない土師器文化の特徴である。

青苗文化は、土器だけでなくあらゆる点において土師器文化と擦文文化両方の特徴をみせながら、そのどちらとも異なる独自性を強く示すものなのである。

ところで、青苗文化が成立する10世紀中葉、青苗文化を含む北海道日本海沿岸の擦文集団は、坏の底に刻みを施す習俗を共有するようになる。この刻みは後でのべるように男系の祖先の家紋（祖印）を示すものであり、一般の擦文文化とは性格の大きく異なる青苗文化の集団が、擦文社会の日本海沿岸集団と祖先を共有していたことを意味する。またこの事実は、かれらが10世紀以降活発化した擦文社会と本州社会の交易、とくに日本海交易の盛行にともなって成立した擦文社会の沿岸交易体制に連なっていたことを物語っている（第2図）。

しかし青苗文化は、東北北部が鉄鍋と漆器椀の流通によって11世紀末に土器を廃用したのと同時に、つまり擦文文化より一足早く土器の廃用を遂げる。このことは、青苗文化が擦文社会の流通体制に連なりながら東北北部と強い一体性を有していたことを示している

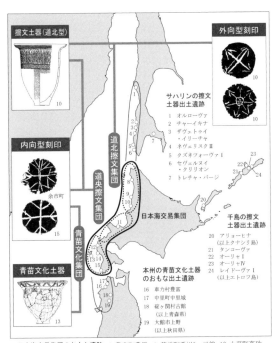

第2図 土器と祖印からみた日本海交易集団の構造

(瀬川 2005)。

3　クレオールな人びと

　この融合文化をもつ青苗文化の人びとが、具体的にどのような実態をもつ人びとであったのかを知る手がかりがある。

　中世のアイヌ社会にかんする数少ない史料のひとつである『諏訪大明神絵詞』は、14世紀の北海道に3種類の蝦夷（アイヌ）、すなわち日ノ本・唐子・渡党がいたと記す。このうち唐子は、中国風の文化を受けた人びとを意味する言葉であることから、北海道の日本海側の集団、日ノ本は東方を意味する言葉であることから太平洋側の集団と考えられている。かれらは和人と言葉がまったく通じず、夜叉のような姿をしていたとされ、2つのグループと和人のあいだに直接的な接触はほとんどなかったことがわかる。唐子は10世紀に成立した擦文社会の日本海沿岸集団、日ノ本は太平洋沿岸集団の後裔とみられる。

　一方、渡党は和人に姿（装束や髪型か）が似ており、言葉も大半が通じたとされる。しかし髪やヒゲが多く、全身に毛が生えているなど和人と異なる形質的特徴をもち、イナウ（アイヌが祭儀に用いるケズリカケ）や骨角器の毒矢を使用するなど近世アイヌと共通する文化をもっていた。さらにかれらは北海道日本海側南端の松前から青森の和人のもとへ頻繁に往来し、交易をおこなっていたという。3種類の蝦夷のうち、渡党にかんする情報のみが詳細をきわめる事実は、和人とアイヌの交易を担っていたのが、もっぱら渡党であったことを示している。

　蝦夷（アイヌ）の一種でありながら、和人との中間的な性格をみせていた渡党は、10世紀に成立した青苗文化集団の後裔とみてまちがいない（瀬川 2007）。

4　器種のジェンダー

　この青苗文化の土器は、青森から秋田の日本海側の遺跡で、在地土器にまじって高い確率で出土する。ただし青苗文化の遺跡では、把手付土器をのぞ

いて土師器の甕も坏も出土しない。青苗文化から東北北部への一方向的な往来の事実は、14世紀の渡党が青森へ頻繁に往来・交易するとの記事と符合する。青森や秋田で出土する青苗文化の土器は、在地生産されたとみられており、このことは青苗文化集団が青森・秋田へ往来するだけでなく、長期の滞在あるいは移住をおこなっていた可能性を示唆する。

ところで、青森・秋田で青苗文化集団が生産した土器は甕だけで、坏はみられない。10世紀中葉以降、青森や秋田では木椀・漆器椀が流通するようになるが、引き続き土師器坏も生産されており、移住した青苗集団の坏の欠落を、木椀・漆器椀への置き換えによって説明するのはむずかしい。実際、北海道の青苗文化では11世紀末まで坏がつくられ続けた。

では、なぜ青苗文化集団は坏をつくらなかったのか。このことと関連して、近世アイヌ社会の椀がどのような「意味」をもつ器種であったのか、みてみることにしたい。

近世アイヌ社会では、もはや土器はつくられておらず、日本から移入する鉄鍋と漆器椀が用いられた。このうち鉄鍋は副葬品にもなったが、それは女性に限られ、男性に副葬されることはなかった。鉄鍋は女性のジェンダーに帰属する器種だったのである。さらに、アイヌは、刀・漆器・錦など日本や大陸の産品を「宝」として珍重したが、鉄鍋は莫大な対価を要したにもかかわらず「宝」とはなっていなかった。この事実は、アイヌが鉄鍋を「ケ」の器とみなしていたことを示しており、そこには鉄鍋が女性に帰属する器種であったこともかかわっていたとみられる。

一方、漆器椀は鉄鍋と異なり、アイヌの「宝」であった。ただし、漆器椀には祭器と日用器、男性の器と女性の器の区別があり、祭器である漆器椀は男性に帰属し、日用器の漆器椀は女性に帰属した。

その区別はおもに天目台の有無が指標になったが、漆器椀の色や文様などによって区別する場合もあった。また祭器の漆器椀であっても、祭祀の内容によって漆器椀が区別されることがあった。ただしアイヌ社会全体としては、祭器と日用器の漆器椀を外見上区別する共通ルールは存在せず、両者の区分は便宜的なものにすぎなかった（瀬川2014）。

第III部　コラム集

アイヌ墓の副葬品をみると、漆器椀は男性にも女性にも副葬された。ただし、漆器椀は「宝」であり、「宝」は本質的に男性に帰属した。実際、すべての漆器椀の帰属は、基本的に男性にあったとする聞きとりもあることから、椀については本質的に男性に帰属する器であったといえそうである。

5　彼女は異文化の村でなぜ坏をつくらないのか？

10世紀中葉以降、青苗文化を含む北海道の日本海沿岸集団の坏には祖印が施されたとのべた。これは、長男から長男に伝えられる男系の血縁集団（シネ・イトクパ集団）のシンボルとして、近世アイヌが漆器椀などの器物に刻んだ祖印（エカシ・イトクパ）の祖型とみられる（第3図）。このことは、近世アイヌの漆器椀・鉄鍋と同様、擦文文化においても供膳具である坏が男性のジェンダーに帰属し、調理具である甕が女性に帰属する器種とみなされていたことを示している。ちなみにアイヌの家系は双系的であり、女性の祖先は女系によってたどられたが、祖印をもつのは男系だけであった。

さて、土器製作者の性別にかんする都出比呂志の考察（都出1987）などをふまえれば、青苗文化の土器の作り手を女性と考えてみることは許されよう。とすれば、青森・秋田で青苗土器が在地生産されていた事実は、この青苗文化の女性が青森・秋田の和人集団のもとで青苗土器をつくったことを意味する。

おそらく和人と婚姻した彼女は、土師器ではなく青苗土器の甕をつくった。なぜなら、甕は女性

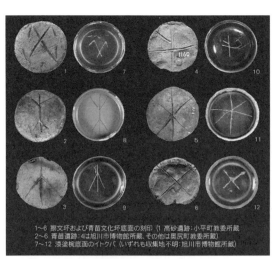

第3図　擦文土器の底面刻印（日本海沿岸集団）と近世アイヌの漆器椀底面の祖印
同種のモティーフをもつものを並べて示した。

のジェンダーに帰属する器種であり、女系のアイデンティティの象徴でもあったからである。しかし男性のジェンダーに帰属する器種であり、男系の祖先とむすびついた祭器でもある坏を、異文化に属する夫のもとで彼女はつくることはできない。青森・秋田における青苗土器の坏の欠落は、このように説明できるのではないか。

　異系統土器の問題を異文化間の問題として考えるとき、そこには越境できなかったものへのまなざしが求められているようにおもわれる。

引用・参考文献
瀬川拓郎　2005『アイヌ・エコシステムの考古学』北海道出版企画センター
瀬川拓郎　2007『アイヌの歴史―海と宝のノマド』講談社選書メチエ
瀬川拓郎　2014「祖印か所有印か―擦文時代における底面刻印の意味と機能」『環太平洋・アイヌ文化研究』11　苫小牧駒澤大学
都出比呂志　1987「原始土器と女性」『日本女性史』1　東京大学出版会

【コラム 15】

土器の移動が証明するもの
―物流ネットワーク論批判―

大村　直

1　2014年2月23日

　今回の企画を含め、西相模考古学研究会の諸氏による活動には、いつもながら頭が下がる。

　しかし、今回の「土器の地域色と物資の流通・ネットワークを総合的に分析する」については、どこに土器と物流の接点を考えているのか意図をはかりかねる部分があった。もちろん、私見に照らし合わせてということではあるが。

　鉄器にしても玉類にしても、製作地や経由地の絞り込みは徐々に進みつつあるとしても、流通網のごく一端でしかない久ヶ原・弥生町式の限定された範囲の中で、それも土器の地域色に重ね合わせるということが、私にはイメージできなかった。そして、シンポの進行も、残念ながら私の予想を裏切るものではなかった。

　南関東は、弥生時代中期の磨製石斧や碧玉・鉄石英製の管玉、後期になってからも、帯状円環系の釧や鉄剣、ガラス玉など、製作地や産地、分布から見ると、中部高地や北関東を経由するルートを交易の基幹とする。しかし、中部高地や北関東からの土器の移動、土器の影響は限定的で、礫床墓や円形周溝墓などの墓制の波及もない。一方、土器型式や方形周溝墓の変遷は、中期中頃以降一貫して東海地方の影響下にあり、後期の相模平野から大宮台地に至る地域では、東海からの集団移住があり、これにともない土器地域圏は東海系のハケ台付甕圏に編入される。こうしてみると、土器の移動、土器型式圏の伸縮は、定住的な人の動きと関連する可能性があり、交易とのかかわ

第Ⅲ部　コラム集

りを積極的に評価することはできないのである。

　当日、会場での私のこうした発言に対して、司会者である北條さんから、それでは、2001年シンポを乗り越えることができないとの発言があった。企画側からすれば当然の発言であろう。しかし、隠し玉は何か。結果からすると、南関東から遠く離れた福島県桜町遺跡の土器の移動に対する「市」の評価でしかなかった。北條さんの、境界に市が立つ、纏向遺跡「大市」説といった発言は、話の繋ぎとしてはスルーできるが、それで終わってしまうのであれば、物流の誘導でしかない。

2　土器型式の地域的変動

　まず、本論の基礎となる、土器の地域色から始める。土器型式の意味論は、過去に「考古学手帖」等々活発な議論があった。地域的特徴は、土器型式の2次的属性として認識されるが、土器型式の地域圏は現実的な集団ではない。地域的特徴は、そもそも重層的でとらえどころがない。ある一部が、部族的な集団表象や特定の交通を反映している可能性は否定できないが、例えば「通婚圏」についても、都出説以降、展望をもった建設的な考えとして提示されているとは思えない。

　しかし、地域圏やその意味論ではなく、地域色の動態については、ある程度具体性をもった検討が可能である。私は、地域的特徴の斉一化・広域化と細分化・個別化は、集団の移動・再編と定着・安定を要因とする、と考えている。ただし、これは私の過去一貫した考えではないし、その適用範囲は私が関知する範囲でしかない。

　南関東において本格的な農耕集落成立期にあたる宮ノ台式は、静岡県西部の影響下に成立するが、南関東各地域に環濠集落が点在定着する宮ノ台式後半期には内部に明確な地域色が現れる。弥生中期末から後期初頭には大きな断絶があり、斉一的な久ヶ原式が成立する。集落の立地や集落景観は大きく変貌し、集落の分布は東京湾沿岸地域に集合する。主に後期中頃以降、その外周部に東海からの開拓移住があり、多くの環濠が掘削され、東海と一体的なハケ台付甕圏を形成する。一方、房総半島東京湾沿岸地域では、台地上広

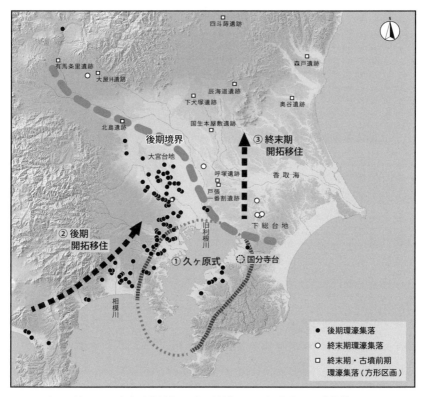

第1図　弥生時代後期以降の地域圏・開拓移住・環濠集落

範囲に竪穴住居跡が展開する開放的な集落群を形成する。集落内部は流動的であるが、地域的に安定し、後期後半の山田橋式は地域色を顕在化させる。そして、斉一化を指向する終末期の中台式期になると、集落群は再び動き出し、千葉県市原市国分寺台遺跡群のような中核的な集落群が形成される一方で、この地域は新たな搬出点となって下総台地から東関東、南東北へ拡張する（第1図）。

このように、地域社会の再編期に土器型式は斉一化し、安定期には地域色を顕在化させる。その関係性は明らかである。斉一期は、地域圏を縮小させる久ヶ原式を例外とし、遠賀川式系土器しかり、一般的には拡張ないし周囲との統合が進む。「土器の移動」は、主に土器型式の斉一期に現われ、地域

圏を越えたところで認識されるが、地域圏内では識別が困難なだけで、実際にはより活発に動いていると考えるべきであろう。こうした、集落群の動態と、土器型式の斉一化、地域色の顕在化の重ね合わせは、各地域で確認することが可能であり、例えば、畿内河内平野の第Ⅳ様式期から第Ⅴ様式期は周知のことである。

3 「土器の移動」と開拓移住

　前述のとおり、弥生中期末から後期初頭の南関東は地域的な再編期にあたるが、東京湾沿岸地域に範囲を収縮した久ヶ原式の外周に、神崎遺跡に代表されるような集団的な開拓移住があった。こうした開拓移住は、東日本の底流にあって、弥生終末期から古墳前期以降にも連続する。弥生終末期以降の開拓移住は、弥生時代において「境界」となっていた下総台地から旧利根川より以北、群馬県下では、利根川流域低地部の閑散（空白）地域がターゲットになる。

　終末期には、千葉県下総台地東部に東海西三河系の進出があり、千葉県戸張一番割遺跡などの方形区画の環濠集落が出現する。戸張一番割遺跡では、神崎遺跡と同様に土器と竪穴形態の同時移動が確認できる。また、この時期、房総半島東京湾沿岸地域は、新たな搬出起点となって下総台地から東関東、南東北への拡張を開始する。ここでは、全器種的な土器の移動があり、土器型式は前段の十王台式などと一時期共存し、不連続に置換される。同時に、拠点としての方形区画の環濠集落が設置され、竪穴形態や方形周溝墓の波及がある。遺跡数は格段に増加する。これは、移住の根拠として明快である。さらに、東海から南関東を中継地として南東北へ波及する東海系曲柄鍬は、この移住過程とまさに一体的である（樋上 2010）。ここでは、集落を単位とするような集団移住を「開拓移住」とする。

4 「土器の移動」と混合移住

　弥生終末期、庄内式併行期になると、東日本の開拓移住にともなう土器の移動とは別に、列島規模で土器の移動が覚醒する。この終末期の土器の移動

土器の移動が証明するもの（大村）

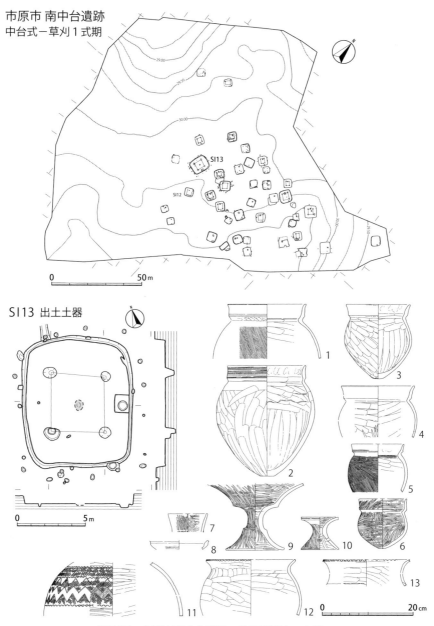

第2図　市原市南中台遺跡　北陸系竪穴・土器

も、定住的な移住を基本とすると考える。房総半島東京湾岸地域における弥生後期後半から古墳前期前半までの竪穴建物検出数は、各時代各時期の中で最も多い。終末期には、こうした既存地域社会に遠隔地からの移住が現れるのである。

国分寺台遺跡群では、東海西部系（濃尾平野系・西三河系）、北陸南西部系を主体とし、北陸北東部系、近江系、さらに周辺地域からの外来系土器が確認できる。このうち、南中台遺跡と中台遺跡北辺部では北陸南西部系（第2図）、長平台遺跡では東海西部濃尾平野系、中台遺跡西辺部、蛇谷遺跡では東海西部西三河系が主体となり、南中台遺跡、中台遺跡北辺部、長平台遺跡では、全器種的な土器と竪穴形態の同時移動が認められる（大村2010b）。

国分寺台遺跡群での移住規模は、集落内に数軒混在する程度であり、外来系土器は全体として土器型式の斉一化に関与するものの、それぞれは定着することなく埋没する。これが終末期の土器の移動の基本的な実態であり、こうした状況はおそらく国分寺台遺跡群、関東のみではない。これを「混合移住」としておく。

5 「土器の移動」の類型と移住

「土器の移動」（外来系土器）には、移動者による持ち込み（搬入品、A1類）から、移動者本人による移動先での製作（A2類）、そこにも時間的な経過があり、第三者の模倣や（A3類）、一部形式の選択借用、汎布留式のような定着に至る経過（A4類）がある。また可能性としては、移動者が、他地域の土器を持ち帰って（搬入品、B1類）、それを模倣する（B2類）といった過程も考えられるが、ここでは重視しない。

私は、土器の移動、外来系土器をA1・A2類までと考えたいが、現実的な区分は簡単ではない。とくに、薄甕や、東日本の杯類など食膳形態の普及は、土器の移動を過大に増幅して見せる。漠としての土器の移動すべてが移住者を証明するものではない。

しかし、神崎遺跡や、これと同様に、下総台地から南東北に至る、全器種的な土器の移動と土器型式の前段からの不連続な置換、竪穴建物形態や墓制、

生産用具の一体的な波及、開拓拠点としての環濠集落の出現は、移住の根拠として明快である。

また、南中台遺跡の北陸南西部系のように、既存社会に対して混在的であっても、遠隔地域からの全器種的な土器と竪穴形態が唐突に出現することは、故地からの人のダイレクトな移動、それも定住的な移住以外には考えがたい。こうした全器種的な土器と竪穴形態の同時移動は、国分寺台以外でも認められる。前述の戸張一番割遺跡や、千葉県泉北側第2遺跡では北陸北東部系が、神奈川県湘南藤沢キャンパス内遺跡では、北関東系の竪穴建物が1棟混在し、上稲吉式土器が出土している。土器と建物形態の移動は、東日本に限ったことではない。北陸系「布堀掘立柱建物」の岡山県津寺遺跡や三重県片部・貝蔵遺跡への波及事例があり（赤澤2013）、西日本でもこうした移動の可能性が指摘されている（田崎1995）。

6　纏向遺跡と国分寺台遺跡群

同成社刊『古墳時代の考古学7　内外の交流と時代の潮流』では、なぜか弥生時代の神崎遺跡が中心で、東日本の開拓移住のごく一部しか取り上げられていないが、開拓移住には一定の合意があるようにみえる。しかし、奈良県纏向遺跡や伴堂東遺跡、院上遺跡などでも移住の可能性が検討されている。とくに纏向遺跡では、当初より移住を前提とした「都市」、「造営キャンプ」、「市」といった考えが提起されている。

纏向遺跡と国分寺台遺跡群全体の外来系土器構成を対比すると、山陰系や吉備系といった近畿以西の地域こそ国分寺台遺跡群では認められないものの、搬出の中心地域である東海西部系、北陸西南部系を共有する。しかし、現状の議論では、関連する事象としてとらえようとしてない。纏向遺跡に対する解釈の是非はここでは問題としないが、纏向遺跡やその周辺遺跡、あるいは博多湾沿岸の遺跡群などでは、地域や遺跡の特殊性が前面に出てしまい、「土器の移動」についての議論の普遍化を阻害している。桜井茶臼山古墳に隣接する城島遺跡を「造営キャンプ」とする以前に、まず、東海系土器と東海系曲柄鍬の伴出を移住事例として評価したい。結局、都市や市、開拓、渡

来人といった特殊性のもとでなければ「移住」を語れないところに、後述する、初期農耕社会に対する根深い先験的な思考が存在すると思うのである。

7 「土器の移動」の特徴

　土器の移動について、特徴となる事項を挙げておく。

　列島全体では、搬出の起点となる系はある程度絞ることが可能であるが、国分寺台では、東海西部系や北陸南西部系以外にも、大廓式、北関東系の二軒屋式、十王台式、上稲吉式、房総半島南部から三浦半島の多段台付甕（鴨居上ノ台型）や安房型壺など、周辺地域を巻き込んでいる。中台式では山田橋式の地域色は一掃されており、当然、同一地域圏内の移動も含むと考えるべきであろう。伴堂東遺跡でも、三河系や吉備系以外に、東紀州・熊野系や河内系といった近隣地域を含んでいる。

　東海西三河系の関東への流入は、廻間Ⅱ式併行期を中心とするが、搬出側の中心地域と目される愛知県鹿乗川遺跡群はこの時期に縮小する。

　北陸南西部系の南関東への移動は、漆5群を中心とし、継続的ではない（田嶋2011）。中台編年では、漆5群・6群との対応を想定したが、6群併行段階は6群そのものではない。国分寺台遺跡群の東海西部系も継続的ではなく、濃尾平野系、西三河系が継起する。

　これらの点を踏まえるならば、土器の移動を、特定地域間の双方向的、恒常的な関係とみることはできない。土器の移動の活性化は、そもそも時期的に限定されている。

8 「土器の移動」と地域・集落の再編

　土器の移動をこうしてみると、「突如」、「劇的」（寺澤2000）、と形容される纒向遺跡の出現過程と再度向き合う必要がある。北島大輔氏が、「多地域型土器交流拠点」とするこの時期の各地域の拠点集落群も、多くが庄内式併行期に出現し古墳前期前半には急速に衰退する（北島2013）。国分寺台遺跡群も、中台式段階に地域的な再編があり集落群として拠点化するが、草刈2式段階には急激に縮小し、姉崎古墳群、菊間古墳群の母体となる地域に新た

な集合が生まれる（大村 2010a）。

　弥生終末期から古墳前期前半において各地域で認められる地域的な再編は、この時期活性化した土器の移動と完全に合致しているのである。「土器の移動」とは、広域連鎖的に活性化した集落群、地域社会の再編、離合集散の一端としてみる必要がある。とくに、大和盆地は最大の集合地域であり、瀬戸内海沿岸系土器、東海系土器は、大和盆地を集合点として、それ以東、以西への移動の絶対量は極端に減少する。

9　物流ネットワーク

　一昨年度、私は、二上山シンポ、安城シンポ、そして西相模シンポと、久々に外部と接点をもつ機会に恵まれたが、私の感覚からすると、土器の移動を定住的移住とする考えが意外なほど支持を得ていないことに少なからず驚いた。

　しかし、もう一方の主張である物流としての「土器の移動」は、どこまで検証が進んでいるのだろうか。例えば、安城シンポの企画者である北島大輔氏は、各地に出現する「多地域型土器交流拠点」を交易拠点とするが、要旨は交易論であって、前提となるべき、そもそも「なぜ土器が移動するのか」についての踏み込みがない。しかし、北島氏はまだ誠実であって、何らの説明もなく、土器の移動と交易を同一視する論が非常に多い。土器の交流を「物資入手のための交流」とするような、具体性のない文句も目に付く。土器の移動は地域間の関係性を証明するが、関係性のみを都合よく解釈すべきではない。現状は、トレンドにもとづく、各論なき総論と言うべきか。

　冒頭で述べたように、南関東では、弥生中期中頃以降、土器や墓制は一貫して東海地方との関係性が認められるが、磨製石斧等必需物資を含む物流は、中部高地、北陸と密接な関係をもつ。しかし、そこに土器は介在しないのである。

　私は、広域的な交易を否定するつもりは全くないが、土器の移動（A1 類）については、移住時の調度品としての移動と考える。こうした特定には、首をかしげる諸氏も多いと思われるが、ではこれを交易とした場合、土器に何

を入れたのか。破損のリスクを承知で流動物を何日間持ち運ぶのか。各地域で特産となる流動物が発見されたのか。高杯は、器台は何の目的で運ばれたのか。交易にともなう携行具であったとするならば、土器をともなわない交易ルートは存在しないということなのか。なぜこの時期に土器の携行が流行したのか。土器はたまたま携行先で壊れたのか。古墳時代前期中頃以降は、交易そのものが滞ってしまったのか。素朴な疑念が尽きない。

弥生終末期から古墳前期前半の限定された時期に、汎列島規模で連鎖的に活性化した土器の移動は、特定の歴史事象を背景とする。しかし、土器の移動は、各時代各地域で認められる現象でもある。なぜ土器が動くのか、という基本的な事実に対する検討を省略したまま、議論を重ねるべきではない。

私も、過去に土器と物流の重ね合わせを意図したことがあるが、理解が部分的であった（大村 2004）。一旦、土器の移動と交易は別物と考えておくべきではないか。

10　自律的発展段階論

各論としての移住論はかならずしも少数意見ではない。しかし、それが総論として組み上がらないのは、おそらく、列島規模で移住者が交錯するような状況に対する違和感なのであろう。しかし、その違和感はどこからくるのか。

敗戦後から80年代までの考古学では、生産力を動力とする共同体の自律的な発展段階が重視されてきた。一般理論の適用に腐心し、一般理論の中で個々の事象が解釈され、集団の移動や解体、あるいは気候変動、自然災害といった外的な契機は、イレギュラーなこととして軽視する雰囲気があった。基本的経営としての共同体は、分立・対峙し、現実的にある集落の再編は、人口圧にもとづく分村以外、社会的意義が問われることがなかった。90年代以降、社会構成史的研究は明らかに停滞しているが、先験的な思考の枠組みが遺存している。

発展段階論的な視座は堅持すべきであるが、総括が必要とされていると考える。

私自身、以前は、相模平野の後期土器の断絶、土器型式の書き換えの契機となる集団的移住について懐疑的な考えを研究会などで主張していた一人であり、最近も西川さんからは、「大村さん、昔はちがったよね」という何気ない叱責を頂いている。
　しかし、私はこの10年、意識的に発展段階論な視点から離れ、房総半島東京湾沿岸地域の弥生中期と後期、房総半島と相模湾沿岸から大宮台地に至る地域といった、時期と地域の比較から同一性あるいは異質性を求め、そこから社会事象の法則性を認めようとしてきた。

11　弥生後期社会の流動性

　房総半島東京湾沿岸地域を例にすると、中期後半の集落は環濠への集住を基本とし、竪穴規模も大きく、竪穴住居は同位置で同心円状の建替えを繰り返す。居住域と墓域は明確に区分され、方形周溝墓は、乳幼児を除くと、成人・未成人の別のない単独埋葬で、連続的に整然と造墓される。
　後期になると、集落景観は大きく変貌する。環濠は中期末に機能を停止し、竪穴住居群は台地上広範囲に拡散する。とくに集落範囲が極端に拡大する山田橋式期の集落は、地点を変えて流動的に竪穴住居群が更新され、結果として居住域と墓域は混在する。一方で、竪穴住居群は大形竪穴を中心に構成され、方形周溝墓は極端に減少し、被葬者は限定される。こうした状況は、集落編成が世代、あるいは中心となるリーダーの交代によって更新されるように見える。対岸のハケ台付甕圏では、開発移住にともない継起的に環濠が掘削されるが、これらも孤立的ではなく、早期に同化し、開放的な集落を形成する。
　南関東の状況を列島内で普遍化することはできないが、弥生中期と後期間の断絶は一地域の問題ではない。後期における遺構群配列の長期的規格性の後退等々は列島内広域に認められる。その変化は、親族組織が集団秩序を制御していた段階から、何らかの社会維持機構へ転換といったことではおそらくない。親族組織そのものの弛緩、特定祖先を共有するような強固な集団原理の後退であり、後期社会は、キンドレッド的な集団があり、これをビッグ

マン、グレートマン的個人（どちらかといえばグレートマンか）が束ねるようなイメージでとらえている。支配者層は、5世紀代にウヂ的組織を形成していくが、基層社会の基本的特質は、律令期に連続すると考える。こうした社会は、メンバーシップに対する意識が希薄で、「親類縁者」のような多様な係累を含む開放的、流動的で、ある意味地縁的な集合体であった。いずれにせよ、内部に親族組織網を発達させた社会では、「混合移住」は容易に起こりえないと考える。

12　「土器の移動」社会の集落構成

　土器の移動は一極的な集合ではなく、離合集散を示唆している。また、この時期の拠点集落は、纒向遺跡や福岡県比恵・那珂遺跡群、大阪府中河内旧大和川流域の遺跡群、三重県雲出川下流遺跡群、鹿乗川遺跡群、国分寺台遺跡群など、求心的な弥生中期の環濠集落とは異なり、やや散漫な集落群を形成することが共通の特徴となる。領民・領域は確立しておらず、集団周縁の帰属意識はとくに曖昧であった可能性が高い。「混合移住」は、こうした基層社会を証明する第一級の事象であると考える。

　遺跡群について加えて述べておくと、国分寺台遺跡群や、鹿乗川遺跡群、津寺遺跡などでは、個々の遺跡や地点ごとに外来系土器の中心となる系が異なることが指摘されている。これは、移住の痕跡を残しているとみるべきであろう。「市」を彷彿させるような雑多な系の混在ではない。

13　「土器の移動」社会のリーダー

　後期以降の指導者の地位と主従は、ランキングが発達した親族秩序にもとづくのではなく、非生得的なカリスマ的権威とこれに対する支持、人格的依存が基本となる。

　国分寺台遺跡群の南中台遺跡（第2図）、中台遺跡西辺部、長平台遺跡では、外来系土器を出土する外来系竪穴住居が集落で最大規模をもち、さらに長平台遺跡では、方形周溝墓に外来系土器が供献される。こうした事実は、周縁地域における移住者の地位と役割だけでなく、この段階のリーダー像を

考える上できわめて重要である。

　纏向の王にあっても、中国との交渉にもとづく開明性が権威を構成する大きな要素であったと思われる。同時に、新たな集合と纏向大溝のような新たな開発は、土地開発者として性格を示唆している。纏向遺跡は、非農村的と考えられているが、前述の市原市域のように、終末期から古墳前期において、基礎地域そのものが大きく変動するような状況からは、『常陸風土記』行方郡段の麻多智の逸話に通ずるような土地開発者としてのリーダー像が想起される。

14　「クニ」と個人

　中国史書には「クニ」があり、北九州や邪馬台国時代の畿内では、物流を含め、地域間の関係が、クニとクニ、政治体間の関係として語られることが多い。しかし、ここまで述べてきたように、各地域の集落の実態を直視すれば、とくに後期以降、地域間の関係が常に政治体間の関係であったとは限らない。例えば、纏向遺跡と唐古・鍵遺跡は、拠点地の移動にすぎないのであろうか。集落の再編期は、場合によっては、集団秩序のリセット、個人レベルの離合集散をともなうと考える。現状のネットワーク論は、基盤となる社会の流動性を加味していない。

　上位の部族的結合の存在は否定できないが、少なくとも、ここまで述べてきた移住、とくに「混合移住」は、移住規模からみて「征服」ではないし、「母集団の意志」よりも、「漂泊」、「難民の搬出」の方が、現状での事実関係に合致していると考える。「境界」以南東端の地であった国分寺台遺跡群への集合が、必然であったとは思えないのである。袋小路の最奥ではなかったのか。

　古墳出現前後期にあっては、集落や地域、首長系譜についても、不連続であること、再編されることを評価しなければ、固定されること、連続すること、継承、系譜にいたるプロセスが見えてこない。前方後円墳体制が、継承すべき祭祀や地位を生み出したとしても、かつて小林行雄が大和朝廷の要件とした「男子世襲制」の成立は考えがたい。

15 「土器の移動」とヤマト王権の成立

　ヤマト王権の成立は、おそらく魏による倭国中央政権としての承認を画期とする（福永 2013）。しかし、その前段に、後期の社会な流動性を前提として、それを広域的に揺り動かす何らかの要因があり、各地域で連鎖的な離合集散が拡大し、新たな中心点が形成された。纒向遺跡ではカリスマ的権威が求心力となり、カリスマに対する人格的な依存・支持のもとに急速な膨張が進んだ。そして、こうした膨張が、巨大古墳を造営する現実的な基盤となったと考える。

　広域的流動化の要因は、倭国乱なのか自然災害なのか、限定された地域発か同時多発的だったのかは不明であるが、土器の搬出搬入関係と時期を考えると、搬出点であって他地域からの搬入が限られる、山陰や濃尾平野周辺などが震源の候補地になる。赤塚次郎氏の「東海系のトレース」は、完結したストーリー性をもっており踏み込みづらいが、やはり重要な視点を含んでいる（赤塚 2013 など）。

16 小結

　今回の大風呂敷は、「土器の移動」すなわち「移住」を最大の論拠とする。「移住」は社会の全体、多岐を証明する。

　誤解が生じないよう再度強調しておくが、本論は、物流論の批判であって物流の否定ではない。問題は、土器の移動が物流全般と同一視されることによって、土器の移動そのものの意義が歪められているところにある。

　しかし、物流についても、「必要財の流通や情報ネットワーク網のエリート層による掌握」には同意できない。この時期の移住を含む交流は、結果として広域的な汎布留式、汎五領式を成立させる。土器は地域的特徴を失い加速的に斉一化を進行させるが、日常什器である土器に現れる地域間交通は開放的であったととらえるべきである。開放的な地域間交通は、再編期に限定される可能性もあるが、そもそも交通総体は重層的で、制御される部分は限定的であったと考える（大村 2003）。

生産の特殊化、生産品の制御と再分配は、サーヴィスによる首長制の指標であるし、メラネシアでは、交換による財の操作がリーダーシップ研究の大原則であるという。しかし、これは理論的な仮定にすぎない。庄内式併行期における鉄器の畿内優位がいまだ確立していない点からみても（村上2007）、必需物資の制御あるいは機構による社会変革、社会支配は考えがたい。

　「土器の移動」は、さまざまなものを背負わされてきた。ある時は、これを画期とする土器変化をもって弥生土器と土師器、弥生時代と古墳時代を区分し、小形精製土器群の波及は古墳祭祀と関連付けられ、近年は物流を証明する。「古墳の出現と無関係ではない」といった類の根拠でさまざまな解釈が加えられてきた。こうした解釈論に違和感があり、私は、以前土器を編年素材としてのみ扱ってきた。近年、ここまで踏み込んだのは、国分寺台遺跡群に携わったことによる。国分寺台遺跡群が、広く活用されることを望みたい。

引用・参考文献

赤澤徳明　2013「北陸系土器の太平洋岸への波及」『大交流時代　鹿乗川流域遺跡群と古墳出現前夜の土器交流』安城市歴史博物館

赤塚次郎　2013「2・3世紀の東海と関東　東海系トレース再論」『邪馬台国時代の関東と近畿』ふたかみ史遊会

大村　直　2003「古墳時代集落出土の鉄製品」『考古学資料大観7　弥生・古墳時代鉄・金銅製品』小学館

大村　直　2004「久ヶ原式・山田橋式の構成原理」『史館』第33号　史館同人

大村　直　2010a「周辺地域における集団秩序と統合過程」『考古学研究』第56巻第4号

大村　直　2010b「土器の移動の移住」『房総の考古学　史館終刊記念』六一書房

北島大輔　2013「総論　土器交流拠点から読み解く古墳出現期社会」『大交流時代』前出

田崎博之　1995「瀬戸内における弥生時代社会と交流」『瀬戸内海地域における交流の展開』古代王権と交流6　名著出版

田嶋正人　2011「古墳確立期土器の広域編年　東日本を対象とした検討 (その4)」『西

第Ⅲ部　コラム集

相模考古』第 20 号
寺澤　薫　2000『王権誕生』日本の歴史第 02 巻　講談社
樋上　昇　2010『木製品から考える地域社会』雄山閣
福永伸哉　2013「前方後円墳の成立」『岩波講座日本歴史』第 1 巻　岩波書店
村上恭通　2007『古代国家成立過程と鉄器生産』青木書店

【コラム 16】

生産様式論から交換様式論へ

北條芳隆

　弥生時代から古墳時代への移行期の問題に取り組んできた私は今、表題の問題に注目している。柄谷行人氏の最近の著作『世界史の構造』（2010、岩波書店）と『帝国の構造 ―中心・周辺・亜周辺―』（2014、青土社）の二著に触れて、"目から鱗が落ちる"感覚を久しぶりに覚えたからだ[1]。
　いうまでもなく生産様式論とは、私たち 50 代半ば以上の中年世代が大学で歴史を学びはじめるさいに、まず例外なく頭に叩きこまれた理論的基盤であり、「アジア的生産様式」とか「総体的奴隷制」とかの関連用語がすぐに頭に思い浮かぶ。もう少し馴染みのある用語を持ち出せば「農業共同体」や、石母田正の独自用例としての「首長制」がある。少なくとも 1991 年のソ連邦の崩壊をみるまでは、戦後の日本考古学にあってさえ基本中の基本もしくは基礎中の基礎概念だったはずだ。史的唯物史観の根幹をなす重要な概念だと厳しく教え込まれた。
　しかし今例示した用語のほとんどは、現時点ではすでに手垢にまみれた死語、もしくは使用することすらはばかられ、それを使用したとたんに"古い奴"もしくは"硬い御仁"だとのレッテルを周囲の人々から貼られかねない、いわば古語と化しているのではなかろうか。
　そのような事態になった理由を私自身の皮膚感覚や経験に則して推測するなら、なにもソ連邦の崩壊などに求める必要はない。もっと身近で切実な問題に起因しているとみるべきである。それはすなわち、発掘調査現場で実際に私たちが目にする遺跡や遺物の実態と、先に列挙した用語や概念との隔たりがあまりにも大きいことに誰しもが気づいたからではなかったか。

ただし気がつきにくい資料の実情もある。その代表格が前方後円（方）墳であることも間違いないだろう。形態上の斉一性と規模のいちじるしい格差をみれば、大和王権を中枢かつ最高位に据えた地域首長の序列化、身分秩序の表示をみいだすことは容易だったからだ。なによりも王権のもとで準備され、各地へと配布された物品類が副葬品として添えられている事実は、中央からの一元論的構造が十分に成り立つことを示してもいる。

その意味でいえば、今でも前方後円（方）墳や副葬品類が考察の中心主題に据えられたときにのみ、石母田的用例としての「首長」が持ち出される関係にあるといえよう。なんの躊躇もなく地域首長権論が語られるのだ。

私はこの現状に、つまり集落構造や物流の様相からは決して明確にならない階層構造や地域間の序列が、前方後円（方）墳やそこへの副葬品だけには明確だという不整合な関係に違和感を覚え、石母田的な意味での「首長制」――首長は支配地域における全権掌握者で、民衆は完全な隷属状態であったとする「アジア的専制」体制を構想したうえでの特殊用例――は使用しえないと思っている。もちろん「首長」とは古墳の被葬者に対する別称でしかなく、それ以上の意味はない、というニヒリズム的な判断もあるだろう。文化人類学での「首長制」がまったく異なる概念であることに戸惑うのであれば、それは正しい判断だといえる。しかし影響力のある学者が使う用語だからそれに従うまでのことである、といった政治的な判断もあろうかと推測される。じつは最後のような意味での使用が若い世代の研究者の間で増加していることを危惧するのだが、少なくとも私には耐えられない。

委細はともかく、理論的基盤と現実の資料的な状況との間の溝が埋まらない状態であることだけは確かなところだと思われる。

その反面、考古学が得意なのは、さまざまな文物の流通に関わる実態把握である。相当な遠隔地からの搬入品や、その逆にかなりの遠隔地へも搬出された物品の目録を作成しようとすれば、さほどの困難もなく時代別・時期別のものが仕上がってくる。その在地模倣品すらただちに列挙可能である。そのような自らの特技を活かして新たな歴史理論を構築するとすれば、それは何に求められるべきか。打開策の一端は物流や交易といった側面をいかにす

くい上げるかにかかっていることになる。交易や物流の背後に作動する人々の結びつきに着目することになる。

　この点についてカール・マルクスは、経済的側面のなかから生産様式に着眼し、資本主義生産様式にいたるまでの過程を解明しようとした。しかしそれでは下部構造＝経済と上部構造＝政治を切り離してしまうことになり、両者の包摂的な理解からは遠のいてしまう。では両者を統合的に理解する概念とはなにか。打開策のひとつは柄谷氏のいう交換様式ということになる。

　柄谷氏の整理によれば、互酬性交換は交換様式Ａと命名される。それは定住革命によって導かれた交換の型である。次に再分配は交換様式Ｂと呼ばれ、国家の誕生が不可避的に帯びる交換の型、市場交換・貨幣経済は交換様式Ｃと呼ばれる型となり、原都市に根ざす交換の型だとされる。

　これら３様式は相互に絡み合いながら共存状態にあるものの、個別の社会構造はこのうちどれが支配的な位置を占めるかによって明確に区分可能であり、現在の資本主義経済はもちろん交換様式Ｃが主体となった社会の型だという。さらに柄谷氏は論理上構想される第４の様式として交換様式Ｄ（内実はＸ）を設定し、それは交換様式ＣによってＡの疎外が顕在化したときに否応なく立ち現れ、Ａの側面を回復するものとしてＣの無秩序な暴走を制御

B：略奪と再分配 （支配と保護）	A：互酬 （贈与と返礼）	交換様式
C：商品交換 （貨幣と商品）	D：X	

B：国家 （近代国民国家）	A：ネーション （共同体の想像的回復）	資本＝ネーション＝国家 の構造
C：資本 （産業資本と労働力商品）	D：X	

B：世界＝帝国	A：ミニ世界システム	世界システムの諸段階
C：世界＝経済	D：世界共和国	

第１図　柄谷行人氏の交換様式に沿った社会構成体認識

し揚棄する役割を担うことになるという。第 1 図には 2004 年の『帝国の構造』で開示された交換様式の基本構図と、それにもとづく社会構成体の関係を模式化して示した。

　最後の D ないし X がどのようなものか、どうあるべきなのかについて私自身はまだよくわからない。しかし柄谷氏の主張が私にとって衝撃的だったのは、まず先に述べた弥生・古墳時代資料の実態と理論との乖離の主因が、まさしく上部構造と下部構造を切り離してきたことによるものだと理解しえた矢先だったことにある。国家形成過程を見据えるさいには古代中国を中核とする経済圏の周縁におかれた日本列島の特殊な社会環境を重視すべきとして「東アジア周縁国家概念」なるものを提示し、関係者からは失笑に近い批判を受けた矢先でもあったからだ。弥生時代に稲束や稲籾を貨幣とする市場交換をみいだしたのはいいものの、そのような交換を下支えする構造とはなにかを考え始め、参照事例として南太平洋トロブリアンド諸島のクラ（威信財交換）とムギワリ（市場交換）の密接不可分な結びつきに注目した直後でもあったからだ。

　いわんとしても適切な表現がみいだせないときに、それを代弁してもらっただけでなく、いわんとしたことがいかに些末な事柄でしかないかを自覚させられたときの、完全敗北感にも似た衝撃だった[2]。

　もちろん私などには理論を体系化させるだけの能力が備わっていない。しかし歴史学に職業的に携わる者としての当事者感覚から捉えてみたとき、柄谷氏の交換様式論は、今後重要視すべき非常に有望な概念である、と断言しうる程度のプロ意識はもっているつもりである。この概念を考古学の側にもってくれば、少なくとも先に述べた資料と理論との間の乖離は解消されるだろう。下部構造と上部構造は一体不可分の結びつきをもって把握されることになり、再度人類史の再構成に立ち向かえるのではなかろうかとの期待感も抱かれる。だから今の私が熱い眼差しを注ぐのは交換様式論なのだ。

　とはいえ現代の思想界で注目の的になっている柄谷氏の著作なので、読者の中にもすでに二著をお読みの方は多いものと推測される。そのような方からは、必ずや「ではお前自身はどのように考えているのか」と問われるはず

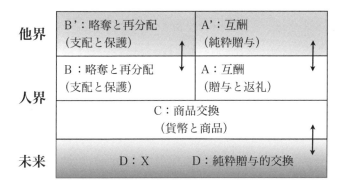

第2図　他界との交換を加味した交換様式論（試案）

だ。

　そのため前方後円（方）墳についてのみ、現在の試案を示すと、それは交換様式Ａのなかの派生類型に該当するとみる。交換様式Ａは互酬性であって、現在注視されているのは現世のなかで閉じた交換なのだが、同一の交換は人界と他界との間でも派生的に成立しうる。神（しばしば冥界の主）への純粋贈与だといってもよい。それが前方後円（方）墳の祭祀ではなかったか、というものだ。肝心なことは、そこにこそ明確な序列構造が持ち込まれていることで、まず他界を階層化させる目論みが進行し、格差を伴う贈与の既成事実を蓄積させたのち、その実績（祭祀の人為景観化）を媒介にして王権の正当性を人界に向けて主張する、といった交換様式Ｂへのシフト戦略の一環だったのではないか、というものだ。第2図は、そのような試案を模式化したものだ。

　交換は共同体の外部との間でしか生じない、という基本命題をふまえると、冥界を含む他界にも交換の当事者としての人格は措定しうるはずで、他界への贈与が現世における他者の支配を正当化させるという理屈だ。交換様式Ａダッシュとでもいうべきか。ひょっとすると、これこそが交換様式Ｄの原初形態なのかもしれない。さらに交換様式Ｂが成立するためには、主催者はいかなる形であっても被支配共同体からの外部性を不可欠な要件とする。その

外部性を祖先祭祀の占有者として身に纏うための実績づくりだといってもよい。柄谷氏のいう帝国の亜周辺ならでは、のプリミティブで外部から閉じた地域内での現象だととらえられる[3]。

もちろん古墳づくりに参画した人々には、稲束を手間賃とする交換様式Cが作動した可能性があるし、これみよがしの一大ポトラッチ、すなわち交換様式Bを志向する交換様式Aが作動した可能性も高い。したがって主催者は文化人類学的な用語法としての首長―権力者ではなく雄弁な説得者として共同体を束ねる責務を負わされた損な役回りだが、しばしば世襲制となる―だったに違いない。そのような彼らが石母田的用例の「首長」へと飛躍を果たすジャンピングボードとしての役割を期待され続けたのが前方後円（方）墳づくりではなかったか。

当然のことながら彼らの期待が実現しない限りにおいて、その営為は性懲りもなく繰り返され、ときに前代よりも盛大化した、という図式になる。なぜなら前方後円（方）墳づくりは周辺景観に強い負荷を与え、出来上がった人為景観はそれを眼にする人々に強烈な印象を与え続けるからだ。始祖たちの君臨を人界においてイメージさせるからだ。だからこそ、それらは交換様式Cの舞台となる市や湊との立地上の相関関係をもつのではないか。そこが冥界や他界との「結縁」を果たした"聖なる場所"であることを明示する宗教的演出だったのではないか。ちょうど中世の市が寺社の前に置かれたように。そのようなことを考えはじめている[4]。

シンポジウムの司会者だった私からのコメントとしては、いささか場違い感のある小文かもしれない。ただし、この時代の考古学に興味関心を抱く若い世代の方々に私からお伝えして、多少なりとも意味のある事柄を活字化すると、以上のようなものとなる。中年世代の研究者も日々新たな方向性を模索中なのだ、ということをご理解いただければよいのだが、もとより僭越はご容赦願いたい[5]。

註

1) 柄谷氏の交換様式論を支える文献のうち、私が注目するのは次の3著である。

ジェーン・ジェイコブス 1971『都市の原理』鹿島出版会、アンドレ・グンター・フランク 2000『リオリエント―アジア時代のグローバル・エコノミー』藤原書店、水林彪 2006『天皇制史論―本質・起源・展開―』岩波書店。

2）この点に関連する拙文には以下のものがある。北條芳隆 2011「国家形成論と弥生社会―東アジア周縁国家概念の提唱―」『弥生時代の考古学（9）弥生研究のあゆみと行方』同成社、2014「稲束と水稲農耕民」『日本史の方法』第 11 号、2015「関東地方への前方後円（方）墳の波及を考える―東松山市高坂 8 号墳を素材として―」『三角縁神獣鏡と 3 〜 4 世紀の東松山（発表要旨資料）』東松山市教育委員会

3）社会人類学の用語を借りれば、この段階の社会構造は部族社会から首長制社会への移行期か、あるいは首長制社会から初期国家への移行期か、のどちらかを特徴づける現象だということになる。ただしこれらの用語が依拠する基礎概念も、生産様式論から派生した上部構造の自律性論の延長上にあるため、交換様式論とは非対応であり、参照程度の意味しかもたせられないことにも注意を要する。

4）試案を構想するうえで参考になった文献は次の 3 著である。カール・ヘンツエ 1996『霊の住み処としての家』雄山閣、今村仁司 2000『交易する人間』講談社メチエ、中沢新一 2002『熊から王へ』講談社メチエ。なお市の性格や「結縁」などは網野善彦の『無縁・苦界・楽』に依る。

5）柄谷行人氏の著作の重要性を私が知ったのは、もちろん自力ではない。インダス文明を専攻し、古代都市の形成過程を追求中の若手研究者、小茄子川歩君から紹介されたものだ。彼は現在東海大学の非常勤講師を務めてくれているのだが、とある事情があって 2014 年 10 月末から今年の 2 月まで、私の自宅で居候をすることになり、彼を相手に夜な夜なウィスキーを片手に考古学談義に花を咲かせていた。その対話のなかで彼が注目する最近の著作として柄谷氏のものを紹介され、「先生の考え方に応用できるのではないですか」との助言をもらったことがきっかけで、その場でワンクリック購入となった、というのが実情だ。だから私自身のアンテナが高いわけは決してない。若手の助言なくして中年世代が新たな発想や有益な外部情報を入手しえるわけがない、と最近はつくづく思う。

あとがきにかえて－「久ヶ原・弥生町期」の未来と可能性－

西川修一

ことのはじまり

　本稿執筆のために本企画を構想し始めた当時の備忘をたどってみた。ことのはじまりは 2012 年の下半期頃である。私事ではあるが、公務での「異常なハイテンション」の「平日 5 日間」を過ごしていた反動か、土日・休日での考古学研究活動に対する「入れ込みが激しかった」のかもしれない…某氏いわく「悪だくみ」を次々と提案して回っていたと…。いま思えば、いろいろな人に『企画』を持ちかけていた記憶がある…。さらに 2012 年夏の宮城県沿岸部の訪問に引き続き、2013 年夏には原発被災地に足を運んだことが契機となり、被災地でのシンポジウム開催企画も…考え始めていた (これは 2014 年冬のいわき市にて開催の『海の古墳を考えるⅣ』として実現した)。今は『次の企み』を考え中…。

　所期の目的は当日レジメ『久ヶ原・弥生町期の現在－相模湾／東京湾の弥生後期の様相－』の冒頭に記したとおり、①岡本孝之さんの大学退職を機に西相模考古学研究会を牽引してきた諸先輩の学恩に報いる記念行事の開催、②その対象としては会として長年にわたり取り組んできた相模湾岸の弥生時代後期の様相から、さらに東京湾岸を絡めひろく列島東部を俯瞰した視点で、③新進気鋭の次世代の研究者の発表の場と育成を…という三点に要約される。そして (1) 弥生時代後期の土器地域色のあり方と最新の地域土器編年網の構築と問題点の抽出、(2) 弥生時代後期の物流とネットワークのあり方と消長、(3) これらを受けて地域社会の古墳時代への展望をという論点を研究課題として掲げ、事前準備を進めていった。2013 年 6 月 1 日、横浜市埋蔵文化財

センターにて行われたプレシンポには大勢の方が来県され、一堂に並んだ弥生後期土器の熟覧と発表、夜の懇親会も大いに盛り上がった。

さて西相模考古学研究会長・岡本氏が「久ヶ原・弥生町式問題」というセンセーショナルな疑問を投げかけた1974年から既に40年が経過した。問題は単に南関東地方の土器編年やその併行関係の問題にとどまらず、列島東部における「縄文／弥生文化」に関する構造的な枠組みを問い直すという重大な問題提起が含まれていた（岡本1992ほか）。それは列島東部の弥生文化とは何か？という本質的な問題であった。今回のテーマを「久ヶ原・弥生町」としたのは、まさしく『列島東部の弥生文化を問う』という論点からである。

縄文と弥生／列島の東西

さて私たち西相模考古学研究会のメンバーにとって「久ヶ原・弥生町式問題」とは、単に弥生後期の土器地域色や編年上の問題に留まる問題ではない。大仰に思うかもしれないが、それは弥生・古墳時代の「列島社会をどう理解」するか、つまり「社会の複雑化」と狩猟採集民であった前段階の「遊動的な人々」（あえて縄文人とは表さない…古墳時代併行期、いや現代に至るまでこの『価値観』での生業を営む人々がいる…）たちとの『関係性』（交流・軋轢・疎外・断絶・拒否・戦い…）への「理解・解釈」と切り離すことのできない問題である。ひいては個々人の『文明観』『社会進歩観』とも関わってくる問題でもある。

シンポジウム当日冒頭での曾根博明さん（素ね会オーナー）の「回顧」に詳かにされているように、資料集『西相模の土器』が刊行された1987年当時、綾瀬市神崎遺跡は未だ姿を現していなかったし、平塚市原口遺跡や真田・北金目遺跡群など中心とする相模川西方の巨大な「集住的な集落遺跡」の姿も明確には結像できていなかった。東海大校地の平塚市王子ノ台遺跡の鉄剣（ヤリ）の資料的評価も今のようなモノではなかった（それは筆者の浅学のためばかりではないだろう…）。

神崎遺跡が相模湾岸への「移住者のムラ」として、約1800年ぶりに地上に姿をあらわすのは、昭和が終わりを告げた平成元年＝1989年のことだ（小

滝・村上1992)。このようななか、研究活動の継続を期して西相模考古学研究会が立ち上がり、会誌『西相模考古』が創刊されたのは1992年である。

シンポジウム2014当日の「討論」でも立花実さんが取り上げているが、西相模考古学研究会の「いつもの例会」でも、「縄文文化(時代)」とは、「大森文化(時代)」と呼称すべきであるとする岡本さんは、たびたび「大森(東日本)/弥生(西日本)」という切り口で迫ってくる。それはこの四半世紀のあいだ変わらない。岡本さんは問題提起の端緒から一貫して「西日本から文化的にも人的にも"進出""侵略"してくるモノ」と「それと対峙した東日本」という枠組みを提示し続けてきた。その発問は私にとって「弥生文化とは?…列島東部社会のアイデンティティとは?…」という問いでもある。そして大規模調査の進展によって「新知見」が増えるたびに、新たな「解釈」を迫られる。私をはじめ後塵を追う者は、新資料を知るごとに、変幻自在な『岡本理論』から「新たな問いかけ」を投げかけられる。そして新たな地平が開けてくる。いまや40年前には考えられなかったような「眺望」が眼前に広がっている。弥生時代後期の列島東部の「ダイナミックな姿態」という…。

「既成概念の打破」「自由な発想」こそ大切に…

この間、多種多様な議論を重ね、あちこちにお邪魔してお互い研鑽を積んできた。特にこの約10年、研究会としての"遠足"は日本海側の地域を踏破してきた。会誌『西相模考古』も23号休まず継続し、会員も多士済々に及んでいる。仲間が増え多様な考え方が混じり合っても、「価値観の違いを尊重」、「学術的意見の平等」という、設立当時からの『不文律』は変わらないと信じている。この不文律こそ…後進の諸兄にも大事にして欲しい。

そして研究会では、常に「縄文/弥生文化とは?」というテーマや、「支配と被支配」、「周縁と中心」「未開と文明とは?」「抑圧・服従・侵略」…といった議論が核心となる。西相模考古学研究会では、この視点は片時も忘れられたことはない。

『西相模考古』第4号(1995)に石川日出志氏の「岡本孝之氏の弥生時代

観を排す」というタイトルの論文が掲載された時、編集長の立花実さんをはじめ、編集に関与していた伊丹徹さん・大島慎一さん・西川らは、岡本さんから「排す」という用語を軽々に採用したことに対し、「異議あり！」と例会の場で厳しく指弾された。問われたのは石川氏との「見解の相違」やその掲載についてではなく、「同人の自由な学識に基づく見解を「排す」という感覚」はおよそ同人誌での研究活動にあるべき「立ち位置」ではないという観点である。学術研究を志す『同好の士』が守らなければならない要件を痛感するとともに猛省した記憶がある。

　シンポジウム初日夜の懇親会で岡本さんと石川さんが、意見を異にしつつも『固い握手』を交わした事は、司会進行を務めた私が用意した『座興』（失礼…）の一つとはいえ、前途有為な若い研究者にも強く心に刻んで欲しい一齣である（本書277頁下段写真）。「研究の自由」とは何か？意見の相違をお互いに尊重し、厳しく批判し合うという姿勢こそ大切なことである。企画運営側の一人として、実はこの『握手』の実現、これこそ今回のシンポジウムに込められた「西相模考古学研究会の真骨頂」であると明記しておきたい。

弥生後期後半の列島東部の姿相とは？

　二日間にわたるシンポジウムのみならず、事前の研究会、プレシンポなどを通じて弥生時代後期後半の列島東部社会の多様な姿相が浮かび上がってきた。本記録集では更に多くの方にご参加いただき多方面にわたる議論を深化させることができた。世紀末から新世紀にかけての弥生時代後期の列島東部の考古学的な最新の成果を総括できたと自負している。議論が噛み合っていない点や、見解の相違もまた現今の研究レベルの到達点と認識したい。

　それぞれの『成果』については、前段で既に比田井克仁氏を始めとする諸兄によって詳しく総括されており、屋上に屋を重ねることはしないが、当該期の広域編年の整備、および浮かび上がってきたズレが明確化された点が第一の成果であろう。

　シンポジウムの準備を進めつつ、古屋紀之氏を中心に最新の土器編年網についての再検討が進められた。その広域編年体系が「はらむ問題点」も鮮明

化することができたと思われる。出土資料の拡充により、ふたたび原点に回帰した検証＝久ヶ原・弥生町・前野町式…とは何か？という根本が問われている。既に東京湾岸エリアに軸足をおいた久ヶ原・弥生町・前野町・五領式という型式名の縦配列、それに「付随する周縁」としての「小地域色」という「枠組み」は、もはや本質を語っていないことは明白である。東京湾岸も多様な「個性的な土器様式」に満ちあふれていることは確実だ。「時間軸」を基本とした系列配置と、「領域性」の伸縮との関わりについて、より一層の解明が期待される。

　土器様相の詳細な分析から見えてきた姿相は、時系列に即し伸縮運動をする「小地域」の存在である。特に鮮明化したのは、後期後半の時期に「細胞分裂」とも「モザイク状の発色」とも言える、極端なまで微細化する「小地域性」である。シンポでは言及されなかったが、「二ッ池式の存否」（黒沢 2005）や、「安房形」の関与（大村 2007）なども含め、「究極の小地域色の発現」という事象への「理解の深化」が望まれる。

　筆者はこの時期を「相模湾インパクト」を契機として形成された相模・東京湾岸の特徴的な文化的姿態＝『臼久保・山田橋段階』（西川 2013 など）として規定し、後期終末期に向かう特徴的な『段階』として理解することを提唱している（西川 1993 の「相模Ⅰ-２段階」、立花 2002 の「相模Ⅴ-３〜４」、今回の共通編年で２期末〜３期＝後期中葉から後葉にかけての時期）。

　またこの段階は、器物供給に対する外部依存が強まれば強まるほど「地域の紐帯」が明確化する事態が出来していると理解する。外部世界との交流への希求が強まれば強まるほど、地域社会の紐帯が強まる「相反する力学」が作用する「パラドクスな構造」が地域社会を規定していた。地域社会の内部には、未だ「互酬的な関係」が強固に保持されており、あからさまな「階級的な社会構造」の出現を拒んでいる段階と解釈されよう。

　ここでは紙幅の制限もあるので詳述しないが、列島東部の弥生時代後期の物流ネットワークの多様性に富む姿相の一端は明確化できたと思われる。後期後半の物資調達における外部依存への傾倒は、相模湾・東京湾岸の特定集落への人口集中を加速し、それは土器地域色の「狭小なモザイク現象」と同

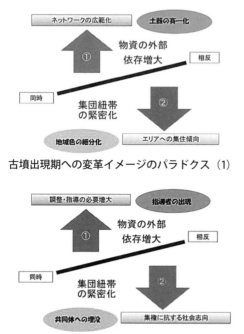

古墳出現期への変革イメージのパラドクス (1)

古墳出現期への変革イメージのパラドクス (2)

調しているかのようだ。このように「地域紐帯」・「人口密集」・「集住」といった現象は、一体的に起こった事象と理解される。それは大型の前方後円墳に表象される社会構造への「直線的進展」を描いていない。むしろ「むき出しの階級社会」への歩みを止めようとし、「互酬的な社会体制」にとどめ置こうとするベクトルが存在した可能性を指摘したい。この点に関し、「通婚圏」の問題や「モノ・ヒトの交換・贈与」という視点での議論深化を期待していたが、当日のシンポジウムでは時間切れで果たすことができなかったことは残念である。

東日本弥生時代研究の可能性─久ヶ原・弥生町期の『未来』へ

　シンポジウムを通じて抽出されてきた久ヶ原・弥生町期の『現在』の素描は、世紀末から今世紀初めにかけて蓄積されてきた大量の「考古学的情報」を基に描き出した姿である。今こそ生き生きとした弥生時代の列島東部の「個性的な姿相」を描き出すときである。筆者は、これまで積み重ねられてきた埋蔵文化財の膨大な記録保存調査による多大な成果は、未だ十分な『果実』としてフィードバックされていないと感じている。

　四半世紀程度のスパンで概観した時、埋蔵文化財保護体制の整備が進んできた1970年代に最先端を切り拓いてきた年代の人たちこそ、今回の「お祝いされる側」世代の諸先輩であろう。フロンティアを歩み体制を整えてきた。

その労苦に最大級の敬意を表したい。かたや、今世紀にかけて右肩上がりだった調査件数の「急激な増大から一転減少へ」という大きな転機を迎えた今日まで、膨大な遺跡が「記録保存の名のもと」に消滅したのも事実である。既に個人的な研究レベルでは、網羅的に把握することは困難なほどの「情報の氾濫」になって久しい。数え切れないような竪穴建物、膨大な出土土器、分厚い報告書…しかし「国民共有の貴重な遺産」とされながらも、しっかりと「総合評価」されているだろうか。埋蔵文化財は次から次へと『大量消費』されていないか？消え去っていく遺跡群は『寡黙』であり、意識的に語らしめなければ黙して語らない。

　文化財保護体制の整備が進むなか、諸先輩の後塵を追い遺跡調査に関わってきた次世代の私たちは調査成果からくみ取った「貴重な情報」をもっと活用する責務がある。

　今回のシンポジウムで描き出された「久ヶ原・弥生町期」の『現在』は途中経過であり、完全なモノではないだろう。しかし土器編年研究や物流ネットワークのあり方など、一定の『果実』は手に入れることができた。また外部から列島東部にもたらされた「大量の財」（鉄製品・玉類など）の集成的な検討により描き出された様相ひとつ取りあげても、いままで漠然としか把握されていなかった実像を鮮明にしたと評価されよう。有機質の「器物」を念頭におけば、行き交っていた「器物」はさらに多種多様・もっと豊富な財貨であったことだろう。膨大な調査でもたらされた『情報』をもって雄弁に語らしめるのは、われわれの世代、さらに後進諸賢であろう。『資料集』編集担当の土屋了介さん、『記録集』編集担当の古屋紀之さんをはじめとした「次世代へのバトン」はしっかりと後継されたと確信する。

　列島各地がもつ個性的な諸相、考古資料を以て「もっと語らしめよう」ではないか。弥生時代とは大陸や半島から一方通行に「文明」が開明してきた「平板な時代」ではない。列島各地で多様な地域社会が展開していた可能性を強調したい。今回のシンポジウムで見えてきた『現在』から、併行期の列島各地の関係をさらに解明していきたい。北海道まで含めた列東北部における続縄文・擦文社会との関係とは？また関東地方に膨大な文物を供給し続け

た列島西部との関係、特に列島東部社会を「上得意」としてそのニーズに応えていた日本海沿岸社会の姿相とその物流ネットワークの実像、さらにその彼方にある北部九州や半島南部や南島諸島との関係…まだまだ解明すべき広大な分野がひろがっている。

　曾根博明氏・近藤英夫氏・岡本孝之氏の歴代会長、合田芳正氏・中田英氏・望月幹夫氏の研究会諸先輩の大きな学恩に改めて感謝し、本書を献呈します。

　刊行に当たっては、筆者の無理難題を聞き入れてくれた西相模考古学の会員諸兄、研究成果の発表・寄稿に応えてくれた数多くの研究者諸氏にも大いに感謝にしています。また刊行を引き受けてくれた六一書房の八木環一会長・出版部宮村広美さんにもお礼申しあげます。前回に引き続き、また「大冊」になってしまい申し訳ありません…。

　さらに最後に、たくさんの執筆者の原稿を手際よく取りまとめ編集に尽力した古屋紀之氏の労苦に深謝します。

引用・参考文献（発刊順）

岡本孝之　1974「東日本先史時代末期の評価　①～⑤」『月刊考古学ジャーナル』No. 97～102

岡本孝之　1992「攻める弥生　退く縄文－関東篇の前に－」『西相模考古』第1号

石川日出志　1995「岡本孝之氏の弥生時代観を排す」『西相模考古』第4号

黒沢　浩　2005「南関東における弥生時代後期土器群の動向－二ツ池式の検討を中心に－」『駿台史学』第124号

大村　直　2007「山田橋式補遺」『西相模考古』第16号

西川修一　2013「2・3世紀のサガミの集落と古墳」『邪馬台国時代の関東と近畿』ふたかみ邪馬台国シンポジウム13　香芝市二上山博物館友の会「ふたかみ史遊会」

初回打ち合わせ
（決起集会）
2013.2.9　横浜にて

プレシンポ準備会
2013.3.9
平塚市埋文事務所にて

プレシンポ遺物検討会
2013.6.1
横浜市埋文センターにて

プレシンポ発表会
2013.6.1
横浜市埋文センターにて

プレシンポ懇親会
2013.6.1
横浜市港南台にて

編年表検討会
2013.6.23
海老名市文化会館にて

シンポジウムを終えて…(慰労会後のご満悦な実行委員の面々)
2013.2.23　横浜市センター北駅にて

付　録

付録1　東日本弥生時代後期〜古墳時代前期広域土器編年併行関係表

大地域	伊勢湾岸			北陸		中部高地			駿河湾		
小地域	尾張	三河	西遠江	加賀・能登	越後	北信	南信	甲斐	東遠江	西駿河	東駿河
文献	赤塚1990他	村木2002	鈴木2002	篠原2002 鈴木2002	田嶋1986・2006他	滝沢2013	青木1999	山下2000	稲垣2013	篠原2002	篠原2002 篠原2006	篠原2002
中期末			Ⅳ						白岩	有東	(有東)
0後期初頭	八王子古宮	Ⅴ Ⅵ−1	Ⅶ	Ⅴ−1 伊場Ⅱ−1	(仮)Ⅴ−1		箱清水 1段階	Ⅰ段階 Ⅱ段階	Ⅰ期古	Ⅴ−1 二之宮	Ⅳ−b 登呂Ⅰ	?
1後期前葉	山中式古	Ⅵ−2	Ⅸ−1	Ⅴ−2 伊場Ⅱ−2	(仮)Ⅴ−2 (仮)Ⅴ−3	1	箱清水 2段階 箱清水 3段階	Ⅲ段階 Ⅳ段階	Ⅰ期新 Ⅱ期古	Ⅴ−2 菊川古	Ⅴ−1 登呂Ⅱ	越鹿塚 Ⅴ−1
2後期中葉	山中式新	Ⅵ−3 Ⅵ−4 Ⅳ−5	Ⅸ−2	Ⅴ−3 伊場Ⅲ Ⅴ−4 三和町 Ⅰ・Ⅱ	法仏式	漆町2群	2	箱清水 4段階		Ⅱ期新	Ⅴ−3 菊川中 Ⅴ−3 菊川新	Ⅴ−2 登呂Ⅲ Ⅵ−1	Ⅴ−2 Ⅴ−3
3後期後葉	廻間Ⅰ式	Ⅶ−1	Ⅹ−1	Ⅴ−5 三和町Ⅲ	月影式	漆町3群	3	箱清水 5段階	Ⅴ段階	Ⅲ期	Ⅴ−4 菊川最新	Ⅵ−2	Ⅴ−4
4終末期〜古墳出現期	廻間Ⅱ式	Ⅶ−3	Ⅹ−3	堤町Ⅰ	白江式	漆町4群 漆町5群 漆町6群	様相1 様相2	6段階 御屋敷	Ⅵ段階	Ⅳ期 Ⅴ期	三沢西原 (古)	(汐入)	大廊Ⅰ 大廊Ⅱ
5古墳時代前期	廻間Ⅲ式			堤町Ⅱ	古府クルビ 高畠式	漆町7群 漆町8群 漆町9群	様相3 様相4 様相5				三沢西原 (新)	(小黒)	大廊Ⅲ

参考文献

赤塚次郎　1990「Ⅴ考察　1廻間式土器」『廻間遺跡』愛知県埋蔵文化財センター調査報告書第10集
赤塚次郎　2002「濃尾平野における弥生時代後期の土器編年」『八王子遺跡』愛知県埋蔵文化財センター調査報告書第92集
村木　誠　2002「尾張地域　第Ⅴ・Ⅵ・Ⅶ様式」『弥生土器の様式と編年　東海編』木耳社
鈴木とよ江　2002「三河地域　第Ⅷ・Ⅸ・Ⅹ様式」『弥生土器の様式と編年　東海編』木耳社
田嶋明人　1986「Ⅳ考察―漆町遺跡出土土器の編年的考察―」『漆町遺跡Ⅰ』石川県立埋蔵文化財センター
田嶋明人　2006「「白江式」再考」『吉岡康暢先生古希記念論集　陶磁器の社会史』桂書房
田嶋明人　2007「法仏式と月影式」『石川県埋蔵文化財情報』第18号　石川県埋蔵文化財センター
滝沢規朗　2013「越後・佐渡・越中における4期の画期―越後の北陸東部系土器中心に―」『東生』第2号　東日本古墳確立期土器検討会
青木一男　1999「長野盆地南部の後期土器編年」『'99シンポジウム長野県の弥生土器編年―』長野県考古学会弥生部会
山下誠一　2000「長野県の弥生土器―伊那谷における弥生時代後期の土器編年―」『東日本弥生時代後期の器種編年』第9回東日本埋蔵文化財研究会
稲垣自由　2013「甲斐における4期の画期―甲府盆地における古式土師器の成立―」『東生』第2号　東日本古墳確立期土器検討会
篠原和大　2002「遠江・駿河地域　第Ⅴ様式」『弥生土器の様式と編年　東海編』木耳社

(注)この「東日本弥生時代後期〜古墳時代前期広域土器編年併行関係表」は今回のシンポジウムの時間軸の参考とするために作成した。主に早野浩二・田嶋明人・滝沢規朗・稲垣自由・篠原和大・西川修一・立花実・中機由紀子・渡辺務・大村直・小機健司・柿沼幹夫・深澤敦仁・鈴木素行・稲田健一・青山博樹の諸氏らの意見をいただき古屋紀之がとりまとめた。作業の結果、いただいたすべての見解を反映させることは難しく、あちらこちらに「ズレ」があると思われるが、責はすべて古屋にある。近年、後期中葉以降の併行関係については一定の見通しがついてきたようであるが、後期前葉以前は各地の土器の交流が不活発なこともあって、精度が低い。とくに後期初頭のはじまりについては、この表では仮に横一列に一致させたが、その検証は全くないといって良い。将来より精度の高い併行関係表が作成されることを期待したい。

付　録

大地域	相模湾		東京湾				北武蔵	北関東	東関東	東北
小地域	相模		南武蔵南部	朝光寺原式	南武蔵北部	房総	岩鼻・吉ヶ谷	上野	常陸	南部
文献	西川1993	立花2002	古屋2013	渡辺1995	比田井1999	大村2004	柿沼2014	若狭2007他	鈴木2005他	石川2004 福田2011
中期末	宮ノ台式		宮ノ台式	(受地だいやま)	宮ノ台式		(代正寺)			
0 後期初頭	?	Ⅴ-1	北川谷1期	朝光寺原Ⅰ式	弥生後期Ⅰ段階	久ヶ原1式	岩鼻式1期	樽式1期	東中根式	和泉 能登
1 後期前葉			北川谷2期	朝光寺原Ⅱ古式		久ヶ原2式	岩鼻式2期			天王山式
							岩鼻式3期			
2 後期中葉	相模1	Ⅴ-2	北川谷3期古	朝光寺原Ⅱ新式	弥生後期Ⅱ段階	山田橋1式	吉ヶ谷1式古	樽式2期	十王台式1期	桜町Ⅰ (屋敷段階)
			北川谷3期新	朝光寺原Ⅲ式			吉ヶ谷1式新			
3 後期後葉	相模2	Ⅴ-3	北川谷4期古	朝光寺原Ⅳ式	弥生後期Ⅲ段階	山田橋2式古	吉ヶ谷2式古	樽式3期	十王台式2期	桜町Ⅱ
		Ⅴ-4	北川谷4期新			山田橋2式新	吉ヶ谷2式新		十王台式3期	
4 終末期～古墳出現期	相模3		北川谷5期古		古墳前期Ⅰ段階古	中台1式	吉ヶ谷系	古墳前期古段階	十王台式4期	桜町Ⅲ
			北川谷5期新		古墳前期Ⅰ段階新	中台2式				
	相模4					草刈1式				
5 古墳時代前期			北川谷6期		古墳前期Ⅱ段階	草刈2式		古墳前期中段階	十王台式5期	塩釜式
	相模5						新段階			

西川修一　1993「相模・多摩丘陵における弥生後期後半～古墳前期の土器と集落の様相」『東日本における古墳出現過程の再検討』日本考古学協会新潟大会実行委員会
立花　実　2002「相模地域　第Ⅴ様式」『弥生土器の様式と編年　東海編』木耳社
古屋紀之　2013「横浜市都筑区北川谷遺跡群における弥生時代後期～古墳時代前期の土器編年」『横浜市歴史博物館』VOL.17
渡辺　修　1995「朝光寺原様式の基礎的研究」『王朝の考古学』雄山閣
比田井克仁　1999「遺物の変遷―遺物から見た後期の社会変革―」『文化財の保護』第31号　特集　弥生時代の東京　東京都教育委員会
大村　直　2004「山田橋遺跡群および市原台地周辺地域の後期弥生器」『市原市山田橋大山台遺跡』(財)市原市文化財センター調査報告書第88集
柿沼幹夫　2014「北川谷遺跡群編年と岩鼻式・吉ヶ谷式土器との編年比較対照」本書
若狭　徹　2007『古墳時代の水利社会研究』学生社
若狭　徹・深澤敦仁　2005「北関東西部における古墳出現期の社会」『新潟県における高地性集落の解体と古墳の出現』新潟県考古学会
鈴木素行　2008「『屋内土壙墓』からの眺望―弥生時代後期『十王台式』の埋葬を考えながら―」『地域と文化の考古学』Ⅱ　六一書房
石川日出志2004「弥生後期天王山式土器成立期における地域間関係」『駿台史学』第120号
福田秀生　2011「桜町遺跡出土弥生土器の編年的位置づけ」『会津縦貫北道路遺跡発掘調査報告』10

付　録

付録2　シンポジウム資料集目次

目　次

記念講演　スヶ原・弥生町問題の過去・現在・未来「大森と弥生―文化関係論の展望―」	岡本孝之	1
相模湾岸の様相「相模湾の土器様相について 　　　　　　　　　―平塚市真田・北金目遺跡群からみた土器様相―」	中嶋由紀子	15
コメント「『久ヶ原・弥生町期』の相模川流域の低地遺跡」	池田　治	25
東京湾西岸の様相「南武蔵地域における弥生時代後期の小地域圏とその動態」	古屋紀之	29
コメント「北川谷遺跡群編年と岩鼻式・吉ヶ谷式土器との編年比較対照」	柿沼幹夫	45
コメント「朝光寺原式土器からみる集団構成論メモ」	浜田晋介	49
コメント「神奈川県下における弥生時代後期中部高地系櫛描文土器研究の覚書」	渡辺　務	53
コメント「相模湾・東京湾の弥生時代後期の様相―海の視点から―」	杉山浩平	55
東京湾東岸の様相「東京湾東岸における弥生時代後期後半の様相」	小橋健司	59
コラム「弥生時代後期における下総台地の様相 　　　　　　　―印旛沼沿岸における『南関東系土器群』の影響について―」	轟　直行	77
関東東部の様相「茨城県北部における弥生時代後期後半の様相 　　　　　　　　　　　　　―「十王台式」を中心に―」	稲田健一	81
コメント「ヴィジター」	鈴木素行	91
関東北部の様相　「北関東北西部における様相と動態」	深澤敦仁	95
コメント「東海の土器編年と関東」	早野浩二	101
中部高地の様相　「中部高地の様相―土器の地域性とその変化―」	稲垣自由	105
コメント「『中部高地の様相』のコメントにかえて」	中山誠二	119
青銅製品の流通について　「東日本における青銅器の流通」	楠　恵美子	121
コメント「青銅製品の流通について」	寺前直人	127
玉類の流通について「関東地方における玉類の流通と画期―ガラス小玉を中心に―」	斎藤あや	129
コメント「相模からローマへ　―ガラス研究の到達点から―」	大賀克彦	141
コメント「鉄とガラス小玉の威力―斎藤あや報告へのコメントに代えて―」	北條芳隆	145
鉄製品の流通について「東日本における鉄器の流通と社会の変革」	杉山和徳	149
コメント「弥生時代の東日本における鉄剣の研究について」	豊島直博	175
コメント「神奈川県から東京都域の弥生時代後期鉄器生産技術・鉄器型式」	土屋了介	177
東北との関係～続縄文の南下　「列島東北部の交流拠点とその性格」	青山博樹	181
コメント「東北北部における続縄文土器の分布域が示すこと 　　　　　　　　　　　　　―土器と文化との関係―」	松本建速	190
引用参考文献		193
東日本弥生時代後期～古墳時代前期広域土器編年併行関係表	古屋紀之編	206

付　録

付録3　シンポジウム当日プログラム

プログラム

司会　押方みはる

【1日目：2月22日（土）】

時間	内容	タイトル	発表者
12：00〜12：10	開会あいさつ	「西相模考研の沿革と研究の進展について」	曽根博明
12：10〜12：20	趣旨説明	「相模湾岸から南関東への視座」	西川修一
12：20〜12：40	基調講演	「南関東弥生後期研究の諸問題」	石川日出志

研究発表（各30分・コメント10分）
「東日本における弥生後期後半の土器地域色とネットワーク」

時間	発表	発表者
12：40〜	①相模湾岸の様相	中嶋由紀子（平塚市教育委員会）
13：20〜	②東京湾西岸の様相	古屋紀之（横浜市ふるさと歴史財団）
14：00〜	③東京湾東岸の様相	小橋健司（市原市埋蔵文化財センター）
14：40〜	④関東東部の様相	稲田健一（ひたちなか市埋蔵文化財センター）
15：20〜	⑤関東北部の様相	深澤敦仁（群馬県教育委員会）
16：20〜17:00	⑥　記念講演　久ヶ原・弥生町問題の過去・現在（いま）・未来	岡本孝之

【2日目：2月23日（日）】

時間	発表	発表者
9：00〜	⑦中部高地の様相	稲垣自由（大月市教育委員会）
9：40〜	⑧青銅製品の流通について	楠　惠美子（國學院大學）
10：20〜	⑨玉類の流通について	斎藤あや（藤沢市郷土歴史課）
11：00〜	⑩鉄製品の流通について	杉山和徳（白岡市教育委員会）
11：40〜12：20	⑪東北との関係〜続縄文の南下	青山博樹（福島県文化振興財団）

休憩

13：00〜15：30　シンポジウム
　　　　　　　　司会　西川修一・北條芳隆

閉会

執筆者一覧（掲載順、発刊時の所属）

中嶋由紀子	（なかじまゆきこ）	平塚市教育委員会
池田　治	（いけだおさむ）	かながわ考古学財団
古屋　紀之	（ふるやのりゆき）	横浜市三殿台考古館
柿沼　幹夫	（かきぬまみきお）	国士舘大学文学部
浜田　晋介	（はまだしんすけ）	日本大学文理学部
杉山　浩平	（すぎやまこうへい）	東京大学総合文化研究科
小橋　健司	（こばしけんじ）	市原市埋蔵文化財調査センター
轟　直行	（とどろきなおゆき）	八千代市教育委員会
稲田　健一	（いなだけんいち）	ひたちなか市埋蔵文化財調査センター
鈴木　素行	（すずきもとゆき）	ひたちなか市埋蔵文化財調査センター
深澤　敦仁	（ふかざわあつひと）	群馬県教育委員会
早野　浩二	（はやのこうじ）	愛知県埋蔵文化財センター
稲垣　自由	（いながきじゆう）	大月市教育委員会
楠　惠美子	（くすのきえみこ）	川崎市教育委員会
寺前　直人	（てらまえなおと）	駒澤大学文学部
斎藤　あや	（さいとうあや）	大田区立郷土博物館
大賀　克彦	（おおがかつひこ）	奈良女子大学
杉山　和徳	（すぎやまかずのり）	白岡市教育委員会
豊島　直博	（とよしまなおひろ）	奈良大学文学部
青山　博樹	（あおやまひろき）	福島県教育委員会
松本　建速	（まつもとたけはや）	東海大学文学部
岡本　孝之	（おかもとたかゆき）	西相模考古学会会長
比田井克仁	（ひだいかつひと）	中野区教育委員会
安藤　広道	（あんどうひろみち）	慶応義塾大学民族学考古学研究室
杉山　祐一	（すぎやまゆういち）	印西市役所
小林　嵩	（こばやしこう）	千葉市教育振興財団
白井久美子	（しらいくみこ）	房総のむら資料館
内藤　千紗	（ないとうちさ）	法政大学大学院

田中　裕	（たなかゆたか）	茨城大学人文学部
滝沢　規朗	（たきざわのりあき）	新潟県教育庁
柳生　俊樹	（やぎゅうとしき）	長野市埋蔵文化財センター
土屋　了介	（つちやりょうすけ）	小田原市文化財課
中嶋　郁夫	（なかじまいくお）	静岡県歴史文化情報センター
石村　智	（いしむらとも）	東京文化財研究所無形文化遺産部
池田　保信	（いけだやすのぶ）	埋蔵文化財天理教調査団
禰宜田佳男	（ねぎたよしお）	文化庁
瀬川　拓郎	（せがわたくろう）	旭川市博物館
大村　直	（おおむらすなお）	市原市埋蔵文化財調査センター
北條　芳隆	（ほうじょうよしたか）	東海大学文学部
西川　修一	（にしかわしゅういち）	神奈川県立旭高等学校

考古学リーダー 24
列島東部における弥生後期の変革 ―久ヶ原・弥生町期の現在と未来―

2015 年 5 月 25 日　初版発行

編　　者	西相模考古学研究会　西川修一・古屋紀之
発 行 者	八木　唯史
発 行 所	株式会社 六一書房

〒 101-0051　東京都千代田区神田神保町 2-2-22
電話 03-5213-6161　FAX 03-5213-6160　振替 00160-7-35346
http://www.book61.co.jp　Email info@book61.co.jp

印刷・製本　藤原印刷株式会社

ISBN 978-4-86445-068-3　C3321　© 西相模考古学研究会 2015　Printed in Japan

考古学リーダー 23
熊谷市前中西遺跡を語る
～弥生時代の大規模集落～

関東弥生文化研究会　埼玉弥生土器観会　編
A5判／290頁／本体3600円＋税

――目　次――

はじめに
例　言

第Ⅰ部　総論　　　　　　　　　　　　　　　　　　石川　日出志・松田　哲

第Ⅱ部　「シンポジウム」討論記録

第Ⅲ部　シンポジウム後の補足研究
前中西遺跡の周辺をめぐる課題　　　　　　　　　　柿沼　幹夫
シンポジウムの補遺と若干の考察　　　　　　　　　宅間　清公
所謂『栗林式』有文壺群の変遷　　　　　　　　　　鈴木　正博
　――ペトリーのSD法（「稠密順序の動的生成法」）に学ぶ――
　附『資料集　鈴木レジュメ・図版』の解説と理論的なポイント

第Ⅳ部　前中西遺跡の研究
熊谷市前中西遺跡を訪ねて（やませ吹くとき）　　　菊池　健一
前中西遺跡の弥生石器について　　　　　　　　　　杉山　浩平
前中西遺跡と地域間交流
　――宮ノ台式期の南関東地方との交流について――　轟　　直行
前中西遺跡の栗林式系甕の検討　　　　　　　　　　大木　紳一郎
「北島式」の再考
　――重三角文とフラスコ形文の系譜と「前中西式」の成立をめぐって――
　　　　　　　　　　　　　　　　　　　　　　　　吉田　稔
大宮台地南端における弥生時代中期の遺跡　　　　　小坂　延仁
荒川扇状地における弥生集落　　　　　　　　　　　白石　哲也
南関東から見た弥生中期妻沼低地集落群の特質　　　杉山　祐一
下総から前中西遺跡を考える（予察）　　　　　　　小林　嵩
佐久地域北部の弥生集落の変遷
　――主として栗林期～箱清水期――　　　　　　　小山　岳夫
信州から前中西遺跡を見る　　　　　　　　　　　　馬場　伸一郎

おわりに

推薦します

前中西遺跡は面白い
　南関東の弥生文化研究がまた盛り上がりをみせた。埼玉県熊谷市の前中西遺跡をめぐって、埼玉、神奈川、千葉はもとより、周辺の長野・群馬から、また茨城や東北から熱い視線が送られている。それは前中西遺跡が弥生文化の境界域にあって複雑な姿を見せているだけでなく、現代の考古学研究の境界域（空間・時間の）にあるからで、若い研究者をも引き付けて、刺激的な検討が始まった。それが本書となって結実した。誰の仮説が正解なのかは、まだ判らない。しかし、前中西遺跡の解明は、今後幾多の苦難・困難を受けつつも克服し、新しい弥生文化像を生み出すに違いない。読者はともに同じ作業に取り込むことになる。そして、前中西遺跡は史跡として保存されなければならない遺跡となった。

神奈川県考古学会会長　西相模考古学研究会会長　岡本　孝之

Archaeological L & Reader Vol. 23

六一書房

考古学リーダー 22
古墳から寺院へ
~関東の7世紀を考える~

小林三郎・佐々木憲一　編
A5判／206頁／本体3000円＋税

――目　次――

はじめに	菊池　徹夫
例　言	
古墳から寺院へ―序にかえて―	佐々木　憲一

第Ⅰ部　課題研究
1　関東における古墳の終焉　　　　　　　　　　　　　小林　三郎
2　関東の後期・終末期古墳　　　　　　　　　　　　　白井　久美子
3　横穴式石室から見た古墳の終焉　　　　　　　　　　土生田　純之
4　古代王権と仏教・寺院　　　　　　　　　　　　　　川尻　秋生

第Ⅱ部　地域研究
1　上野国における寺院建立の開始　　　　　　　　　　高井　佳弘
2　武蔵国の終末期古墳と地域の編成　　　　　　　　　田中　広明
3　「下毛野」と「那須」の古墳から寺院・官衙へ　　　眞保　昌弘
4　常陸国の7世紀―古墳を中心に―　　　稲田　健一・佐々木　憲一
5　龍角寺の創建　　　　　　　　　　　　　　　　　　山路　直充

第Ⅲ部　シンポジウム
　古墳から寺院へ―関東の7世紀を考える―

あとがき　　　　　　　　　　　　　　　　　　　　　佐々木　憲一

推薦します

関東地方の豊かな古代へのアプローチ
　古墳の終焉と仏教寺院の成立は，各地の7世紀を考える上で重要な鍵となっている。とりわけ関東地方では，後期・終末期の古墳が発達し，地域的な違いも保ちつつ，それぞれが新たな時代に向け展開していった。古墳と寺院の接続についても多様なあり方が把握されている。この転換の背景には，在地勢力の消長があり，さらには国家の地方政策や宗教政策があった。この課題に取り組むために，本書では第Ⅰ部の課題研究において，大局的な見地から古墳の終焉が論じられ，文献史学から寺院の成立についても位置づけがおこなわれている。そして，地域の実像に迫るため，第Ⅱ部において各地の重要な事例がまとめられ，さらに第Ⅲ部のシンポジウムを通して，共通性や違いが把握されている。本書を通読することにより，たいへん豊かな関東地方の7世紀史が浮かび上がってくるばかりでなく，日本列島における7世紀の転換を探る重要な糸口がこの地域の歴史にあることが明瞭となる。
　　　　　　　　　　　　　　　　　　　　　京都府立大学教授　**菱田　哲郎**

Archaeological L & Reader Vol. 22

六一書房

考古学リーダー 21

縄文社会研究の新地平（続々）
～縄文集落調査の現在・過去・未来～

小林謙一・黒尾和久・セツルメント研究会　編
A5判／242頁／本体3500円＋税

―― 目　次 ――

序―縄文集落研究の新地平の15年を巡って―　　　　　　　小林　謙一
調査史年表　　　　　　　　　　　　　　　　　　　　　小林・中山・黒尾

1部　報告「縄文集落研究の新地平の15年」
縄文時代住居調査学史　　　　　　　　　　　　　　　　　小林　謙一
武蔵野台地における縄文中期集落調査の事例から　　　　　中山　真治
多摩における縄文中期集落調査の展望　　　　　　　　　　黒尾　和久
調査例個別報告その1　東海地方からの視点　　　　　　　纐纈　　茂
調査例個別報告その2　犬島貝塚の調査から　　　　　　　遠部　　慎
調査例個別報告その3　山梨県の調査例　　　　　　　　　櫛原　功一
調査例個別報告その4　福島県井出上ノ原遺跡の調査実践　　大網　信良
調査例個別報告その5　北関東から―栃木県の事例―　　　　武川　夏樹
調査例個別報告その6　北海道での調査実践　　　　　　　村本　周三

2部　討論の記録
縄文集落研究の新地平の15年

3部　補論と展望
縄文集落研究の15年と新地平グループの指針　　　　　　　宇佐美　哲也
「縄文集落研究の新地平の15年」公開研究会参加記
　　―いわゆる新地平グループのこだわり―　　　　　　　山本　典幸
戦後集落調査の系譜　　　　　　　　　　　　　　　　　　小林　謙一
型式組列原理再考　　　　　　　　　　　　　　　　　　　五十嵐　彰
結～縄文集落研究の足場　　　　　　　　　　　　　　　　黒尾　和久

推薦します

縄文集落研究グループ15年の軌跡

　1970年代・80年代の考古学界において集落構造論，廃棄パターン論など縄文集落をめぐる議論はわれわれの憧れであった。しかし，魅力的ではあったものの解釈モデルを提示したに過ぎなかった縄文集落論は，調査事例が急増する中で硬直化していった。これに対し，90年代半ばに全点ドットや接合資料を武器に，徹底したデータ主義と帰納的方法で従来の縄文集落論に反旗を翻したのが縄文集落研究グループである。本書は同グループによる『縄文集落研究の新地平の15年』と題するシンポジウムの記録集であり，ここでは自分史を含めた同グループ15年の歩みを再確認しながら，遺物出土状態の記録化をめぐる葛藤や複雑で理解し難いと批判されてきた彼らがめざす縄文集落研究の姿が熱く語られている。

尚美学園大学教授　櫻井　準也

Archaeological L & Reader Vol. 21

六一書房

考古学リーダー
Archaeological L & Reader Vol.1〜20

1　弥生時代のヒトの移動　〜相模湾から考える〜
　　　　　西相模考古学研究会 編　209頁〔本体2,800＋税〕
2　戦国の終焉　〜よみがえる天正の世のいくさびと〜
　　　　　千田嘉博 監修　木舟城シンポジウム実行委員会 編　197頁〔本体2,500＋税〕
3　近現代考古学の射程　〜今なぜ近現代を語るのか〜
　　　　　メタ・アーケオロジー研究会 編　247頁〔本体3,000＋税〕
4　東日本における古墳の出現
　　　　　東北・関東前方後円墳研究会 編　312頁〔本体3,500＋税〕
5　南関東の弥生土器
　　　　　シンポジウム南関東の弥生土器実行委員会 編　240頁〔本体3,000＋税〕
6　縄文研究の新地平　〜勝坂から曽利へ〜
　　　　　小林謙一 監修　セツルメント研究会 編　160頁〔本体2,500＋税〕
7　十三湊遺跡　〜国史跡指定記念フォーラム〜
　　　　　前川 要　十三湊フォーラム実行委員会 編　292頁〔本体3,300＋税〕
8　黄泉之国再見　〜西山古墳街道〜
　　　　　広瀬和雄 監修　栗山雅夫 編　185頁〔本体2,800＋税〕
9　土器研究の新視点　〜縄文から弥生時代を中心とした土器生産・焼成と食・調理〜
　　　　　大手前大学史学研究所 編　340頁〔本体3,800＋税〕
10　墓制から弥生社会を考える
　　　　　近畿弥生の会 編　288頁〔本体3,500＋税〕
11　野川流域の旧石器時代
　　　　　「野川流域の旧石器時代」フォーラム記録集刊行委員会（調布市教育委員会・三鷹市教育委員会・
　　　　　明治大学校地内遺跡調査団）監修　172頁〔本体2,800＋税〕
12　関東の後期古墳群
　　　　　佐々木憲一 編　240頁〔本体3,000＋税〕
13　埴輪の風景　〜構造と機能〜
　　　　　東北・関東前方後円墳研究会 編　238頁〔本体3,300＋税〕
14　後期旧石器時代の成立と古環境復元
　　　　　比田井民子　伊藤 健　西井幸雄 編　205頁〔本体3,000＋税〕
15　縄文研究の新地平（続）　〜竪穴住居・集落調査のリサーチデザイン〜
　　　　　小林謙一　セツルメント研究会 編　240頁〔本体3,500＋税〕
16　南関東の弥生土器2　〜後期土器を考える〜
　　　　　関東弥生時代研究会　埼玉弥生土器観会　八千代栗谷遺跡研究会 編　273頁〔本体3,500＋税〕
17　伊場木簡と日本古代史
　　　　　伊場木簡から日本古代史を探る会 編　249頁〔本体2,900＋税〕
18　縄文海進の考古学　〜早期末葉・埼玉県打越遺跡とその時代〜
　　　　　打越式シンポジウム実行委員会 編　208頁〔本体3,200＋税〕
19　先史・原史時代の琉球列島　〜ヒトと景観〜
　　　　　高宮広土　伊藤慎二 編　306頁〔本体3,800＋税〕
20　縄文人の石神　〜大形石棒にみる祭儀行為〜
　　　　　谷口康浩 編　239頁〔本体3,500＋税〕

六一書房刊